RESEARCH & DEVELOPMENT
MANAGEMENT

연구개발경영론

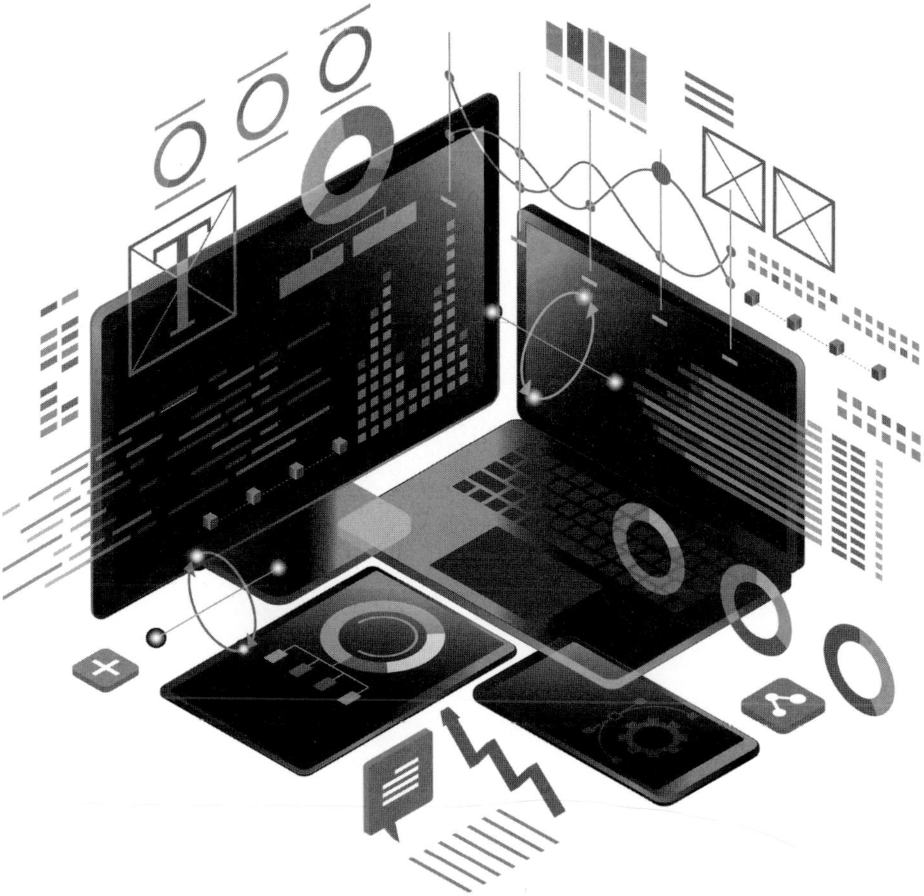

서 언

기업의 경쟁우위 확보 · 유지 · 발전에 있어서 기술혁신이 중요해짐에 따라 1980년대 후반 기술혁신을 통하여 기업의 경쟁력을 강화하기 위한 새로운 학문적 · 실무적 분야로서 '기술경영'이 대두되었다. 실제로 지난 세기 이후의 세계적 기업들은 기술혁신을 바탕으로 경쟁우위를 확보해 온 기업들이었다. 이들 기업은 기술경영의 중요성을 명시적으로 인식하였든 아니든 기술경영을 체계적으로 수행해 온 기업들이다.

그리하여 본 저자는 기술혁신이 기업의 경쟁우위에 그렇게 중요하다면 최고경영자 주도의 기술경영을 추진하여야 함을 강조하면서 이를 '전략적 기술경영'이라고 명명하고, 2007년 우리나라 최초의 기업 차원의 기술경영 교과서인 『전략적 기술경영』(박영사)을 발간하고 교육해 왔다. 이 책에서 저자는 기업 차원 기술경영의 핵심은 '연구개발경영(R&D Management)'임을 강조하고 이에 관하여 4개의 장을 할애하여 서술한 바 있다. 즉, 기업의 경쟁우위 확보 · 유지 · 발전을 위해서는 기술혁신의 조달이 핵심적인 과제인 바, 이의 조달은 내부조달과 외부조달로 나누어 볼 수 있다. 기술혁신의 내부조달은 연구개발이며 외부조달은 기술협력을 의미한다. 여기에서 기술경영의 가장 핵심적 과제는 기술혁신의 내부적 창출과정인 연구개발(R&D: Research and Development)을 어떻게 효율적으로 수행할 것인가인데, 이것이 이른바 연구개발경영(R&D Management)이다.

한편, 본 저자는 1970년대 후반 대학시절 경영학과 공학을 함께 공부하면서 경영학에 관해 한 가지 의문을 가졌었다. 즉, 경영학에 입문할 당시

'경영학원론'에서는 기업 업무기능으로서 생산, 재무, 인사, 마케팅 등과 더불어 연구개발을 매우 중요한 기능으로 배웠으나, 정작 고학년과 대학원에서는 연구개발을 어떻게 경영할 것인가를 공부하지 못하였다. 그 이유는 연구개발경영이 국내의 대학 및 대학원에서 개설되지 않았고 전문가가 없었기 때문이며, 사실 이는 현재에도 마찬가지이다. 저자는 이 같은 문제의식을 가지고 1988년, 현재 과학기술정책연구원(STEPI: Science and Technology Policy Institute)과 한국과학기술기획평가원(KISTEP: Korea Institute of S&T Evaluation and Planning)의 전신인 한국과학기술연구원(KIST: Korea Institute of Science and Technology) 산하「연구개발정책 · 평가센터(CSTP: Center for S&T Policy)」에서 연구원 생활을 시작하면서 본격적으로 기술경영과 연구개발경영을 연구 · 공부하기 시작하였다. 이 연구소에서 본 저자가 주도적으로 수행한 최초의 연구는 '민간기업의 효율적 연구개발 경영방안'이었고, 그 결과는 1991년「민간기업의 효율적 연구관리시스템 구축에 관한 연구」라는 보고서로 발간되었다. 이 보고서는 국내 최초의 연구개발경영에 관한 보고서로서 I부와 II부로 나누어져 있는데, I부는 연구개발경영의 이론을 서술하였고 II부는 국내외 기업의 연구개발 경영사례를 분석 · 제시하였다. 그 이후 본 저자는 평생을 연구개발경영, 기술경영, 기술정책을 공부 · 연구해 오며, 1권의 독일어 저서, 4권의 국내 교과서, 4권의 역서, 300여 권의 연구보고서, 50여 편의 해외논문, 100여 편의 국내논문을 발간하였다. 그러나 저자는 천학비재함으로 인하여 그동안 연구와 교육을 해오면서 연구개발경영에 관한 교과서를 발간하지 못하였으며, 그리하여 연구개발경영론의 집필은 본 저자의 평생 숙제 중의 하나가 되었다.

이제 본 저서를 통하여 오랫동안의 밀린 숙제를 우리 사회에 제출하는 바이다. 본 저서는 근본적으로 '기술경영'의 핵심영역은 '연구개발경영'이며, 이들은 기업의 경쟁우위의 핵심이라는 점을 전제로 한다. 또한 그렇다면 '연구개발경영'은 최고경영자 주도로 추진하는 이른바 '전략적 연구개발경영(Strategic R&D Management)'이 되어야 함을 강조한다. 이 점에서 본 저서는 저자가 15여 년 전에 발간하여 네 번에 걸쳐 개정한 기업 기술경영의 원론서인 『전략적 기술경영』과 맥을 같이한다. 그러나 본 저서는 기술혁신의 효율적 내부 조달 및 창출 방안, 즉 '연구개발경영'에 주안점을 두고 심층적으로 집필되었다.

그리하여 본 저서는 총 12개 장으로 구성되어 있다. 제1장은 '연구개발경영의 기초'로서, 여기에서는 연구개발의 개념 및 역사, 위험성, 연구개발경영의 중요성 등을 서술하였다. 제2장은 '연구개발경영의 목표체계'로서, 여기에서는 연구개발경영의 목표와 성공요인을 서술하였다. 제3장은 '연구개발 환경분석'으로서, 여기에서는 기술의 동력성, 연구개발 대상기술의 도출, 기술영역의 선택, 기술 포트폴리오 분석을 서술하였다.

제4장은 '연구개발전략의 수립'으로서, 여기에서는 연구개발전략의 중요성, 개념, 유형, 그리고 연구개발전략의 수립과정을 서술하였다. 제5장은 '연구개발 리더십'으로서, 여기에서는 연구개발과 리더십, 동기부여, 갈등관리의 관계를 서술하였다. 제6장은 '연구개발 조직관리'로서, 여기에서는 효과적인 연구개발조직, 연구개발조직의 구성, 연구개발조직의 설계 문제 등을 상술하고 있다. 제7장은 '연구개발 재무관리'로서, 여기에서는 연구개발자금의 조달, 연구개발투자의 결정, 연구개발 예산관리를 서술하고 있다. 제8장은 '연구개발 인력관리'로서, 여기에서는 연구개발과 창조성의 관계, 연구개발 분야의 인력구조 및 관리목표, 연구개발 인력관리, 그리고 연구개발과 혁신가의 관계를 서술하였다.

제9장은 '연구개발 프로그램과 프로젝트의 관리'로서, 여기에서는 연구개발 프로그램 기획의 개념 및 중요성, 연구개발 프로젝트의 유형, 연구개발 프로젝트의 평가와 선정, 연구개발 프로그램의 기획, 개별 프로젝트의 연구개발과정 등을 상술하고 있다. 제10장은 '연구개발협력'으로서, 여기에서는 연구개발협력의 개념과 중요성, 연구개발협력의 유형 및 과정, 연구개발협력의 성공요인과 고려사항 등을 서술하였다. 제11장은 '연구개발

세계화'로서, 여기에서는 연구개발 세계화의 배경 및 중요성, 연구개발 세계화의 유형, 국제 연구개발조직의 설립, 연구개발 세계화의 고려요인을 서술하였다. 마지막으로, 제12장은 '연구개발경영의 변천과 불연속적 혁신의 경영'으로서, 여기에서는 연구개발경영의 변천, 제4세대 연구개발경영, 불연속적 혁신의 경영을 서술하였다.

본 저서는 이상과 같은 연구개발경영의 다양한 분야를 체계를 잡아가며 서술하다 보니 분량이 많아졌다. 아울러 각 장 뒤에 연구개발경영의 사례를 첨부하여 독자들의 이해를 도우려 하였으나, 이 또한 책의 분량을 증가시키게 되었다. 본 저서는 해외에도 참고할 교과서가 많지 않고 우리나라에는 이 분야의 교과서가 전혀 없기에 집필에 많은 어려움이 있었다. 그리하여 본 저자는 독자들이 본 저서를 읽는 데 어려움이 있을 듯하여 많은 걱정과 송구함이 마음속에 가득하다. 본 저서의 오탈자, 논리적 부조화, 내용상의 오류 등은 모두 저자의 잘못이다. 그러나 본 저서가 우리나라 최초의 연구개발경영 교과서라는 점에서 독자들께 넓은 이해와 아량을 부탁드리고 싶다. 본 저자도 앞으로도 더욱 열심히 공부하여 본 저서의 지속적 개선과 질적 수준 제고를 약속드리는 바이다.

진리는 나의 빛!!!(Veritas Lux Mea!!!)

2021년 9월

결실의 계절에

곤지암 전원(田園)에서

저자 **정 선 양**

차 례

01 연구개발경영의 기초

02 연구개발경영의 목표체계

03 연구개발 환경분석

04 연구개발전략의 수립

05 연구개발과 리더십

06 연구개발 조직관리

07 연구개발 재무관리

08 연구개발 인력관리

09 연구개발 프로그램 및 프로젝트 관리

10 연구개발협력

11 연구개발의 세계화

12 연구개발경영의 변천과 불연속적 혁신의 경영

01

연구개발경영의 기초

제 1 절 연구개발의 개념, 중요성, 역사

1. 연구개발의 개념과 목표

세계 경제의 글로벌화가 진행되고 전 세계 기업들 간 경쟁이 점점 더 치열해지고 있다. 이 같은 국제경쟁에서 기업이 경쟁우위(CA: competitive advantage)를 확보하는 방안은 규모의 확대, 자산의 확보 등 여러 가지가 있지만, 점점 더 기술혁신능력(technological and innovation capabilities)을 확보하는 것이 중요하게 되었다. 새롭고 보다 나은 제품과 서비스를 보다 빨리 창출하는 기업들만이 경쟁우위를 확보할 수 있다. 많은 기업이 추진하는 경쟁우위의 방안으로서 원가우위의 확보는 단기적인 처방이 될 수 있으나 중장기적으로는 새로운 제품과 서비스를 창출할 수 있는 기술혁신능력의 확보가 절실해진 것이다. 기업의 중장기적 경쟁우위 확보를 위한 기술혁신능력의 확보·유지·발전은 현대의 기업들에게 선택의 문제가 아니라 필수적인 과제가 아닐 수 없다. 이에 따라 전 세계의 기업들은 앞다투어 연구개발투자(R&D investment)를 증대해 오고 있다.

이처럼 중요한 기업의 기술혁신능력은 연구개발(R&D: Research and Development)에서 창출된다. 연구개발활동은 기업의 기술혁신을 창출하고, 기술혁신은 새롭고 보다 나은 제품과 서비스를 창출할 수 있다. 연구개발은 새롭고 보다 나은 기술혁신, 제품, 서비스를 창출하는 일련의 과정을 의미한다([그림 1-1] 참조). 이 점에서 연구개발은 기업의 기술혁신능력의 확보·유지·발전, 다시 말하여 기술경영(MOT: Management of Technology)의 가장 핵심적인 분야가 아닐 수 없다. 연구개발활동은 기업의 중장기적 미래와 경쟁우위 확보를 가능하게 해준다. 이 점에서 기업은 연구개발능력을 보다 확충하고, 기업의 다양한 전략과 연계를 이루어, 기업의 중장기적 경쟁우위의 확보에 노력하여야 할 것이다. 이 같은 일련의 과정을 이른바 연구개발경영(R&D management)이라고 부르며, 이것은 기업들에게

[그림 1-1] 연구개발의 중요성

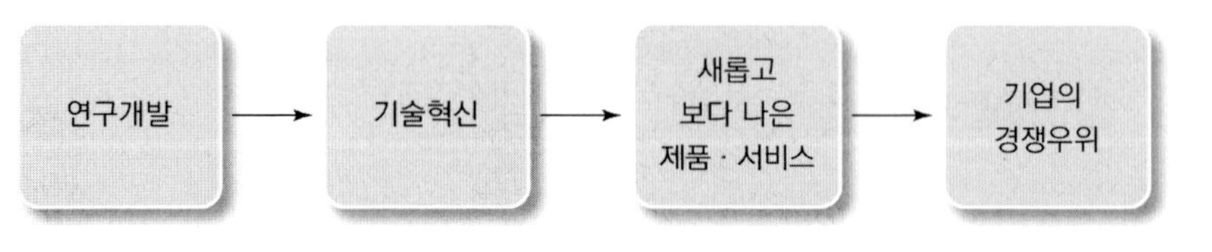

매우 도전적인 과제가 아닐 수 없다.

연구개발(R&D: Research and Development)은 새롭고 보다 나은 기술혁신, 제품, 서비스를 창출하는 일련의 과정을 의미한다. 이 점에서 연구개발활동은 근본적으로 매우 높은 불확실성(uncertainty)과 복잡성(complexity)을 내포하고 있다. 연구개발활동은 그 자체로서 대단히 중요한 기업의 기능 및 전략이지만 이에 대한 관리 및 경영은 쉬운 일이 아니다. 이 같은 어려움으로 인해 연구개발경영을 실천하지 않는 기업들도 많다. 일반적으로 전통산업 혹은 저급기술산업에 속한 기업들이 여기에 해당될 수도 있다. 물론 이 같은 어려운 연구개발경영을 실천하지 않는 것도 하나의 전략일 수는 있다.

그러나 21세기 지식기반 경제에 지식과 기술혁신의 중요성이 더욱 커지고 기업 간 경쟁이 전 세계적으로 심화되고 있는 상황 속에서 연구개발경영은 필수적이다. 그 이유는 일찍이 슘페터(Schumpeter, 1911)가 강조한 것처럼 기업의 흥망성쇠에 기술혁신이 가장 핵심적이며, 이같이 중요한 기술혁신능력은 연구개발에서 창출되기 때문이다. 실제로 지난 20세기 이후 수많은 기업의 부침이 있었으며, 이 같은 기업의 부침은 기술혁신능력, 보다 근본적으로 연구개발능력의 여부에서 비롯되었기 때문이다. 1857년 '미국 스탠다드 앤 푸어 500(Standard and Poor 500)' 리스트에 올랐던 500개 기업들 중 1997년에는 단지 74개 기업만이 남았으며(Foster & Kaplan, 2002), 1900년 '다우존스인덱스(Dow Jones Index)'의 최상위 10대기업들 중 오직 제너럴 일렉트릭(General Electric)만이 현재 생존해 있다(Tidd & Bessant, 2013: 10). 이 같은 현상은 21세기에 들어서면서 더욱 심화되고 있다. 여기에 체계적 연구개발경영의 필요성이 있는 것이다.

연구개발은 [그림 1-1]에 나타나 있는 바와 같이 기술혁신의 창출 및 새롭고 보다 나은 제품과 서비스의 창출을 통하여 기업의 경쟁우위 제고를 목표로 하고 있다. 이와 같은 기업 연구개발활동의 목표를 보다 구체적으로 제시하면 다음 세 가지를 들 수 있다(Roussel 등, 1991; Betz, 1998: 252-253).

(1) 기존사업의 지원

이 목표는 연구개발활동을 통하여 기존 제품을 개선하여 고객의 수용도를 높이거나 다른 시장의 수요에 적응하게 하는 것이다. 이는 주로 기존의 사업구조 속에서 기업의 경쟁적 위치를 제고하기 위한 보다 나은 제품과 공정의 개선에 주안점을 둔다.

(2) 새로운 사업의 창출

이는 연구개발활동을 통하여 새로운 기술혁신의 창출 및 기존 기술을 개선하고, 이를 바탕으로 새로운 사업적 기회를 창출하는 것을 의미한다. 여기에서 새로운 사업적 기회는 전 세계적으로 새로울 수도 있고 기업 자체에게 새로울 수도 있다.

(3) 기술능력의 확장 및 심화

이는 연구개발활동을 통하여 기업의 기존 기술능력을 확장·심화하는 것을 의미한다. 이 같은 노력은 기업이 처해 있는 상황과 인지한 기회에 따라 다르며, 새로운 사업의 창출 혹은 기존 사업의 강화와 관련을 맺고 이루어진다.

[그림 1-2] 연구개발의 전략적 목표

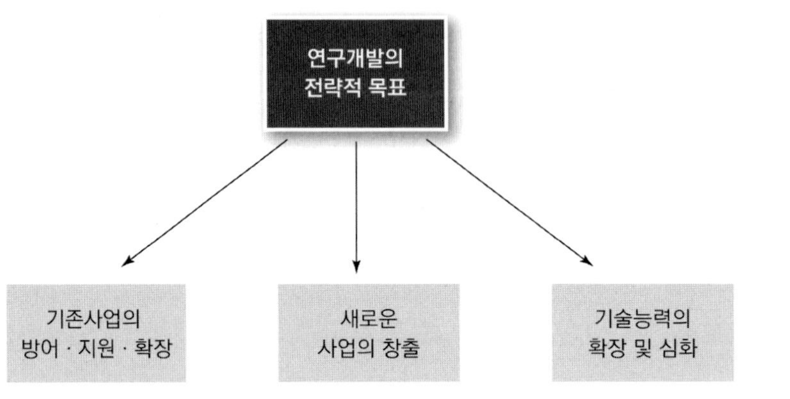

자료: Roussel 등(1991).

이상과 같은 전략적 목표를 달성하기 위하여 기업은 연구개발활동(R&D activities)을 수행한다. 기업들은 이들 목표의 추구에 있어서 서로 다른 접근을 취할 수 있다. 기업의 규모가 작은 중소기업들의 경우에는 기존 산업의 방어 · 지원 · 확장에 보다 많은 주안점을 두는 경향이 많고 대기업 및 다국적기업의 경우에는 이들 세 목표 모두를 동시에 추구하는 경향이 많다. 그러나 이들 목표 추구에 있어서 기업은 자신이 위치한 상황에 따라 서로 다른 주안점을 두면서 이들 세 목표를 동시에 추구할 필요가 있다.

2. 연구개발의 역사

연구개발(R&D: Research and Development)은 이론적으로나 실무적으로나 통일된 개념을 가지고 있지 못하다. 그러나 모든 정의에 있어서 공통적으로 주장하는 것은 연구개발이 새로운 지식의 창출 및 획득을 목표로 하고 있다는 점이다. 연구개발은 새로운 물질적, 비물질적 대상으로 이어질 수 있는 제반 활동과 과정으로 정의할 수 있다. 연구개발은 새로운 자연과학적, 공학적 지식의 창출을 가능하게 하고 기존 지식의 새로운 활용가능성을 열어주는 역할을 담당한다.

연구개발은 개인적 노력 혹은 집합적 노력에 의해 이루어질 수 있다. 개인에 의한 연구개발활동은 보통 기업가(entrepreneur)에 의해 연구개발이 이루어지는 것을 의미하며, 집합적인 연구개발활동은 일반적으로 기업에 의해 이루어져 연구개발활동을 의미한다. 이 같은 구분은 일찍이 슘페터(Schumpeter)가 기술혁신과 기업가(entrepreneur)의 중요성을 강조한 이래 강조된 개념이다(정선양, 2012; Schumpeter, 1911). 최근에는 집합적 노력, 즉 '조직화된 연구개발(organized R&D)'이 일반적인데, 보다 효과적인 연구개발활동의 수행을 위하여 많은 연구요원을 거느린 복잡한 연구개발조직이 설립·운영되고 있다.

현대에 있어서는 조직화된 연구개발활동의 중요성이 강조된다. 선진국들은 지난 세기 초반부터 조직화된 연구개발(organized R&D)을 수행해 왔다. 미국의 경우 기업의 연구개발활동은 1876년 펜실바니아 멘로파크(Menlo Park)에 토마스 에디슨(Thomas Edison)이 연구소를 설립한 데서 비롯되었다. 그 이후 AT&T, Du Pont, Dow Chemicals, GM 등이 거대한 연구소를 설립하였다. 미국 정부도 방위산업, 국방을 위한 노력으로 여러 개의 연구소를 설립하였다(예: Los Alamos). 제2차 세계대전의 준비 및 참여는 미국에 있어서 연구개발(R&D)에 종사하는 인력의 폭발적 증가를 가져왔다. 특히, 항공, 전자, 핵무기, 제조 분야에 있어서 기술혁신을 촉발하려는 노력이 대단하게 증대되었다. 전쟁 이후 미국정부는 기초연구 및 응용연구를 증대시키기 위하여 일련의 연구개발 관련기구를 설립하였는데, 대표적으로 미국과학재단(NSF: National Science Foundation), 미국원자력에너지위원회(Atomic Energy Commission), 미국국립보건원(NIH: National Institute of Health) 등을 들 수 있다. 대부분의 민간부분도 기업 성장에 필요한 기회의 창출 및 지식의 확대에 있어서 과학기술의 중요성을 인식함으로써 연구개발에 많은 투자를 하고 있으며, 대학들도 정부의 도움을 받아 연구소를 설립하여 기초연구능력의 확충 및 교육의 활성화를 기하고 있다(Jain 등, 2010).

독일의 경우에도 연구개발활동의 역사는 매우 길다. 역사적으로 살펴보면 독일은 과학기술을 통한 국가발전의 전통을 가지고 있다(정선양, 1995, 1999; Meyer-Krahmer, 1989). 독일의 기술혁신능력은 독일의 높은 연구개발능력에서 비롯되는 것이다. 독일의 대학은 '교육과 연구의 통일성(Unity of Education and Research)'이라는 기치 하에 연구개발활동에 대단한 노력을 기울이고 있다. 아울러 독일의 공공연구구기관은 막스플랑크 연구소, 프라운호퍼연구소, 헬름홀츠 대형연구센터 등 다양한 공공연구소들이 전국적으로 유치하여 활발한 연구활동을 수행해 오고 있다. 독일의 산업계는 다임러벤츠(Daimler-Benz) 및 지멘스(Siemens)와 같은 대형기업들이 있는가 하면 강력한 기술력으로 무장한 수많은 기술집약적 중소기업들이 독일의 산업경쟁력을 지탱하고 있다. 이들 중소기업들을 이른바 '숨겨진 강자(Hidden Champions)'라고 부른다(Simon, 1992, 1994). 실제로 조직화된 연구개발의 가장 구체적인 모습인 기업연구소의 효시는 1867년에 설립된 독일의 화학회사 BASF의 연구소이다(정선양, 2018).

우리나라의 경우에는 연구개발활동의 역사가 짧은 편이다. 우리나라의 과학기술의 역사는 1966년 한국과학기술연구원(KIST: Korea Institute of Science and Technology)의 설립에서 시작되었다. 이를 바탕으로 1960년대에는 정부출연연구기관이 설립되었고, 1980년대 들어서면서 민간기업들이 연구개발활동을 수행하기 시작하였으며, 1990년대에 들어서서야 대학들이 연구에 주안점을 두기 시작하였다. 그 결과 우리나라도 2000년대에 들어서면서 선진국에 견줄 수 있는 국가혁신체제(NIS: National Innovation System)를 갖추게 되었다(정선양, 2018; Chung, 2003, 2015). 민간기업들의 경우에는 1980년대 들어서 대기업들을 중심으로 연구개발활동을 수행하기 시작하였으며, 1990년대 들어서면서 중소기업들과 벤처기업들이 연구개발활동에 적극 참여하여 2000년대 이후 산업계의 연구개발능력이 크게 신장되었다. 그 결과 2004년 9월 현재 우리나라 민간기업의 연구소 수가 만 개를 넘어서는 쾌거를 이루게 되었다.

3. 연구개발의 제반 개념 및 유형

연구개발활동은 일정한 단계를 가지고 진행된다. 이들 단계들을 구성하는 연구개발의 개념 및 유형은 서로 다른데 아래에서는 이에 대해 살펴보기로 한다. 우선 연구(research)는 장기적으로 기술혁신의 기초로 활용될 수 있는 새로운 과학기술적 지식의 창출 및 이미 존재하는 지식의 결합으로 정의할 수 있다. 일반적으로 연구는 기초연구와 응용연구로 분류할 수 있다.

기초연구(basic research)는 새로운 과학적 지식 혹은 이해를 얻기 위해 수행되어지며, 특정한 실무적 목적 혹은 응용을 지향하지 않는 특징을 가지고 있다. 기초연구는 '과학의 진보'를 위하여 수행되며, 장기간에 걸친 지식의 창출 및 축적의 과정으로 이해될 수 있다. 이와 같은 기초연구는 과학자의 자발적 의지에 의해 수행되어지는 '순수기초연구(pure basic research)'와 특정 이해분야를 지향하여 기관에 의해 감독되는 '목적기초연구(oriented basic research)'로 나누어 볼 수 있다. 일부 기업이 기초연구를 소중한 자원의 낭비로 보는 견해도 있으나 어느 정도의 기초연구는 기업경쟁력의 핵심이 된다는 점에서 기업은 기초연구에 관심을 가지고 수행하여야 할 것이다.

응용연구(applied research)는 특정의 실무적 목적 달성을 지향하며 아이디어를 운영 가능한 형태로 진전시키기 위해 수행되어진다. 이 유형의 연구는 '인식된 특정 니즈'를 충족하는 데 필요한 지식 혹은 이해를 얻기 위해 수행되어진다. 응용연구는 과학 및 기초연구의 결과를 바탕으로 향후 있을 공학적 개발과정을 연계해 주는 역할을 한다.

개발(development)은 유용한 자재, 장치, 시스템, 방법을 창출하고 새로

[그림 1-3] 연구개발활동의 중첩성

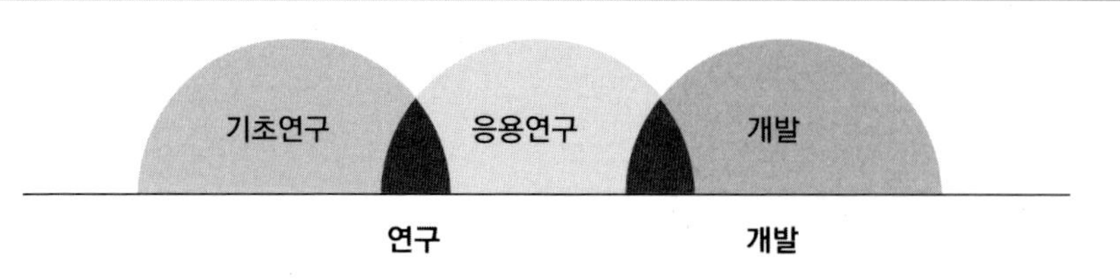

운 혹은 진보된 제품의 설계 및 개발을 위하여 연구로부터 얻어진 지식 혹은 이해를 체계적으로 사용하는 것을 의미한다. 개발업무는 엔지니어링의 영역에 머물며, 개발노력은 연구와 아이디어의 상업적 활용을 연계해 주는 역할을 한다.

이상과 같은 연구개발활동의 유형과 관련하여 Bhalla(1987)는 연구개발의 결과로 나타나는 과학과 기술은 아주 희소하고 우연한 발견을 제외하면 사전의 과학과 기술에 의존하고 있으며, 연구개발활동은 다양한 단계를 거치는데, 각 단계마다 서로 다른 기능과 재능을 필요로 하다고 강조하고 있다. 일반적으로 핵심기술의 경우 그 개발에 있어서 매우 오랜 기간을 필요로 하는데 이 점에서 연구개발기획 및 기술기획은 사업기획보다 훨씬 긴 시간의 지평을 필요로 한다.

이상과 같은 연구개발활동의 개념과 유형과 관련하여 이들은 [그림 1-3]처럼 서로 중첩되는 경향이 많다. 기초연구는 대학에서, 응용연구는 공공연구기관이, 개발연구의 경우는 기업이 담당하는 경향이 많다. 그러나 많은 기업은 정도의 차이는 있지만 기초연구와 응용연구와 같은 연구개발 단계의 전반부 유형의 연구를 수행하고 있다. 이에 따라 성공적인 기업이 되기 위해서는 다양한 연구개발유형으로 구성된 연구개발 포트폴리오(R&D portfolio)를 적절하게 구성하여야 할 것이다. 경영자의 관심사는 기업이 '어떤 유형의 연구'를 수행하고, '새로운 혹은 개선된 제품의 개발에 있어서 어떤 기술을 개발할 것인가'이다. 이 질문에 대한 대답은

[그림 1-4] 연구개발유형에 미치는 영향요인

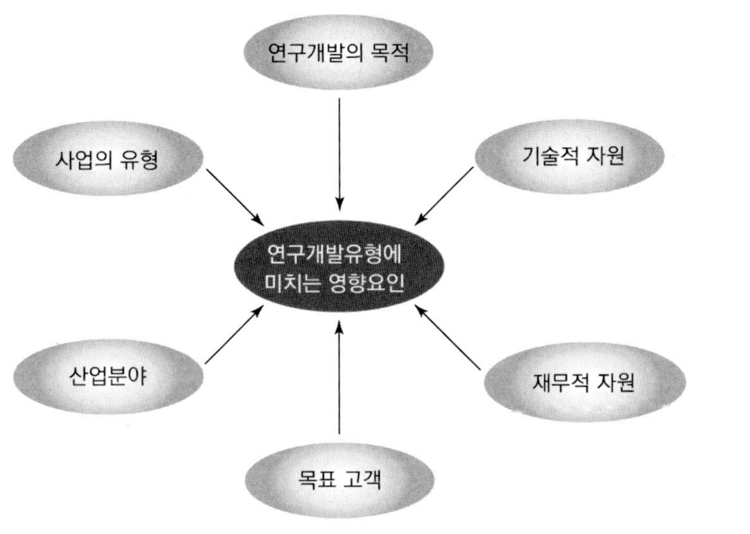

연구개발의 목적, 사업의 유형 및 산업분야, 기술적 기초, 목표 고객, 재무적·기술적 자원, 기타 여러 요인에 달려 있다([그림 1-4] 참조).

기업의 연구개발의 유형에 관한 논의는 많다. 이들 연구개발의 유형은 연구개발의 목적을 나타내 준다. Schmitt(1985)는 기업의 연구를 본원적 연구(generic research) 대 목표지향적 연구(targeted research), 시장에 의한 연구(market-driven research) 대 기술에 의한 연구(technology-driven research)로 나누고 있다. Merten & Ryu(1982)는 산업연구를 기초연구(basic research), 탐색연구(exploratory research), 새로운 상업적 활동을 위한 개발(development), 기존의 상업적 활동을 위한 개발(development), 기술서비스(technical services)의 5개의 범주로 나누고 있다.

기업은 기업활동을 지탱하는 강력한 기술 포트폴리오(technology portfolio)를 창출하여야 하는데, 이를 위하여 다양한 유형의 연구개발 포트폴리오(R&D portfolio)를 구성하여 이를 수행하여야 한다. Jain 등(2010)은 기업의 어떤 기술 포트폴리오에나 적용할 수 있는 연구개발니즈(R&D

needs)를 다음과 같이 구분하고 있다. 먼저, 규범적 니즈(normative needs)로서 연구개발활동은 사용자 니즈(users needs)의 충족을 지향하여야 함을 나타내 준다. 둘째, 비교우위 니즈(comparative needs)로서 기업의 연구개발활동은 경쟁기업과의 경쟁에서 우위를 점하기 위한 필요에 의해 추진되어야 한다는 것이다. 마지막으로, 예측 니즈(forecast needs)로서, 기업의 연구개발활동은 기술, 제품, 소비자 행위, 혹은 새로운 법규에 있어서의 미래 변화에 대한 예측에 의해 추진되어야 함을 나타내 주는 것이다. 이와 같은 연구개발수요는 연구개발경영의 궁극적 목표를 나타내 준다.

이와 같은 연구개발의 유형은 기술혁신의 유형에 의해 많은 영향을 받는다. 연구개발활동은 새로운 제품을 개발하기 위한 제품혁신(product innovations), 새로운 재료를 발굴하기 위한 재료혁신(material innovations), 새로운 공정의 개발 및 기존 공정의 개선을 위한 공정혁신(process innovations), 새로운 사업 개발을 위한 시장혁신(market innovations), 기술과 관련된 서비스의 개선을 위한 서비스 혁신(service innovations)을 지향하며 이루어질 수 있다. 각각의 혁신의 유형에 따라 수행되어지는 연구개발의 유형도 달라질 것이다.

또한 기술혁신을 촉진하기 위한 연구개발활동(R&D activities)은 산업부문마다 다르다. 일반적으로 정보통신, 전자, 제약, 생명공학 등 첨단기술산업(high-tech industries)에 속해 있는 기업들은 보다 많은 연구개발비용을 지출하고 활발한 연구개발활동을 수행하고 있다. 그러나 음료, 섬유, 신발 등과 같은 전통산업 혹은 저급기술산업(low-tech industries)에 속해 있는 기업들은 상대적으로 적은 연구개발비를 지출하고 있다. 그럼에도 불구하고 어느 기업이나 자신이 속한 산업에서 선도적인 기업이 되기 위해서는 다양한 형태의 연구개발활동을 수행하여야 할 것이다. 예를 들어, 자동차, 철강 등 전통산업에 있어서 우리 기업이나 일본기업은 미국기업보다 훨씬 더 많은 연구개발비를 지출하고 있으며, 이것이 이들 산업에 있어서 우리 기업이나 일본기업의 경쟁력의 근간이 되고 있다.

이와 같은 연구개발의 유형은 궁극적으로는 연구개발 프로젝트(R&D projects)로 변환되어 실질적인 연구개발활동에 들어가게 된다. 연구개발의 유형이 다양한 것과 마찬가지로 이를 구체적으로 수행하는 연구개발 프로젝트의 유형도 다양하다. 기업은 다양한 프로젝트를 수행하여야 하는데, 이를 세분하면 집중화되고 목표지향적인 단기 프로젝트, 집중화되고 목표지향적인 장기 프로젝트, 투기적이며 탐색적 작업을 위한 프로젝트, 기존 제품 및 서비스를 위한 보조적 연구 프로젝트를 수행하게 된다.

기업의 연구개발활동은 궁극적으로 새로운 사업의 창출 혹은 기존 사업의 전면적인 변환을 하는데 필요한 에너지의 창출에 두어야 할 것이다. 이 같은 '기회의 활용'은 다양한 범주의 연구개발유형에 대한 균형된 선행적 연구개발투자를 필요로 한다.

제 2 절 연구개발의 위험성

1. 위험과 불확실성

연구개발은 일반 기업 활동과 달리 대단히 높은 위험(risk)을 내포하고 있다. 이에 따라 연구개발관리를 이해하기 위해서는 불확실성과 위험과의 차이, 연구개발위험의 유형, 연구개발위험에 대한 영향요인, 연구개발위험의 저감 방안 등을 고려하여야 할 것이다. 아래에는 이를 서술하기로 한다.

모든 연구개발활동의 특징은 조직의 내외적 요인들에 의하여 사전적으로 연구개발결과의 불확실성(uncertainty)을 가지고 있다는 점이다. Tidd & Bessant(2013: 330)은 연구개발결과인 기술혁신에 관한 의사결정은 새로운 무엇인가를 수행하는 것과 관련을 가지고 있는 미지의 것, 가능성, 기회에 관한 것이기에 불확실성을 다루는 과정이라고 설명하면서, 보다

[그림 1-5] 혁신깔때기의 개념

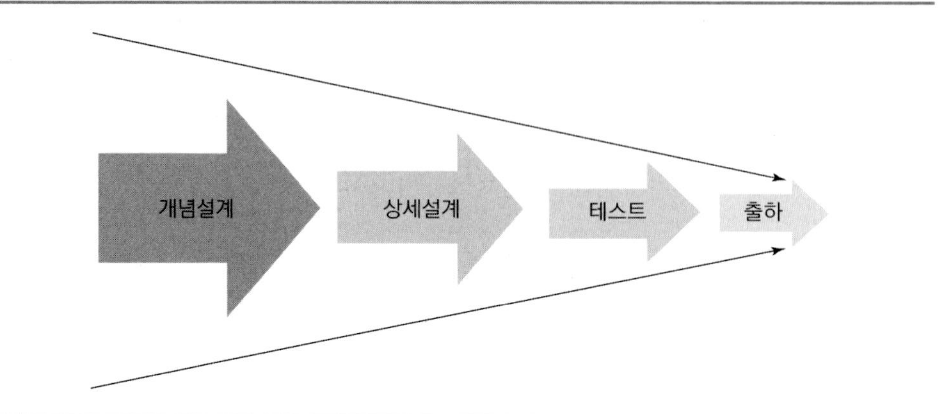

자료: Tidd & Bessant(2013), p.331.

많은 확실성을 확보하는 유일한 길은 연구개발 프로젝트를 시작하고 학습하는 것이라고 강조하고 있다. 이와 관련하여 이들은 기술혁신은 불확실성을 줄이는 과정임을 강조하며 혁신깔때기(innovation funnel)라는 개념을 제시하고 있다. 혁신깔때기를 지나갈수록 불확실성은 줄어들며, 자원투자의 양은 많아진다. 이 점에서 연구개발경영 및 혁신경영에서 최고경영자의 조기개입의 필요성이 대두된다. 기술혁신과정 혹은 혁신깔때기의 초기에는 불확실성이 높고 자원의 투입이 적기 때문에 이 시기에는 잘못된 의사결정을 수정하여 새롭고 보다 합리적인 의사결정을 할 수 있기 때문이다.

위험(risk)은 불확실성과 다르다. 예를 들어, 두 가지의 의사결정과 관련하여 동일한 불확실성의 정도는 반드시 비슷한 수준의 위험을 내포하지는 않고 반대의 경우도 성립한다. 불확실성은 불완전한 정보에 의해 창출되나 위험은 이 같은 불확실성의 가능한 결과를 나타내 줄 뿐이다. 다시 말하여 불확실성은 위험의 필요조건이지만 충분조건은 아니다.

연구개발활동은 궁극적으로 제품의 마케팅 과정으로 이어지기 때문에 연구개발위험(R&D risk)과 혁신위험(innovation risk)으로 구분하는 것은

[그림 1-6] 기술혁신의 과정

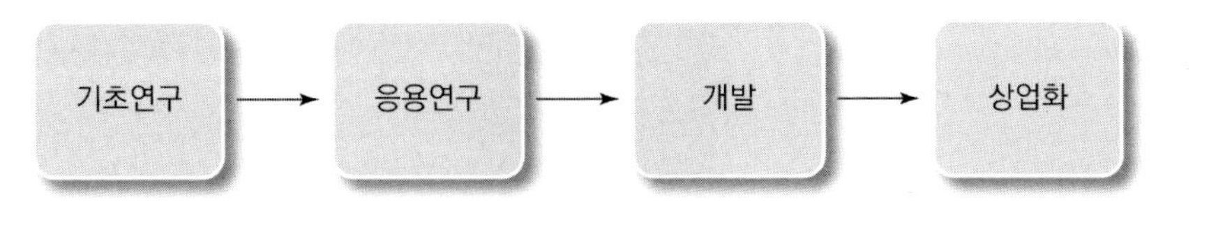

적절하지 않다. 이 점에서 본 절에서 연구개발위험(R&D risk)은 기술혁신 과정(innovation process)에서의 위험을 내포하는 것으로 파악하여야 할 것이다. 일반적으로 기술혁신과정은 [그림 1-6]과 같이 기초연구로부터 상업화로 이어지는 일련의 과정을 의미하며, 각각의 과정마다 독특한 위험을 내포하고 있다. 그림에서 보는 것처럼 연구개발은 기술혁신과정의 많은 부분을 차지하고 있다. 기술혁신과정의 위험 총합은 각각 과정의 행위특정적인 개별 위험의 총합을 통해 이루어진다. 일반적으로 개발단계나 상업화의 시점의 위험은 전체 제품 중에서 시장에서 실패한 비율을 나타내는 실패율(rate of failure)을 통하여 강조되기도 한다. 그러나 연구개발의 위험과 관련하여 많은 아이디어, 신제품 개념, 프로젝트들이 기술혁신과정의 초기 단계에서 중단되었다는 점을 간과해서는 안 될 것이다. 이는 첨단기술 및 첨단산업분야의 경우 더욱 그렇다. 첨단산업의 경우 기술혁신과정의 전반에 있어서 중단율이 높은 반면, 후반으로 갈수록 프로젝트의 지속적인 수행의 가능성은 더욱 높아지게 마련이다.

2. 연구개발위험의 유형

연구개발활동 및 기술혁신의 과정에서 총체적인 위험은 다양한 위험의 유형을 포괄하고 있다. 세부적으로 기술적 위험, 시간적 위험, 비용적 위험, 평가적 위험으로 나타낼 수 있다([그림 1-7] 참조). 다음에서 이에 관해 상세히 설명하기로 한다.

[그림 1-7] 연구개발위험의 유형

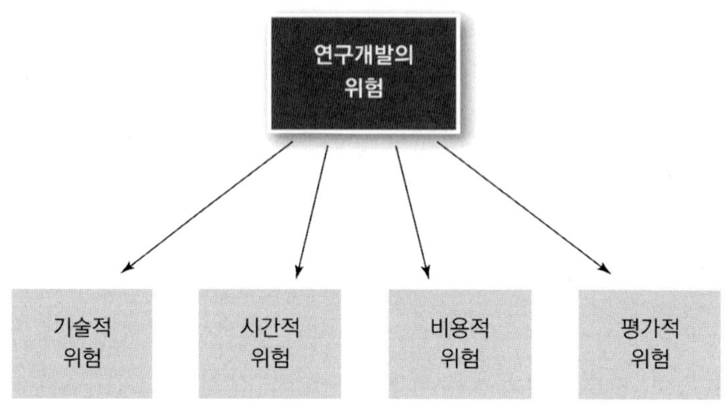

먼저, 기술적 위험(technological risk)은 연구개발 과제의 결과와 관련한 불확실성에 기초하고 있다. 이는 제기된 문제에 대하여 기술적인 해결책을 찾을 수 있을 것인가에 관한 문제에 해당된다.

둘째, 시간적 위험(timing risk)은 주어진 시간에 시행 중인 과제의 실현과 관련된 불확실성을 나타내 준다. 무엇보다도 신제품의 시장에의 도입과 관련된 시간적 위험은 판단하기가 매우 어렵다. 제품과 서비스가 적절한 시점에 시장에 도입되지 않으면 이 유형의 위험 측면에서 판단할 때 실패로 귀결되어지는 것이다. 시장의 상황을 고려하여 신제품을 시장에 도입하기 위한 보다 적절한 시점을 찾으려는 노력은 종종 경쟁불위(competitive disadvantage)에 처해질 수 있는 위험성이 있음을 인식하여야 할 것이다.

셋째, 비용적 위험(cost risk)은 연구개발활동에 투입되는 예산과 관련한 불확실성을 나타내 준다. 이 같은 비용적 위험의 고려에는 연구개발활동에 직접적으로 발생하는 직접연구개발 비용은 물론 연구개발요원에 의해 다른 기능부문에서 발생하는 비용들도 포함하여야 할 것이다.

마지막으로, 평가적 위험(evaluation risk)은 신제품의 시장에 도입과 관련한 경제적 불확실성에서 비롯된다. 이는 신제품의 잠재적 고객에 의한 수용 여부, 목표하는 수익의 달성 여부, 기타 법률적 · 사회적 문제에서 비롯되기도 한다.

이와 같은 위험의 유형은 명확하게 구분될 수 없으며 상호 연관지어 고려하여야 할 것이다. 예를 들어, 시간적 위험과 비용적 위험은 긴밀한 관련성을 가지고 있다. 즉, 프로젝트 시간의 연장은 비용의 증가를 수반한다. 아울러 비용적 위험의 증가는 평가적 위험에 부정적 영향을 미친다.

이상과 같은 연구개발과 관련 불확실성과 위험은 회피할 수 없다. 연구개발과 그 결과인 기술혁신은 근본적으로 불확실성이 농후한 작업이기 때문이다. 그러나 연구개발경영은 이와 같은 연구개발 관련 불확실성을 체계적으로 줄여 이른바 '계산된 위험(calculated risk)'으로 변환하는 노력이다(Tidd & Bessant, 2013: 330). 연구개발경영을 잘하면 잘할수록 연구개발과 관련된 불확실성을 계산된 위험으로 잘 변환시키고 연구개발의 성공확률을 제고할 수 있을 것이다.

3. 연구개발위험에 대한 영향요인

연구개발위험에 대한 영향요인은 다양하다([그림 1-8] 참조). 먼저, 최근 들어 가속화되고 있는 제품수명주기(product life cycle)의 단축은 연구개발의 위험을 증가시킨다. 시장에서 제품이 판매되는 수명주기가 짧아질수록 기업의 입장에서는 수익을 보다 많이 창출하기 위해 혁신적인 제품을 가능한 짧은 시간에 출하해야 하는 압력에 시달린다. 이에 따라 기업의 시간적 위험은 높아지며, 약간의 제품출하 지체로도 제품의 손익분기점을 맞추지 못할 수도 있다. 제품의 수명주기는 평가적 위험에도 영향을 주는데, 기업이 기술혁신 및 제품의 개발과정에서 시간을 단축시키지 못하고 시장성공에 필요한 제품의 질적인 수준을 맞추지 못하면 평가적 위험이 올라가게 마련이다.

[그림 1-8] 연구개발위험의 영향요인

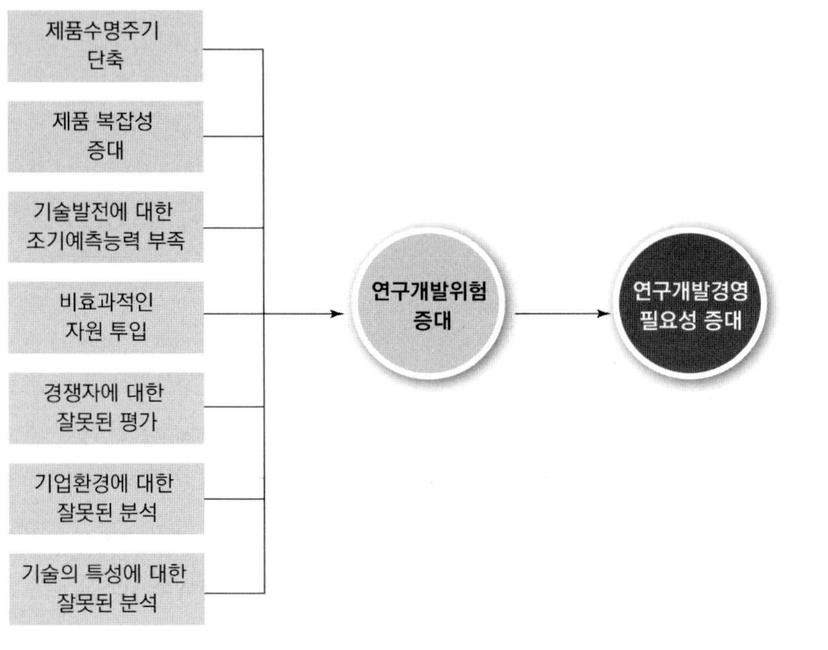

둘째, 제품 복잡성(product complexity)의 증대는 연구개발위험에 영향을 미친다. 그 결과 새로운 제품의 필요사양이 매우 복잡하여 기존의 제품과 차별화를 할 수 있는 새로운 아이디어에 대해 기술적인 해결책을 찾을 수 없을 때는 연구개발위험은 증가한다.

셋째, 기술의 발전방향에 대한 조기예측능력 부족은 연구개발의 위험을 증대시킨다. 연구개발위험이 혁신위험을 포함한다고 볼 때, 기술 동향에 대한 조기인식의 부족은 새로운 연구개발활동을 적시에 추진할 수 없기 때문이다.

넷째, 비효과적인 자원투입(ineffective resources input) 역시 연구개발위험을 증대시킨다. 연구개발활동은 기본적으로 많은 자원을 필요로 하는데 이에 대한 계획의 부족이나 연구개발실무에 있어서 부족한 자원의 투입은 연구개발활동의 성공을 방해할 수 있다. 아울러 특정 연구개발과제에 대한 과도한 자원투입 역시 자원의 비효율적 사용의 측면에서 위험을 증대시킨다.

다섯째, 경쟁자의 기업행위 및 경쟁제품 등에 대한 잘못된 평가 역시 연구개발의 평가적 위험을 증대시킨다. 연구개발활동의 결과 창출되는 혁신적 제품은 결국 시장에서 기존의 제품 및 다른 경쟁제품과 경쟁하여야 하는데, 이 같은 경쟁상황에 대한 잘못된 평가는 해당 연구개발과제 전체의 실패로 이어지는 결과를 초래할 수 있다.

여섯째, 기업환경(business environment)의 변화에 대한 잘못된 예측 역시 연구개발활동의 평가적 위험을 증대시킨다. 환경변화에 대한 예측의 어려움은 기업경영의 일상이라고 할 수 있을 것이다. 이와 같은 환경에 대한 부적절한 예측은 특히 연구개발의 비용적 위험을 크게 증대시킨다. 예를 들어, 환경규제의 강화에 따르는 배출가스의 규제는 이를 해결하기 위한 투자의 증대를 가져와 제품원가의 주요한 상승요인이 될 수 있다. 많은 경우 환경변화의 예측능력 부족으로 인해 연구개발결과의 생산과정에 부적합성이 밝혀짐으로서 연구개발과제가 시장출하 직전에 중단되어 기업에게 막대한 비용적 손실을 입히는 경우가 많다.

마지막으로, 기술의 유형(technology types)은 기술적 위험의 크기에 많은 영향을 미친다. 일반적으로 기술의 유형은 기반기술, 핵심기술, 선도기술, 신흥기술 등으로 구분하는데, 기반기술의 활용에 있어서의 기술적 위험은 잘 알려지지 않은 신흥기술의 위험보다 훨씬 낮다. 기술혁신의 유형도 연구개발위험에 영향을 미친다. 일반적으로 급진적 혁신(radical innovation)은 근본적으로 시장에서의 높은 성공잠재력을 가지지만 이를 경제적 이익으로 변환하기에는 많은 어려움이 있다. 반면, 기존제품에 대한 약간의 변환을 주는 점진적 혁신(incremental innovation)의 경우에는 시장에서의 막대한 경제적 성공의 가능성은 낮은 것이 일반적이다.

연구개발활동과 관련된 위험을 줄이기 위해서 경영층은 연구개발과정의 조기에 관여하여야 할 것이다. Specht 등(2002: 29)은 연구개발위험을 줄일 수 있는 다양한 방법을 다음과 같이 제시하고 있다.

- 체계적, 통합적 기술기획
- 체계적, 다학제적 프로젝트 관리
- 동시공학(simutaneous engineering)과 통합적 연구개발활동
- 사전에 계획된 위험 분산과 보상(예: 위험에 따른 자원배분)
- 작업결과의 포괄적 문서화 및 혁신우호적 정보정책을 통하여 학습효과, 소통, 조정 능력 강화
- 계획 변경, 대체계획 등의 여유를 가진 유연한 프로그램 계획
- 특허 및 라이선스 등과 같은 형태로 연구개발결과의 외부적 구입
- 다양한 주체에게 위험을 분산할 수 있는 연구개발협력
- 이미 진행 중인 연구개발 프로젝트를 중단시킬 수 있는 자세

이상의 연구개발위험에 대한 위험요인의 다양성에 관한 논의는 이 같은 다양한 위험이 연구개발활동의 전체적 위험으로 모아지며, 이들 요인은 여러 위험의 유형에 영향을 미침을 알 수 있었다. 이에 따라 연구개발경영(R&D management)은 이 같은 위험의 유형과 다양한 영향요인을 고려하고 이들 영향요인에 대한 적극적인 대응을 통해 여러 유형의 연구개발위험을 저감하여 총체적으로는 연구개발활동 전체의 위험을 줄임으로서 연구개발활동의 성공을 촉진시키는 방향으로 추진되어야 할 것이다. 기업은 이와 같은 연구개발 영향요인 및 위험에 대하여 적극적으로 대응하여야 연구개발활동의 목표가 될 수 있는 연구개발의 효과성과 효율성의 증대를 확보할 수 있을 것이다.

제 3 절 연구개발경영의 중요성

1. 연구개발경영의 핵심의사결정

연구개발(R&D)은 전략적 기술경영의 핵심적 요소이다(정선양, 2016). 기술전략이 수립되고 기술기획단계가 완료되면 기술전략을 효과적으로 집행하는 것이 필요하다. 기술전략을 집행하기 위해서는 무엇보다도 기술전략의 수립단계에서 도출되었던 기업의 핵심기술을 어떻게 확보하는가, 즉 기술획득(technology acquisition)의 문제가 중요하게 대두된다. 기술획득과 관련하여 최고경영자는 다음과 같은 세 가지 유형의 중요한 의사결정을 하여야 한다.

(1) 기업이 목표로 하는 기술들을 어디에서 획득할 것인가?
(2) 이들 목표기술 중 어떤 기술들을 시급히 획득할 것이며, 어떤 기술들을 가까운 장래에 획득할 것인가?
(3) 새로운 기술에 언제 진입할 것인가? 혹은 기존기술로부터 새로운 기술로 언제 전이할 것인가?

이 같은 의사결정은 기업이 특정기술에 있어서 선도자(leader)가 될 것인가 아니면 추종자(follower)가 될 것인가의 기술전략의 문제와도 긴밀하게 관련이 있다. 기업이 기술을 획득하는 방법은 내부적 획득방법과 외부적 획득방법의 두 가지가 있다. 내부적 기술획득(internal acquisition)은 기업이 자체적으로 연구개발활동을 수행하여 기술을 확보하는 방법이고, 외부적 획득(external acquisition)은 수탁연구, 협력연구, 라이선스, 기술 구입 등 여러 가지 방법이 있다. 기업은 현대 기술의 복합적이고 동적인 특성상 기술을 내부적으로만 획득하기에는 상당한 어려움이 따르기 때문에 다양한 외부획득 방법을 활용하여야 한다. 기술의 외부적 획득은 다른 장에서 기술협력(technology collaboration) 혹은 연구개발협력(R&D collaboration)이라고 부른다. 그러나 기술경영의 핵심적인 요체는 기술의 내부적 획득방법, 즉 '내부연구개발활동(in-house R&D activities)'이다. 그 이유는 연구개발협력에서 성공을 하기 위해서도 기업 스스로 연구개발역량(R&D capabilities)을 확보하여야 하기 때문이다.

기술의 내부적 획득, 즉 내부연구개발활동(in-house R&D activities)의 수행은 기업이 필요로 하는 기술을 내부에서 개발하는 목적을 가지고, 이를 위해 자체적인 인적, 기술적, 재무적 자원을 활용하는 것을 의미한다. 이에 따라 내부연구개발활동은 '자체연구개발활동' 혹은 일반적으로 '연구개발활동'으로 부르기도 한다. 내부연구개발활동은 기업이 연구개발활동을 위한 충분한 기술인력과 재무능력을 가지고 있음을 전제로 한다. 실제로 대부분의 기업은 신기술을 내부적으로 창출하기 위하여 독립된 기업연구소(corporate R&D institute)를 가지고 있다. 아울러 기업들은 자체적인 연구개발활동을 위하여 연구개발투자를 지속적으로 증대시켜 오고 있다. 특히 이 같은 내부연구개발의 노력은 첨단산업분야에 속해 있는 기업들의 경우 더욱 그러하다. 이에 따라 이 같은 연구개발활동에 있어서의 효율성, 이른바 연구개발 효율성(R&D efficiency)을 증대시키기 위한 효과적인 연구개발경영(R&D management)이 기술경영의 대단히 중요한 분야로 대두되고 있다.

기업이 기술을 내부적으로 개발해야 할 필요성이 대두되는 상황은 여러 가지가 있다. 첫째, 기술이 제품의 성능에 상당한 영향력을 가지고 있으며 경쟁우위 확보에 핵심적인 역할을 하는 경우에는 기술을 내부적으로 개발하는 것이 좋다. 둘째, 기술이 제품원가의 측면에 상당한 영향을 준다면 이 기술은 내부적으로 개발하여야 한다. 셋째, 그 기술이 제한적이어서 외부에서 조달하기 쉽지 않을 경우에는 내부적으로 개발하는 것이 적당하다.

또한 경영자들은 자신의 제품이 다른 기업의 기술에 의존하는 것에 대하여 불안감을 느끼기도 한다. 그러나 새로운 신기술을 이전받아 기업 내의 제품으로 소화하는 데도 상당한 비용과 시간이 들기 때문에 무조건 기술의 외부조달이 좋다고 말할 수 없다. 만약 신기술을 기업 내에서 체화하고 상품화시키는 데 어려움을 겪는다면 이는 기업의 재무적 부담이나 기업 경쟁력의 약화로 이어질 가능성이 있다.

기업 연구개발활동이 중요한 이유는 연구개발활동의 결과로 창출되는 기술혁신능력이 기업의 경쟁우위 및 부의 창출의 핵심이 되기 때문이다. 이처럼 자체적인 연구개발활동이 필요한 이유 중의 하나는 기업이 어느 정도의 자체 연구개발능력을 확보하여야만 적절한 기술혁신능력을 확보할 수 있다는 것이다. 예를 들어, 기업이 기술을 외부에서 구입하여도 이를 기업 내에서 소화하고 상용화할 수 있는 기술흡수능력(technological absorption capabilities)이 부족하면 기술의 외부조달 효과가 충분히 창출되기 어려울 것이다. 이에 따라 기업은 상당한 정도의 연구개발능력을 확보하여야 할 것이다.

그러나 이 같은 연구개발능력을 확충하기는 쉬운 일이 아니다. 많은 기업은 상당한 연구기간을 필요로 하고 실패로 이어질 가능성이 높은 연구개발분야에 투자하는 것을 기피하는 경향이 있다. 특히 일반적인 기능부서들은 연구개발의 중요성을 충분히 인식하지 못하는 경우도 많다. 이에 따라 자체연구개발활동은 최고경영자 및 기업 내부에서 당위성을 충분히 확보받아야 할 것이다. 이를 위한 방법으로는 기업의 내부연구개발활동은 기업 및 사업부의 경쟁우위 확보에 충분한 공헌 가능성을 보여주어야 할 것이며, 기존의 기술분야들과 시너지를 창출할 수 있어야 할 것이고, 연구개발활동 자체에 있어서 충분한 효율성을 확보하여야 할 것이다. 이를 위하여 연구개발활동은 효과적으로 관리되어야 할 것이다.

2. 연구개발경영의 중요성

기업의 내부연구개발활동(in-house R&D activities)은 기업의 기술적 문제를 스스로 해결하려는 것이며, 이에 따라 기업 자체의 재무적 · 인적 · 물적 자원의 투입을 필요로 한다. 기업은 미래에 대한 체계적 준비의 일환으로 미래의 성장잠재력을 찾기 위하여 자체적인 연구개발활동을 수행하게 된다. 이 점에서 연구개발은 기업의 경쟁우위 달성에 있어서 소중한 기능이다. 기업 및 사업부는 새로운 기술적 지식의 창출에 있어서 우선적으로 자체적인 연구개발에 의존하게 된다. 기업의 경쟁우위 확보 · 유지 · 확대에 있어서 기술의 전략적 중요성을 감안하면 기술능력 확보를 위한 자체연구개발활동도 전략경영의 개념이 필요하다. 여기에서도 최고경영자가 주도하는 '전략적 연구개발경영(strategic R&D management)'이 필요한 것이다.

연구개발경영에 관한 여러 전문가에 따르면(Specht 등, 2002; Weule, 2002; Wolfrum, 1991: 295), 연구개발경영의 주요 영역으로 다음을 들고 있다.

(1) 연구개발활동의 근본적 방향 제시(예: 시장지향 대 기술지향, 공격적 연구개발 대 방어적 연구개발)
(2) 연구개발 프로젝트의 선정
(3) 연구개발부문의 인력정책
(4) 연구개발부문의 자금조달 및 자원의 준비
(5) 특허 및 라이선스 정책
(6) 연구개발기능의 관리
(7) 자체연구개발과 기업 외부의 기술 및 정보와의 조화

실제로 이와 같은 내부연구개발활동은 다음과 같은 상당한 장점을 가지고 있다.

(1) 내부연구개발활동은 연구개발과정 전체에 대하여 통제를 할 수 있다.
(2) 내부연구개발활동은 기업 연구개발활동 목표의 선택을 가능하게 한다. 기업은 기업이 가지고 있는 자원 및 기업 전체의 목적을 고려하여 기업에게 적합한 연구개발목표를 설정할 수 있다.
(3) 기업은 내부연구개발활동을 통하여 연구개발결과에 대한 독점권을 가질 수 있다. 아울러 연구개발결과의 배분 등과 관련하여 발생할 수 있는 문제를 미연에 방지할 수 있다.
(4) 기업은 자체연구개발활동을 통하여 기술적 독립성(technological independency)을 지속적으로 유지할 수 있다. 이를 바탕으로 더 나아가 고객에 대한 기업의 이미지와 명성을 제고할 수 있다.
(5) 내부연구개발활동은 기업의 연구개발과제들로 하여금 기업이 필요로 하는 특정한 수요에 대하여 구체적 해결을 목표로 할 수 있게 해준다.

그러나 이와 같은 자체연구개발활동은 다음과 같은 단점을 가지고 있다.

(1) 자체연구개발활동은 상당한 정도의 재무적 · 인적 · 물질적 자원을 필요로 한다. 그런데 이와 같은 자원의 확보는 단기간 내에 이루어지지 않는다. 이에 따라 기업의 부족한 자원 측면에서 볼 때 자체적인 연구개발활동보다 외부로부터 기술을 조달하는 것이 훨씬 효율적일 수도 있다.
(2) 기업의 내부연구개발활동은 그 결과를 획득하는 데 상당한 시간이 소요된다. 기술혁신의 과정은 대단히 많은 시간을 필요로 하는 것이 일반적인데, 특히 첨단 산업의 경우에는 연구개발결과의 획득에 수년 이상을 필요로 하기도 한다.
(3) 기업의 연구개발활동은 근본적으로 위험을 내포하고 있다는 점이다. 이와 같은 위험은 기술적 성공이 불확실하다는 기술적 위험

(technological risk)과 더불어 기술적으로 성공을 하였어도 시장에서 충분한 수용이 이루어지지 않는 상업적 위험(commercial risk)이 있다. 아울러 연구개발결과를 시장에 도입하는 데에 따른 적시성과 관련된 시간적 위험(timing risk)도 있다.

이에 따라 기업과 사업부는 기술을 내부적으로 획득할 것인가 외부적으로 획득할 것인가의 의사결정에 있어서 이상과 같은 내부연구개발활동의 장단점을 충분히 고려하여 의사결정을 하여야 할 것이다. 이와 같은 장단점을 고려하면 내부연구개발활동은 다음과 같은 기술영역에서 주로 이루어져야 할 것이다(Michel, 1987: 247-248; Wolfrum, 1991: 297).

(1) 기업 및 사업부가 높은 기술능력을 보이는 영역
(2) 높은 차별화 및 원가 우위의 잠재력을 보이는 영역
(3) 해당 기술의 개발이 기업 경쟁우위에 핵심적인 역할을 하는 영역
(4) 연구개발 프로젝트를 빠르게 종료하여야 할 긴급성이 높지 않은 영역
(5) 추가적인 개발 잠재력이 매우 높은 영역
(6) 상대적으로 기술적 · 사업적 · 시간적 위험이 적은 영역
(7) 기업 및 사업부에서 이미 활용하고 있거나 활용하려는 기술들과 높은 시너지 잠재력을 가지고 있는 영역

이상과 같은 영역에서의 연구개발활동은 전술한 자체연구개발활동의 근본적인 장단점으로 인하여 세심하게 관리되어야 할 것이다. 무엇보다도 연구개발활동은 전략적으로 관리되어야 할 것이다. 즉, 기업 및 사업부의 자체연구개발활동은 효과적으로 관리되어 기업 및 사업부의 경쟁우위에 충분한 공헌을 하여야 할 것이다.

3. 연구개발경영의 영역

연구개발경영(R&D management)은 연구개발 효율성 혹은 생산성 제고를 목표로 연구개발과정을 효율적으로 관리하는 학문적 · 실무적 분야로 정의할 수 있다. 그리하여 연구개발경영의 결과는 성공적인 기술의 개발, 이를 바탕으로 한 새로운 혹은 개선된 제품과 서비스의 창출이다. 그리하여 연구개발경영의 대상은 근본적으로 연구개발과정(R&D process)이라고 할 수 있다. 그런데 일반적으로 기술경영에서는 연구개발과정보다는 기술혁신과정이라는 개념이 보다 잘 알려져 있는 개념이다. 그 이유는 연구개발과정에 이어 바로 이어지는 것이 제품과 서비스의 창출 및 시장으로의 출하, 즉 협의의 기술혁신과정이기 때문이다.

이에 따라 연구개발 및 이를 관리하는 연구개발경영의 영역은 [그림 1-9]로 나타낼 수 있을 것이다. 이 그림에서 가로축은 연구 → 개발 → 사업화로 이어지는 기술혁신과정(innovation process)을 나타내 준다. 이 과정을 보다 세부적으로 나타내면, 기술지식의 내부적 획득 및 저장 → 기

[그림 1-9] 연구개발경영, 기술경영, 혁신경영과의 관계

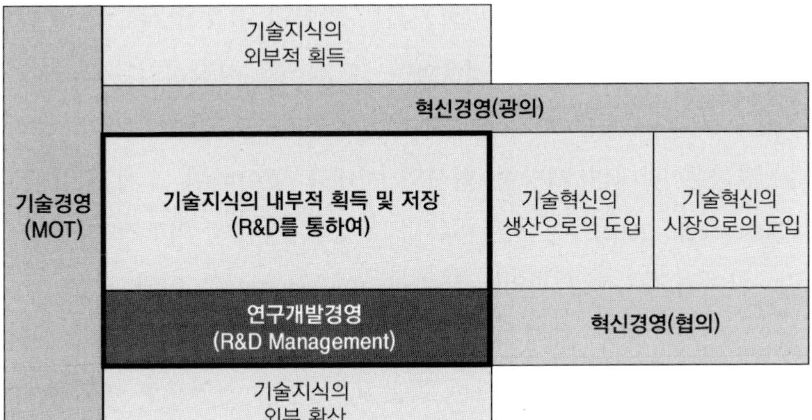

기술지식의
외부적 획득
혁신경영(광의)
기술경영
(MOT)
기술지식의 내부적 획득 및 저장
(R&D를 통하여)
기술혁신의
생산으로의 도입
기술혁신의
시장으로의 도입
연구개발경영
(R&D Management)
혁신경영(협의)
기술지식의
외부 확산

자료: 정선양(2018), p.54에서 수정.

술혁신의 생산으로의 도입 → 기술혁신의 시장으로의 도입으로 나타낼 수 있다. 여기에서 기술혁신의 생산 및 시장으로의 도입은 협의의 기술혁신과정, 즉 기술혁신의 사업화 과정으로 나타낼 수 있다. 그리하여 연구개발, 즉 기술적 지식의 내부적 획득 및 저장 과정을 경영하는 것이 이른바 연구개발경영(R&D management)이며, 연구개발활동의 결과인 기술혁신의 사업화 과정을 경영하는 것이 '협의의' 혁신경영(innovation management)을 나타낸다. 그러나 일부 전문가들은 기술혁신과정을 폭넓게 해석하여 연구 → 개발 → 사업화 모두를 포괄하는 것으로 파악하며, 기술혁신의 전 과정을 경영하는 것을 '광의의' 혁신경영으로 파악하고 있다.

[그림 1-9]에서의 세로축은 기술적 지식의 원천과 활용의 측면을 포괄적으로 나타내고 있다. 기업이 필요로 하는 기술적 지식은 반드시 내부에서 창출하지 않고 외부로부터 구입 혹은 연구개발협력을 통하여 확보할 수 있다. 즉, 기업은 외부에서 획득된 기술적 지식을 기업 내부의 연구개발활동에 투입하고 가공하여 새로운 혹은 개선된 제품과 서비스를 창출할 수 있다. 아울러 기업은 내부에서 창출된 기술적 지식은 물론 기업 외부로부터 획득한 기술적 지식 모두를 자체 기술혁신과정에 포함시키지 않는다. 소중한 자원을 투입하여 자체적으로 개발한 기술적 지식은 물론 외부에서 획득한 기술적 지식도 기업의 전략적 목표나 경쟁우위 확보에 그 중요성이 떨어질 경우에는 그 지식을 사장시키는 것보다 외부에 스핀오프(spin-off)를 하거나 라이선스 등을 주는 경향이 많다. 특히 이 같은 경향은 현대의 개방형 혁신의 시대를 맞이하여 크게 확대되고 있다(Chesbrough, 2003). 이것은 이른바 기술적 지식의 외부적 활용을 나타낸다. 일반적으로 기술경영(technology management)은 이와 같은 기술적 지식의 외부적 획득, 내부적 활용(기술혁신과정에의 투입), 외부적 활용의 과정 모두를 포괄하여 경영하는 학문적, 실무적 영역으로 파악할 수 있다.

이와 같은 관점에서 볼 때, 기술경영의 핵심적인 분야는 연구개발경영임을 알 수 있다. [그림 1-9]에 나타나 있는 바와 같이 연구개발경영은 기술경영과정 및 기술혁신과정의 가장 중심에 위치해 있다. 그리하여 연구개발경영능력을 확보하지 않으면 기술혁신과정은 물론 기술경영과정 모두 성공을 거두기 어렵다. 그리하여 학문적으로나 실무적으로나 기술경영의 핵심영역은 연구개발경영이다. 그럼에도 우리나라에서는 연구개발경영에 관한 중요성이 충분히 인식되지 못하여 국내의 경영대학에서 '연구개발경영'의 과목을 개설한 학교가 거의 없다. 우리가 경영학원론을 배울 때 경영의 업무기능(operational function)으로써 생산, 마케팅, 재무, 인사 등에 이어 연구개발을 꼭 공부하는 데 비하여 연구개발경영을 경영대학에서 가르치지 않는다는 것은 문제가 아닐 수 없다.

아울러 2000년대에 들어서면서 기술경영 분야에서 개방형 혁신(open innovation)의 열풍이 불어닥치면서 연구개발경영을 등한시하는 경향도 생긴 것은 아쉬운 일이다. 여기에서 개방형 혁신은 연구개발협력(R&D collaboration)을 나타내는 것이고, 연구개발경영은 폐쇄형 혁신을 의미한다고 파악할 수 있다. 그리하여 개방형 혁신은 기술경영의 좋은 관행이고 폐쇄형 혁신(closed innovation), 즉 연구개발경영은 좋지 않은 관행이라는 잘못된 인식을 하는 실무자들이 많다. 그러나 개방형 혁신이 성공하기 위해서는 기업의 연구개발능력이 반드시 선행되어야 한다. 이 점에서 연구개발경영은 기술경영의 핵심축이 아닐 수 없다.

▌한국의 기업 연구개발조직의 발전

기업의 연구개발활동은 기능부서로서 연구개발전담부서, 독립된 연구소, 아니면 두 유형을 모두 운영하는 형태로 이루어진다. 최근 들어 우리나라를 비롯한 많은 나라의 기업들은 연구개발과 기술혁신의 중요성을 인식하고 독립연구소, 즉 기업연구소(corporate research institute)를 설립·운영해 오고 있다. 그 배경으로는 기업 간의 경쟁이 치열해짐에 따라 차별적이고 불연속적인 제품과 서비스를 창출하여야 할 필요성이 대두되었기 때문이다. 기술에 있어서 혁신성이 제고되어야 할 필요성이 대두되었고 그 결과 기술의 영역에 과학의 적용이 활발하게 진행되었는데, 이와 같은 기술에 대한 과학적 지식의 투입 현상을 Betz(1998)는 과학적 기술(scientific technology)이라고 명하고 있다. 과학적 기술 개발의 제도화의 필요성으로 인해 기업연구소가 설립된 것이다.

세계 최초의 기업연구소는 1867년 연구소를 설립한 독일의 화학회사인 BASF이며, 미국의 최초의 기업연구소는 1876년 GE에 의해 설립되었다. 초기의 기업연구소들은 전기산업과 화학산업에서 많이 설립되었는데, 초기의 미국의 기업연구소는 듀퐁연구소(DuPont Laboratories), AT&T의 벨연구소(Bell Labs), 다우연구소(Dow Laboratory), GM의 기술센터(Technical Center) 등을 들 수 있다. 유럽에서도 I.G. Farben, Siemens 등 많은 기업이 기업연구소를 설립하였다. 20세기 들어 기업의 성장 및 경쟁력 확보·유지·발전을 위한 기술혁신의 중요성 확산으로 세계적인 기업들이 기업연구소를 설립·운영해 오고 있다. 기업연구소는 기업의 중장기적인 성장동력을 창출하는 데 기여해 오고 있다. 특히 기업연구소는 기업의 연구개발전략이 사업전략에 효과적으로 통합되는 데 중요한 역할을 한다.

우리나라도 기업들이 기업연구소를 활발하게 설립해 오고 있다. 정부는 '기초연구진흥 및 기술개발지원에 관한 법률' 제14조 제1항, 동법 시행령

제16조에 의거하여 1981년부터 기업연구소 설립 · 신고 제도를 운영해 오고 있다. 이는 일정 요건을 갖춘 기업의 연구개발전담조직을 인정함으로써 기업 내 독립된 연구조직을 육성하고 인정받은 연구소에 대해서는 연구개발활동에 따른 지원 혜택을 부여하여 기업의 연구개발활동을 촉진하는 제도이다. 이렇게 인정받은 연구소를 정확하게는 기업부설연구소라고 하며, 최근에 들어서는 연구개발전담부서 제도도 도입되었다.

우리나라 연구개발조직의 인정요건은 <표 1>과 같이 인적 요건과 물적 요건으로 나누어진다. 인적 요건은 기업의 규모에 따라 다른데, 대기업의 부설연구소는 연구전담요원 10명 이상, 중견기업은 연구전담요원 7명 이상, 중기업은 연구전담요원 5명 이상, 벤처기업은 연구전담요원 2명 이상이다. 대체로 연구전담요원은 기업의 규모에 따라 다르지만 자연계 학사 이상자로서 해당 분야 연구개발활동의 경력이 있어야 하며, 중소기업은 전문학사 혹은 마이스터고 또는 특성화고 졸업생으로 연구개발활동의 경험이 있어야

〈표 1〉 우리나라의 기업 연구개발조직 설립 신고요건

구 분			신고요건
인적 요건	연구소	벤처기업	연구전담요원 2명 이상
		연구원창업중소기업	
		소기업	연구전담요원 3명 이상 단, 창업일로부터 3년까지는 2명 이상
		중기업	연구전담요원 5명 이상
		국외에 있는 기업연구소 (해외연구소)	연구전담요원 5명 이상
		중견기업	연구전담요원 7명 이상
		대기업	연구전담요원 10명 이상
	연구개발전담부서	기업규모에 관계없이 동등 적용	연구전담요원 1명 이상
물적 요건	연구시설 및 공간요건		연구개발활동을 수행해 나가는 데 있어서 필수적인 독립된 연구공간과 연구시설을 보유하고 있을 것

자료: 한국산업기술진흥협회 홈페이지.

한다. 물적 요건은 기업의 규모에 관계없이 연구개발활동을 수행해 나가는 데 있어서 필수적인 독립된 연구공간과 연구시설을 보유하고 있어야 한다.

또한, 우리나라는 1991년부터 연구개발전담부서의 설립 · 인가제도를 시행해 오고 있다. 연구개발전담부서는 기업 규모에 관계없이 연구전담요원 1명 이상을 확보하면 인가를 해주고 있다. 전담조직은 기업의 규모가 작고 기술능력이 축적되지 않은 중소기업과 벤처기업들이 설치하고 있다. 전담조직도 독립적인 연구공간과 연구시설을 보유하고 있어야 하는 것은 부설연구소와 동일하다.

<표 2>는 우리나라 기업 연구개발조직의 발전 추이를 기업부설연구소와 전담조직 그리고 기업의 규모별로 나누어 나타내고 있다. 우선 기업부설연구소를 살펴보면, 우리나라 기업연구소는 1981년 53개에서 1991년 1,201개로 증가하여 2004년에 1만 개를, 2018년에 4만 개를 돌파하였으며, 2021년 6월 현재 42,222개로 증가하였다. 특히 2000년대 이후 중소기업과 벤처기업이 연구소 설립에 적극적이어서 2021년 6월 현재 28,500개의 중소기업 부설연구소와 13,646개의 벤처기업 부설연구소가 운영되고 있다. 아울러 대기업도 연구소 설립이 꾸준히 증가하여 2021년 6월 현재 2,076개의 부설연구

〈표 2〉 우리나라 기업 연구개발조직의 발전 추이

구분	1981	1986	1991	1,996	2001	2006	2011	2016	2021.6
연구소	**53**	**290**	**1,201**	**2,610**	**9,070**	**13,324**	**24,291**	**37,631**	**42,222**
대 기 업	–	–	–	–	853	926	1,415	1,605	2,076
중소기업	–	–	–	–	8,217	6,346	15,152	25,629	28,500
벤처기업	–	–	–	–	–	6,052	7,724	10,397	13,646
전담부서	**–**	**–**	**49**	**255**	**1,361**	**3,363**	**8,884**	**23,201**	**31,814**
대기업	–	–	–	–	120	159	216	319	370
중소기업	–	–	–	–	1,241	2,812	7,543	21,099	28,807
벤처기업	–	–	–	–	–	392	1,125	1,783	2,637
합계	**53**	**290**	**1,250**	**2,865**	**10,431**	**16,687**	**33,175**	**60,832**	**76,036**

* 중소/벤처기업에 대한 분류는 2001년부터 시스템적으로 분류·관리되기 시작

자료: 한국산업기술진흥협회(각 연도, 내부자료).

소가 운영 중이다.

연구개발전담부서도 빠르게 증가하여 1991년의 49개에서 2013년에 1만 개를, 2015년에 2만 개를 돌파하여 2021년 6월 말 현재 31,814개의 전담부서가 운영 중이다. 특히 중소기업이 전담부서를 많이 설치하여 2021년 6월 말 현재 28,807개의 전담부서가 운영 중에 있다.

그리하여 기업 연구소와 연구개발전담부서를 모두 살펴보면, 2021년 6월 말 현재 우리나라 산업계는 76,036개의 연구개발조직을 운영하고 있다. 이는 전술한 바와 같이 1981년 말 우리나라에 53개의 기업부설연구소만이 운영되었다는 점을 생각하면 정말 눈부신 증가가 아닐 수 없다. 그러나 이와 같은 연구개발조직의 양적 성장도 중요하지만, 이들 연구개발조직이 효율적인 연구개발경영(R&D management)을 수행하여 연구개발결과를 새롭고 보다 나은 제품, 서비스, 공정으로 변환하여 기업 경쟁력은 물론 국부 창출에 기여하여야 할 당위성이 있다.

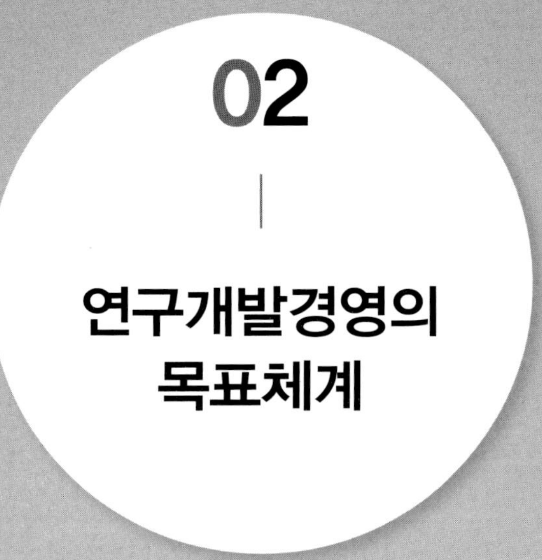

02

연구개발경영의 목표체계

제 1 절 연구개발경영 목표의 개관

연구개발경영은 위험성이 높은 연구개발활동을 체계적으로 관리하여 보다 많은 연구개발성과를 조기에 창출하는 일련의 과정을 의미한다. 다양한 형태의 위험성과 위험에 대한 영향요인으로 말미암아 연구개발활동을 경영하는 것은 쉬운 일이 아니다. 이에 따라 Jain 등(2010)은 자신들의 '연구개발경영'이라는 교과서의 부제를 '경영불가능한 것에 대한 경영(managing the unmanageable)'이라고 강조하고 있다. 이는 세심하고 체계적인 연구개발경영의 필요성을 강조하는 것이다.

연구개발경영의 핵심적 과제 중의 하나는 연구개발활 동 및 프로젝트에 수반된 위험(risk)을 저감하는 방법을 찾고 이를 실천에 옮기는 것이다. [그림 2-1]은 연구개발경영의 역할을 나타내 주고 있다. 연구개발경영은 불확실하고 위험이 높으며, 비용이 많이 드는 연구개발활동을 위험성을 저감하고 명확성을 제고하여 그 결과로 창출되는 기술혁신을 바탕으로 보다 빠르고 많은 수익을 획득하게 하는 역할을 한다. 이를 위하여

[그림 2-1] 연구개발경영의 역할

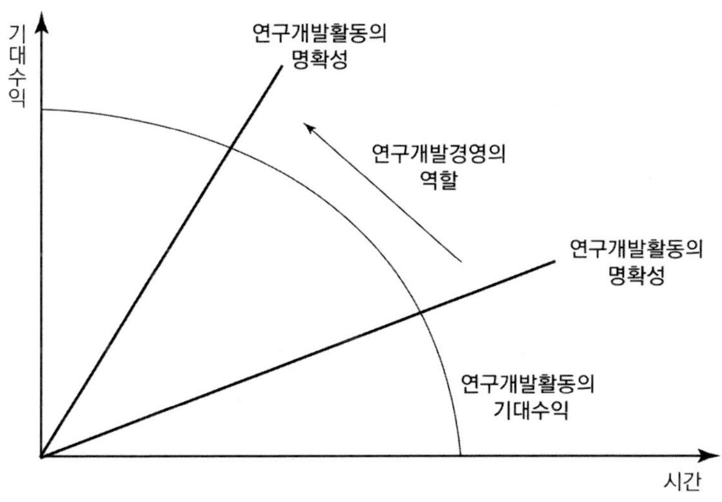

다양한 방법들이 실무에서 활용되고 있다. 많은 경우 기업 실무에 있어서 연구개발과정의 각 단계에서의 위험 및 전체 결과에 대한 영향력을 감안하여 사전적 경영목표에 대하여 실제 결과의 명백한 차이를 분석함으로써 해결책을 찾으려 노력하고 있다.

일반적으로 경영층은 연구개발과제의 각 진행단계에 있어서 비용이 많이 발생하거나 문제의 발생이 많은 단계에 관여하게 된다. 연구개발과정 및 기술혁신과정에서 비용의 발생 정도를 살펴보면 [그림 2-1]에 나타나 있듯이 연구단계에서 상업화 단계로 갈수록 점점 더 많이 발생한다. 이에 따라 경영층은 연구개발단계보다는 제품의 제조, 성장, 성숙, 폐기 단계에 보다 많은 관여를 하게 되는데 이는 소중한 연구개발과제의 실패는 물론 부족한 기업 자원의 낭비를 가져오게 된다. 그러나 최고경영자의 기술혁신과정과 기술혁신과정 결과에 대한 영향력 및 통제의 가능성은 기술혁신과정의 초기단계에는 높지만 후기단계로 갈수록 점점 줄어든다. 그 이유는 연구개발과정이 진행될수록 자원의 잠김(lock-in)현상이 발생하여, 투자한 자원의 양으로 인하여 연구개발과제의 중단을 쉽게 결정하기 어렵다. 즉, 기술혁신과정 초기에 대한 최고경영자의 관여는 기술혁신의 성공에 대단한 영향을 주지만 후기단계에는 별다른 영향을 주지 못한다.

연구개발위험을 저감하기 위해서는 이 같은 비용이 많이 들거나 취약한 부문보다는 결과에 대한 영향력을 행사할 수 있는 가능성이 높은 분야에 주시하여야 할 필요가 있다. 연구개발과제에 있어서 이 같은 단계는 연구개발과정 및 기술혁신과정의 초기단계가 되는데 이 단계에는 비용이 가장 많이 발생하지는 않으나 연구개발결과에 대한 영향력은 가장 높다. 아울러 이 단계에서 제품의 품질과 매출액에 대한 문제의 발생가능성이 매우 높다. 특히 기업의 미래 성장동력이 될 수 있는 급진적 혁신(radical innovation) 혹은 불연속적 혁신(discontinuous innovation)의 경우에는 막대한 자원이 투입되고 실패의 위험성이 대단히 높다는 점에서 기

[그림 2-2] 최고경영자의 관여도와 기술혁신 성공에 대한 영향력 정도

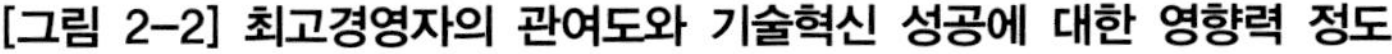

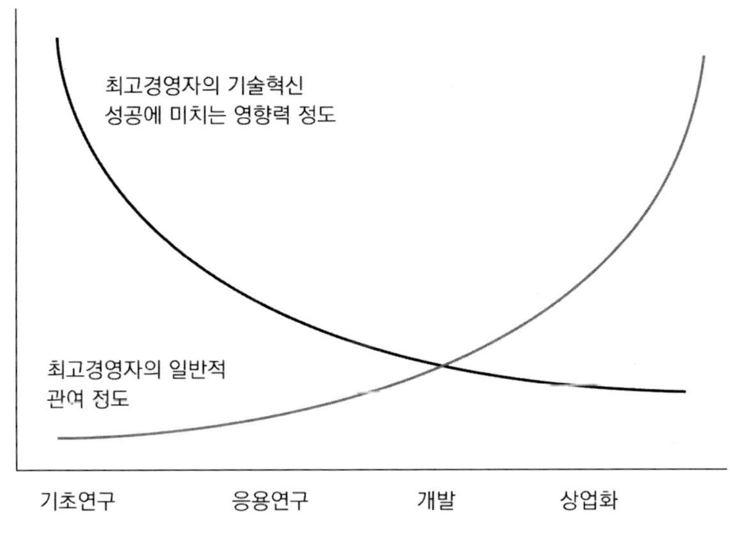

술혁신과정의 초기 단계부터 최고경영자의 관여와 지원이 절실히 요구된다. 다시 말해, 최고경영자 주도의 연구개발경영, 전략적 연구개발경영(strategic R&D management)이 필요하다.

보다 선진화된 연구개발경영은 최고경영자가 주도하여 경영의 주안점을 기술혁신과정의 전반부로 옮겨 기술혁신과정의 문제점을 미연에 방지하고 최대한 수익을 창출하는 것이다. 즉, 현대의 복잡하고 급변하는 기술경제환경 속에서는 기술혁신경영의 주안점을 연구개발활동에 놓고 최고경영자 주도의 연구개발경영, 이른바 전략적 연구개발경영을 하여야 할 것이다.

이를 위한 구체적인 방안은 다음과 같다. 먼저, 체계적이고 통합적인 기술기획이 필요하다. 둘째로, 프로젝트의 관리 및 실제 연구개발활동에 있어서 체계적이고도 통합적인 접근방법이 필요하다. 셋째, 프로젝트의 수행에 있어서 유연성을 확보하여 프로젝트의 진행과정에서 변화의 가능성을 열어놓을 필요가 있다. 넷째, 연구개발활동에 있어서 위험을 분산시키기 위하여 다양한 연구개발주체들 간의 협력관계를 잘 구축·유지하여야 할 것이다. 마지막으로, 이미 진행 중인 프로젝트라고 하더라도 필요하다면 중단할 수 있는 준비를 하여야 할 것이다. 이 같은 연구개발활동에 내포된 위험을 저감할 수 있는 방안은 많이 있을 것이다. 기업의 특징 및 수행 중인 프로젝트의 특징에 적합한 위험 저감방안을 적절하게 활용하여야 할 것이다.

제 2 절 연구개발경영의 목표와 전략 과제

전략적 연구개발경영에 있어서 중요한 것은 연구개발목표의 특징, 구조 및 이로 인해 비롯되는 전략적, 운영적 과제를 도출하고 이에 대해 효율적인 대응을 하는 것이다. 이 절에서는 이에 관해 상세히 살펴보기로 한다.

1. 연구개발경영 목표의 특징

연구개발경영의 중요한 과제 중의 하나는 목표를 설정하는 것이다. 연구개발경영의 목표는 도전적이어야 하며 무엇보다도 달성가능하여야 할 것이다. 아울러 목표는 성공요인을 내포하고 있어야 한다. 일반적으로 연구개발목표와 관련하여 핵심적인 상위 목표는 효과성(effectiveness)과 효율성(efficiency)이다. 효과성은 수단(means) 대비 결과(output)를 나타내며, 일반적으로 질적인 척도를 나타내 준다. 그러나 효율성은 산출물(input) 대비 투입물(output)의 비율로 나타낼 수 있으며 자원 활용의 경제성 및 생산성을 나타내는 척도로 활용될 수 있다. 일반적으로 효율성은 효과성의 하부목표로 볼 수 있다.

실제로 Jain 등(2010)은 연구개발경영의 목적은 연구개발조직의 효과성을 제고하는 것으로 천명하고 있다. 연구개발활동의 효과성은 예를 들어 고객만족도, 경쟁우위, 개발시간의 단축 등과 같은 상위의 척도들을 나타낸다. 이에 반하여 연구개발활동의 효율성은 연구개발자원의 적은 투입, 시장에 대한 제품출하 속도의 단축, 시너지 효과의 창출 등을 요구한다. 경제적인 측면에서 볼 때 연구개발활동은 이와 같은 효과성과 효율성을 모두 필요로 한다.

2. 연구개발경영의 목표체계

연구개발경영에 있어서 유추되는 목표체제는 연구개발과 관련이 있는 기업의 목표영역으로 실천되어야 한다. 즉, 전술한 연구개발경영의 상위목표인 효과성과 효율성은 보다 세부적인 목표로 구현되어야 할 것이다. 연구개발경영에 있어서의 목표는 유연성을 가지고 연구개발활동을 수행하는 과정에서 변화하고 새롭게 대체될 수 있어야 할 것이다. 그 결과 연구개발활동의 결과가 변화될 수 있어야 할 것이며 아울러 이 같은 변화가능성을 감안하여 연구개발경영의 목표도 변화되어야 할 것이다.

Specht 등(2002)은 연구개발경영의 목표체계를 [그림 2-3]과 같이 연구개발잠재력, 연구개발과정, 연구개발대상, 연구개발결과의 범주로 나누어 설명하고 있다. 이들은 기술혁신과정인 연구개발, 제품과 공정 개발, 상업화 등을 순서적으로 반영하고 있는 것이다. 이 점에서 연구개발경영

[그림 2-3] 연구개발경영의 목표체계

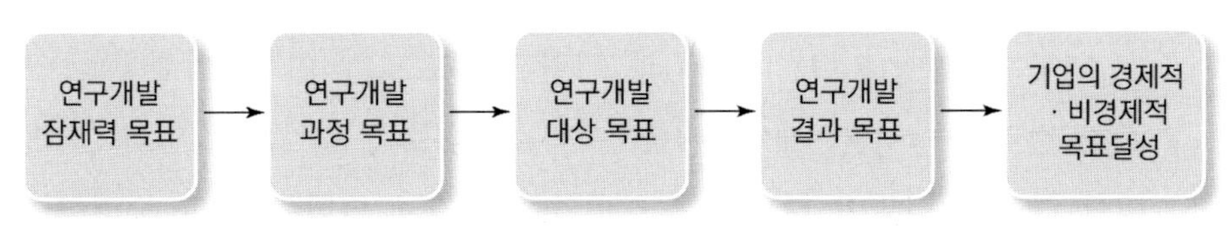

자료: Specht 등(2002), p.19에서 저자의 단순화.

은 궁극적으로 기술혁신과정의 효율성과 효과성을 폭넓게 파악하여 제고하여야 함을 나타내 주는 것이다. 그 이유는 연구개발의 궁극적 목표는 기술혁신을 바탕으로 하여 새로운 혹은 개선된 제품과 서비스의 상업화를 통한 수익의 극대화이기 때문이다.

1) 연구개발 잠재력에 대한 목표

연구개발잠재력(R&D potential)에 대한 목표는 무엇보다도 연구개발에 관여하는 연구개발인력들의 잠재력을 어떻게 효율적으로 개발할 것인가의 문제이다. 이에 따라 세부목표로는 학습효과, 동기부여, 커뮤니케이션, 유연성, 적응능력, 안정성, 경력개발 등을 들 수 있을 것이다. 이들은 연구개발과정을 담당하는 연구개발인력의 창의성 확보 및 유지와 관련을 맺고 있는 사항들이다.

2) 연구개발과정에 대한 목표

연구개발과정(R&D process)은 기술의 개발, 사전개발, 제품 및 공정의 개발로 이어지는 일련의 과정으로 이해할 수 있다. 이와 같은 연구개발과정에 대한 목표는 매우 다양한 목표를 가질 수 있기 때문에 과정과 관련된 특정 행위와 연결지어서 생각하여야 할 것이다. 그 결과 구체적인 과정목표로는 기술의 개발, 개념의 개발, 제품 및 공정의 개발 등과 같은 특정한 목표를 추구할 수 있다. 이들을 포괄하는 대표적인 목표로는 연구개발시간의 단축, 연구개발위험의 감소 등을 들 수 있다.

3) 연구개발 대상에 대한 목표

연구개발대상(R&D targets)과 관련된 목표로는 연구개발활동의 구체적인 결과, 즉 기술, 개념, 제품, 서비스, 공정 등을 들 수 있다. 이들에 대한 목표는 이들이 다양한 수명주기를 가지고 있다는 점도 고려하여야 할 것이다. 이들 대상과 관련된 목표를 구체화하는 프로젝트와 관련지어 살펴보아야 할 것이다.

4) 연구개발결과에 대한 목표

연구개발결과(R&D outcome)에 대한 목표는 연구개발활동의 경제적·비경제적 결과를 포함하고 있는데, 예를 들어 수익력, 매출액, 투자수익률, 기업 이미지 등을 들 수 있을 것이다. 이들 목표도 구체적인 프로젝트들과 관련지어 살펴볼 수 있으며, 이들 프로젝트 전체의 결과 총합은 연구개발부문 전체의 결과 총합을 나타내 주며, 이는 다시금 기업의 성공여부를 나타내 준다. 개별 프로젝트의 목표는 궁극적으로는 수익의 창출로 이어져야 하며, 연구개발부문의 수익률은 이 같은 프로젝트 전체의 성공으로 판단될 수 있을 것이다.

5) 목표영역들 간의 관련성

이상에서 설명한 네 개의 목표영역은 연구개발부문의 효과성과 효율성에 공헌한다. 각각의 영역에서의 목표지향적 업무의 수행은 후속적인 목표영역의 효과성에 결정적인 영향을 미친다. 예를 들어, 한 제품의 개발과정이 효과적으로 마무리 지어질 수 있다면 연구개발 대상인 제품개발의 목표 수행에 매우 큰 영향을 미친다. 이 점에서 각각의 목표영역 간의 효과적·효율적 연계의 필요성이 대두된다.

3. 연구개발경영의 전략적 과제

연구개발경영은 전략적으로 이루어져야 한다. 이 점에서 연구개발경영은 장기적인 기획, 조직, 실행, 통제와 관련된 사항을 포함한다. 이와 관련 Specht 등(2002: 21-23)은 연구개발경영의 전략적 과제로 다음 사항을 제시하고 있다([그림 2-4] 참조).

[그림 2-4] 연구개발경영의 전략적 과제

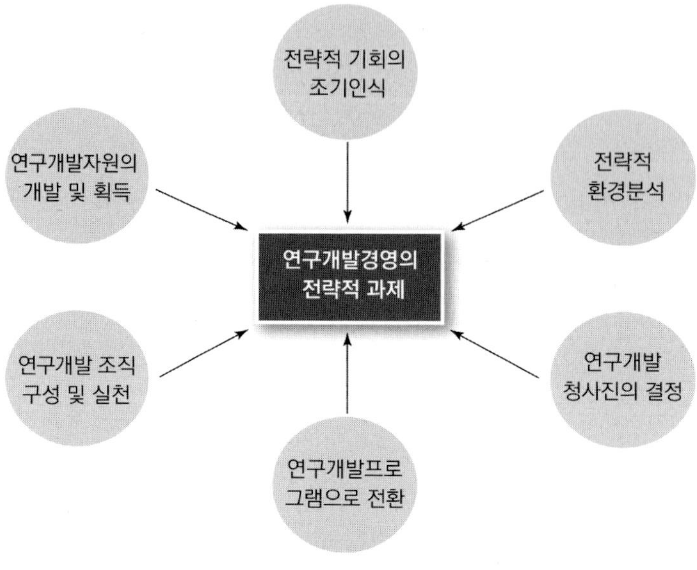

1) 전략적 기회의 조기인식

연구개발경영의 핵심적 과제는 시장 및 산업환경으로부터 사업기회에 대한 약한 신호(weak signals)를 조기에 인식하는 것이다. 이는 특정한 시장 및 산업의 전반적인 환경 속에서 모든 연구개발 관련 활동에 대한 집중적인 감시와 모니터링을 진행하여야 하며 이것이 기업의 경쟁우위로 이어질 수 있는 전략적 기회(strategic opportunities)임을 조기에 인식하고 변환하여야 함을 나타내 준다. 이를 위한 대표적인 방법으로는 매우 강력한 경쟁기업들의 연구개발업무를 감시하는 것을 들 수 있다. 또한, 새롭게 대두되는 신기술 및 고객욕구의 변화 등을 조기에 인식하는 것도 중요하다. 최근 들어, 불연속적인 혁신 혹은 파괴적 혁신의 경우에는 이처럼 미약한 신호의 조기인식을 필요로 한다.

2) 전략적 환경분석

전략적 환경분석(strategic environmental analysis)은 연구개발 환경분석과 연구개발주체 분석으로 나누어 살펴볼 수 있다. 환경분석은 기업 외부의 대상, 예를 들어 사업영역, 시장에 대한 분석을 나타내 주는 데 비하여, 주체분석은 기업 내부의 대상, 즉 조직단위에 대한 분석을 의미한다. 환경분석으로는 기회-위험 분석(opportunities-threats analysis)과 이들의 미래 발전 추세에 대한 분석이 이루어진다. 이에 반해 주체분석은 연구개발주체의 강점-약점 분석(strengths-weaknesses analysis)이 이루어지게 된다.

3) 연구개발 청사진의 결정

연구개발경영의 전략적 과제 중의 하나는 기업의 비전으로부터 연구개발부문에 대한 다양한 측면의 검토를 거쳐 연구개발활동의 청사진(blue print)을 마련하는 것이다. 이와 같은 청사진은 연구개발부문이 좀 더 구체적인 방향으로의 모든 연구개발활동의 수행에 있어서 준거의 틀이 된다. 이 방향 속에는 연구개발활동의 개념, 활동, 과정을 추가적으로 통합하고 고객 및 경쟁자와 같은 경제적 측면까지도 고려되어야 한다. 또한, 여기에서 중요한 것은 기업의 기술혁신 촉진적인 문화(innovation-friendly culture)를 구축하는 문제도 포함하여야 한다.

4) 연구개발목표와 전략의 결정

기업의 목표와 연구개발 청사진을 바탕으로 기업은 처한 상황에 적합한 연구개발목표(R&D objectives)를 구축하게 된다. 이와 같은 목표체계는 목표를 달성할 수 있는 최상의 방법을 나타내 주는 연구개발전략(R&D strategies)의 기초가 된다는 점에서 이는 지속적으로 검증되어야 한다. 연구개발전략은 다시금 특정의 전략적 업무영역으로 정의되어야 한다.

5) 연구개발전략의 연구개발 프로그램으로의 전환

특정적인 연구개발전략이 수립되고 난 후에는 연구개발전략은 구체적인 연구개발 프로그램(R&D programs)으로 전환되어야 한다. 이들 프로그램은 실무적인 차원에서 수행되어야 하는 연구개발 프로젝트의 기초를 형성한다. 기업은 연구개발 프로그램의 창출에 있어 연구개발과정의 모든 영역에 관여하는 종업원들의 참여를 활성화해야 할 것이다. 이를 위해선 프로그램의 목표에 대비한 현재 상황을 지속적으로 검토함으로써 프로그램의 정의에 있어서 발생할 수 있는 오류를 조기에 방지할 수 있을 것이다.

6) 연구개발조직 및 연구개발의 실천

연구개발 프로그램이 설정되면 연구개발활동을 구체적으로 실행할 연구개발조직(R&D organizations)의 구성 및 운영이 이루어져야 할 것이다. 아울러 연구개발활동을 수행하는 과정에서 관련부서들과 협력을 촉진하는 경영시스템이 개발·운영되어야 할 것이다. 여기에서 연구개발요원에 대한 적절한 보상체제의 구축 및 운영의 필요성도 매우 크다. 일반적인 실증연구에 따르면 비물질적인 보상이 연구원들의 아이디어 창출과 같은 기술혁신의 활동에 더 많은 영향을 미친다고 한다. 오히려 비물질적인 보상은 아이디어의 활용과 혁신강도에 더 많은 영향을 미친다고 한다. 보다 큰 효과를 창출하기 위해서는 보상체제의 상황에 맞는 운용이 필요할 것이다.

7) 연구개발자원의 개발 및 획득

기업의 가장 생산적인 투자는 기업의 가장 현명한 인적자원에 투자하는 것이다. 이는 특히 연구개발영역에 있어서의 인적자원의 필요성을 강조하며, 연구개발활동은 우수한 창조적인 인력에 달려 있음을 나타내 주는 것이다. 이에 따라 적절한 인력의 고용 및 개발은 연구개발경영에 있어서 전략적인 업무로 인식된다. 기업은 인적자원관리에 있어서 기존의 인력만을 고려하지 말고 잠재적인 신진인력의 획득 및 개발에 관심을 가져야 할 것이다. 이를 위해서는 예를 들면 대학의 연구소나 학과를 지원하거나 인력에 대한 장학금의 지불 등과 같은 방법으로 우수한 인력을 조기에 확보할 수 있을 것이다. 이와 같은 선행적 노력을 통해서만 우수한 인재를 장기적으로 지속적으로 확보할 수 있을 것이다. 이와 같은 과제는 종업원의 동기를 유발하는 경영시스템의 구축 및 운용에 대한 필요성과 긴밀한 관련성을 맺고 있다.

4. 연구개발경영의 운영적 과제

연구개발경영의 전략적 과제들이 완수되고 나면 세부적인 운영적 과제를 다루어야 한다. 운영적 의사결정 차원에서의 과제들은 연구개발경영의 전략적 목표를 달성하기 위한 구체적 활동의 수행을 핵심내용으로 하고 있다. 이에 따라 이 과제는 우선 연구개발 프로젝트(R&D projects) 차원에서의 활동과 관련을 맺고 있다. Specht 등(2002: 23-24)은 연구개발경영의 운영적 과제로 다음을 제시하고 있다([그림 2-5] 참조).

1) 프로젝트의 평가와 선정

잠재적 프로젝트(potential projects)의 평가는 전술한 바와 같은 기대되는 효과성과 효율성의 차원에서 이루어져야 한다. 아울러 종합적인 프로젝트의 계획, 즉 연구개발 프로그램 속에서 적절한 프로젝트의 선정이 이루어져야 할 것이다. 이 같은 프로젝트의 선정에 있어서 각각의 프로젝트의 인적, 재무적 자원의 증대 필요성 측면도 고려하여야 할 것이다.

[그림 2-5] 연구개발경영의 운영적 과제

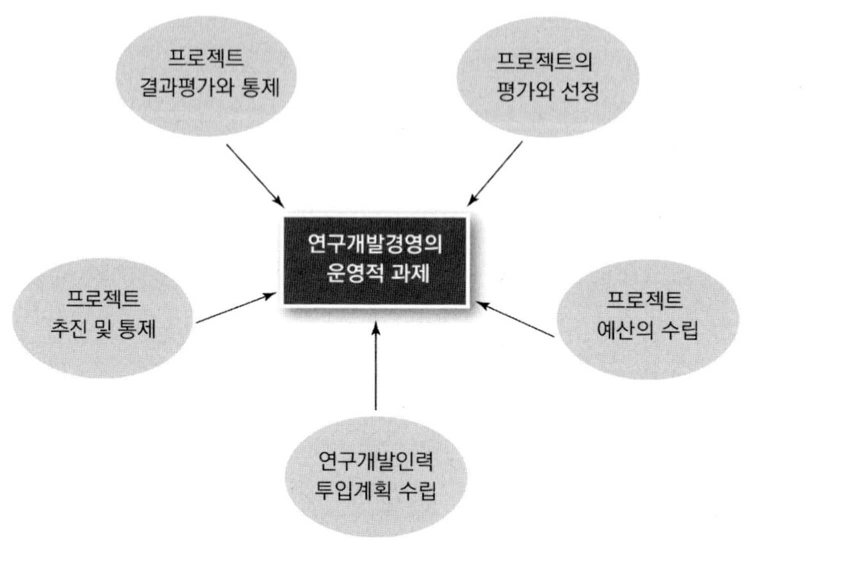

2) 프로젝트 예산의 수립

개별적으로 선정된 프로젝트들에 대하여 예산수립(budget planning)의 과정을 통하여 재무적 자원의 필요량이 결정되어야 한다. 연구개발의 실무에 있어서 확정된 총예산의 연구개발 프로젝트들에 대한 배분은 해당 연구개발활동들이 기업에 미칠 수 있는 영향을 사전적으로 정밀히 검토할 수 있는 기회를 제공해 준다. 연구개발예산의 관리는 다양한 연구개발 프로젝트 후보들이 기업의 경쟁우위에 미치는 영향을 충분히 검토하고 난 후에 결정되게 된다.

3) 연구개발인력 투입 계획 수립

연구개발부문에 있어서 가장 중요한 자원은 연구개발요원(R&D personnel)이다. 필요한 연구개발인력의 적절한 인원계획 및 적소 배치는 연구개발활동의 운영적 차원에서 하여야 하는 매우 중요한 과제이다. 이와 같은 연구개발인력의 수요 예측 및 배치 계획은 각각의 프로젝트의 필요 계획에 따라 이루어지며 이를 바탕으로 이들 인력은 다양한 프로젝트로 배분되게 된다.

4) 프로젝트의 추진

선정된 프로젝트의 진행은 프로젝트의 시간계획, 프로젝트 조직구성, 수행하는 방법과 기기의 선택, 프로젝트의 관리, 프로젝트의 문서화, 프로젝트의 질적인 관리 등의 문제를 계획하는 것을 나타내 준다. 특히 프로젝트의 실질적 추진과 관련하여 프로젝트의 이정표(milestone)를 설정하는 것이 중요한데, 이를 통하여 프로젝트의 진행사항을 검토하고, 해당 프로젝트를 계속 수행할 것인지 혹은 이를 중단할 것인가에 관한 의사결정을 하여야 한다. 프로젝트의 계속적 수행이 결정된 과제에 한해서만 예산의 추가적인 투입이 이루어진다. 이 점에서 연구개발경영자는 필요하다면 프로젝트의 후반기에도 해당 과제를 중단할 수 있는 대단한 용기가 필요하다.

5) 프로젝트의 결과평가와 통제

프로젝트가 완료되고 난 후에는 해당 프로젝트가 원하는 목표를 달성하였는가를 평가하게 된다. 연구개발 프로젝트의 결과는 새롭게 개발된 혹은 개선된 기술, 제품, 서비스, 공정이 된다. 여기에서는 이들 결과가 기술적으로 성공하였는가는 물론 충분하지는 않지만 상업적으로 성공하였는가도 평가를 하여야 할 것이다. 아울러 프로젝트가 성공하였을 경우에는 그 진행과정 및 노하우를 문서화하고, 만약 프로젝트가 성공하지 못하였을 경우에는 그 원인을 조사·분석·문서화하여 향후 연구개발과정 및 새로운 연구개발 프로젝트에서 유사한 실수가 발생하지 않도록 체계적인 통제의 노력을 기울여야 한다.

제 3 절 연구개발의 성공요인[1)]

1. 연구개발 성공요인의 개관

연구개발경영에 있어서 적절한 연구개발의 성공요인을 도출하는 것은 매우 중요하다. 실제 연구개발활동의 결과가 기업의 경쟁우위로 이어지기 위해서는 연구개발활동을 성공으로 이끌어 가는 성공요인을 도출하고 이에 대한 적절한 관리가 필요하다. 이에 따라 그동안 연구개발의 성공요인에 대한 많은 실증적 연구들이 진행되어 왔다. 연구개발의 성과는 생산과정의 성공 및 더 나아가 시장에서의 제품의 성공으로 나타나기 때문이 그동안의 실증연구들은 기술혁신의 과정의 전체 과정을 대상으로 연구를 수행하였다. 그 결과 많은 성공요인은 연구개발의 영역을 벗어나기도 하지만 나름대로 상당한 시사점을 제공해 주고 있다. 이 같은 성공요인의 예를 들면 다음과 같다.

- 고객의 수요에 적극적으로 대응하는 세심한 제품 개발
- 제품개발과정의 각 단계에 대한 주의 깊은 계획, 조정, 실행, 통제
- 자료의 수집, 분석, 의사결정에 있어서 적절한 방법론의 활용
- 기술적 능력 및 가능성에 대한 정확한 인식
- 시장과의 상시적인 접촉을 통한 고객 수요의 정확한 인식
- 최고경영자의 적극적인 후원
- 경영층과 종업원들의 기술혁신에 대한 의지
- 연구개발활동에 직접 관여하는 인력의 적극적인 의지
- 연구개발과정 및 연구개발부문의 효율성
- 인력의 이동성 저감을 통한 연구개발부서의 동질성 유지
- 연구개발부서 내 · 외부 간의 활발한 커뮤니케이션

---

1) 이 부분은 정선양(2016), 「전략적 기술경영」, 제4판, 박영사, pp.314-319를 참조 · 보완하였음.

- 연구개발, 생산, 마케팅 부서 간의 내부적 통합 및 협력을 통한 시너지 효과의 창출 및 활용
- 경쟁기업보다 신속한 제품의 출하

이와 같은 실증적인 성공요인은 제품, 기업, 시장에 따라 다를 것이다. 다만, 여기에서는 일반적인 성공요인을 제시하였을 뿐이다. 보다 근본적으로는 연구개발활동에 있어서 성공과 실패를 어떻게 정의할 것인가의 문제가 대두된다. 이와 관련 연구개발활동의 성공여부를 판단하는 데 있어서 경제적 기준과 비경제적 기준을 나누어 생각할 필요가 있다. 그동안 연구개발의 성공여부를 판단하는 데는 경제적 기준(economic criteria)을 많이 사용해 왔다. 이에 따르면 연구개발활동은 이에 따른 제품이 시장에서 목표로 했던 시장점유율 목표를 달성하거나, 목표로 한 수량의 매출을 기록하거나, 연구개발비용의 일정 부분을 회수하였을 때 성공으로 판단한다. 그 결과 많은 실증적 연구들은 비경제적 기준, 특히 기술적 기준을 고려하지 않았다.

비경제적 기준(non-economic criteria)으로는 연구개발활동이 제품의 단순화를 가져오거나 그동안 제기되었던 기술적 문제의 해결을 가져올 경우에 성공으로 판단하는 것이다. 그 결과 연구개발과제가 기술적인 문제로 인해 시장에 제품으로 출하되기 이전에 중단된 경우에는 평가의 대상에서 아예 제외되는 문제점을 가지기도 한다. 또한, 급진적 혁신과 점진적 혁신과 관련하여 급진적 혁신의 경우 시장에서 수익의 창출이 오래 걸린다는 점에서 성공으로 간주되기 어려우며, 이에 반해 당장 시장에서 수익력의 가시적 증가를 보일 수 있는 점진적 혁신이 보다 더 성공적이라고 평가되기도 한다. 아울러 연구개발활동은 그 과정에서 연구원 및 종업원에게 매우 높은 학습효과(learning effect)를 가져다주는데 이도 성공요인으로 판단하여야 할 것이다. 아울러 많은 연구개발의 성공요인을 연구개발의 결과의 측면에서 살펴보는 경향이 많은데 앞으로는 연구개발의

잠재력 측면에서 기준 및 요인을 파악하여야 할 것이다. 전술한 종업원의 학습효과는 연구개발 잠재력 측면에서 파악하는 좋은 지표 중의 하나이다.

2. 기술투입과 시장견인

연구개발활동의 성공요인 중 하나인 연구개발과 생산, 마케팅과의 연계의 문제가 중요하게 대두되는데, 이는 기술투입 및 시장견인의 문제와 관련지어 많이 논의되고 있다. 기술투입(technology push) 전략은 잠재적 고객의 잠재적 필요 및 수요는 신기술의 개발에 의해 일깨워지며 이에 따라 새로운 시장이 창출될 수 있다는 주장이다. 이에 반하여, 수요견인(demand pull) 전략은 연구개발활동은 고객의 수요에 의해 발생한다는 것이다. 이 전략에 따르면 연구개발활동의 불확실성이 매우 줄어들었다는 점에서 연구개발의 위험을 상당히 줄일 수 있다.

이에 따라 많은 실증연구는 기술지향적 접근보다 시장지향적 접근이 보다 바람직한 것으로 주장하는 경향이 많다. 그러나 이 같은 논리는 점진적 혁신의 경우에는 적절할 수 있으나 급진적 혁신의 경우에는 그렇지 않다. 급진적 혁신의 경우에는 기술지향적인 접근이 더욱 바람직하기 때문이다. 이에 따라 연구개발활동 및 기술혁신의 기획 및 집행을 적절한 기술의 개발과 시장의 개발 간의 연계과정으로 파악하는 것이 필요할 것이다. 이를 통하여 연구개발활동은 기술개발과 시장창출 간의 괴리를 막아주는 중요한 역할을 하는 것으로 파악할 수 있다. 연구개발활동에서 성공하기 위해서는 기존고객의 수요를 인식하는 것은 물론 기술적 추세를 조기에 파악하여 새로운 고객을 창출하는 접근방법이 필요하다. 이 점에서 기술투입전략과 시장견인전략 간 최적의 조화를 찾는 것이 필요하다.

3. 연구개발 성공요인의 체계화

이상에서 살펴본 바와 같이 연구개발 성공요인에 대한 체계적인 시스템을 구축하기는 쉽지 않다. 기업은 자신의 내·외부 환경을 모두 검토하여 자신에 맞는 성공요인을 찾아내고 이를 체계화하여야 할 것이다. 그럼에도 불구하고 모든 기업이 참고할 수 있는 연구개발 성공요인을 체계화하는 것은 큰 의미가 있을 것이다. [그림 2-6]은 연구개발에 미치는 성공요인을 나타내 주고 있는데, 크게 인적요인, 환경적 요인, 상호작용적 요인, 조직적 요인, 연구개발의 대상적 요인, 방법적 요인 등으로 나누어 볼 수 있다.

먼저, 연구개발활동에 관여하고 있는 인력은 연구개발의 성공에 대단한 영향을 미친다. 연구개발에 참여하는 경영층 및 종업원은 연구개발활동에 필요한 창의성(creativity)이 이들에서 비롯한다는 점에서 연구개발과정에 있어서 가장 중요한 자원이다. 이와 같은 인적요인은 개인적·상황

[그림 2-6] 연구개발의 성공요인

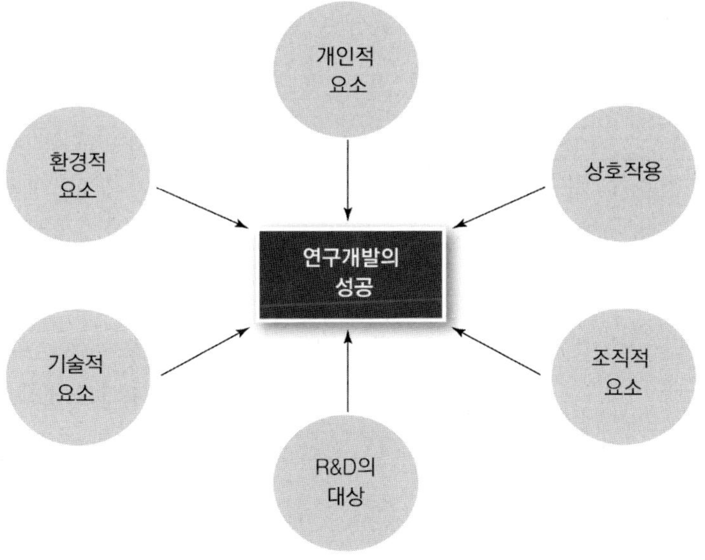

적 특징과 개인의 행위적 특징으로 나누어 살펴볼 수 있다. 상황적 특징은 개인적인 상상력, 동기, 행위방식, 지식, 동기, 이해, 가치, 규범, 나이 등을 나타내 준다. 개인의 행위적 특징으로는 인지행위, 학습행위, 사고행위와 같은 신체적 기준은 물론 개인적인 계획의 유형, 커뮤니케이션 능력, 관리능력, 혁신능력 등을 나타내 준다.

둘째, 연구개발요원들의 상호작용 및 관계도 연구개발의 성공에 지대한 영향을 미친다. 이와 관련하여 커뮤니케이션, 상호존중, 협력의 유형, 개별 종업원 간의 경쟁심 제거, 동지의식을 창출하기 위한 집단화, 집단의 안정성 등이 큰 영향을 미친다. 특히 급진적 혁신과 불연속적 혁신을 창출하기 위해서는 다양한 인력 간의 상호작용을 바탕으로 집합적 지성(collective wisdom)을 확보·활용하여야 할 것이다.

셋째, 기업의 조직 측면도 연구개발의 성공을 위한 중요한 영향요인이다. 조직과 관련해서는 기업 전체, 연구개발부서, 프로젝트 차원에서 조직의 유연성을 통하여 연구개발결과에 영향을 미친다. 너무 엄격한 조직구조는 종업원들의 창의성을 방해하고 집단적 사고로 이어지는 문제점이 있다. 아울러 조직 내의 활동을 집권화(centralization)할 것인가 아니면 분권화(decentralization)할 것인가의 문제도 중요하게 고려하여야 한다. 집권화된 연구개발부서는 구성 조직 및 활동 간의 더 많은 시너지 효과를 창출할 수 있다는 장점이 있으나, 분권적 연구개발부서는 고객과 보다 많은 접촉을 할 수 있다는 장점이 있다. 아울러 연구개발부서의 업무수행 과정의 조직 문제도 중요한데, 각각의 활동들을 논리적, 시간적 측면에서 효율적으로 구성하여야 할 것이다. 또한, 조직 내부 및 외부에서의 연구개발활동의 효율적인 조정 및 통합도 매우 중요하다.

넷째, 연구개발활동의 대상이 연구개발활동의 효과성과 효율성에 중요한 영향을 미친다. 전술한 연구개발의 정의에 따라 연구개발활동의 목적은 이론, 기술, 제품 혹은 공정이 될 수 있다. 이와 관련 연구개발 수요자가 원하는 기능, 기술의 수준, 신규성의 정도, 제품의 유형, 자체연구개발의 비중, 제조부서의 요구사항, 그동안의 기술혁신 경험 등이 중요하게 영향을 미칠 것이다.

다섯째, 연구개발의 성공은 그 과정에서 활용하는 제반 연구개발 방법과 기술 등에 의해 많은 영향을 받는다. 이에 대한 예를 들면, 창조성 촉발기술, 기술예측기법, 조정기술, 분석 및 통제 기술, 경영기법, 정보통신기술, 평가기법, 디자인 기술, 검증기술 등이 영향을 미칠 수 있다.

마지막으로, 연구개발부서를 전체 조직의 한 구성요소로 파악하면, 연구개발활동은 환경요소에 의해 많은 영향을 받는다. 환경요소는 내부적, 외부적 요소로 나누어 파악하여야 한다. 외부환경으로는 법적, 기술적, 사회적, 환경적, 경제적, 정치적, 문화적 환경으로 나누어 볼 수 있을 것이다. 내부환경으로는 경영층의 관여, 조직문화, 기업의 목표 및 전략, 기업 내의 다른 부서와의 협력 등을 들 수 있을 것이다. 기업과 연구개발부서가 환경의 조건에 보다 잘 대응할수록 연구개발활동의 확률은 높아진다.

이상에서 설명한 연구개발의 성공요인을 살펴보면 연구개발활동이 매우 다양하고 복잡한 요인에 의해 영향을 받음을 알 수 있다. 이상에서 설명한 요인들 이외에도 더 많은 성공요인이 있을 것이며, 이 같은 성공요인의 상대적 중요성은 기업이 속해 있는 산업, 기업의 규모, 연구개발전략, 연구개발자원의 정도 등에 따라 다를 것이다. 아울러 이들 성공요인은 상호 긴밀히 관련을 맺고 있으며, 이 점에서 연구개발경영은 이들 성공요인에 대한 포괄적 이해와 전체적인 측면에서 접근하여야 할 것이다.

S은행의 디지털 금융혁신전략

2014년 말부터 본격적으로 대두된 핀테크(Fintech)는 디지털 금융혁신에 박차를 가했다. 또한, 최근 블록체인 기술의 본격적인 적용으로 핀테크 기술의 변화는 나날이 가속화되고 있다. 이러한 맥락에 따라 금융업계 또한 새로운 국면을 맞이했다. 여기서 핀테크란 금융(finance)과 기술(technology)의 합성어로, 금융과 정보기술(IT)이 결합한 서비스를 뜻한다. 이와 같은 빠른 환경변화에 발맞춰 은행들도 전략적 대응을 통한 경쟁우위 확보가 핵심과제로 떠올랐다. 이에 따라 여러 은행에서 핀테크 기술 관련 전략을 수립하고 집행해 오고 있는데, 특히 S은행의 행보가 눈여겨볼 만하다.

S은행은 우리나라 4대 은행 중 하나로 2010년 이후 줄곧 업계 1위 자리를 지켜왔다. 2017년 부임한 A은행장은 '초격차의 완벽한 리딩뱅크(Leading Bank)를 이루고, 월드클래스 뱅크(World Class Bank)의 꿈을 이루겠다'는 비전(vision)을 제시하였다. A은행장은 '초격차 리딩뱅크'가 되기 위해 디지털 역량강화에 전략의 역점을 두고 IT와 핀테크에 주력한 플랫폼의 구축과 동시에 다른 기업의 연대로 상생을 도모할 것이라고 발표했다. 이는 S은행이 디지털 역량 강화를 통해 금융시장에서 선도자 역할을 하는 리딩뱅크가 되고, 미래 핵심사업을 글로벌 진출 확대로 선정한 것으로 해석되며, 신중한 전략적 기술경영의 결과로 보인다.

S은행은 전략적 기술경영 과정 중 기술환경의 분석과 평가, 기술지향적 내·외부환경분석과 그를 바탕으로 기술전략을 수립하고 집행한 것으로 판단된다. 아래에는 이를 살펴보기로 한다.

1) 핀테크(Fintech)의 환경분석

핀테크(Fintech)는 기존 금융기관의 수익성과 신뢰도가 하락한 2008년 글로벌 금융위기로 인해 급부상해 유럽과 미국을 선두로 전 세계적으로 빠르게 확산되었다. 불과 몇년 사이에 발생한 금융시장의 급격한 변화는 모바일, 비대면인증기술, 빅데이터 분석기술, 인공지능(AI), 클라우드펀딩, 블록체인 기술, 가상통화 등 7대 핵심기술을 기반으로 모바일 금융시대가 도래하였고 S은행은 이에 대해 적극적으로 대응하기로 하였다.

2) 선도자 전략과 협력전략

이에 대응하기 위하여 S은행은 디지털 금융혁신을 통해 급변하는 금융시장에서 경쟁우위를 확보하는 선도자 전략과 핀테크 중심의 기술협력전략을 추구했다.

특히 '초격차 리딩뱅크의 달성'이라는 A은행장의 비전은 선도자 전략을 추구하는 강한 의지를 나타낸 것이다. S은행은 업계 1위를 목표로 꾸준히 전략적 기술경영을 실천한 결과 2010년부터 지금까지 은행권에서 리딩뱅크의 목표를 이루었다. 그 예시로 이 은행은 2017년 기준 시중은행 중 최다인 329개 등록 특허를 보유하고, 핀테크 기술 관련 등록 특허 25건을 출원했다. 또한, 아래 소개될 디지털 역량 강화를 위한 조직 개편, 빅데이터센터 신설, Future's Lab 프로그램 실시, 외부 전문인력 유입 등 다양한 혁신적인 노력을 통해 리딩뱅크의 위치를 유지해 오고 있다.

먼저, S은행은 기업의 연구개발역량을 향상시키기 위해 2017년 대대적인 조직개편을 통해 디지털그룹을 신설했다. 디지털그룹은 S은행의 디지털 사업전략을 총괄하는 디지털전략본부와 모바일 통합 플랫폼 구축을 맡고 있는 디지털채널본부, 빅데이터 분석역량 강화를 담당하는 빅데이터센터로 구성되어 있다. S은행은 디지털전략본부에 핀테크 신기술 중심의 6대 Lab(AI, 블록체인, 오픈혁신, 디지털제휴, 결제, M-폴리오)을 신설하는 등 기술 중심의 금융전략 수립에 본격적으로 나섰다.

3) 연구개발관리와 연구개발자원관리

S은행은 급변하는 금융시장 환경에서 경쟁우위를 확보하기 위해 경영진이 갖춰야 할 6가지 요건을 제시했다. 그 중 '열린 협력을 촉진하는 동반자', '변화의 선도자', '지속가능 성과를 창출하는 사업가', '미래 인재의 육성가' 등 4가지 요건은 S은행이 선도자 전략과 협력전략을 추구하는 경향과 창조성과 혁신을 지향하는 기업문화를 단편적으로 보여준다.

먼저, S은행은 디지털 금융에 대한 기술능력을 확장하기 위해 외부전문가를 영입하고 Future's Lab을 운영하는 등 다양한 시도를 하였으며, 기술 및 고객수요의 동향 등에 대한 정보를 신속하고 정확하게 제공해주는 정보시스템을 구축하기 위해 빅데이터센터(Big Data Center)를 설립하였다. 아울러 디지털 역량 강화를 위해 디지털 그룹에 외부전문가를 수혈했다. 2017년 미국 월스트리트에서 오랜기간 근무한 빅데이터 전문가를 빅데이터센터 본부장으로 영입했다. 같은 해 S전자 소프트웨어센터와 외국계 기업에서 모바일 플랫폼 설계를 주도하였던 AI 전문가를 디지털전략본부장으로 채용했다. 또한 Future's Lab은 대한민국 스타트업의 스케일업을 지원하는 육성 프로그램으로, 핀테크 기업과 상생의 생태계를 만드는 것을 목표로 하고 있다.

다음으로 S은행은 기술협력을 통해 디지털 역량을 효율적으로 제고하는 협력전략을 추구해 오고 있다. 예를 들어, S은행은 우리나라 대표적인 크라우드펀딩 기업과 업무협약을 맺고 안정성 높은 크라우드펀딩 플랫폼(Cloud Funding Platform)을 개발하였다. 아울러 국내 유수한 경영대학과 업무협약을 맺고 학계의 분석방법론을 영업 현장에 적용해 기업의 이슈를 새로운 시각으로 해결해 오고 있다.

이처럼 S은행은 국내 선도적 금융기업이지만 전략적 기술경영 및 연구개발경영을 바탕으로 지속가능한 경쟁우위를 확보 · 유지 · 발전을 위해 노력해 오고 있다. 연구개발과 기술혁신은 비단 제조업의 문제가 아니라 서비스업에도 대단히 중요한 과제가 아닐 수 없다. S은행의 사례는 연구개발과 기술혁신을 통해 경쟁우위를 확보한 좋은 사례이다. 특히 S은행의 성공은 최고경영자의 전략적 의지(strategic intent)에 의해 전사적으로 연구개발경영 및 기술경영을 해 왔다는 특징을 가지고 있다. 기업의 경쟁우위에 기술혁신이 중요하다면 이를 위한 연구개발경영 및 기술경영은 최고경영자의 주도하에 이루어져야 할 것이다.

자료: 저자의 「기술전략」 과목에서의 사례분석.

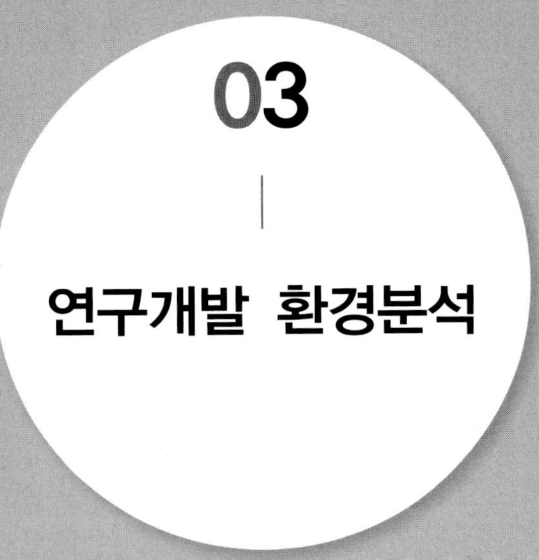

03

연구개발 환경분석

제 1 절 기술의 동력성[1)]

연구개발(R&D)은 새로운 혹은 보다 개선된 기술, 제품, 서비스, 공정을 창출하는 활동이다. 그런데 여기에서 새롭고 개선된 제품, 서비스, 공정은 모두 기술에 기초를 두고 있다. 이 점에서 기술 및 이를 통한 수익의 창출, 그리하여 포괄적으로 기술혁신은 연구개발활동 및 연구개발경영의 목표가 아닐 수 없다. 그러나 보다 좁은 의미에서 연구개발은 기술의 개발 및 개선에 주안점을 둔다. 제품 및 서비스의 개발 및 판매는 경영학의 다른 영역, 예를 들어 생산관리와 마케팅에서 충분히 다루어진다. 이에 따라 연구개발과정의 효율성을 제고하는 것을 목표로 하는 연구개발경영은 기술의 동력성(dynamism)을 파악하여야 할 것이다. 기술의 동력성을 파악하는 것은 연구개발환경(R&D environment)을 분석하는 첫걸음이기도 하다. 보통 기술의 동력성은 기술수명주기(technology life cycle)를 통하여 파악한다. 아래에는 이를 논의하기로 한다.

1. 기술수명주기의 개념

기술의 성과는 시간에 따라 정형화된 패턴을 가지고 있어 이에 대한 적절한 이해는 연구개발경영에 있어서 대단한 유용성을 가지고 있다. 실제로 연구개발 경영과정의 핵심요소로서 기술의 동태적 패턴을 무시하는 것은 기업 경쟁우위의 확보에 상당한 비용을 수반하게 한다. 이에 따라 연구개발경영은 기술, 제품, 공정, 시스템의 수명주기(life cycle)에 대해 깊은 이해가 필요하다. 일반적으로 단일제품의 경우 기술수명주기(technology life cycle)와 제품수명주기(product life cycle)는 일치한다. 기술수명주기는 시간에 따른 기술의 진보를 나타내 준다. 일반적으로 기술의 진보는

---

1) 이 절은 정선양(2016), 「전략적 기술경영」, 제4판, 박영사, pp.149-162에서 수정・보완하였음.

[그림 3-1] 기술수명주기의 개념

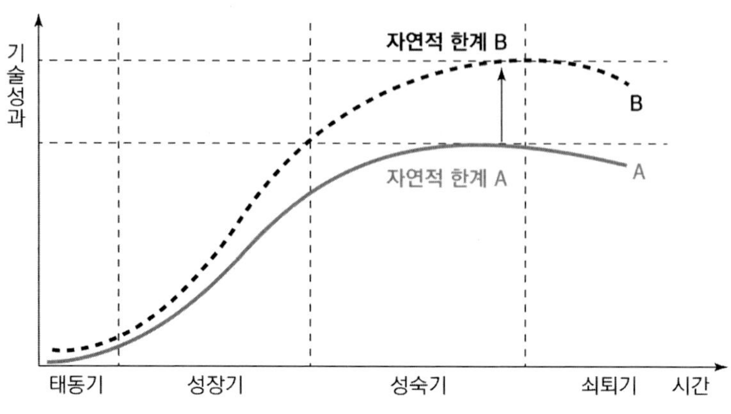

자료: 정선양(2016), p.150.

기술의 성과에 의해 측정되며, 이와 같은 기술의 성과는 기술의 효용성을 의미한다(Betz, 1998: 163).

일반적으로 시간에 따른, 즉 기술수명주기에 따른 기술성과의 진보는 S-곡선 형태를 나타내며([그림 3-1] 참조), 여러 학자는 이 같은 곡선에 대하여 일정한 기간을 구분하고 있다. 가장 대표적인 구분이 Arthur D. Little사에 의한 구분으로서 이 회사는 기술의 수명주기가 태동기, 성장기, 성숙기, 쇠퇴기의 네 단계를 거치는 것으로 파악한다. 여기에서 태동기(embryonic period)는 새로운 기술의 발명기로서 초기의 저성장이 특징이고, 성장기(growth period)는 기술의 진보기로서 기술적 성과의 급격하고도 지속적인 성장의 특징을 가지고 있으며, 성숙기(mature period)에는 기술진보가 상한선, 즉 자연적 한계(natural limit)에 접근하며 기술성과의 진보가 둔화되는 특징을 가지고 있고, 마지막으로 쇠퇴기(declining period)에는 기술적 성과가 한계점을 지나 오히려 떨어지기 시작하는 특징을 가지고 있다. 한편 Ford & Ryan(1981)은 기술수명주기에서 기술활용의 관점을 강조하면서 보다 세분화하여 기술개발, 응용개시, 응용성장, 성숙기술, 기술대체 및 진부화로 나누고 있다.

연구개발경영에 있어서 기술이 자연적 한계(natural limit)에 도달하면 이 기술은 성숙기술(mature technology)이 되어 대체 혹은 진부화될 위험성이 매우 높음을 인식하는 것이 중요하다. 예를 들어, 진공관(vacuum tube) 기술은 튜브의 크기와 가열된 필라멘트의 과도한 전력사용에 의해 제한을 받았으나 전자공학자들은 오랫동안 이 한계를 극복하지 못하였다. 그러나 전자를 고체상태에 이동시킬 수 있는 고체물리기술, 즉 트랜지스터(transistor)의 시대가 도래하여 규모와 전력의 물리적 장애요인이 극복되었다. 그 결과 트랜지스터기술은 새로운 기술수명주기를 시작하였고 기존의 진공관 기술을 진부화시켰다.

기술성과의 진보율은 기술개발에 쏟아붓는 노력에 달려 있다. 기술개발에 투입하는 노력에 따라서 기술은 더 높은 성과, 더 높은 자연적 한계의 폭을 가질 수 있다. 이에 따라 어떤 기술에 경쟁우위를 가지고 있는 기업의 입장에서는 새로운 기술로의 빠른 이전도 중요하지만 기존기술에 대한 보다 강도 높은 혁신의 노력을 바탕으로 기존기술의 자연적 한계를 높여 더 많은 기술적 성과를 향유하도록 노력하는 것도 중요하다. 즉, 기업은 기존의 기술수명주기 A에서 수명주기 B로 변환시키려는 노력을 기울여야 할 것이다([그림 3-1] 참조). 이와 같은 기술수명주기는 다음과 같은 전제를 기반으로 한다(Wolfrum, 1991: 96-109; Gerpott, 1999: 114).

① 모든 기술은 시간의 흐름에 따라 성과의 한계에 도달하는 근본적인 속성을 가지고 있다.
② 새로운 기술은 초창기에는 시간당 혹은 자원투입 대비 성과의 낮은 증가를 보이지만, 지식이 임계규모를 달성한 이후에는 급격한 상승을 보인다.
③ 기술의 성과 증가율은 성과의 한계에 다다르면서 점점 감소한다.
④ 기술이 성과의 한계에 다다르면서 기존기술과 전혀 다른 해결방법을 보이는 새로운 기술의 발생가능성이 매우 높아진다.

일반적으로 기술은 하나의 시스템(system)으로서 다양한 하위 시스템으로 구성되어 있으며, 각각의 하위 시스템들은 다양한 구성요소를 가지고 있다. 그 결과 기술은 혁신의 다양한 세대로부터 창출된 여러 개의 기술로 구성되는 것이 일반적이다. 이를 일부 학자는 중복세대 기술(multiple-generation technologies)이라고 부른다(Khalil, 2000: 83-84). 이들 중복세대 기술은 시스템으로서 전체 기술의 수명주기를 결정한다. 연구개발경영의 관점에서는 이들 시스템 기술의 수명주기를 파악할 때 이를 구성하는 다양한 세대의 하위기술(sub-technologies)의 수명주기를 파악하여야 할 것이다. 예를 들어, PC는 하나의 기술로서 생명주기를 가지고 있는데, 이는 여러 개의 하위기술로 구성되어 있다. 이와 같은 하위기술로 가장 대표적인 것이 마이크로프로세서인데, 이는 고유한 수명주기를 가지고 있는 기술이다. 아울러 이 마이크로프로세서는 다양한 세대의 하위기술들을 가지고 있다. 예를 들어, 마이크로프로세서는 286, 386, 486,

[그림 3-2] 중복세대 기술의 수명주기

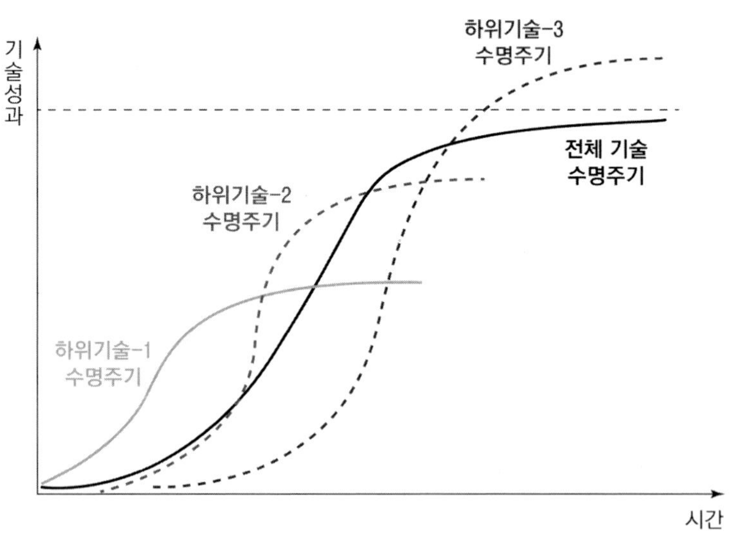

자료: Khalil, T.(2000), p.84.

Pentium과 같은 다양한 세대를 가지고 있다. 이들 서로 다른 세대의 기술은 마이크로프로세서의 기술수명주기를 결정하고, 나아가 PC의 수명주기를 결정한다. 즉, 하위기술들의 기술수명주기들은 시스템으로서의 전체 기술의 수명주기를 결정한다. [그림 3-2]는 중복세대 기술의 수명주기를 나타내며, 전체 시스템 기술을 구성하는 하위기술 1, 2, 3의 수명주기는 전체 기술의 수명주기를 결정한다.

2. 기술수명주기별 특징

기술수명주기(technology life cycle)를 분석하는 목적은 기업이 목표로 하고 주안점을 두고 있는 기술의 수명에 따라서 서로 다른 전략적 대응(strategic response)을 하기 위한 것이다. 아울러 기업은 이 같은 기술의 시간에 따른 경쟁우위에 미치는 영향을 파악하여 해당 기술을 개발할 것인가의 여부를 판단한다. 이와 같은 목적을 효과적으로 달성하기 위해서는 기술수명주기의 각 단계별 주요 특성을 살펴보아야 할 것이다. 기술수명주기의 특징은 <표 3-1>과 같이 나타낼 수 있다.

첫째, 기술성과의 불확실성(uncertainties)의 정도를 살펴보면, 기술의 태동기에는 불확실성이 매우 높지만 수명주기가 진행됨에 따라서 점점 줄어들게 된다. 이에 따라 해당 기술의 기술능력을 확보하는 기업의 수는 점점 많아지게 된다.

둘째, 기술의 활용영역(utilization areas)을 살펴보면, 기술의 태동기에는 활용영역이 알려져 있지 않은 경우가 일반적이며, 성장기에 접어들면서 활용영역은 점점 증가하게 되며, 성숙기에는 활용영역이 안정적으로 되었다가, 쇠퇴기에는 산업 내의 새로운 기술의 개발 및 활용으로 인해 기술의 활용영역이 감소하게 된다.

셋째, 기술개발에 대한 자원(resources)의 투입 정도를 살펴보면, 기술의 태동기의 개별 과제에 있어서는 자원이 많이 필요하지는 않지만 여러

〈표 3-1〉 기술수명주기별 주요 특징

주요 특징	태동기	성장기	성숙기	쇠퇴기
기술성과의 불확실성	높음	중간	낮음	아주 낮음
기술의 활용영역	잘 모름	증가	안정적	감소
기술개발 투자 정도	중간	높음	낮음	아주 낮음
경쟁력에 미치는 영향	매우 낮음	중간	매우 높음	감소 시작
상업화에 필요한 기간	장기	중기	단기	단기
주요기술	신흥기술	선도기술 핵심기술	기반기술	기술대체
기술전략	제품혁신	제품혁신 공정혁신	공정혁신	기술대체
기업전략	차별화	차별화 수직통합	원가우위	사업축소

자료: 정선양(2016), p.153.

가지 기술적 대안에 대한 시행착오를 거친다는 점에서 상당한 정도의 자원을 필요로 한다. 기술의 성장기에는 기술의 본격적인 개발과 이에 따른 부수적인 개발 및 활용의 필요성으로 인하여 대단히 많은 기술개발자원을 필요로 한다. 그러나 기술이 일단 성공적으로 개발되어 폭넓게 활용되는 성숙기 이후에는 기술개발에 투입되는 자원의 양이 점점 줄어들게 된다.

넷째, 경쟁력(competitiveness)에 미치는 영향을 살펴보면, 기술의 태동기에는 기술이 폭넓게 개발·활용되지 않았기 때문에 해당 기술이 기업의 경쟁우위에 미치는 영향은 미미하다. 그러나 기술이 성장기에 도달하면서 해당 기술의 경쟁력에 미치는 영향은 급격히 증가하여 성숙기에 도달할 때 가장 큰 영향력을 미치다가 기술의 쇠퇴기에 접어들면서 그 영향의 정도는 점차 감소하게 된다.

다섯째, 기술의 개발로부터 상업화(commercialization)에 이르는 기간은 당연히 기술수명주기가 진행되어감에 따라 점점 짧아지게 된다. 일반적으로 기술의 태동기로부터 상업화까지는 7～10년의 장기간이 소요되고, 성장기로부터 상업화로는 4～7년의 중간 정도의 기간이 소요되며, 성숙기 및 쇠퇴기로부터 상업화에 이르는 기간은 1～4년의 단기적인 시간이 소요된다.

여섯째, 그 결과 기술의 수명주기에 따라 기술에 대한 명칭이 달라진다. 일반적으로 태동기의 기술을 신흥기술(emerging technology), 성장기 초반의 기술을 선도기술(pacing technology), 성장기 후반의 기술을 핵심기술(key technology), 성숙기의 기술은 기반기술(base technology)이라고 부른다. 기술의 쇠퇴기에 기업은 기술의 대체를 심각하게 고려하여야 할 것이다.

일곱째, 이와 같은 기술의 수명주기에 따른 서로 다른 특성으로 인하여 기업의 연구개발전략(R&D strategy)은 달라져야 할 것이다. 기술의 태동기에는 과학기술의 진보가 새로운 기술의 도입을 가져오면 기존시장에 있어서 상당한 소요가 일어난다. 이 시기에는 대단히 많은 제품혁신(product innovation)이 창출된다는 점에서 기업은 제품혁신에 기반을 둔 기술전략을 추구하여야 할 것이다. 기술의 성장기에는 제품혁신의 비율은 점차 증가하는데 이와 같은 증가 추세는 우세 디자인(dominant design)이 설정되면서 급격히 감소하게 된다. 새로운 우세 디자인이 설정되면 이를 중심으로 공정혁신(process innovation)이 계속적으로 창출되는데 공정혁신은 성숙기에 절정을 이루며 기술의 수명주기 후반에도 지속적으로 이루어진다. 이에 따라 기술의 성장기에는 제품혁신과 공정혁신을 동시에 추구하는 기술전략을 추구하여야 할 것이다. 기술의 성숙기에는 제품혁신은 거의 이루어지지 않으나 공정혁신은 상당히 활발하게 이루어지기 때문에 기업은 공정혁신을 바탕으로 하는 기술전략을 추구하여야 할 것이다. 기술의 쇠퇴기에는 제품혁신은 물론 공정혁신도 거의 이루어지지 않기 때문에 기술대체전략이 필요하게 된다.

여덟째, 이와 같은 연구개발전략을 바탕으로 기업의 경쟁전략(competitive strategy)도 기술의 수명주기에 따라 다르게 추진되어야 할 것이다.

기술의 태동기에는 제품혁신을 바탕으로 제품의 차별화(differentiation) 전략을 추구하여야 할 것이며, 성장기에는 차별화 전략의 추진과 동시에 제품혁신 및 차별화 능력을 바탕으로 수직통합(vertical integration)의 성장 전략을 추구하는 것이 바람직할 것이다. 그러나 기술의 성숙기에는 공정혁신을 중심으로 한 원가우위(cost leadership) 전략을 추구하여야 할 것이며, 기술의 쇠퇴기에는 기존기술이 새로운 기술에 의해 대체되어야 하는 시점이라는 점에서 기존의 주력기술에 바탕을 둔 제품라인의 축소전략(retrenchment strategy)을 추구하여야 할 것이다.

3. 기술의 단절성

1) 기술 단절성의 중요성과 주요 원인

미래에 대한 예측은 급속한 변화를 경험하는 기술의 경우에 더욱 어렵다. 이 경우 경영자는 한 기술이 다른 기술을 대체하려고 위협할 때 발생하는 기술의 단절성(technology discontinuity)을 예측하여야 한다. 특히, 기술적 단절성은 한 제품의 수명주기를 끝나게 하며, 새로운 제품의 수명주기가 시작되게 한다. 이에 따라 경영자는 기술의 단절성을 세심하게 예측하고 대응하여야 한다. 여기에 기술의 단절로부터 창출되는 불연속적 혁신(discontinuous innovation)에 대한 경영의 중요성이 있다. 기술의 단절성은 [그림 3-3]으로 나타낼 수 있다. 일반적으로 신기술은 구기술의 성과가 자연적 한계(natural limit)에 도달할 때 나타나기 시작한다. 신기술이 대두될 때에는 여전히 구기술의 성과는 신기술의 성과보다 훨씬 높다. 그러나 신기술은 향후 발전의 잠재력이 대단히 높으며 보다 나은 성과를 나타낼 것으로 기대된다.

기술적 성과의 자연적 한계와 기술의 현재 상태의 차이는 기술의 추가적인 발전 잠재력을 나타내 준다. 그 결과 기존기술의 경우에는 이미

[그림 3-3] 기술의 단절성

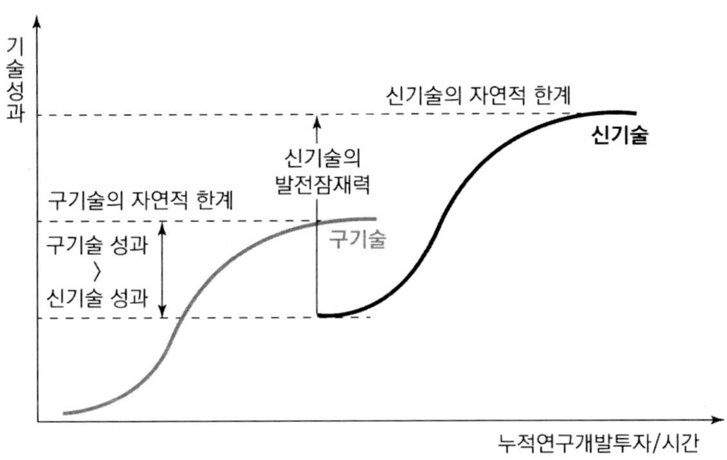

자료: 정선양(2016), p.156.

성과의 자연적 한계에 접근하고 있어 신기술에 비하여 추가적인 발전 잠재력이 작은 것이 일반적이다. 기업의 입장에서는 기술의 추가발전의 잠재력이 높은 새로운 기술에 투자하는 것이 경쟁우위의 확보 및 유지에 매우 중요하다. 그러나 새로운 기술은 기술적, 상업적 성공 가능성이 검증되지 않았기 때문에 이에 대한 과감한 투자 결정은 쉬운 일이 아니다. 그 결과 많은 기업은 기술성과의 자연적 한계에 다가가고 있는 기존기술에 대한 연구개발투자에 노력을 기울여 자원을 낭비하는 경우가 많다.

이와 같은 기술의 단절성의 개념은 일찍이 맥킨지(McKinsey)사에 의해서 창출된 S-곡선 개념에서 비롯한다. 맥킨지사의 S-곡선은 다른 기술수명주기 개념과는 달리 기술의 성과를 기술의 개발 및 활용에 투입되는 누적연구개발비용(accumulated R&D expenditures)을 중심으로 파악한다는 특징을 가지고 있다. S-곡선은 기업의 연구개발투자와 이로 인해 창출되는 기술적 성과를 나타내 준다. 이 개념에서는 기술의 발전이 초기에는 오랜 보육 및 투자의 기간이 필요하여 연구개발 생산성(R&D productivity)

이 매우 낮지만, 일정 기간이 지나면 기술적 성과는 급격히 증가하여 높은 연구개발 생산성을 보이며, 변곡점을 지나 성숙기로 접어들면서 연구개발 생산성은 저하되고 있음을 강조한다.

여기에서 어떤 기술의 연구개발 생산성 저하는 기업의 연구개발 노력을 새롭고 개발 잠재력이 높은 기술로 이전하여야 할 필요성이 있음을 의미하는 것이다. 그런데 새로운 기술은 기존의 기술과 연계되기보다는 단절되는 경우가 일반적이다. 즉, 기술수명주기 곡선에 있어서 새로운 기술의 곡선은 기존기술의 곡선과 연결선상에 있는 것이 아니라 이와 단절되어 새로운 곡선을 그리게 된다. 이처럼 새롭게 나타나는 기술이 불연속적 혁신(discontinuous innovation)이다.

2) 기술 단절성 경영의 어려움

기술의 단절성(technology discontinuity)을 예측하기는 매우 어려운데, 그 이유는 신기술은 [그림 3-3]에 나타나 있는 것처럼 기존기술에 비하여 더 많은 연구개발투자를 필요로 함에도 불구하고 기존기술에 비하여 대단히 낮은 기술적 성과를 보이고 있기 때문이다. 특히, 기존기술의 경우 기술적 성과가 자연적 한계에 도달하였을 시점에도 이 기술에 근거한 제품 및 공정은 시장에서 성장의 한계에 도달하지 않고 일정 기간 더 많은 수익을 창출할 수 있는 경우가 일반적이다. 이에 따라 경영자의 입장에서는 기존기술의 잠재력이 상당한 정도가 남아 있는 상태에서 신기술에 투자하는 것은 바람직한 의사결정이 아닌 것처럼 보인다. 특히, 기술투자에 대한 기존의 재무지향적 평가방식으로는 신기술에 대한 모험적인 투자보다는 기존기술을 최대한 활용하는 방향으로 의사결정을 내리게 한다. 이 점이 선도기업들이 새롭고 시장의 패러다임을 바꿀 수 있는 파괴적 혁신(disruptive innovation)으로 이동하지 못하는 이유이다(Christensen, 1997, 2003; Bower & Christensen, 1995).

그러나 연구개발 생산성이 떨어지는 기존기술에 대한 과도한 집착은 경쟁기업으로 하여금 새로운 기술에 먼저 참입하여 새로운 기술적 가능성을 바탕으로 기존기술의 진입장벽을 극복할 수 있는 여지를 제공해 준다. 즉, 기존 선도기업이 신기술로의 이전에 대한 오랜 망설임은 종종 이들 기업의 경쟁우위 유지에 상당히 부정적인 영향을 미친다(Christensen, 1997, 2000; Bower & Christensen, 1995). 실제로 많은 선도기업들이 단절성이 있는 신기술에 대하여 늦게 참입하는데, 그 이유는 다음과 같다.

첫째, 현재 활용하고 있는 주력기술의 기술적 성과(technological performance)에 대한 과대평가이다. 실질적으로 기업이 기술적 이전을 고려할 즈음에도 현재 기술의 기술적 성과는 새롭게 대두되는 신기술의 기술적 성과보다 훨씬 높은 경우가 일반적이다.

둘째, 일반적으로 기업은 기술개발에 대한 투자결정(investment decision)을 매출액을 기준으로 결정하는 경향이 높다. 그 결과 기업은 실질적인 매출로 이어지지 않을 장기적인 기술개발과제보다는 단기적으로 매출 증대에 공헌할 수 있는 단기적인 기술개발과제에 대한 투자를 선호하게 된다. 그런데 단기적인 기술개발과제는 기존기술과의 연속선상에 있고 장기적인 기술개발과제는 기존기술과의 단절성을 가지고 있는 경우가 많다. 그 결과 기업은 기존기술과 단절적인 새로운 기술의 개발을 소홀히 하게 된다.

셋째, 시장으로부터의 신호에 대한 왜곡된 해석의 문제가 있다. 일반적으로 기존기술에 기반한 기존의 주력제품은 시장에서 강력한 신호를 보내는 데 비하여 새로운 기술은 매우 미약하고 불확실한 신호만을 보낸다. 그 결과 시장조사(market survey)에서 신기술이 기업의 경쟁우위에 미치는 가능성에 관한 정보는 충분하게 확보되기가 어렵다. 또한 시장조사에서 이와 같은 신기술의 가능성에 대한 미약한 신호를 포착하였다 하더라도 시장조사자들은 이에 대한 기술적 성공의 가능성을 알 수 없는 경우가 많다.

넷째, 일반적으로 기업은 경직된 조직구조(organizational structure)를 가지고 있어 새로운 기술에 대한 접근을 방해하는 경우가 많다. 기업의 조직구조는 역사적으로 구축되어 일정 기간이 지나면 매우 경직되어 기술혁신을 방해하는 경향이 많다. 특히, 상당한 성공을 거둔 기업의 경우에는 과거의 성공에 안주하는 경향이 많아 새로운 혁신에 대한 시도를 게을리하는 경우가 많다. 이와 같은 경직된 기업구조와 문화는 기업이 새로운 기술로의 이전을 저해하는 경우가 많다.

3) 기술 단절성의 경영방안

이상과 같은 이유들로 인해 기존의 성공기업들이 기존기술에 안주하고 새로운 기술로 이동하지 못하여 어려움을 겪는 것을 Christensen(1997, 2000)은 혁신자의 딜레마(innovator's dilemma)라고 명명하고 있다. 이에 따라 기업이 지속적으로 기술적 선도자(technological leader)가 되기 위해서는 새로운 기술이 창출되면 경쟁기업들보다 빠르게 신기술로 이전하는 적극적이고 공세적인 전략이 필요하다. 즉, 불연속적 혁신에 대한 적극적 경영이 필요하다. 새롭고 단절적인 기술들은 높은 기술적 잠재력을 가지고 있기 때문에 기업의 기술적, 경쟁적 우위의 확보 · 유지 · 확대에 대단히 중요하다. 이 점에서 기업은 기술의 단절성을 조기에 인식하고 세심한 대응을 하여야 한다. 이에 반하여 성숙단계에 있는 기존기술의 경우는 기업의 기술선도전략에 별다른 도움이 되지 않는다. 물론 단기적으로는 이와 같은 새로운 기술로의 이전은 기업의 수익창출 능력에 부정적인 영향을 미칠 수도 있다. 이에 따라 기업은 기존기술과 새로운 기술에의 자원배분을 위한 합리적인 판단과 의사결정이 필요한 것이다.

신기술이 새롭게 대두되어 발전하기 시작하면 장기적 측면에서 구기술을 활용하는 기업이 새로운 기술의 발전과 이를 바탕으로 한 새로운 성공기업의 탄생을 방해하기는 매우 어렵다. 그 결과 구기술을 활용하는 기업의 경영자는 새로운 기술로 이전(transition)하는 결정을 내려야 한다. 기업의 경영자에게 구기술에서 신기술로의 이전 결정은 쉬운 일이 아니다. 그 이유는 신기술이 대두되기 시작할 때에는 여전히 구기술의 기술적 성과가 신기술의 기술적 성과보다 훨씬 높기 때문이다. 이에 따라 경영자는 기술에 대한 충분한 이해를 바탕으로 구기술의 성과가 한계에 도달할 즈음에 이를 대체할 새로운 기술의 발전 추이를 세심하게 관찰하여 적절한 시기에 새로운 기술로 이전하는 의사결정을 합리적으로 내려야 할 것이다.

4. 기술수명주기 분석의 문제점

기술수명주기 분석은 기업이 관심을 가지고 있는 기술에 대한 전략적 대응을 하는 데 있어서 많은 지침을 제공해 준다. 그러나 기술수명주기 분석을 현실에 적용하는 데에는 상당히 많은 어려움이 있다.

첫째, 기술수명주기 분석은 산업(industry)에 따라 서로 다르게 적용되어야 할 것이다. 일반적으로 한 산업에 속해 있는 기업들은 유사한 기술을 활용하는 경향이 많다. 이에 따라 각 산업에서 활용하는 주력기술들의 수명주기는 일반적인 수명주기와 다른 모습을 보이게 된다. 따라서 기술수명주기 분석은 산업별 특성을 충분히 고려하여 적용하여야 할 것이다.

둘째, 기술수명주기의 각 단계별 구분에 있어서 자의성이 존재한다. 일반적인 기술수명주기는 태동기, 성장기, 성숙기, 쇠퇴기로 나누어지는데 모든 기술이 이와 같은 단계를 거치지는 않는다. 어떤 기술은 태동된 직후 바로 성숙기를 거치는 경우도 있고 어떤 기술은 태동하여 시장의 호응을 받지 못하여 쇠퇴기로 접어드는 경우도 많다. 아울러 기술수명주기의 각 단계에 따른 시간적인 구분에 있어서도 일반적인 기준이 없으며, 기술에 따라 그 기간의 차이가 있을 수 있다.

셋째, 기술수명주기 분석에 따르면 한 기술이 쇠퇴하기 전에 새로운 기술에 투자하는 것이 바람직하다는 일반적인 결론에 도달하는데, 이와 같은 결론이 반드시 올바른 것은 아니다. 기술수명주기에 충실하다 보면 기업의 경쟁우위에 미치는 미래 잠재력이 아직 밝혀지지 않은 새로운 기술에 대한 너무 빠른 전이의 필요성을 강조하여 기업자원의 낭비를 가져올 가능성도 있다. 기업이 새로운 기술로의 빠른 전이도 중요하지만 기존기술의 자연적인 한계를 증가시켜 기존기술 및 이에 바탕을 둔 기존의 주력제품에 있어서 보다 많은 수익을 창출하는 것도 매우 중요한 전략이다. 기업의 입장에서는 기존기술과 신기술 간의 자원배분(resources allocation)을 어떻게 할 것인가의 문제가 중요하게 대두된다. 원론적으로 기존기술에 대해서는 투자되는 자원의 양을 점차 감소시키고 신기술에 대해서는 자원의 양을 점차 증가시키는 전략을 추구하여야 할 것이다.

넷째, 기술수명주기 분석의 기본적인 가정 중 하나는 신기술은 개발초기에 있어서 기존기술보다 낮은 연구개발 생산성(R&D productivity)을 보인다는 것인데 이는 반드시 타당한 것은 아니다. 어떤 기술의 경우 개발 초기부터 높은 기술적인 성과와 높은 연구개발 생산성을 보이는 경우도 많다. 예를 들어, 나일론(Nylon)은 레이온(Rayon)보다 늦게 창출되었지만 대단히 빠른 시간 내에 높은 기술적 성과를 보였으며, 폴리에스터(Polyester)의 경우에도 나일론에 비해 늦게 개발되었지만 대단히 높은 기술적 성과를 보였다(Foster, 1986: 135).

다섯째, 기술수명주기 분석은 기술이 시간 및 연구개발 노력에 따라 서로 다른 성과를 보이며 발전해 나간다는 점을 강조하고 있지만 '수명주기의 각 단계를 어떻게 이동할 것인가'에 관해서는 충분한 설명이 부족하다는 문제점이 있다. 즉, 기술수명주기는 기술이 시간 및 연구개발 노력에 따라서 태동기에서 쇠퇴기로 이어진다는 설명만 할 뿐 어떠한 요소들이 이와 같은 단계별 이동에 영향을 미치는가에 대해서는 충분히 설명해 주지 못한다.

여섯째, 기술수명주기 분석은 기존기술에서 새로운 대체기술로의 최적의 전이시점(point of transition)이 언제인가에 관해서는 알려주지 못한다는 단점이 있다. 실질적으로 기존기술에서 새로운 기술로의 이전에는 최고경영층의 전략적 판단이 더 중요한 경우가 일반적이다. 그 결과 기술수명주기는 이와 같은 최고경영층 및 기술경영자의 전략적 판단에 참조가 되는 보조수단의 역할을 담당할 수밖에 없다.

일곱째, 기술수명주기 분석은 전략적 경쟁우위의 요소로서 기술적 성과(technological performance)에 대하여 과도하게 강조하고 있다는 문제점이 있다. 그러나 기업이 경쟁우위 확보 및 제고를 위한 전략적 의사결정을 하는 데에는 기술적 성과 이외에도 시장, 경쟁자, 산업구조, 경제환경, 기업의 내부역량 등 다양한 요소를 고려하여야 한다. 이에 따라 기술수명주기 분석은 기술지향적 내・외부환경 분석과 상호 연계・보충되어야 할 것이다.

그 결과 기술수명주기 분석은 기술경영에 있어서 세심하게 활용되어야 할 것이다. 기술수명주기는 기업의 연구개발경영 및 기술경영에 많은 시사점을 제공해 줄 수 있다. 무엇보다도 기술수명주기는 기술이 창출하는 기술적 성과의 자연적 한계와 이로 인해 창출되는 기술의 경쟁우위에 미치는 영향에 대한 한계를 강조하여 기업이 기술에 대한 전략적 대응을 할 필요성을 강조한다. 특히, 기술수명주기는 기술이 성숙화되어감에 따라 신속한 전략적 대응을 강조함으로써 기업의 지속가능한 경쟁우위 확보의 필요성을 강조한다. 그 결과 기술수명주기 분석은 전술한 한계점에 대한 충분한 고려를 바탕으로 다음과 같은 기술전략적 의사결정에 효과적으로 활용될 수 있다.

첫째, 기술수명주기는 기업의 연구개발전략(R&D strategy) 추구에 있어서 선도자가 될 것인가 혹은 추격자가 될 것인가에 관한 의미 있는 통찰력을 제공해 줄 수 있다. 기업은 새로운 기술에 대한 기술적 능력을 검토하여 어느 시점에 신기술로 이전할 것인가에 대한 보다 용이한 의사결정을 할 수 있을 것이다.

둘째, 기술수명주기 분석은 새로운 기술의 중요성을 기업 내에 효과적으로 커뮤니케이션(communication)하고 신기술의 개발 및 확보를 위한 사업을 추진하는 과정에서 자원(resources)을 효과적으로 확보하는 수단으로 활용될 수 있다. 신기술은 근본적으로 불확실성이 높고 상업적인 성공으로 이어지는 데 오랜 기간이 소요된다는 점에서 이에 대한 모험적인 투자가 기업 내에서 타당성을 확보받기는 쉬운 일이 아니다. 그러나 기술수명주기는 기업의 기존기술의 한계 및 기술적 대체의 필요성을 가시적으로 보여줌으로써 기업 내의 신기술에 대한 투자의 당위성을 크게 제고할 수 있다.

셋째, 기술수명주기는 시간에 따른 기술적 성과의 한계 및 새로운 기술로 이전의 필요성을 강조함으로써 기업이 포괄적인 관점에서 전략경영(strategic management)을 하는 효과적인 수단으로 활용될 수 있다. 일반적으로 기술개발과 관련된 부서는 기술의 중요성에 대하여 과도한 강조를 하는 반면 기업의 경영층 및 다른 기능부서들은 기술의 중요성을 충분히 인식하지 못하는 경우가 많다. 기술수명주기는 기업의 상업적 성과의 진행과정을 기술을 바탕으로 보여줌으로써 기술 관련 정보와 다른 사업적 정보를 통합하여 경영자가 효과적인 전략적 의사결정(strategic decision-making)을 내리는 데 도움을 줄 수 있을 것이다. 기본적으로 기술수명주기의 개념은 기업의 연구개발전략 및 기술전략 수립에 효과적으로 활용될 수 있을 것이다.

제 2 절 연구개발 대상기술의 도출

1. 분석대상 기술의 도출

기업이 연구개발을 목표로 하는 기술의 도출을 위해서는 시장환경과 기술환경의 검토가 필요하다. 기업의 기술적 환경은 기업과 직간접으로 관련을 맺고 있는 대단히 많은 기술로 구성되어 있다. 기업은 자원의 제약으로 인하여 이들 모든 기술을 개발할 수는 없고 이같이 대단히 많은 기술적 신호(technological signals)를 가능한 체계적으로 파악하여야 할 것이다. 여기에서 중요한 것은 많은 기술 중에서 어떤 기술들이 현존하는 혹은 미래의 사업영역, 이들과 관련된 제품이나 공정과 연계가 있는가를 명확히 하는 것이다. 이 중 주목할 만한 기술을 대략 도출하고, 분석하며, 문서화하여야 한다. 이들 기술의 분석은 수많은 기술 중의 대략적 사전선정(pre-selection) 과정이 될 것이며, 선정된 기술들은 분석대상 기술들의 대략적인 모음이 된다.

이와 같은 분석대상 기술의 도출에는 기술적 응용가능성(technological applicability)과 상업적 타당성(commercial feasibility)을 바탕으로 선정하여야 할 것이다. 즉, 우리 기업이 분석대상 기술들을 기술적으로 개발할 능력과 가능성이 있는가와 성공적인 기술개발이 이루어졌을 경우에 이들이 상업적으로 성공 가능성이 있는가를 검토하여야 한다. 아울러 이와 같은 기준으로 선정된 기술들이 우리 기업에 있어서 핵심기술(core technologies)이 될 것인가 혹은 보조기술(supportive technologies)이 될 것인가도 검토하여야 할 것이다. 핵심기술은 우리 기업의 경쟁우위에 핵심이 되는 기술을 의미하여, 보조기술은 전략적 중요성이 상대적으로 낮은 기술을 의미한다.

2. 분석대상 기술 도출 수단

일반적으로 기업이 연구개발의 대상이 될 분석대상 기술을 도출하는 기법으로는 기술나무 기법과 기술로드맵 기법 두 가지가 사용된다. 아래에는 이들을 간략하게 살펴보기로 한다.

1) 기술나무

기술나무(technology tree) 기법은 기업이 관심을 가지고 있는 어떤 기술을 이를 구성하고 있는 세부기술들로 나타내는 것이다. 현대의 기술들

[그림 3-4] 기술나무의 사례

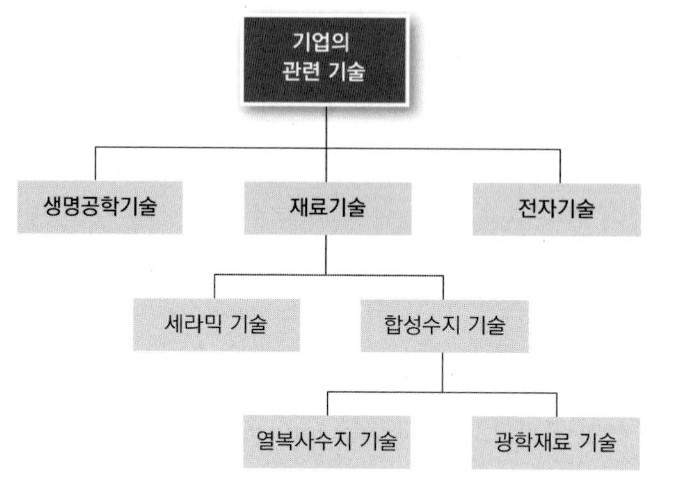

자료: Specht 등(2002), p.78.

은 매우 복잡하여 매우 다양한 세부기술들로 구성되며, 이들 세부기술을 파악하는 것은 기업이 목표로 하는 구체적 세부기술을 도출할 수 있다는 점에서 매우 중요하다. 기술나무는 기술의 복잡성에 따라 다양한 계층으로 구성될 수 있다. 이와 같은 기술나무의 출발은 폭넓은 과학기술적 영역들로부터 시작하여 세부기술들로의 관련성을 나타낼 수 있다. Specht 등(2002: 78)은 기술나무의 사례를 [그림 3-4]와 같이 네 단계로 나타내고 있다. 이와 같은 기술나무를 통한 세부기술들의 제시는 기업이 관심이 있고 필요로 하는 모든 세부기술을 다양한 차원에서 나타내 준다.

2) 기술로드맵

기술로드맵(technology roadmap)은 일반적 기술기획기법 중의 하나이다. 이는 분석대상 기술의 도출에도 효과적으로 사용할 수 있다. 기술로드맵은 기본적으로 두 가지 측면에서 살펴볼 수 있는데, 그 한 축은 시간(timing)의 측면이고 다른 축은 기술(technology)의 측면이다. 그 결과 기업은 시간의 흐름에 따라 관심 있는 기술들의 발전과정을 예측해 볼 수 있다. 기술로드맵에서는 어떤 기술 분야의 발전과정을 이들의 세부기술들의 발전과정으로 시각적으로 나타내 주어 기업이 필요로 할 기술들의 선정에 관한 의사결정을 쉽게 하게 한다. 이 같은 기술로드맵은 기업으로 하여금 관심이 있는 기술 혹은 미래에 필요로 하는 기술들에 대한 연구개발활동의 필요성을 나타내 준다.

Specht 등(2002: 79)은 기술로드맵을 과거 기술에 대한 회귀적 기술로드맵(retrospective technology roadmap)과 미래기술에 대한 미래지향적 기술로드맵(prospective technology roadmap)으로 구분한다. 한편 Geschka 등(2002)은 미래지향적 로드맵으로는 개별 기업들에 대한 계획적 기술로드맵(planned technology roadmap)과 기술분야에 대한 탐험적 기술로드맵(explorative technology roadmap)으로 나누고 있다(Specht 등, 2002: 79에서 재인용).

Specht & Behrens(2002: 93)는 기술로드맵을 창조적 선택과정에 대한 체계적 접근방법이라고 말하면서 다음 5단계를 제시하고 있다.

1) 대상기술 영역 및 목표기술의 도출
2) 대상 기술의 수요 분석 및 예측 : 제품 및 공정의 관점에서 수요분석
3) 기업 잠재력의 분석 및 예측 : 기업의 과학기술적 수준 및 잠재력분석
4) 기술로드맵의 도출
5) 기술로드맵의 완전성 및 일관성 분석

이들 기술로드맵은 기업이 필요로 하는 기술들의 시간에 따른 발전과정을 예측할 수 있게 해준다. 이를 바탕으로 기업은 스스로의 연구개발활동을 통해 여기에서 도출된 기술들을 자체적으로 개발 · 확보할 것인지 혹은 외부와의 연구개발협력을 통하여 확보할 것인지를 대략 판단할 수 있다.

3. 기술조기인식

기술조기인식(technology early recognition)의 목표는 경쟁자들보다 빨리 새로운 기술의 매력도, 기존기술의 쇠퇴 여부, 기술의 단절성 등을 인식하는 것이다. 이를 통하여 기업은 다른 기업들보다 기술개발 및 이의 새로운 제품과 서비스로의 이전을 빠르게 진행할 수 있으며, 기술발전과 시장발전의 여러 요구에 대하여 충분한 시간을 가지고 대응할 수 있다. 그 결과 기술조기인식을 잘하는 기업들은 경쟁기업들보다 새로운 제품, 서비스, 공정을 시장에 보다 빠르게 도입할 수 있으며, 단기적으로는 독점적 경쟁우위를 확보하고 장기적으로는 상대적으로 높은 경험효과를 달성하여 원가우위의 효과도 달성할 수 있을 것이다.

일반적으로 기술조기인식은 다양한 과학기술 분야에 있는 상대적으로 비구조화되고 매우 정의하기 어려운 기술적 정보에 대한 매우 약한 신호(weak signals)를 인식하는 것을 의미한다. 이 같은 기술적 정보에 대한 약한 정보는 일반적인 기업들은 인식하기 어렵고, 이 약한 신호가 강한 신호가 될 경우에는 다른 많은 기업도 이 신호를 감지하여 해당 기술적 정보는 전략적 가치가 적을 수밖에 없다.

Specht 등(2002: 82)은 기업 전체차원에서 기술의 조기인식의 중요성을 강조하며 이를 전략적 조기인식(strategic early recognition)이라고 명명하였다. 특히 이들은 이 관점에서 전략적 조기인식을 전략적 탐험(strategische Exploration)과 전략적 주시(strategische Überwachung)로 나누어 설명하고 있다. <표 3-2>에 나타나 있는 바와 같이 전략적 기술조기인식으로서 탐험과 주시는 목표, 분석수단, 시간적 측면에 있어서 차이가 있다. 전략적 탐험은 기업의 새로의 기회의 도출에 사용되는 데 비하여 전략적 주시는 기업에게 닥쳐올 수 있는 위험을 방지하는 데 목표를 두고 있다. 이는 기술조기인식에도 매우 적절하게 사용될 수 있을 것이다.

Specht 등(2002: 82-83)은 성공적인 전략적 기술조기인식의 근본접근

〈표 3-2〉 전략적 기술조기인식의 요소로서 탐험과 주시

특징	전략적 기술조기인식	
	전략적 탐험	전략적 주시
활동의 정렬	정렬되지 않음	정렬됨
목표	기회의 도출	위험보상
분석내용	환경/자원	환경/자원
수단	- 환경평가 - 모니터링 - 델파이 기법 - 시나리오 기법	주체들의 네트워크 범위와 적합성의 주시
시스템	조기인식 정보시스템 - 정보원천 지향적 접근방법 - 네트워크 지향적 접근방법	
실제적 관련 차원	기업정책적 차원	전략 내지 전략의 목표
시간적 차원	비정규적	정규적

자료: Specht 등(2002), p.81.

방법을 아래와 같이 제시하고 있다.

(1) 조직 구성원 모두가 조기인식자가 되어야 함 : 미약한 신호는 모두에 의해 인식되어야 하며 이들이 만나는 모든 사람에게 전달되어야 함.

(2) 지속적 관찰 : 관찰된 기술 및 제품 개발의 초기단계에만 집중하는 것이 아니라 이들의 모든 수명주기에 대해 이루어져야 함. 즉, 성숙한 제품과 기술은 전략적 주시의 대상이 됨.

(3) 폭넓은 관찰영역 : 전략적 사업단위들과 전략적 방향들에 관한 비전의 틀 속에서 근본적으로 기술적 측면과 아울러 비기술적 측면의 폭넓은 관찰영역들을 다루어야 함.

(4) 정보에 대한 소극적 기다림의 금지 : 구성원들은 관련된 정보원천을 적극적으로 활용하고 자체 사업영역뿐만 아니라 다른 영역들에

대해서도 사용 가능성을 적극적으로 관찰하여야 함.

(5) 고객 접촉의 목표지향적 활용 : 고객들은 혁신가, 조기수용자, 전기다수수용자, 후기다수수용자, 지각수용자 등으로 구분할 수 있는 바, 이 같은 체계적 구분을 활용하고, 특히 기술조기인식에 있어서는 혁신가에 대해 주안점을 두어야 할 것임.

(6) 공급자 접촉의 목표지향적 활용 : 공급자들도 전략적 조기인식의 중요한 정보원천이라는 점에서 이들에 대한 체계적 접근을 하여야 할 것이며, 특히 경쟁력 있는 공급자의 선택은 기술조기인식에서 중요한 의미를 가짐.

(7) 기타 조기정보 소유자에 대한 목표지향적 평가 : 과학기술 연구기관, 국내외의 학회, 전시회, 박람회도 조기인식의 매우 중요한 정보원천인 바 이들을 적극 활용.

(8) 기술조기인식 정보시스템의 구축 : 수집된 정보를 적극 활용하고, 이를 체계적으로 기업 내 · 외에 전달하기 위해서는 획득된 정보를 저장 · 검색 · 활용할 수 있는 체계적 정보시스템을 구축 · 운용하여야 함.

4. 기술예측

1) 기술예측의 중요성

연구개발을 위한 분석에 적합한 기술들을 도출을 위해서는 기술예측(technology forecasting)이 필요하다. 기술예측은 기술의 미래결과, 개발 가능성 및 이들의 영향을 체계적으로 예상하는 것이다. 기술예측은 특히 기술의 제품과 서비스의 개발, 시장에 미치는 영향 등을 나타내 준다는 점에서 큰 의미가 있다.

2) 기술예측의 전제조건

Specht 등(2002: 86-87)은 기술예측의 전제 및 조건을 다음과 같이 제시하고 있다.

(1) 기술개발의 예측가능성 : 완전하게 예측하기 어려운 기술의 개발은 매우 드물며, 대부분의 기술은 적절하게 예측가능함.

(2) 선택된 기술개발에 대한 집중 : 만족스러운 기술예측은 상당한 자원의 투입을 필요로 하는 바, 모든 기술의 개발을 상세하게 예측할 수 있는 기업은 없음.

(3) 사용가능성에 대한 지향 : 실무적으로 적합하지 않은 기술예측은 불필요하며, 예측할 기술영역은 기업의 목표시장과 목표로 하는 기술적 핵심역량을 지향하여야 함.

(4) 이용가능한 예측 : 기술예측은 내용적으로나 시간적으로 예측의 정도에 있어서 일목요연하고 가능하면 계량화되어야 함.

(5) 독립된 예측이 아니라 상호작용적 예측 : 기술예측의 신뢰성은 예측이 얼마나 예측대상에 대하여 모든 관련 영향요인을 포괄할 수 있는가에 달려 있으며, 이에 따라 단일 예측이 아니라 상호작용적 예측이 필요함.

(6) 논리적, 체계적 예측 : 기술예측은 체계적 규칙에 따라 이루어져야 하며, 충분한 근거를 가져야 하며, 논리적으로 검증 가능하여야만 함.

3) 기술예측의 방법

기술예측방법은 정량적 예측방법과 정성적 예측방법으로 나누어 볼 수 있다. Specht 등(2002: 88-89)은 아래와 같이 다양한 기술예측방법을 제시하고 있다.

(1) 추세외삽법(Trend Extrapolation) : 이 방법은 미래의 기술발전을 과거의 기술발전의 연속으로 예측하는 방법으로서, 매우 단순하고 비용절감적인 예측방법임. 이 방법은 장기적 기술예측에는 취약성을 가지는 단점이 있으므로 단기, 중기적 기술예측에 많이 활용됨.

(2) 사전지표에 근거한 예측 : 이전에 사용된 예측지표들이 시간적으로 이후에도 적용이 가능하다면, 이를 바탕으로 기술의 활용을 예측할 수 있음. 예를 들어, 군사부문의 레이저 활용은 일정한 시간지체(time lag) 이후에 민간부문에 사용될 것이라는 점을 예측하는 것임.

(3) 대체곡선(Substitution Curve) 활용 : 기존기술의 대체곡선을 알면 이를 대체할 새로운 기술의 발전 및 확산 상황을 알 수 있으며, 이에 따라 일정 시점에서 새로운 기술의 확산 여부 및 이의 활용 필요성에 대한 의사결정을 할 수 있음.

(4) 적합성 나무 기법(Relevance Tree) : 적합성 나무 기법은 기술의 다양한 발전 양태를 도식으로 그려 나타내고 이를 분석하여 의사결정에 도움을 주는 방법이며, 이를 바탕으로 해당 기술의 대체적 발전경로를 검토할 수 있게 해줌.

(5) 상호작용 분석법(Cross Impact Analysis) : 이 방법은 개별기술 간의 긍정적, 부정적 상호작용들을 분석하는 것으로, 보통 개별기술 간의 매트릭스로 상호작용을 나타내 줌.

(6) 기술 모니터링(Technology Monitoring) : 기술 모니터링은 기술발전의 미약한 신호와 이의 영향을 지속적으로 파악하고 추적하는 기법임.

(7) 델파이 기법(Delphi Technique) : 델파이 기법은 미래 기술발전에 대한 다단계적, 구조적 전문가 설문을 실시하는 기법임. 이 기법의 핵심은 무기명 서면 설문분석의 수행으로써 설문횟수를 거듭할수록 적절한 예측결과가 도출되지만, 비용과 시간이 많이 드는 단점이 있음.

(8) 시나리오 기법(Scenario Technique) : 이 방법은 미래의 가능한 상황들과 이 상황들로 이어지는 길들과 영향요인들을 묘사하는 기법임. 이는 모든 관련된 영향들을 고려할 수 있고, 영향요인들의 계량화가 필요 없으며, 기술의 대체적 발전과 전체 과정을 나타내 줄 수 있다는 장점이 있음.

제 3 절 기술영역의 선택과 분석

연구개발의 대상이 되는 기술영역의 선택은 일반적으로 기술지향적 환경분석(technology-oriented environment analysis)으로 불리며(정선양, 2016), 이를 위한 방법은 근본적으로 다양한 방법이 있으나 특히 기술관련 포트폴리오 기법을 많이 사용한다. 아래에는 이에 관해 살펴보기로 한다.

1. 기술지향적 환경분석의 기초

Specht 등(2020: 91-92)은 기술지향적 환경분석의 주요 영역을 분석대상, 분석과제, 분석기법으로 나누어 서술하고 있다.

1) 기술지향적 환경분석의 대상과 과제

기술지향적 환경분석의 대상은 기업 내부적으로는 고객집단으로 특징지어지는 전략적 사업단위(SBU: strategic business unit)의 기술적 측면을 분석하고, 기업 외부적으로는 기술이 목표로 하는 시장 및 고객에 관한 분석을 수행한다. 전자는 내부환경 분석이고 후자는 외부환경 분석이다. 이를 바탕으로 기업은 연구개발을 우선적으로 수행할 전략적 기술분야(strategic technology fields)를 도출한다. 전략적 기술분야는 기업이 새롭게 추구할 그리고 잠재적인 연구개발 분야로서 다른 기술분야들과는 독립적으로 기획되는 분야를 의미한다.

기술지향적 환경분석의 과제는 전술한 전략적 기술조기인식의 정량적, 정성적 자료를 확장하여 목표로 하는 기술영역과 시장영역의 기회와 위험 그리고 연구개발조직의 강점과 약점을 도출하고 평가하는 것이다.

기술지향적 외부환경 분석의 결과 도출되는 기회-위험 분석(Opportunities-Threats Analysis)은 개별기술영역의 매력도에 관한 내용으로서, 이는 도출된 개별기술, 즉 전략적 기술영역에 대한 기업의 역량 및 이 기술의 고객수요를 충족할 수 있는 적합성에 달려 있다. 전략적 기술영역의 역량 적합성(potentials relevance)은 한 기술의 문제해결능력이 가장 큰 지표이다. 이는 과학기술적 추가발전의 잠재력, 시간에 따른 기술발전의 비용과 위험에 의해 결정된다. 수요 적합성(needs relevance)은 기술적인 측면이 아니며 개별기술의 기업의 사업 및 혁신 영역에 대한 적합성을 나타내 준다.

기술지향적 내부환경 분석의 결과 도출되는 강점-약점 분석(Strengths-Weaknesses Analysis)은 기업의 사업단위 및 연구개발단위의 기술과 시장에서의 위치를 나타낸다. 이는 간단히 말하여 각각의 영역에서 가장 선도적 기업과 관련한 기업의 위치를 나타낸다. 기업의 상대적 기술적 위치는 연구개발조직의 역량분석에 의해 파악된다. 여기에는 인적 역량과 기술적 역량으로 살펴볼 수 있으며, 인적역량은 기업의 연구개발조직에 속한 인력들의 역량을 나타내 주며, 기술적 역량은 연구개발조직의 연구 및 실험 기자재의 확충 정도와 현대성을 나타낸다.

2) 기술지향적 환경분석의 주요기법

근본적으로 기술지향적 환경분석의 기법으로는 기술조기인식과 기술예측의 기법들이 모두 사용될 수 있다. 그러나 Specht 등(2002)은 좀 더 상세하게 다음의 기법들을 제시하고 있다.

(1) 강점-약점 프로필 분석법

이 기법의 첫 단계는 연구개발조직에 대하여 전략적 기술영역의 성공에 필요한 주요 특징들을 도출하고, 두 번째 단계로는 체크리스트(check lists)를 통하여 전문가들에게 이들 특징의 달성 정도를 경쟁기업과 비교하여 제시하게 하여, 연구개발능력의 강약점을 도출하는 것이다.

(2) 개별 기술에 대한 경험곡선분석

경험곡선(experience curve)은 근본적으로 누적 생산량이 두 배가 되면 단위원가는 대략 20%에서 30%가 감소한다는 가정이다. 기술에 대해서도 이 같은 경험곡선을 분석할 수 있는데, [그림 3-5]와 같이 기존기술과 신기술의 경험곡선을 비교하여 분석한다.

(3) 기술지향적 가치사슬분석

가치사슬분석(value chain analysis)은 고객에 제공된 가치는 모든 기업 활동의 가치창조활동에서 비롯한다는 점을 나타내 준다. 기업의 활동은

[그림 3-5] 기술의 경험곡선

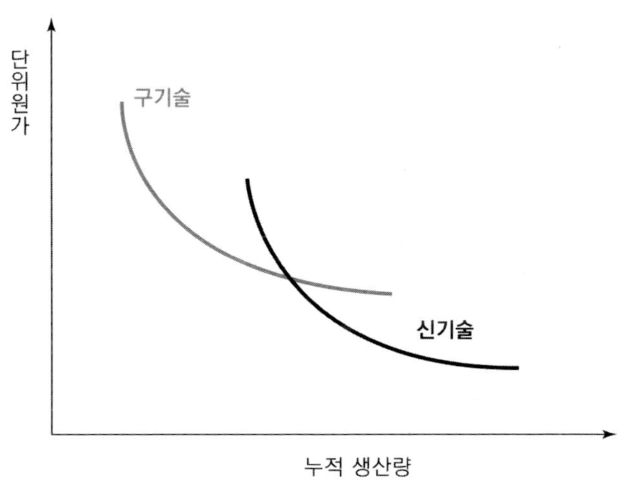

주요활동과 보조활동으로 구성되는데, 대표적인 주요활동(primary activities)은 투입물류, 생산, 마케팅, 산출물류, 고객만족 등으로 이루어지고, 보조활동(support activities)은 주요활동들 모두를 통괄하는 활동으로서 기업하부구조, 인사관리, 기술개발, 조달 등을 포함한다. 실제로 [그림 3-6]에 따르면 기업의 주요활동, 보조활동은 다양한 기술들로 구성되어 있으며, 이들 기술에 대한 강점과 약점은 기업의 수익창출 능력에 대한 근본적인 영향을 미친다. 이에 따라 기업은 이 같은 기술지향적 가치사슬분석을 통하여 기업이 취약한 기술을 개발, 개선하고, 강점을 가지고 있는 기술분야를 바탕으로 기업의 수익을 극대화하려는 노력을 기울일 필요가 있다. 이 개념을 창출한 Porter(1985)는 기술은 이와 같은 기업의 모든 활동에 기업의 가치창출 능력 및 경쟁력 제고를 위해 도입될 수 있다는 점을

[그림 3-6] 기업가치사슬에 있어서 기술의 역할

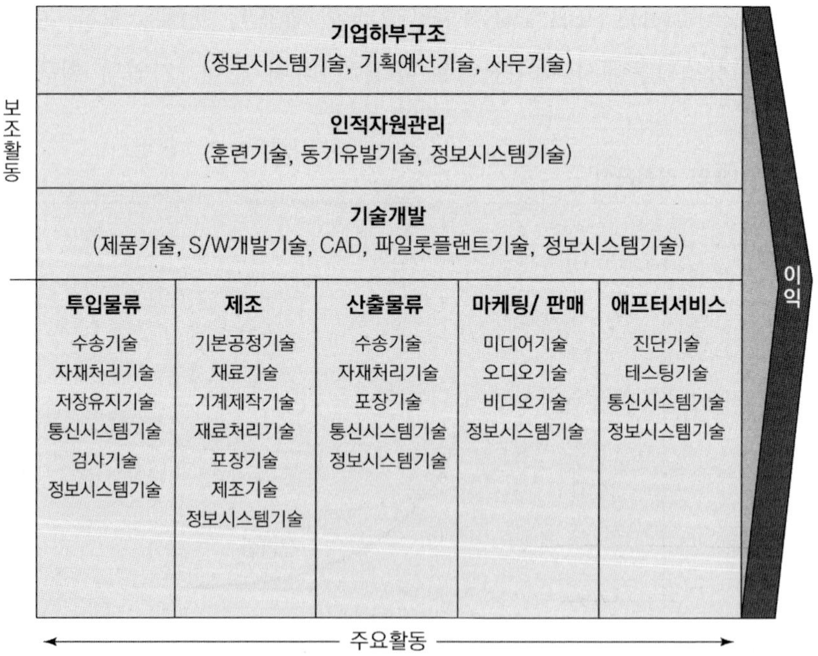

보조활동

기업하부구조
(정보시스템기술, 기획예산기술, 사무기술)

인적자원관리
(훈련기술, 동기유발기술, 정보시스템기술)

기술개발
(제품기술, S/W개발기술, CAD, 파일롯플랜트기술, 정보시스템기술)

투입물류	**제조**	**산출물류**	**마케팅/ 판매**	**애프터서비스**
수송기술	기본공정기술	수송기술	미디어기술	진단기술
자재처리기술	재료기술	자재처리기술	오디오기술	테스팅기술
저장유지기술	기계제작기술	포장기술	비디오기술	통신시스템기술
통신시스템기술	재료처리기술	통신시스템기술	정보시스템기술	정보시스템기술
검사기술	포장기술	정보시스템기술		
정보시스템기술	제조기술			
	정보시스템기술			

이익

주요활동

자료: Porter(1985), p.167에서 저자의 정리.

강조한다. 이에 따라 기술지향적 가치사슬분석은 일반적 가치사슬분석을 기술의 관점에서 파악한다.

(4) 기술지향적 경쟁환경분석

기술지향적 경쟁환경분석은 경쟁기업들과 비교하여 우리 기업의 기술 역량을 파악하여 경쟁우위를 확보할 수 있는 방안을 모색하고, 특히 기술적 경쟁우위의 정도를 분석하여 이의 제고 방안을 도출한다. 즉, 우리 기업이 상대적으로 부족한 기술들은 연구개발활동의 구체적 대상이 된다.

(5) 기술영향분석

기술영향분석(technology impact analysis)은 전략적 기술영역의 기술들이 제품과 공정에 대한 통합정도(integration grade)를 파악하기 위하여 이루어진다. 이는 [그림 3-7]과 같이 나타낼 수 있는데, 이와 같은 기술의 통합정도와 더불어 전략적 개별 사업단위에 있어서 전략적 기술분야들의 경쟁우위에 미치는 영향의 정도를 파악할 수 있다.

[그림 3-7] 기술의 통합정도 분석

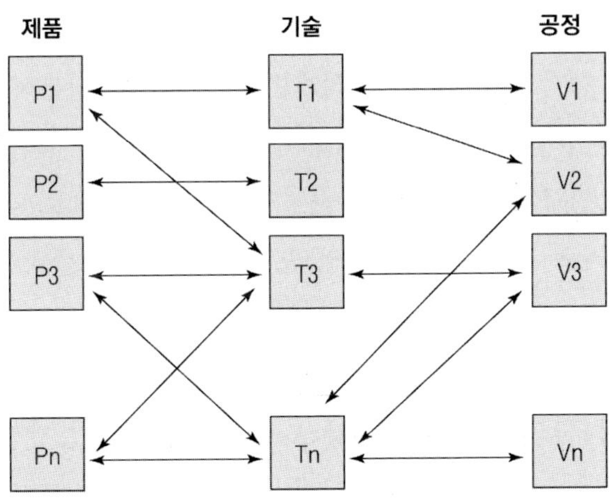

자료: Specht 등(2002), p.94.

(6) 기술 수용도 분석

연구개발조직이 창출한 결과인 기술, 제품, 서비스가 다른 부서 및 종업원에 의해 수용되지 않으면 연구개발조직의 노력은 실패로 돌아간다. 비현지발명 신드롬(Not Invented Here Syndrome)이 가장 대표적인 사례인데, 이는 우리 기업에서 발명하지 않은 기술, 제품, 서비스를 배척하는 문화를 일컫는 말인데 이 같은 새로운 기술에 대한 수용도 부족은 연구개발활동에 많은 어려움을 준다. 이에 따라 기업은 기술 수용도 분석(technology acceptance analysis)을 통하여 새로운 기술에 대한 저항을 미연에 방지하여야 할 것이다.

제 4 절 기술 포트폴리오 분석

1. 포트폴리오 분석의 개념

기업경영에 있어서 내부환경분석과 외부환경분석을 연계하는 가장 일반적인 기법은 포트폴리오 분석(portfolio analysis)이다. 이 분석기법은 내부환경과 외부환경에 관한 균형적 분석을 할 수 있다는 점에서 통합적 분석의 성격을 가지고 있다. 이 분석기법은 기업의 환경분석을 통하여 적절한 의사결정에 방법론적으로 도움을 주려는 목적으로 개발되었다. 포트폴리오 분석은 연구개발활동 및 기술경영에도 효과적으로 적용될 수 있다.

포트폴리오 분석기법은 기업의 투자영역을 도출하여 이의 매력도를 판단하려는 근본 목적을 가지고 있다. 투자영역은 두 개의 차원을 가지는 매트릭스(matrix)로 표현되는데 한편으로는 투자영역의 매력도(attractiveness)와 다른 한편으로는 해당 조직단위의 상대적 강점(relative strengths)으로 표현되는 경우가 일반적이다. 그리하여 기술 포트폴리오 분석(technology portfolio analysis)은 기업이 매력적으로 생각되는 기술영역과 이를 개발할 수 있는 연구개발역량을 중심으로 기업의 연구개발 대상이 되는 기술영역을 도출한다.

그동안 포트폴리오 분석은 일반적으로 시장지향적 환경분석에 활용되어 왔다. 여기에는 시장점유율-시장성장 포트폴리오(보스톤 컨설팅 그룹), 시장매력도-경쟁우위 포트폴리오(맥킨지) 등 다양한 변수를 바탕으로 다양한 포트폴리오 분석이 이루어졌다. 이와 같은 분석 속에서 기업의 경쟁요인으로서 기술에 대한 분석이 거의 다루어지지 않았거나 묵시적으로 다루어졌다. 그러나 1980년대 초반이 되면서 기술 포트폴리오 분석(technology portfolio analysis)이 이루어지기 시작하였으며, 대표적인 사례가 Pfeiffer 등의 기술매력도-자원강도 포트폴리오와 Arthur D. Little사의 기술적 위치-기술수명주기 포트폴리오가 대표적이다(Specht 등, 2002: 95). 다음에서는 이를 구체적으로 살펴보기로 한다.

2. Pfeiffer 등(1986)의 기술 포트폴리오

기술 포트폴리오를 구성하는 가장 일반적인 방법은 기업 및 사업부가 원하는 기술들의 기술적 특성과 이들을 개발하는 데 필요한 기업의 자원동원 능력을 바탕으로 구성하는 것이다(예: Pfeiffer 등, 1986: 107-124). 전자는 기술의 매력도라고 부르고, 후자는 자원의 강도라고 부른다. 이들 두 변수를 연구개발 포트폴리오의 핵심변수(core variables)라고 부르는데 이들을 효과적으로 파악하기 위해서는 여러 개의 하위 구성요소, 즉 하위변수(sub-variables)를 살펴보아야 한다(<표 3-3> 참조). 이 유형의 포트폴리오를 기술-자원 포트폴리오(technology-resource portfolio)라고 부른다. 각각의 기술들을 개발하기 위한 연구개발 프로젝트들은 기술적 매력도와 자원의 강도의 두 핵심변수에 의해 구축된 여러 영역에 위치하게 되며, 기업은 이들 프로젝트의 위치를 바탕으로 효과적인 의사결정을 내릴 수 있다.

첫 번째 핵심변수는 기술의 매력도(technological attractiveness)로서, 이

〈표 3-3〉 Pfeiffer 등(1986)의 기술 포트폴리오의 차원과 세부구성요소

기술의 매력도	기술의 수요적합성	기술의 활용범위
		기술의 친숙도
	기술의 잠재력 적합성	기술의 혁신 잠재력
		기존기술과의 조화도
자원의 강도	재무적 강점	연구개발예산의 크기
		연구개발예산의 계속성
	지식의 강점	지식의 수준
		지식의 안정성

는 목표로 하는 기술들의 기술적, 경제적 우위를 나타낸다. 이 변수는 해당 기술들이 가지고 있는 기술의 내재적 혁신창출능력은 물론 더 나아가 중장기적인 수익창출능력을 나타내 준다. 기술적 매력도를 세부적으로 나타내면 기술적 기회와 위험을 모두 포괄하고 있다. 이와 같은 기술적 매력도의 하위 구성요소로는 기술의 수요적 측면(예: 기술의 활용범위, 친숙도 등)과 공급적 측면(예: 혁신 잠재력, 기존기술과의 조화도 등)으로 나누어 볼 수 있을 것이다.

두 번째 핵심변수는 자원의 강도(resource strength)로, 이는 기업의 내부적 요소로 경쟁기업과 대비하여 특정기술들에 대한 기업의 기술적, 경제적 통제능력을 나타내 준다. 다시 말해, 자원의 강도는 기업이 경쟁기업들에 대하여 가지는 기술적 자원의 강점과 약점을 나타내 준다. 이와 같은 자원의 강도는 몇 개의 하위 구성요소를 가지는데 대표적으로 기업이 가지고 있는 기술적 지식의 강점(예: 기업이 가지고 있는 기술적 지식의 수준 및 안전성 등)과 재무적 강점(예: 연구개발 예산의 크기 및 계속성 등)으로 나누어 살펴볼 수 있을 것이다.

이들 두 핵심변수를 바탕으로 Pfeiffer 등(1986)은 [그림 3-8]과 같은 기술-자원 포트폴리오를 제시하고 있다. 각 연구개발 포트폴리오의 영역에 대해 살펴보면 다음과 같다.

[그림 3-8] Pfeiffer 등(1986)의 기술-자원 포트폴리오

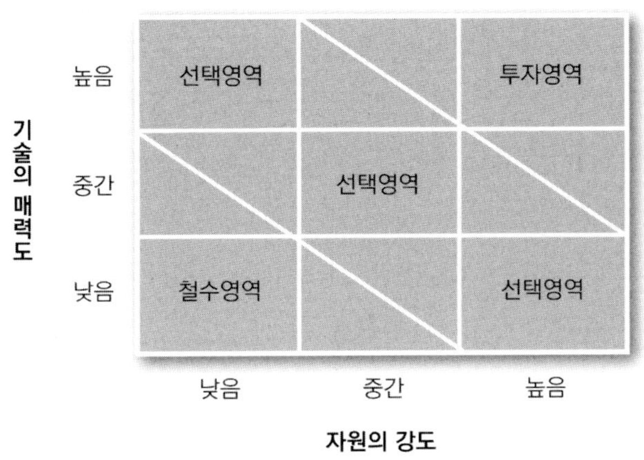

자료: Pfeiffer 등(1986), p.122.

① 먼저, 우상위 영역의 경우에는 기술적 매력도도 높고 기업이 가지고 있는 자원의 강도도 매우 높은 영역을 나타낸다. 이 경우에는 기업은 이 기술에 적극적인 투자를 단행하여 연구개발 프로젝트를 실행에 옮겨야 할 것이다. 즉, 이 분야의 연구개발 프로젝트들은 기업 및 사업부의 경쟁우위 달성에 가장 큰 공헌을 할 수 있는 과제들로서 이들은 기업 연구개발투자에서 가장 선호되는 대상이 된다. 이에 따라 이 영역을 투자(investment)의 영역이라 부른다.

② 좌하위 영역의 경우에는 기술의 매력도도 낮으며 자원의 강도도 낮은 영역을 나타낸다. 이 영역에 위치해 있는 연구개발 프로젝트들은 기업이 가장 기피하는 과제들로서 이 영역의 경우에는 새로운 연구개발 프로젝트의 추진은 이루어지지 않으며, 기존에 투자되고 있는 연구개발 프로젝트의 경우에는 과제를 중단하거나 자원을 서서히 철회하여야 할 것이다. 이에 따라 이 영역을 철수(divestment)의 영역이라 부른다.

③ 다음으로 그림의 중간 영역에 위치해 있는 연구개발 프로젝트들

이 있다. 이 경우에는 기술적 매력도는 높으나 자원의 강도가 약하거나, 기술적 매력도는 낮으나 자원의 강도는 높다든지, 마지막으로 기술적 매력도와 자원의 강도가 모두 보통인 영역을 나타내준다. 이 영역의 연구개발 프로젝트의 경우에는 경영자는 보다 세심한 의사결정을 하여야 하는데, 특히 기업의 사업전략에 준거하여 연구개발과제의 추진 여부를 결정하여야 할 것이다. 또한, 이 영역에 속하는 기술들의 경우에는 다른 기업과 연계하여 확보하는 기술협력 전략을 추진할 수도 있을 것이다. 이에 따라 이 영역을 선택(selection)의 영역이라 부른다.

이와 같은 자원과 기술을 바탕으로 한 기술 포트폴리오는 기술적인 측면과 기업의 재무적인 측면을 대비하는 포트폴리오로서 기업의 연구개발 프로젝트의 선정에 있어서 매우 효과적으로 활용될 수 있다. 기업은 기술-자원 포트폴리오를 바탕으로 투자(investment), 철수(divestment), 선택(selection)의 세 가지 유형의 구체적 전략을 추진할 수 있다. 이와 같은 기술 포트폴리오의 분석에 있어서 중요한 점은 포트폴리오가 기술의 동력성을 반드시 반영해야 한다는 것이다. 즉, 여기에서 분석대상이 되는 기술은 기존의 기술만이 아니라 미래에 기업 및 사업부의 경쟁우위 확보에 핵심적인 새로운 기술(new technologies)이 포함되어야 할 것이다. 아울러 Pfeiffer 등(1987)은 기술의 유형과 관련하여 제품기술은 물론 공정기술에 대하여 기술 포트폴리오를 구성할 수 있다는 점을 강조하였다.

3. Specht 등(2002)의 기술 포트폴리오

Specht 등(2002)은 연구개발활동을 수행할 기술분야를 도출할 기술 포트폴리오(technology portfolio)를 제시하고 있다. 이들은 기업의 기술적 역량의 잠재력으로 포함될 수 있는 기업 내의 연구개발조직에게 귀속될 연

〈표 3-4〉 Specht 등(2002)의 기술 포트폴리오 차원과 세부구성요소

기술적 매력도	추가개발 잠재력	
	시간적 비용과 개발위험	
	기술결과	
상대적 기술개발 강점	인적 성과 잠재력	노하우의 정도
		노하우의 안정성
	기술적 성과 잠재력	기술적 현대성
		기술적 유연성

구개발분야를 나타내 준다. 이 기술 포트폴리오는 기업이 기술지향적 외부환경분석과 내부환경분석을 바탕으로 한 기회와 위험, 그리고 강점과 약점을 바탕으로 기술의 매력도(technology attractiveness)와 기술개발강점(technology development strength)의 두 차원으로 구성된다.

여기에서 기술의 매력도는 추가개발 잠재력(further development potentials), 시간적 비용(needed time)과 개발위험(development risk), 기술결과(technology results)로 구성되어 있다. 상대적 기술개발 강점은 인적 성과

[그림 3-9] Specht 등(2002)의 기술 포트폴리오

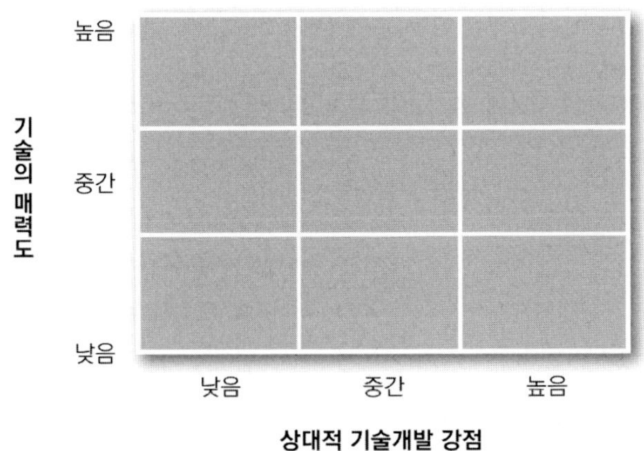

자료: Specht 등(2002), p.99.

잠재력(human performance potentials)과 기술적 성과 잠재력(technology performance potentials)으로 나누어지는데 전자는 기술적 노하우 정도와 기술적 노하우의 안정성, 후자는 기술적 유연성과 기술적 현대성으로 나누어진다. 이들의 포트폴리오는 기술을 과학기술적 측면 모두를 포괄하는 것으로 파악하고 인적 역량과 기술적 역량 모두를 포괄한다는 특징을 가지고 있다. 이들 두 차원을 바탕으로 Specht 등(2002)은 [그림 3-9]와 같은 기술 포트폴리오를 제시하고 있다.

4. Michel(1990)의 혁신 포트폴리오

Michel(1990)은 혁신분야 포트폴리오(innovation field portfolio)를 제시하고 있다. 이를 위하여 그는 혁신분야의 매력도(innovation fields attractivity)와 혁신분야의 강점(innovation fields strength)을 제시하는데, 전자는 대체로 기업 외부의 강점과 약점요인을 나타내고 후자의 경우에는 대체로 기업 내부의 강점과 약점을 나타낸다.

이들 두 차원은 다양한 세부 구성요소를 가지고 있다. 혁신분야의 매력도는 문제해결 잠재력(problem solving potentials)과 확산 잠재력(diffusion potentials)으로 구성되어 있다. 전자는 기술의 시간적 비용과 개발위험, 자

〈표 3-5〉 Michel(1990)의 혁신분야 포트폴리오 차원과 세부구성요소

혁신분야의 매력도	문제해결 잠재력	기술의 시간적 비용과 개발위험
		자연과학적/기술적 추가발전 잠재력
	확산 잠재력	시장성과의 비용-편익 개선
		혁신특정적 수용성
혁신분야의 상대적 강점	차별화 잠재력	상대적 기술적 지식
		상대적 실행/대응 잠재력
	실천 잠재력	기술혁신의 경쟁전략적 적합성
		보완적/활용적 기술의 이용가능성

[그림 3-10] Michel(1990)의 혁신분야 포트폴리오

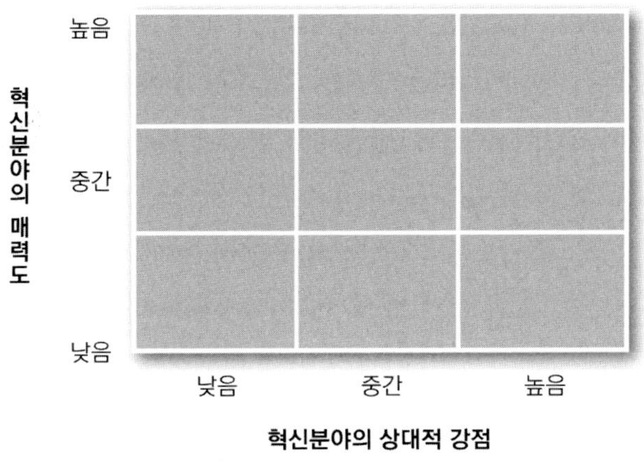

자료: Michel(1990), p.198.

연과학적 · 기술적 추가발전 잠재력으로 구성되어 있고 후자는 시장성과의 비용-편익 개선과 혁신특정적 수용성으로 구성되어 있다.

혁신분야의 상대적 강점은 차별화 잠재력(differentiation potentials)과 실천 잠재력(implementation potentials)으로 구성되어 있다. 여기에서 차별화 잠재력은 고려 대상이 되고 있는 전략적 혁신분야들을 긍정적으로 기업 혹은 사업부의 경쟁우위로 연계할 수 있는 현재의 그리고 잠재적 연구개발조직의 능력을 나타내 준다. 여기에는 상대적 기술적 지식과 상대적 실행 · 대응 잠재력으로 구성된다. 아울러 실천 잠재력은 연구개발조직들의 경쟁전략에 대한 통합 및 기존의 기술적 환경에 대한 대응능력을 나타내 준다. 여기에는 기술혁신의 경쟁전략적 적합성과 보완적 · 활용적 기술의 이용가능성으로 구성된다. 이들 두 차원을 바탕으로 Michel(1990)은 [그림 3-10]과 같은 혁신분야 포트폴리오를 제시하고 있다.

5. 기술 포트폴리오 분석의 장단점[2)]

기술 포트폴리오는 연구개발전략의 수립에 매우 유용한 수단이다. 이 기법은 기술과 시장에 대한 통합적인 시각(integrated perspectives)을 바탕으로 기업이 개발하여야 할 기술, 즉 연구개발과제와 관련하여 최고경영자 및 연구개발 담당 경영자가 효율적인 의사결정을 하는데 많은 도움을 준다. 기술 포트폴리오는 기업의 외부환경과 내부역량에 대한 기술적인 검토를 바탕으로 효과적인 연구개발전략(R&D strategy)을 수립할 수 있는 토대를 제공해 준다. 그러나 기술 포트폴리오 기법은 여러 장단점을 가지고 있기 때문에 이를 실무에 적용하는 데 세심한 주의가 필요하다. 많은 학자가 기술 포트폴리오 분석의 장단점에 대해서 다양한 논의를 하고 있는데(Wolfrum, 1991: 203-215; Gerpott, 1999: 160-163), 아래에서 이를 살펴보기로 한다.

먼저, 기술 포트폴리오 분석의 장점은 다음과 같다. 첫째, 기술 포트폴리오 기법은 다양한 기술분야에 대한 투명하고, 체계적이며, 일관된 평가방법을 제시하여 연구개발전략 수립의 토대를 제공해 줄 뿐만 아니라 기술투자에 대한 우선순위(priorities)를 제시해 줄 수 있다는 장점이 있다. 이 점에서 기술 포트폴리오는 기업 연구개발전략의 포괄적인 방향을 제시해 줄 수 있다.

둘째, 이 기법은 기술 프로젝트, 기술분야, 제품에 대한 구조를 일목요연하게 시각적으로 제시해 줌으로써 경영층의 연구개발 관련 의사결정(decision-making)을 돕는다. 그 결과 기술 포트폴리오는 기업의 연구개발전략과 기술전략 및 경쟁전략 간의 연계 및 시너지 창출에 공헌할 수 있다.

셋째, 기술 포트폴리오는 기업이 필요로 하는 연구개발 및 기술 분야를 기업의 환경 및 시장에 견주어 요약(summary)을 해주는 장점을 가지

---

2) 이 부분은 정선양(2016), 「전략적 기술경영」, 박영사, 제4판, pp.202-204를 수정·보완하였음.

고 있다. 이를 통하여 기술 포트폴리오는 기업 연구개발전략, 기술전략의 성공에 기여할 수 있다.

넷째, 기술 포트폴리오는 기업 내의 다양한 부서 및 사람들에게 연구개발활동에 대해 체계적 의사소통(communication)의 수단으로 활용될 수 있다. 기술 포트폴리오는 기업의 연구개발 및 기술혁신 활동이 기업의 경쟁우위에 미치는 영향을 제시해 줌으로써 연구개발활동에 대해 있을 수 있는 기업 내의 부정적인 시각을 줄이는 역할을 할 수 있다.

그러나 기술 포트폴리오 분석은 다음과 같은 단점도 있다. 첫째, 이 분석기법은 객관적인 측면보다는 의사결정자의 주관적인 판단(subjective judgment)에 의존한다는 문제점을 가지고 있다. 즉, 의사결정자는 기술 포트폴리오를 구성하는 데 있어서 준거할 수 있는 변수들에 대해 주관적인 평가정보를 바탕으로 의사결정을 한다는 단점이 있다.

둘째, 경영자가 기술 포트폴리오 분석기법이 나타내 주는 정보만을 가지고 연구개발전략을 수립하는 데에는 상당한 무리가 따른다. 합리적인 기술전략을 수립하기 위해서는 다양한 변수들(various variables)을 고려하고 이들의 변화가능성을 염두에 두어야 할 것이다.

셋째, 연구개발전략 및 기술전략에 필요한 정보를 단순화하여 두 개의 차원으로 기계적으로 분류하는 것은 합리적 기술전략 수립에 적절하지 않다. 아울러 두 개의 차원에 대하여 하위변수들(sub-variables)을 활용하고는 있으나 이들에 대한 자의성의 문제가 대두될 수 있다.

넷째, 기술 포트폴리오는 기술의 한계, 분석대상 기간의 선택, 하위변수들의 가중치, 연구개발전략의 세부적 수립 등에 관한 만족스러운 정보(information)를 제공해 주지 못하여 연구개발전략 및 기술전략의 수립에 충분히 공헌하지 못한다는 문제점을 가지고 있다.

다섯째, 기술 포트폴리오는 기술영역들 간의 시너지 효과(synergy effects)를 고려하지 못한다는 문제점이 있다. 현대의 기술들은 시스템 기술로서 여러 관련 기술 간의 기술적 시너지를 창출하는 것이 전략적으로 중요한데 기술 포트폴리오는 이에 관한 정보를 제공해 주지 못한다.

최고경영자는 이상과 같은 기술 포트폴리오의 장단점을 충분히 고려하여 연구개발전략(R&D strategy)을 수립하여야 할 것이다. 실제로 연구개발경영의 실무에 있어서 기술 포트폴리오 분석은 연구개발전략의 수립을 준비하는 데 있어서 구조화되고 도식화된 수단으로서 많이 활용되고 있다. 기술 포트폴리오 분석을 세심하게 활용하면 최고경영자와 연구개발 관련 경영자는 기술 및 시장에 대한 포괄적이고 정확한 정보를 바탕으로 효율적 전략을 수립할 수 있다. 특히, 기술 포트폴리오는 연구개발 및 기술혁신 관련 다양한 부서 – 예를 들어, 생산, 마케팅, 재무, 품질관리 – 의 관리자들 간의 합리적인 전략의 수립을 위한 토론을 구조화하고 기업의 기술혁신자원 투입의 합리적인 방향을 제시하는 데 효과적으로 활용할 수 있다.

▌기술혁신 기회의 원천

연구개발과 기술혁신에 있어서 얼마만큼 영감(inspiration)이 역할을 할 것인가? 아니면 얼마만큼 노력(hard work)이 역할을 하는가? 경영학의 창시자이며 저자의 판단으로는 기술경영학자인 피터 드러커(Peter Drucker)는 성공적인 기업가는 어떠한 특정한 성격을 가지고 있는 것이 아니라 늘 연구개발과 기술혁신에 대한 체계적 실천(practice)에 노력한다고 강조한다. 그는 기술혁신은 번뜩이는 천재성에서 창출되는 것이 아니라 기술혁신의 기회에 대한 의도적이고 목적지향적인 탐색(conscious and purposeful search)으로부터 시작된다고 강조한다. 그는 기술혁신의 원천을 7가지로 나누어 살펴보는데, 이 중 예상치 못한 사건, 부조화, 공정상의 니즈, 산업 및 시장의 변화 등 네 가지는 기업 혹은 산업 내의 기술혁신 기회이고, 인구통계적 변화, 인식의 변화, 새로운 지식 등 세 가지는 기업 외부 및 사회적 환경 내의 기술혁신 원천이다(<표 1> 참조). 아래에는 피터 드러커가 제시한 기술혁신의 원천에 관한 사례를 살펴보기로 한다.

〈표 1〉 기술혁신 기회의 원천

구 분	기술혁신의 원천
기업 혹은 산업 밖의 기회의 원천	1) 예상치 못한 사건 2) 부조화 3) 공정상의 니즈 4) 산업 및 시장의 변화
기업 외부 혹은 사회적 환경 속의 기회의 원천	5) 인구통계적 변화 6) 인식의 변화 7) 새로운 지식

1. 예상치 못한 사건

예상치 못한 사건(unexpected occurrences)은 종종 기술혁신의 원천이 된다. 이는 예상치 못한 성공과 예상치 못한 실패로 나누어 살펴볼 수 있다.

(1) 예상치 못한 성공: IBM

1930년대 초반 IBM은 은행을 목표시장으로 한 최신식 회계처리기계를 개발하였다. 그러나 은행들은 이 새로운 기계를 구입하지 않았다. 그런 와중에 예상치 않게 뉴욕공립도서관(New York Public Library)에서 효율적인 사무처리를 위해 이 기계를 구입하였고, 다른 공립도서관에서도 구입을 하여 IBM은 당시 수백 개의 기계를 도서관에 판매할 수 있었다. 이것이 IBM을 다가오는 컴퓨터 산업의 리더가 되게 하는 계기가 되었다.

(2) 예상치 못한 실패: Ford사의 Edsel 모델

1958년 출시된 Ford사의 Edsel 모델은 자동차 산업의 역사상 최대의 신차 도입 실패사례로 알려져 있다. Edsel은 창업자 Henry Ford의 아들 이름에서 따온 것으로, 이는 Ford가 당시 최선의 노력을 쏟아 부었고, 세계 자동차 산업의 최강자인 GM과 경쟁하기 위해 대단히 세심하게 설계하고 막대한 투자를 한 모델이었다. 그러나 이 모델은 기대와는 달리 처절한 실패를 하였는데, 이 실패는 Ford의 향후 성공, 특히 Mustang 모델의 성공에 기반이 되었다. 이때의 실패를 바탕으로 Ford는 전통적인 소득집단에 따른 시장세분화를 하는 대신 생활양식(lifestyles)에 따른 세분화라는 새로운 원칙을 도입하였고, 이는 향후 Ford의 후속 모델의 성공에 대단한 이바지를 하였다.

2. 부조화

부조화(incongruities)는 산업 내의 부자연스러운 현상을 의미한다. 먼저, 경제적 현실 간의 부조화를 들 수 있다. 이에 대한 사례로는 1950년에서 1970년까지 선진국의 철강산업은 지속적으로 성장을 하였으나 수익률은 떨어지고 있었다. 이는 전통적인 용광로의 비효율성에 기인했던 바, 여기에 대한 반성으로 창출된 기술혁신이 미니밀(mini-mills)이다. 미니밀은 용광로 형태가 아니라 전기로 방식의 소규모 제철공장으로 고철을 녹여 쇳물을 만들고 생산원가를 획기적으로 낮춘 새로운 기술혁신이다. 우리나라의 포항제철, 광양제철소 등 여러 철강회사가 미니밀 시설을 갖추고 있다.

다음으로 기대(expectations)와 결과(results)의 부조화를 들 수 있다. 지난 세기 상반기에 조선사나 해운사들은 해상 화물운송의 원가절감을 위해 빠른 배를 만들고 이들의 연료소모를 줄이는 배를 만드는 데 대단한 노력을 기울였다. 그러나 예상과는 달리 해상 화물운송에서 비용의 발생은 바다에서 화물을 운송하는 과정보다 항구에서 화물을 하적하기 위해 기다리는 데에서 더 많이 발생하고 있음을 발견하였다. 그리하여 새롭게 탄생한 혁신적인 화물선이 콘테이너 선박(container ship)과 적재 및 하역 선박(roll-on and roll-off ship)이다.

3. 공정상의 필요

공정상의 필요(process needs)에 의한 기술혁신은 수없이 많다. 예를 들어, 일본의 고속도로 시스템은 전통 도로를 사용하고 있는 경우가 많다. 이들 도로는 10세기에 만들어진 우마차 도로에 바탕을 두고 있는 경우가 많다. 이와 같이 구불구불한 고속도로에 자동차를 원활하게 달리게 할 수 있었던 것은 일본이 1930년대 개발되어 미국 고속도로에서 사용된 반사경(reflector)을 적극 도입·설치하였기 때문이다. 작은 기술혁신인 이 반사경 덕분에 일본의 고속도로에서는 자동차들이 원활하게 이동할 수 있다.

또 다른 사례로는 지난 세기 초반 신문(newspaper)의 탄생을 들 수 있다. 신문에 필요한 자동식자기(Linotype)는 1890년대에 이미 개발되었고, 이는 신문을 대량으로 발간할 준비가 되어 있었다. 그러나 당시 신문을 대량으로 발간하는 것은 비용이 많이 들었는데, 진정한 의미에서 최초의 신문인 뉴욕타임스(New York Times)에서 세계 최초로 현대식 광고(advertising)를 도입하였다. 이 광고의 덕분으로 이 신문은 신문을 거의 무료로 대량 발간·배포할 수 있었다.

4. 산업 및 시장의 변화

산업 및 시장의 변화(industry and market change)는 기술혁신의 가장 직접적인 원천이다. 그리하여 기업들은 연구개발 및 기술혁신 활동을 할 때에 환경분석의 제1차 대상으로 산업 혹은 시장을 분석한다. 많은 경영자는 현재의 산업구조가 지속될 것으로 믿는다. 그러나 산업구조는 하루아침에도 변화할 수 있고, 이와 같은 산업 및 시장의 변화는 기술혁신 기회의 막대한 원천이 된다. 예를 들어, 지난 1970년대 전후 미국은 국민들의 건강에 대한 관심사의 갑작스러운 증가로 수없이 많은 병원, 응급센터, 정신병원, 외과병원들이 전국에 설립되었다. 마찬가지로 지난 세기말 전 세계적으로 이동통신 분야의 시장이 눈부신 성장을 하였다.

5. 인구통계학적 변화

인구통계학적 변화(demographic changes)는 기술혁신의 매우 믿을 만한 원천이다. 예를 들어 일본은 인구통계학적 변화에 주시하고 로봇산업(robotics industry)에 있어서 선도국가가 되었다. 1970년경 선진국에서는 누구나 출생률의 급락과 교육수준의 급상승을 예측하였다. 그리하여 전통적인 노동에 필요한 인력이 줄어들 것으로 예상되었다. 다른 나라들은 실제 행동에 옮기지 않았으나, 일본은 이 문제를 주시하고 노동을 대체할 로봇산업의 육성에 노력하였고, 지금은 세계 로봇산업의 선도국가가 되었다.

1970년대 초반, 세심한 관찰자들은 미국과 유럽에 대단히 많은 부유하고 학력이 높은 젊은이들의 부상을 인지할 수 있었다. 이들 젊은 세대는 그들의 부모들의 세대가 휴양지에 가서 몇 주 휴가를 가는 것을 좋아하지 않고 자기들끼리 모여 새롭고 이국적인 휴가를 즐기고 싶어 하였다. Club Mediterranee는 이 같은 변화를 인지하고 대응하여 관광과 리조트 업계의 세계적 강자로 떠올랐다.

6. 인식의 변화

사물을 바라보는 인식은 사람마다 다르다. 경영자의 인식 변화(changes in perceptions)는 기술혁신을 창출하는 기회의 큰 원천이다. 지난 세기 말 미국 국민의 건강은 눈부시게 좋아졌다. 그럼에도 불구하고 미국에서는 건강에 대한 관심사가 전국으로 확산되었고 심지어 건강에 대한 두려움도 확산되었다. 이 같은 변화를 감지한 경영자들은 보건산업에 뛰어들어 막대한 부를 창출하였다. 미국 전역에 새로운 건강 관련 잡지, 헬스클럽 및 관련 강좌, 조깅장비, 건강식품 등에서 막대한 기회가 창출되었다.

7. 새로운 지식

새로운 지식(new knowledge)은 기술혁신의 슈퍼스타이다. 역사적인 기술혁신은 대부분 새로운 지식으로부터 창출된 것이다. 대부분 슈퍼스타와 마찬가지로 이들도 괴팍하고 변덕스러우며 관리하기가 힘들다. 새로운 지식에 바탕을 둔 기술혁신의 사례로는 컴퓨터를 들 수 있다. 컴퓨터의 탄생에 필요한 지식, 예를 들어 이진법 계산, 계산 개념, 펀치카드, 기호논리학 등은 1916년에 이미 갖추고 있었으나, 컴퓨터의 탄생은 1946년에 이루어졌다. 긴 리드타임과 다양한 지식의 융합 필요성은 지식기반 혁신의 대표적인 특징 중의 하나이다.

이와 같은 기술혁신의 기회의 원천을 설명하면서 피터 드러커(Peter Drucker)는 다시금 목적지향적이고 체계적인 기술혁신은 새로운 기회의 원천 분석에서 시작된다고 강조하였다. 특히 그는 기술혁신은 어렵고, 집중적이며, 목적지향적인 작업을 필요로 한다고 다시금 강조하였다. 또한 그는 근면함, 끈기, 헌신이 없으면 재능, 천재성, 지식은 소용이 없다고 주장하였다. 아울러 그는 기업가정신(entrepreneurship)의 가장 핵심적 기초는 체계적 기술혁신(systematic innovation)의 실천임을 강조하였다.

자료: Drucker, P. F. (1985), *Innovation and Entrepreneurship*, Harper & Low, New York과 Drucker, P. F. (1985), "The Discipline of Innovation", *Harvard Business Review*, August에서 저자의 정리.

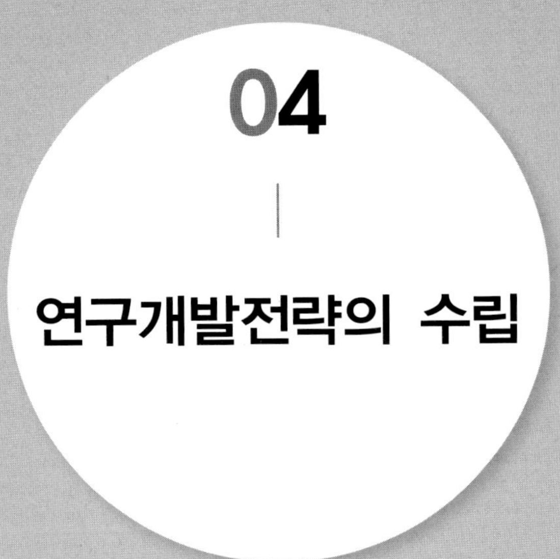

04 연구개발전략의 수립

제 1 절 연구개발전략의 중요성

최근 급변하는 기술경제환경 속에서 기업 간 글로벌 경쟁이 치열하게 전개되고 있어 연구개발은 기업에게 선택(selection)의 문제가 아니라 생존(survival)의 문제가 되었다. 연구개발은 기업의 현재의 경쟁우위 유지와 확대는 물론 미래의 새로운 성장동력을 창출한다는 점에서 기업의 지속가능한 발전에 가장 핵심적인 과제가 아닐 수 없다. 이와 같은 상황 속에서 기업은 연구개발투자(R&D investment)를 증대하는 것만이 능사는 아니며 이를 전략적이고 효율적으로 사용하는 것이 더욱 중요하다. 아울러 연구개발은 대단히 높은 불확실성과 위험을 내포하고 있어 막대한 연구개발투자가 성공하지 못할 경우 기업의 존망을 위협하기도 한다. 이 점에서 연구개발활동의 성공률을 높이고 이를 통해 기업의 경쟁우위를 확보 · 유지 · 발전하게 하는 최고경영자 주도의 연구개발경영의 필요성이 있다. 즉, 어떠한 연구개발 프로젝트에 그리고 어느 정도의 연구개발자원을 투자할 것인가는 연구개발경영에 있어서 가장 핵심적이고도 전략적인 과제인데, 이는 대단히 복잡하고 어렵고 핵심적인 의사결정이 아닐 수 없다(Roussel, 1991: 1).

연구개발활동(R&D activities)이 기업의 현재와 미래의 경쟁우위의 확보 · 유지 · 발전에 핵심적이라면, 최고경영자(top management)가 이에 적극적으로 관여하여야 할 것이다. 이 점에서 연구개발을 생산, 마케팅, 인사, 재무 등과 같은 기업의 업무기능의 하나로 파악하는 것은 대단히 근시안적인 생각이다. 실제로 현대의 대부분 기업은 기업 혹은 사업부 내에 연구개발부문을 기능부서로 두고 있는가 하면 별도의 중앙연구소(central research institute)를 설립 · 운영하면서 기업 전체의 지속가능한 경쟁우위의 확보 및 새로운 성장동력의 창출에 노력을 기울이고 있다. 연구개발 및 이를 통해 창출되는 기술혁신은 기업의 지속가능한 경쟁우위의 확보에 핵심적이다. 이 점에서 기업의 지속가능한 경쟁우위를 확보하는 실무적 · 학문적 분야를 전략경영(strategic management)이라고 이해한다면, 연구개발은 기업의 전략적 목표를 달성하는 아주 구체적인 수단이라는 점에서 전략경영의 핵심요소가 아닐 수 없다. 이에 따라 연구개발은 최고경영자가 주도하는 '전략적 연구개발경영(strategic R&D management)'이 되어야 할 것이다.

이미 이와 같은 주장은 정선양(2016: 6-9)에 의해 추진되었다. 그는 연구개발경영보다 포괄적인 개념으로서 기술경영을 다루면서 기술경영은 최고경영자가 주도하는 '전략적 기술경영'으로 이루어져야 할 것을 강조하면서 기술경영과 최고경영자와의 밀접한 관계를 제시하고 있다. 그는 또한 기술경영의 핵심적인 의사결정 중의 하나가 기술을 어떻게 확보할 것인가임을 강조하며 그 방안으로 자체적인 연구개발을 통한 내부적 획득과 연구개발협력을 통한 외부적 획득을 제시하면서, 특히 연구개발을 통한 기술의 내부적 획득이 기술경영의 핵심적 과제임을 강조하였다.

이에 따라 기업의 연구개발활동은 최고경영자에 의해 주도되어야 할 것이다. 아래에는 이 같은 주장을 기술경영의 가장 핵심분야인 연구개발(R&D: Research and Development)의 경영에 최고경영자의 적극적인 관여가 왜 필요한지를 살펴보기로 한다.

첫째, 연구개발활동이 성공적인 기술혁신을 창출하여 기업의 경쟁우위 제고에 공헌하기 위해서는 연구개발활동이 기업의 다양한 차원의 부서 및 이들의 전략과 연계를 맺어야 하는데, 이는 연구개발의 중요성에 대한 최고경영자의 충분한 인식과 지원 없이는 불가능하다. 전술한 바와 같이 연구개발은 기업의 미래 성장동력을 창출하는 데 비하여 막대한 자원의 투입을 필요로 하고 위험성이 매우 높다. 그러나 사업부와 다른 기능부서들은 연구개발부서에 대해 긍정적이기보다는 부정적인 견해를 가지고 있는 경향이 많다. 특히 기존의 주력 제품 혹은 사업부문과 연계가 적은 불연속적 혁신(discontinuous innovation) 혹은 차세대 성장동력을 창출하는 연구개발 프로젝트의 경우에는 기존 사업 부문으로부터 상당한 반대에 부딪히는 것이 일반적이다. 그러나 연구개발이 기업의 새로운 성장동력을 창출하고 기업의 미래 경쟁우위의 창출 · 유지 · 발전에 중요하다면 이는 기업의 전사적 전략, 사업전략에 적극 투영 · 연계되어야 할 것이며, 이를 가능하게 하는 것은 최고경영자뿐이다.

둘째, 기업의 미래 성장동력이 달려 있는 첨단기술(leading-edge technologies)의 연구개발은 대단히 불확실성이 높다. 새롭게 대두되는 신흥기술(emerging technologies) 중에서 어떠한 기술에 대해 연구개발을 할 것인가는 궁극적으로는 최고경영자가 결정하여야 한다. 특히 이들 기술이 기술적 성공을 넘어 상업적 성공을 달성하는 데에는 높은 위험을 포함하고 많은 시간이 걸리며 다양한 요인들에 의해 영향을 받는다. 최고경영자의 적극적인 참여 및 이를 바탕으로 한 전사적 참여 없이는 건전한 연구개발 포트폴리오(sound R&D portfolio)를 구성하기 어렵다. 이 점에서 최고경영자의 연구개발활동에 대한 적극적 참여와 합리적 기술선택(technology choice)이 필요하다.

셋째, 일반적으로 연구개발투자(R&D investment)의 규모가 매우 크며, 이는 점점 증대할 필요성이 있기 때문에 이를 지지하는 수단으로서 최고경영자의 후원은 필수적이다. 우리나라의 대기업들의 경우에는 연간 수백억 원 이상을 연구개발에 투자해 오고 있으며, 거대기업들의 경우에는 조 단위의 연구개발투자를 해오고 있다. 아울러 이 같은 막대한 투자에 대해서 기존의 사업부와 일반 기능부서는 이 투자가 많은 경우 단기적 수익을 창출하지 못한다는 점에서 대단히 비판적인 경우가 일반적이다. 이에 따라 최고경영자의 적극적인 후원과 의사결정 없이는 이와 같은 막대한 투자와 투자의 증대가 이루어질 수 없다.

넷째, 연구개발활동의 전반적인 과정에 최고경영자의 관여와 개입이 필요하다. 일반적으로 기초연구에서 개발 및 상업화로 이어질수록 소요되는 비용은 매우 큰 폭으로 증가한다. 아울러 경영자들은 종종 이미 시작된 연구 프로젝트들의 중단을 망설이는 경향이 많은데, 특히 프로젝트가 점점 진행될수록 이를 철회하는 데 필요한 매몰비용(sunk costs)으로 인하여 더욱더 주저하게 된다. 일반적으로 최고경영자는 연구개발 프로젝트가 진행되면서 비용이 많이 들수록 더 많은 관심과 시간을 투입하는데 이는 프로젝트의 기회비용을 더욱 증가하게 한다. 또한, 연구개발과제를 책임지는 연구개발부서의 경영자들은 해당 프로젝트에 대한 과도한 애정으로 인하여 객관적인 의사결정을 내리기가 어렵다. 그 결과 이들 부서장은 성공가능성이 희박한 프로젝트도 지속적으로 추진하는 경향도 있다. 이 같은 상황을 비추어 보면 최고경영자의 연구개발과정의 초기 단계의 참여는 대단히 중요하다.

다섯째, 최고경영자의 연구개발에 대한 적극적인 참여는 기술혁신 관련 시너지(synergy) 효과의 창출에 대단히 중요하다. 최고경영자의 참여는 연구개발활동과 기술혁신활동의 기업에 대한 효익이 개별 사업부(division)에 대한 효익 전체를 합친 것보다 훨씬 크게 할 수 있다. 많은 기업이 연구개발활동과 이에 대한 투자결정을 사업부에 위임하는 경향이 많은데 이는 전사적인 차원에서 꼭 효과적인 것은 아니다. 일반적으로 사업부들은 내부지향적이기 때문에 기업 전체보다는 자기 사업부의 효익을 위해 자원을 배분하는 경향이 크다. 이들 사업부는 자신들의 업무에 직접 도움이 되지 않는 다른 사업부들과의 연구개발 관련 중장기적 협력(collaboration)을 기피하는 경향이 많다. 이 점에서 최고경영자는 기업 전체의 차원과 미래지향적 관점에서 사업부들에게 연구개발활동 관련 시너지 창출을 위한 지침과 주안점을 제시하여야 한다. 최근의 많은 기업이 조직운영을 분권화의 방향으로 변화시켜 가는 경향이 많은데 이는 이 같은 시너지 창출을 방해할 수도 있다.

제 2 절 연구개발전략의 개념과 유형

1. 전략의 개념

지난 수십 년간의 사건들을 살펴보면 기업의 경쟁력 확보와 유지는 세계화된 경제환경 속에서 선택의 문제가 아니라 생존의 문제가 되어버렸다. 급변하는 기업 환경 속에서 기업의 목적을 달성하고 성공적으로 경쟁을 하기 위해서는 기업은 효과적인 전략을 가지고 있어야 한다. Porter(1992)는 전략을 '기업환경, 조직, 가지고 있는 자원을 고려하여 이미 설정된 기업의 목표를 달성하기 위한 근본적, 장기적, 실무지향적 접근방법의 총합'으로 정의하고 있다. 이 점에서 전략(strategy)은 미래에 대한 비전설정과 계획을 나타내며, 이를 통해 달성될 장기목표를 의미한다. 전략은 기업이 어떻게 성공을 거둘 것인가에 관한 포괄적인 방책이다. 아울러 이는 경쟁하고 승리하는데 필요한 세부계획들에게 지침을 제공한다. 전략은 목표의 설정, 목표 달성 방법에 대한 의사결정, 특정한 과업을 수행하기 위한 실행계획의 수립, 목표달성을 보장하기 위한 후속작업 등을 포함한다.

Quinn(1980)은 전략을 기업의 전반적 방향을 결정하는 것이라고 강조하며, 전략의 기능을 ① 기업이 운영되는 광범위한 한계를 나타내며, ② 기업이 업무를 수행하기 위해 접근할 수 있는 자원을 지시하며, ③ 기업의 효과성을 결정하고, ④ 기업이 올바른 방향으로 일을 수행하고 있는지를 결정한다고 강조한다.

전략은 [그림 4-1]과 같이 나타낼 수 있다. 여기에서 목표(Ends)는 기업이 달성하려고 하는 구체적인 목적을 나타내며, 방법(Ways)은 기업이 취할 수 있는 행위의 길을 나타내며, 수단(Means)은 기업이 목표를 달성할 수 있는 자원을 의미한다. 이 점에서 전략은 기업이 목표를 달성할 수 있는 구체적 방안을 나타내 준다. 이와 같은 전략을 구체적으로 수립

[그림 4-1] 전략의 개념

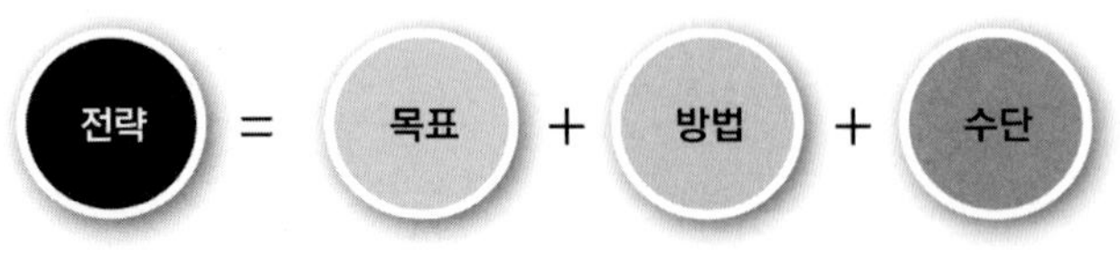

구성요소	정의
목표(Ends)	추구하는 목적
방법(Ways)	행위의 코스
수단(Means)	목표를 달성하는 데 사용되는 도구

자료: Jain 등(2010), p.316.

하고, 집행하여, 기업의 목표를 달성하는 것을 전략경영(strategic management)이라고 말하며, 이와 같은 전략을 통해 기업의 목표를 달성하는 과정을 전략경영과정(strategic management process)이라고 말한다. 전략경영과정은 전략의 수립, 전략의 집행, 평가와 통제의 과정으로 이루어진다.

Weule(2002)는 기업에 있어서 전략의 중요성을 다음과 같이 제시하고 있다.

(1) 폭넓은 규제를 통한 안정성의 보장
(2) 자원의 목표지향적 투입을 통한 기존 잠재력의 활용
(3) 기업환경에 대한 지향을 통한 기업의 혁신
(4) 경험의 가공을 통한 새로운 잠재력의 창출
(5) 기업의 세부 영역들 간의 시너지의 창출 및 활용

일반적으로 전략경영을 체계적으로 추진하는 기업들은 그렇지 않은 기업들보다 높은 생산성 증가와 수익률을 보인다. 이 점에서 거의 모든 기업은 나름대로의 전략경영을 수행하고 있으며, 이는 연구개발활동과

관련해서도 마찬가지이다. 즉, 연구개발경영에 있어서 전략 및 전략경영은 대단히 중요한 이슈가 아닐 수 없다. Jain 등(2010: 315)은 연구개발활동과 연구개발조직에 있어서도 전략경영의 중요성을 강조하면서, 그 구체적 이유로 다음과 같이 나타내고 있다.

- 새로운 연구개발조직이 출발하거나 혹은 기존 조직 내에 새로운 부서가 설립되었을 때
- 연구개발조직이 새로운 리더십을 가지게 될 때
- 연구개발조직이 보다 큰 조직으로의 발전을 희망할 때
- 연구개발조직이 기업의 보다 폭넓은 기업전략과정에 통합되고자 할 때
- 연구개발조직이 미래에 대응하는 방법의 근본을 변화시켜야 할 때
- 연구개발조직의 성과가 기대에 미치지 못할 때
- 외부의 힘들이 – 예를 들어 파트너, 공급자 등 – 기업의 중요한 이슈들을 다룰 것을 요구할 때

2. 전략의 접근방법[1)]

연구개발조직을 비롯한 거의 모든 기업은 전략적 접근방법을 가지고 운영된다. 여기에서 전략에 대한 접근방법(approach)에 대한 차이가 있을 수 있다. 전략에 대한 접근방법의 차이는 Honda사의 사례에서 아주 체계적으로 다루어져 있다. 즉, 전략경영의 대가들은 Honda사의 모터사이클의 미국시장에서의 대단한 성공의 원인을 Honda사의 전략경영에서 찾았으나, 전략에 대한 접근방법에 있어서 이들 대가의 견해가 합리적 접근방법(Rational Approach)과 점진적 접근방법(Incremental Approach)으로 나뉘었다(<표 4-1> 참조). 일부 학자들은 합리적 접근방법은 설계학파(De-

1) 이 글은 정선양(2016), 「전략적 기술경영」, 제4판, 박영사, 서울, pp.213-217에서 발췌하였음.

〈표 4-1〉 Honda Effect 논쟁에 참여한 학자의 구분

설계학파 (합리적 접근방법)	대응학파 (점진적 접근방법)	통합학파 (통합적 접근방법)
Michael Goold, Igor Ansoff	Richard T. Pascale, Henry Minzberg	Richard P. Rumelt

자료: 정선양(2016), p.215.

sign School), 점진적 접근방법은 대응학파(Emergent School)라고 부르고 있으며, 이 점에서 이들 두 접근방법을 연계하고 통합하려는 접근방법을 통합학파(Integration School)라고 부를 수 있을 것이다.

1) 합리적 접근방법

합리적 접근방법(Rational Approach)은 기술혁신전략에 있어서 합리성이 필요하고 가능하다는 입장이다. 여기에서는 기업의 성공은 사전적이고 합리적인 전략의 결과로서 이루어진다는 점을 강조한다. 이 접근방법을 따르는 학자들은 전략을 사전적으로 설계할 수 있다는 점을 강조하므로 이들을 설계학파(Design School)라고 부른다. 혼다(Honda)의 성공과 관련하여 이 같은 입장을 취한 학자는 Michael Goold인데 그는 1970년대 중반 영국 상무성에서 발주한 BCG Report를 주관한 사람이다. Goold (1996a, b)와 BCG Report(1975)에서는 영국 모터사이클 산업의 실패는 전략적 실패임을 강조하면서 명시적이고도 합리적인 전략의 수립 및 집행의 필요성을 강조하였다.

2) 점진적 접근방법

전략에 있어서 점진적 접근방법(Incremental Approach)의 중요성은 Pascale (1984, 1996)에 의해 제기되었다. 그는 1982년 9월 혼다의 미국 진출에 선도적인 주역들과 심층 인터뷰를 통하여 혼다의 미국시장에서의 성공이 합리적이고 명시적이며, 세심하게 수립된 전략에 따라서 이루어진 것이

아니라 우연한 성공(serendipity), 잘못된 계산(miscalculation), 조직학습(organizational learning)의 결과임을 밝혀냈다. 이와 같은 견해는 Minzberg (1990)에 의해 적극적인 동조를 받았다. 이 접근방법을 옹호하는 학자들은 어떤 문제가 발생하였을 때 이에 대한 적절한 대응을 강조한다는 점에서 이들을 대응학파(Emergent School)라고 부르기도 한다. Pascale(1996)에 따르면, 이 같은 혼다의 미국시장에서의 대성공에는 본사로부터의 정교하고 치밀한 전략적 지침이 있었던 것은 아니었다. 미국 지사에 있었던 서너 명의 직원들이 자신들의 지혜를 짜내어 새로운 시장에서 살아남기 위해 노력하고 학습한 결과로서 성공한 것이었다. 실제로 본사에서는 미국시장에서의 주력 모델을 대형 모터사이클로 잡았으나, 미국시장에서 소형 모터사이클을 판매하기로 결정하고 노력을 기울인 것은 지사에 있는 직원들이었다. 즉, 혼다의 성공에는 현장에 있는 직원들의 현지시장에 대한 점진적이고도 적응적인 학습의 결과였던 것이다.

3) 통합적 접근방법

Rumelt(1996)는 수정주의의 관점에서 혼다의 성공원인에 있어서 여러 측면이 있음을 강조하고 있다. 그는 Hamel & Prahalad(1989)의 용어를 빌려 혼다의 성공원인을 전략적 의지(strategic intent)로 파악하고 있다. 그에 따르면 실제로 일본 및 한국의 기업들은 대단하고 세심한 전략기획을 바탕으로 성공을 한 것이 아니라 성공하려는 대단한 야망인 전략적 의지를 바탕으로 성공하였다는 것이다. Rumelt의 견해는 혼다의 성공사례에 대하여 기술전략에 대한 합리적인 접근방법의 타당함과 점진주의적 접근방법의 타당성을 동시에 주장하였다는 균형적인 시각을 가지고 있다. 이 점에서 그의 접근방법은 통합적 접근방법(integrated approach)이라고 부르며, 이 견해에 동조하는 학자들을 통합학파라고 부를 수 있을 것이다. Rumelt는 혼다의 모터사이클뿐만 아니라 그동안 혼다사 전체의 전략을 살펴보면서 혼다사가 합리적인 전략을 바탕으로 성공을 거둔 점이 있음을 지적하였다. 아울러 그는 혼다사는 기술혁신능력의 확보와 전략적 의지를 바탕으로 경험, 직관, 의지에 의해서 성공을 하였다는 점진주의적 접근방법의 타당함을 강조하였다. 그러나 그의 주장은 이 같은 두 접근방법에서의 균형을 추구한 것보다도 기술혁신과 전략적 의지의 중요성을 강조하였다는 점에서 더욱 큰 의미가 있다. Rumelt가 강조한 이 두 주장을 현재의 시각에서 종합하면 혼다의 성공요인은 기술혁신을 바탕으로 성공을 하려고 하는 전략적 의지, 즉 전략적 기술경영(SMT: strategic management of technology)을 바탕으로 성공한 것으로 풀이할 수 있다.

3. 전략의 위계[2)]

모든 기업은 묵시적이든 명시적이든 전략을 가지고 있으며, 이를 통하여 기업의 장기적 목표를 달성하기 위해 노력하고 있다. 기업의 전략은 기업전략, 사업전략, 기능전략 등 세 단계로 나누어지며, 이를 전략의 위계(hierarch of strategies)라고 부른다. 여기에서 기업전략은 기업 비전 및 목표를 통하여 파생한다. 이에 따라 전략은 [그림 4-2]처럼 나타낼 수 있다.

1) 기업의 미션과 목표

기업의 미션(mission)은 기업이 존재하는 목적, 이유를 나타낸다. 미션은 기업이 어떻게 사업을 하고 종업원을 다루는가에 관한 기업의 철학(philosophy)을 포함하고 있으며, 기업의 현재 모습은 물론 앞으로 어떻게 변모할 것인가에 대한 미래에 관한 경영층의 전략적 비전(strategic vision)을 나타내 준다. 미션은 기업 전체를 관통하는 '공통의 실타래(common thread)' 혹은 '통일된 테마(unifying theme)'로서 이는 미션이 기업의 모든 활동과 종업원을 가로질러야 함을 의미한다. 기업의 미션은 도전적이어

2) 이 글은 정선양(2016), 「전략적 기술경영」, 제4판, 박영사, 서울, pp.49-67에서 발췌하였음.

[그림 4-2] 기업전략의 위계

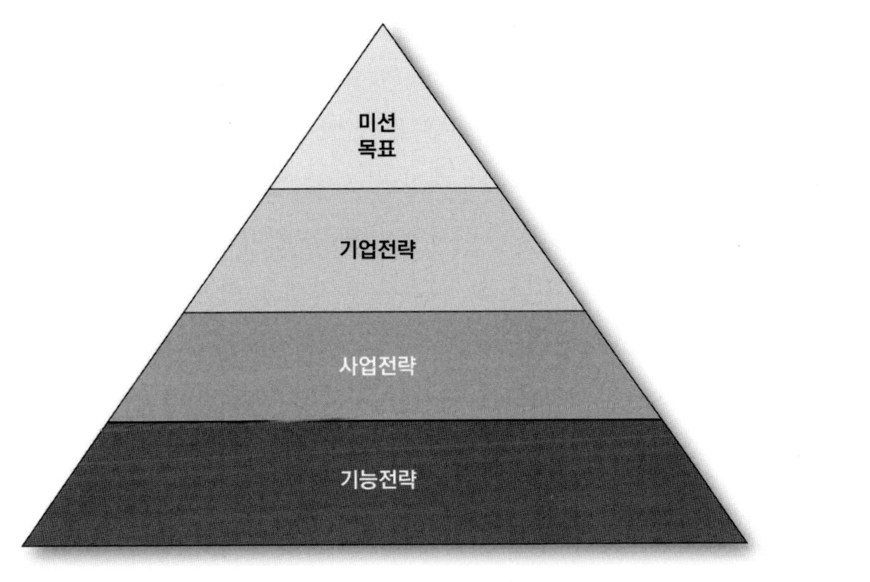

야 하지만, 장기간에 걸쳐 달성가능하여야 한다. 또한, 비전은 바람직하고 합리적이어야 하며 또한 조직 구성원들에게 심정적으로 매력적이어야 한다(정선양, 2016: 49). 약간의 이견은 있으나 이 점에서 기업의 비전은 조직 구성원 모두가 추구하는 장기목표(long-term goals)를 나타내 준다. 대표적인 사례로 3M의 비전은 "고객의 시현되지 않은 니즈를 만족시켜라!!!"이며, Motorola는 "우리가 창출하려고 하는 다음 산업은 무엇인가?" 였다(Weule, 2002: 61).

기업의 비전은 보다 구체적으로는 기업의 목표(objectives)로 구체화된다. 기업의 목표는 계획된 활동의 최종결과를 의미한다. 일반적으로 목표는 가능하면 계량화되어야 하며, 무엇이 언제까지 달성되어야 하는지를 나타내 주어야 한다. 기업의 목표 달성은 기업의 미션 완수로 이어져야만 한다. 명시적 목표를 가지고 있는 기업도 있고 그렇지 않은 기업도 있다(정선양, 2016: 49).

2) 기업전략

기업의 비전과 목표는 기업의 전략으로 이어진다. 기업전략(corporate strategy)은 전사적 전략이라고도 하며 기업 전체 차원에서의 기업의 성장에 대한 일반적 태도를 나타낼 뿐만 아니라 제품 및 서비스의 균형된 포트폴리오를 달성하기 위한 다양한 사업 및 제품라인에 대한 관리 등을 통해 나타나는 기업의 총체적인 방향을 의미한다. 이와 같은 다양한 사업 및 제품라인은 기업 및 사업부가 경쟁을 하는 장소를 나타내는 경향이 많기 때문에 기업전략은 "어떤 유형의 사업을 추진할 것인가?" 및 "어디서 싸울 것인가?"를 나타내 준다(정선양, 2016: 52-53). 일반적으로 기업전략은 성장전략, 현상유지전략, 축소전략으로 나누어 볼 수 있다.

3) 사업전략

기업전략으로부터 사업전략이 창출된다. 사업전략(business strategy)은 경쟁전략(competitive strategy)이라고도 부르며, 보통 사업부(division) 혹은 전략적 사업단위(SBU: strategic business unit) 차원에서 개발되며, 어떤 사업단위에 의해 서비스를 받는 특정 산업 혹은 세분시장에서의 기업이 제공하는 제품 및 서비스의 경쟁적 위치의 개선을 강조한다. 사업전략은 "특정 사업 및 산업에서 어떻게 경쟁우위를 확보할 것인가?"를 다루며, 이 점에서 사업전략을 경쟁전략이라고 부르기도 한다. 즉, 사업전략에서는 다른 기업과 경쟁하는 방법, 즉 "어떻게 싸울 것인가?"에 주안점을 둔다. 그 결과 기업전략은 기업이 어떤 사업 및 산업에 진출할 것인가를 다루는 데 비하여, 사업전략은 기업전략에 의해 이미 정해진 특정 사업 혹은 산업 내에서 기업 혹은 사업부가 어떻게 경쟁을 할 것인가를 다룬다(정선양, 2013: 63). 일반적으로 사업전략은 원가우위전략(cost leadership strategy)과 차별화전략(differentiation strategy)으로 구성되어 있다.

4) 기능전략

기능전략(functional strategy)은 해당 기능부서가 자원생산성(resource productivity)의 극대화를 통해 기업 및 사업의 목적 달성에 공헌하기 위해 취하는 전략이다. 기능전략은 기업 혹은 사업 단위에 경쟁우위를 제공하기 위한 차별역량(distinctive competence)을 개발하고 육성하는 것과 관련되어 있다. 기능부서들은 기업전략, 사업전략의 제약조건 하에서 기업의 성과를 제고하기 위한 다양한 활동 및 능력을 집합시킬 수 있는 전략을 추진하여야 한다. 기능전략은 기업 및 사업부를 구성하는 모든 기능부서에 의해서 추진되어야 한다. 대표적인 기능전략의 예를 들면, 재무전략, 마케팅전략, 인적자원전략, 연구개발전략, 운영전략, 구매전략 등을 들 수 있다. 각 기능부서들은 각각의 기능전략을 통하여 사업전략을 보조하고, 사업전략은 또한 기업전략을 보조한다(정선양, 2013: 66).

4. 연구개발전략의 창출

1) 연구개발전략의 창출

연구개발전략(R&D strategy)은 연구개발을 담당하는 기능부서 차원의 전략도 있지만, 대부분 기업들은 연구개발활동을 기업의 미래 성장동력 창출을 위한 핵심적 역할을 부여하고 있고 이를 위한 중앙연구소(central research institute)를 설립・운영하고 있다는 점에서 전사적 측면에서 전략을 수립하여야 한다.

연구개발전략은 [그림 4-3]과 같이 전략의 위계 속에서 창출된다. 즉, 기업의 비전은 목표를 통하여 기업전략에 영향을 주고 기업전략은 기술전략과 사업전략에 영향을 주며, 이들 두 전략은 기업의 연구개발전략에 영향을 준다. 이를 전략의 창출 측면에서 살펴보면, 기업전략은 기업의 비전과 목표를 통해 창출되며, 기술전략과 사업전략은 기업전략을 통하

[그림 4-3] 연구개발전략의 창출

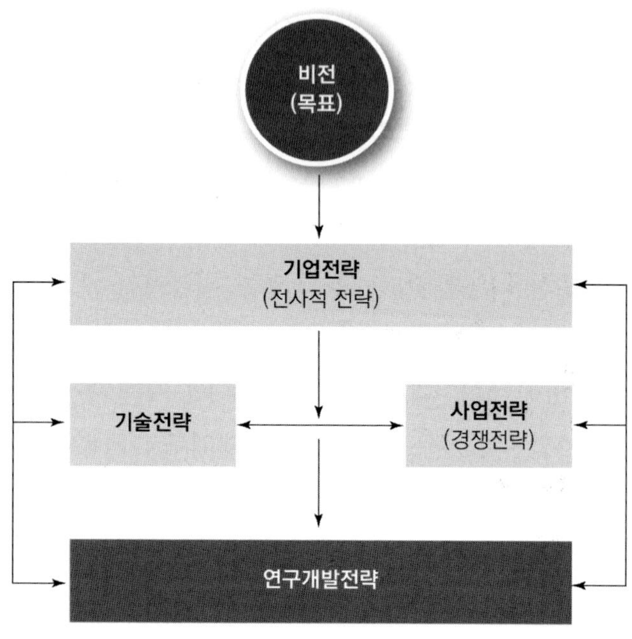

자료: Weule(2002), p.64에서 저자의 수정.

여 창출되며, 연구개발전략은 기술전략과 사업전략을 통해 창출된다. 그러나 이들 전략은 상호 간에 긴밀한 상호작용을 하여야 한다.

기업전략과 사업전략은 전술한 바 있다. 기술전략(technology strategy)은 기업의 사업전략으로부터 수립된 목표를 기술적 기초(technological basis)를 통하여 어떻게 실현할 것인가에 관한 기업의 전체적인 방안을 나타내 준다. 이 점에서 이들 두 전략은 긴밀하게 연계를 이루어야 할 것이며, 이 같은 연계가 없이는 기업의 전략적 목표를 달성하기 어렵다. 기술전략은 다양한 유형이 있는데(정선양, 2016: 221-238), 대표적으로 Zahn(1986)은 선도자 전략, 모방전략, 틈새전략, 협력전략으로 구분하였고, 정선양(2016: 235-238)은 기술혁신의 정도와 경쟁전략의 유형에 따라 급진적 차별화 전략, 점진적 차별화 전략, 급진적 원가우위전략, 점진적 원가우위 전략으로 나누고 있다.

사업전략은 기업전략의 제품지향적인 주안점을 나타내 주는 데 비하여 기술전략은 기업전략의 기술지향적 주안점을 나타내 준다. 이들 두 전략은 기본적으로 기업의 미래를 지향하고 있는데, 기업전략은 상대적으로 단기적 미래를 지향하는 데 비하여 기술전략은 기업의 중장기적 미래를 지향하는 경향이 많다. 이와 같은 두 전략에 근거하여 기업의 기술지향적 과제를 실현하고 기업목표의 달성을 보다 구체적으로 기술적으로 구현하는 것이 연구개발활동이며, 이 같은 연구개발활동을 시간적으로, 내용적으로 규정하는 것이 연구개발전략(R&D strategy)이다. 연구개발활동과 이를 통해 창출되는 기술혁신, 새로운 혹은 개선된 제품과 서비스가 기업의 경쟁우위의 근본이 된다면 연구개발전략은 기능부서 차원에서 창출되기보다는 최고경영자 주도로 전사적 차원에서 창출되어야 할 것이다.

Gerpott(1999: 164)는 다양한 기술전략 및 연구개발전략에 관한 문헌을 분석한 후 이들 전략은 다음의 네 가지의 문제들에 대한 의사결정이 필요하다고 강조하였다.

1) 어떤 기술분야들을 어떤 역량의 범위와 깊이 그리고 어떤 자원으로 다루어야 할 것인가?
2) 시간적 관점에서 기술혁신들의 창출과 사업화를 어떻게 창출하여야 할 것인가?
3) 기업이 어떠한 원천들로부터 기술혁신들을 조달하여야 하는가?
4) 기업이 자신의 기술혁신능력을 어떻게 평가할 수 있을 것인가?

Gerpott(1999)는 이들 네 질문에 대한 해답을 기술전략, 혁신전략, 연구개발전략, 기술지향적 경쟁전략 등으로 포괄적으로 표현된다고 주장한다.

이상과 같은 통합적 관점에서 연구개발전략 수립의 중요성은, 연구개발전략이 다른 전략과 통합이 잘 이루어지지 않는다는 점에서 크게 대두된다. Jain 등(2010)은 그 이유를 연구개발조직에서는 개별연구자들이 학제적 관심과 자체적 연구 프로그램에만 관심을 가지는 경향이 많고, 연구조직 내에서도 프로젝트들이 세분화되어 있기 때문이라고 해석하고 있다. 즉, 이들은 연구원들은 자신들의 학문적 연구결과에 따라 보상받는 경향이 많고 이는 연구개발전략이 경쟁전략 및 기업전략에 통합 및 연계에 지장을 초래하는 경향이 많다고 지적한다. 이 점에서 기업의 구성원들은 [그림 4-3]과 같은 연구개발전략의 체계를 인식하고 연구개발전략이 사업부와 기업 전체의 전략적 목표 달성에 공헌한다는 점을 충분히 인식하여야 할 것이다.

2) 연구개발전략 수립의 고려요인

연구개발활동은 근본적으로 불확실성과 위험이 높다는 측면에서 연구개발전략은 전술한 여러 전략과의 연계 이외에도 다양한 요소를 종합적으로 고려하여야 한다. Weule(2002: 65)는 연구개발전략을 수립할 때 고려하여야 할 요소들을 [그림 4-4]와 같이 제시하고 있다. 이를 좀 더 자세히 살펴보면 다음과 같다.

(1) 고객(customers) : 고객의 수요는 연구개발활동이 궁극적으로 지향하는 목표라는 점에서 시장분석이나 연구개발활동의 과정에서 고객을 참여시킴으로써 이들의 수요를 적극 반영하여야 한다.

(2) 경쟁자(competitors) : 경쟁자의 연구개발활동은 연구개발전략 수립에 대단히 중요한 준거의 틀이 된다는 점에서 이들의 연구개발활동을 경쟁분석 혹은 역엔지니어링 등을 통해서 분석하여야 한다.

(3) 산업부문(sectors) : 산업부문 분석은 시장에 대한 정보를 제공해 주는데, 이 점에서 산업부문의 시장의 크기, 경쟁기업의 수, 연구개발동향 등을 분석하여야 한다.

(4) 기업(firm) : 연구개발전략의 수립에 있어서는 전술한 외부환경에 대한 분석뿐만 아니라 우리 기업 내부의 기술적 위치와 목표를 분석하여야 한다.

[그림 4-4] 연구개발전략의 고려요인

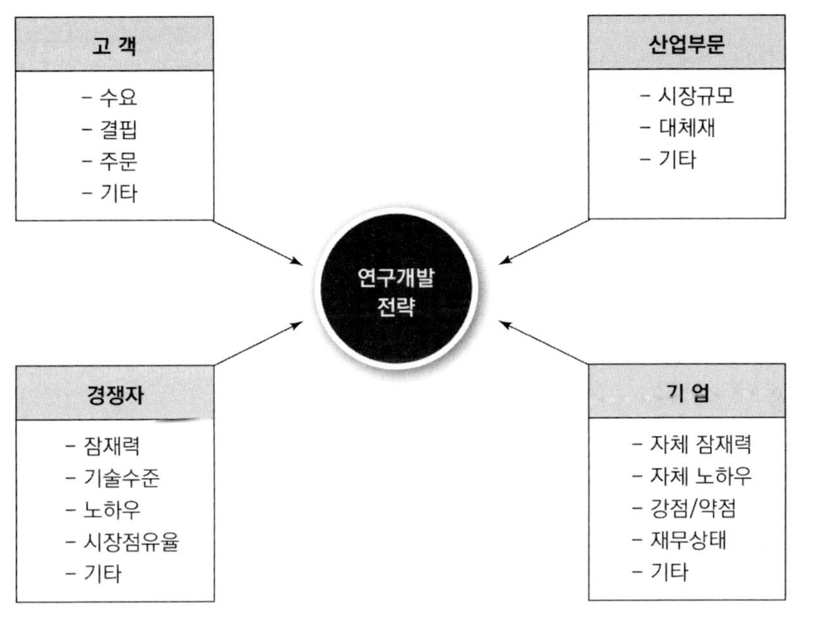

자료: Weule(2002), p.66.

5. 연구개발전략의 유형

연구개발전략의 유형은 연구개발활동의 시간적 측면, 연구개발활동의 위치, 연구개발과 경쟁전략과의 연계, 연구개발결과 활용의 위치 등 네 가지 측면에서 살펴볼 수 있다. 첫 번째는 연구개발활동 및 기술혁신의 창출 및 도입을 얼마나 빨리할 것인가의 문제이고, 두 번째는 연구개발활동을 기업 내부에서 할 것인가 혹은 외부에서 할 것인가의 문제이며, 세 번째는 연구개발활동을 통해 어떤 경쟁적 이점을 확보할 것인가의 문제이며, 네 번째는 연구개발결과를 기업 내부에서 활용할 것인가 혹은 외부에서 활용할 것인가의 문제이다. 아래에서는 이에 대해 자세히 살펴보기로 한다.

1) 연구개발전략의 시간적 측면

Weule(2002: 67-68)는 맥킨지(McKinsey)의 연구에 근거하여 연구개발전략을 시간적 측면에서 연구 선도자(research pioneer)와 빠른 추격자(fast follower)로 나누어 구분하고 있다([그림 4-5] 참조). 아울러 Porter(1985)도 기술전략을 기술선도주의(technological leadership)와 기술추격주의(technological followership)로 나누어 살펴보고 있는데, 이는 연구개발전략에도 적용가능하다.

먼저, 연구 선도자(research pioneer)는 스스로의 연구와 발명을 통해 노하우와 기술 확보의 최전선에 위치하려고 노력을 하는 기업이다. 이 같은 전략은 이들 기업에게 연구개발과정에 성공하면 독점적 이윤을 확보할 수 있게 하고, 혁신적 기업이라는 이미지는 물론 새로운 표준(standard)을 설정할 수 있는 기회를 제공해 준다는 장점이 있다. 그러나 이 전략은 높은 연구개발비용, 장기간의 연구개발기간 소요, 높은 시장진입 비용 등의 위험이 있다. 이 같은 전략의 대표적인 기업으로는 생명공학 분야의 젠넨테크(Genentech)와 같은 기업을 들 수 있을 것이다.

[그림 4-5] 연구개발전략의 구분: 연구 선도자 대 빠른 추격자

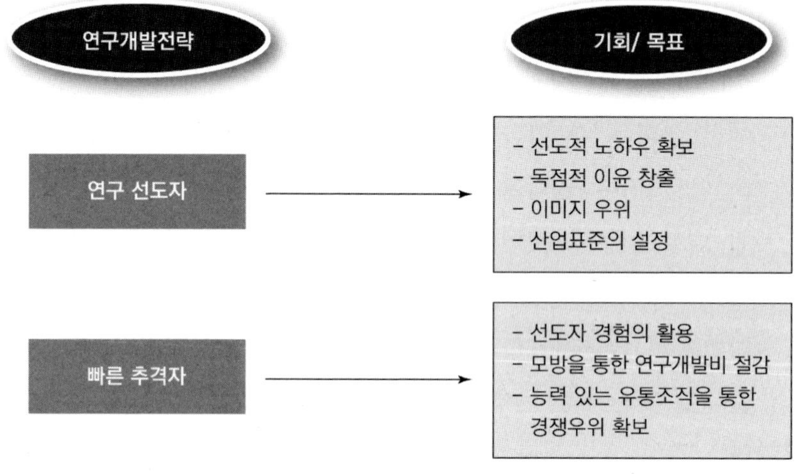

연구개발전략	기회/ 목표
연구 선도자	- 선도적 노하우 확보 - 독점적 이윤 창출 - 이미지 우위 - 산업표준의 설정
빠른 추격자	- 선도자 경험의 활용 - 모방을 통한 연구개발비 절감 - 능력 있는 유통조직을 통한 경쟁우위 확보

자료: Weule(2002), p.68을 수정.

다음으로, 빠른 추격자(fast follower)는 연구 선도자의 경험을 활용하여 보다 나은 제품을 만들며, 모방에 집중함으로써 연구개발비용을 절감하고, 능력있는 연구개발조직과 마케팅 조직 등의 도움으로 연구 선도자가 창출한 연구결과를 활용하여 제품과 서비스를 보다 먼저 시장에 출하하려는 전략을 추구한다. 그러나 일반적으로 빠른 추격자는 연구 선도자들이 시장에 먼저 진입하여 진입장벽을 설치하고 있어서 이것을 돌파하여야 하는 어려움이 있고, 빠른 추격자의 늦은 시장진입은 연구개발 노력을 실패로 이끌 수 있다는 위험이 있으며, 아울러 시장은 일반적으로 연구 선도자를 보다 더 신뢰한다는 어려움도 있다.

2) 연구개발활동의 위치

연구개발전략에 있어서 연구개발활동을 어디에서 수행할 것인가의 문제도 중요한 과제이다. 이것은 근본적으로 연구개발활동을 자체적으로 수행할 것인가 아니면 외부에서 협력을 할 것인가의 문제이다. 대부분의 기업은 자체적인 연구개발활동을 수행하기 위해 기업 내에 연구소를 설립하여 운영하고 있다. 그러나 많은 기업이 외부의 기업, 대학, 공공연구기관들과 연구개발협력을 활발히 수행해 오고 있다. 앞에서 서술한 연구개발전략의 시간의 문제는 자체연구개발(in-house R&D)을 수행하는 것을 전제로 하고 있고 실제로 대부분의 기업이 이를 위한 연구개발투자를 증대시켜 오고 있다. 그러나 대부분의 기업은 자체연구개발활동은 물론 외부 주체들과의 연구개발협력을 동시에 진행해 오고 있다.

정선양(2016: 421-424)은 연구개발협력의 이유를 경제적 이유와 기술적 이유로 제시하고 있다. 먼저 경제적 이유로는 ① 기술개발 혹은 시장진입에 있어서 비용 절감, ② 기술개발 혹은 시장진입에 있어서 위험 감소, ③ 생산에 있어서 규모의 경제 달성, ④ 신제품 개발 및 상업화에 들어가는 시간 단축 등 네 가지로 파악하고 있다. 기술적 이유로는 ① 기술의 시스템적 속성으로 단일 기업이 모든 구성분야에 대한 높은 능력

[그림 4-6] 연구개발전략의 구분: 자체연구개발 대 연구개발협력

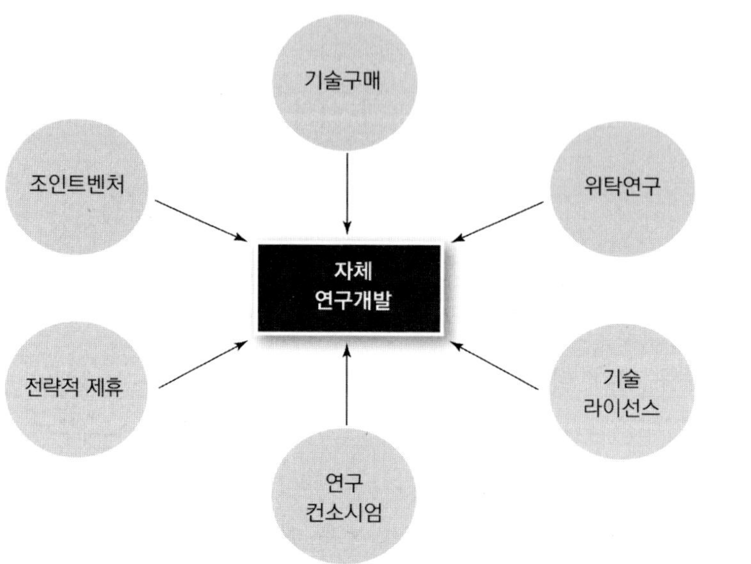

유지의 어려움, ② 기술의 암묵지적 성격으로 인한 파트너와의 협력 필요성, ③ 보완적 기술지식을 습득하기 위함을 제시하고 있다.

그 결과 기업은 우선적으로 자체연구개발(in-house R&D)을 수행하여야 하지만 다양한 형태의 연구개발협력(R&D collaboration)을 추진하여야 한다([그림 4-6] 참조). 최근과 같이 기술혁신의 단절성이 높고 기술경제환경이 복잡하고 급변함에 따라 이와 같은 연구개발협력을 연계개발(C&D: Connect and Develop) 혹은 개방형 혁신(Open Innovation)이라는 이름으로 강조하고 있다(Huston & Sakkab, 2006; Chesbrough, 2003; Chesbrough & Garmen, 2010). 실제로 연구개발협력은 다양한 형태를 가지고 있는데, 정선양(2013: 424-433)은 이를 기술구매, 기술라이선스, 위탁연구, 연구컨소시엄, 전략적 제휴, 조인트벤처 등으로 나누고 상세히 설명하고 있다.

3) 연구개발전략과 경쟁전략과의 연계

기업의 연구개발전략은 기업의 사업부전략, 즉 경쟁전략과 체계적인 연계를 맺어야 한다. 이와 같은 관점에서 정선양(2016)은 기술혁신의 정도와 경쟁전략을 중심으로 [그림 4-7]과 같이 제시하고 있다. 기술혁신의 정도에 따라 연구개발전략은 급진적 혁신전략과 점진적 혁신전략으로 나눌 수 있으며, 경쟁전략의 유형에 따라 원가우위 전략과 차별화 전략으로 나눌 수 있다. 이 점에서 연구개발전략 및 기술혁신전략은 경쟁전략, 즉 원가우위 전략, 차별화 전략의 효율적 달성에 기여할 수 있음을 나타낼 수 있다.

(1) 급진적 차별화 전략

급진적 차별화 전략(radical differentiation strategy)은 급진적 기술혁신을 바탕으로 차별화 전략을 달성하려는 전략이다. 이 전략에 주로 활용하는 기술은 제품혁신(product innovation) 및 더 나아가 불연속적 혁신(discontinuous innovation)의 성격을 가지고 있는 기술들을 개발하기 위한 연구개

[그림 4-7] 기술전략과 경쟁전략의 연계에 따른 연구개발전략

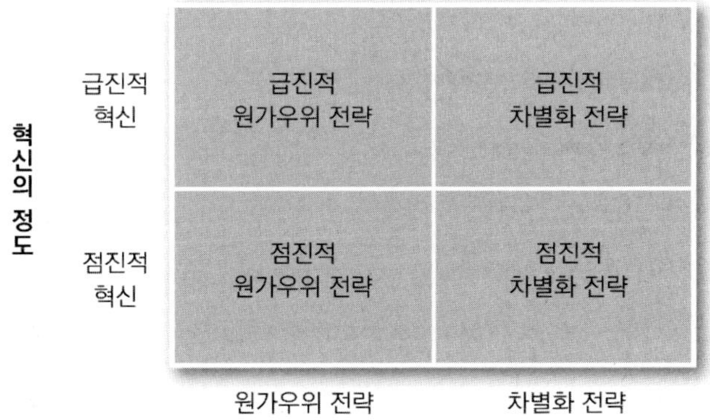

자료: 정선양(2016), p.235.

발전략이다. 이들 기술은 기업의 차별화 능력을 높여 기업으로 하여금 시장에서 선도적 역할을 담당하게 해줄 수 있다. 이 전략을 추구하는 기업들은 새로운 기술에 보다 많은 주안점을 두어 새로운 산업을 창출하거나 기존 산업에 새로운 경쟁의 규칙(rule of game)을 창출하여 지속적인 선도자의 역할을 향유할 수 있을 것이다. 그럼에도 불구하고 이 전략은 대단히 많은 연구개발자원이 필요하고 위험이 높다는 점에서 세심하게 추진되어야 할 전략이다.

(2) 점진적 차별화 전략

점진적 차별화 전략(incremental differentiation strategy)은 기업이 차별화된 경쟁전략을 추구하지만, 전략의 토대를 급진적 혁신보다는 점진적 혁신을 바탕으로 하고 있다는 특징을 가지고 있다. 이 전략은 전술한 급진적 차별화 전략보다는 위험성은 높지는 않지만, 시장에 있어서 선도적인 역할을 추구하고 있지는 않다는 특징을 가지고 있다. 이 전략은 선도자를 아주 가까운 거리에서 추적하고 있다는 점에 '현명한 추격자 전략(smart follower strategy)'으로 부를 수 있을 것이다. 많은 경우 이 전략을 추구하는 기업들은 보다 높은 기술능력을 축적하여 급진적 차별화 전략을 추구할 수 있는 기회를 노리는 경향이 많다.

(3) 급진적 원가우위 전략

급진적 원가우위 전략(radical cost leadership strategy)을 추구하는 기업은 원가우위 전략을 통하여 경쟁우위를 추구하는 기업으로서 이 같은 원가우위를 급진적 혁신을 바탕으로 추구하는 기업들이다. 이 점에서 이러한 기업들은 상당한 정도의 경쟁우위를 가지고 있는 경우가 많은데, 특히 성숙시장에서의 선도적 기업들이 여기에 해당한다고 볼 수 있을 것이다. 이들 기업이 추구하는 전략은 제품기술보다는 공정기술(process technology)에 있어서의 급진적 혁신을 바탕으로 후발기업에게 강력한 진입장벽을 구축하려는 것이다. 이 유형의 전략을 추구하는 기업들은 급진적 차별화 전략을 추구하는 기업들과 비교하여 어느 정도 경쟁적 열위를 가지고 있거나 이미 성장시장에서 급진적 차별화 전략을 추구하였던 기업들인 경우가 많다.

(4) 점진적 원가우위 전략

점진적 원가우위 전략(incremental cost leadership strategy)은 점진적 혁신을 바탕으로 원가우위를 달성하려는 전략이다. 이 전략은 일반적으로 생산공정에 있어서의 약간의 개선을 바탕으로 원가를 절감하여 시장에서 경쟁하려는 전략이다. 일반적으로 경쟁력이 충분하지 않은 기업들은 이 같은 연구개발전략을 추진하려는 경향이 매우 높다. 이 전략을 추구하는 기업은 기술혁신의 중요성을 상당한 정도 인식하고 있는 기업들이라는 점에서 시장에서 어느 정도의 경쟁력을 확보할 수 있다. 그러나 이들 기업이 지속적으로 성장·발전하기 위해서는 보다 선도적인 전략으로 옮겨가야 할 것이다.

4) 연구개발과 시장진입의 시점에 따른 전략

연구개발전략을 시간적 측면에서 살펴보면 두 개의 시점을 선택하여야 하는 중요한 의사결정을 하여야 한다. 하나는 연구개발시점(R&D timing)으로서 이는 경쟁기업과 비교하여 연구개발활동 결과의 종료시점을 나타낸다. 다음으로 시장진입시점(market entry timing)으로서 이는 경쟁기업과 비교하여 연구개발결과인 기술적 제품 및 공정을 시장으로 도입 및 상업화하는 시점을 나타내는 것이다. 여러 연구들(Wolfrum, 1991; Buchholz, 1998; Gerpott, 1999)에서는 이들 두 시점을 바탕으로 연구개발전략을 상세히 나타내고 있는데(<표 4-2> 참조), 아래에는 이에 관해 설명하기로 한다.

연구개발시점과 관련하여 대체로 선도자(pioneer)와 추종자(follower)로 나타낼 수 있는데, 여기에서 추종자는 혁신적 추종자(innovative follower)

〈표 4-2〉 연구개발과 시장진입의 시점에 따른 전략

		시장진입시점 전략		
		선도자	빠른 추종자	늦은 추종자
연구개발시점 전략	선도자	혁신 선도자	위험축소형 기술선도자	지체적 기술선도자
	혁신적 추종자	수정형 추월자	빠른 개선자	늦은 개선자
	모방적 추종자	모방형 추월자	빠른 모방자	모방적 복제자

자료: Buchholz(1998), p.31.

와 모방적 추종자(imitating follower)로 구분할 수 있다. 선도자는 어떤 기술영역에서 최초로 연구개발활동을 시작하고 연구개발의 결과 새로운 제품을 최초로 시장에 출하하는 기업을 의미한다. 추종자는 다른 경쟁기업들의 연구개발결과가 알려진 이후에 연구개발활동을 수행하는 기업들을 의미한다. 혁신적 추종자는 다른 선도기업이 도입한 기술 및 제품을 기술적으로 급진적이지는 않지만 약간의 혁신을 바탕으로 수정하는 기업을 의미하며, 모방적 추종자는 다른 기업의 기술혁신을 단순히 모방하는 기업을 의미한다.

시장진입시점은 기업의 시장으로의 제품의 도입 순서에 따른 구분으로서, 선도자(pioneer), 빠른 추종자(early follower), 늦은 추종자(late follower)로 구분할 수 있다. 시장 선도자는 새로운 제품을 시장에 최초로 출하하는 기업으로서 그 결과 오랜 기간 독점적 위치를 향유할 수 있는 기업을 의미한다. 빠른 추종자는 시장 선도자 바로 다음으로 새로운 제품의 변화된 제품을 가지고 시장에 참여하는 기업이다. 늦은 추종자는 새로운 제품의 기술적, 경제적 위험이 모두 알려져 있고 상당한 수의 기업들이 새로운 제품을 출하하고 난 뒤에 시장에 참여하는 기업을 의미한다.

이와 같은 두 개의 기준을 바탕으로 다양한 전략을 추진할 수 있다.

혁신선도자(innovation leader)는 연구개발 선도자일 뿐만 아니라 시장 선도자이다. 많은 기술집약적 기업은 혁신선도자인 경우가 많으나, 기업들은 상황에 맞게 다양한 전략을 추구할 수 있을 것이다. 즉, <표 4-2>에서 제시한 다양한 전략은 기업에게 기회요인도 제공해 주지만 위협요인도 제공한다. 이 점에서 기업은 연구개발활동과 마케팅활동에 있어서 기업의 장단점을 잘 파악하여 적절한 전략을 추구하여야 할 것이다.

제 3 절 연구개발전략의 과정

1. 전략경영과정의 중요성

일반적으로 전략경영과정(strategic management process)은 [그림 4-8]과 같이 1) 환경평가, 2) 전략의 수립, 3) 전략의 집행, 4) 평가와 통제로 구성되어 있다(정선양, 2016; Wheelen & Hunger, 2004, 2006). 이들 과정은 상호 연계되어 실행되어야 한다. 연구개발활동은 기업의 경쟁우위를 확보 · 유지 · 발전에 핵심적인 기술, 제품, 서비스를 창출한다는 점에서 이와 같은 전략경영과정을 참조로 하여 수립되어야 할 것이다. 이 책의 흐름은 이와 같은 전략경영의 과정에서 연구개발경영을 살펴보고 있다.

Jain 등(2010: 319-320)은 전략수립과정이 다음과 같은 다양한 목적을

[그림 4-8] 기업의 전략경영과정

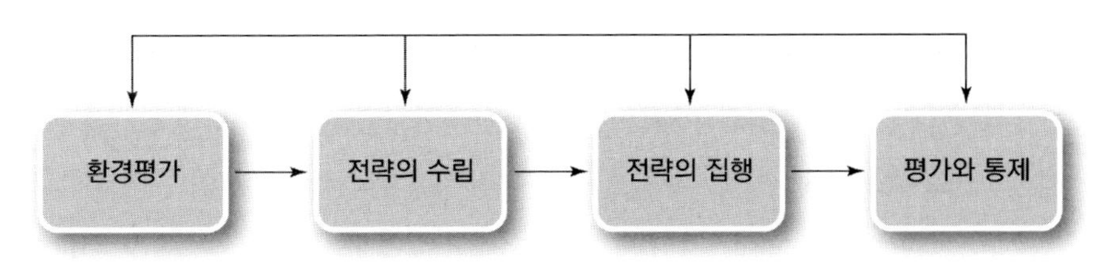

달성할 수 있음을 제시하고 있다.

- 기업활동 방향의 통일성을 제공하고 활동의 일관된 체계를 제공
- 전체 조직의 측면에서 다양한 조직목표들과 자원들의 조정을 지원
- 내부와 외부의 조직적 환경의 평가를 제공
- 미래의 니즈에 집중하고 조직의 근본적 우선순위들과 조화를 이룰 수 있는 메커니즘을 제공
- 조직 구성원을 기업경영에 참여하게 하고, 목적지향적이게 하며, 사기를 북돋아 줌.

이와 같은 전략경영의 과정은 최적의 과정이 존재하는 것은 아니고 기업과 조직이 처해 있는 상황에 따라 다르다. 그러나 아래에서는 이 과정의 가장 핵심 내용만을 연구개발전략과 관련하여 살펴보기로 한다. 그리하여 전략경영의 과정을 연구개발에 투영하면 연구개발전략과정(R&D strategy process)이 도출되며, [그림 4-9]와 같이 1) 연구개발 환경평가, 2) 연구개발 전략수립, 3) 연구개발 전략집행, 4) 연구개발 평가와 통제로 구성된다. 이 과정은 다음과 같은 구성요소들을 가진다.

- 연구개발활동과 관련된 추세, 잠재적 기회요인들 및 위협요인들의 도출: 이는 기업을 둘러싸고 있는 외부환경과 내부환경을 연구개발과 기술혁신의 관점에서 면밀하게 살펴봄으로써 도출 가능함.
- 기업의 연구개발활동 및 기술혁신능력과 관련한 강점요인들과 약점요인들의 도출: 기업의 내부역량을 면밀히 검토하여 기업의 핵심적 기술혁신능력을 도출하고 부족한 역량들을 도출함.
- 연구개발활동과 관련된 전략적 목표의 도출: 일정한 시점 안에 기업의 경쟁우위를 창출할 수 있는 연구개발 프로그램들 및 과제들의 도출 및 이를 바탕으로 한 경쟁우위 달성방안의 제시.
- 연구개발분야의 전략적 목표들을 달성할 수 있는 세부 실행계획

[그림 4-9] 연구개발전략과정

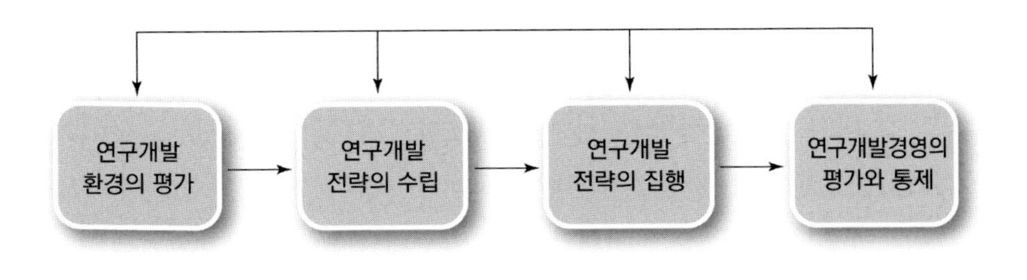

(action plans)의 수립 : 이들 실행계획은 전략적 목표들을 달성할 수 있는 특정한 활동들과 프로그램들을 나타냄.

- 연구개발자원의 배분 및 연구개발활동의 수행 : 연구개발 프로그램 및 과제들에 대한 자원의 배분 및 실제 연구개발활동의 수행.
- 연구개발결과의 평가와 통제 : 연구개발활동의 결과를 측정 · 평가하고 사전에 설정된 목표와 바교하여, 필요할 경우 피드백 및 통제활동의 수행.

2. 연구개발전략과정

1) 연구개발환경의 평가

환경분석은 외부환경분석과 내부환경분석으로 구성되어 있고 외부환경분석은 기업이 소속되어 있는 산업을 분석하는 것이며, 내부환경평가는 기업의 내부 역량을 분석하는 것이다. 그 결과 전략요인(strategic factors)인 SWOT요인이 – 강점요인(Strengths), 약점요인(Weaknesses), 기회요인(Opportunities), 위협요인(Threats) – 도출된다. 이들 전략요인은 기업이 전략을 수립하는 기초가 되는 요인들이다.

연구개발 환경평가도 외부환경평가와 내부환경평가로 구성된다. 정선양(2016)은 연구개발활동은 기업이 필요로 하는 새로운 그리고 개선된 기술, 제품, 서비스를 창출한다는 점에서 기업이 필요로 하는 새로운 기술들과 관심대상 기술들을 평가하는 기술환경평가를 강조하고, 이를 바탕으로 기술지향적 외부환경평가와 기술지향적 내부환경평가를 실시할 것을 강조한다. 기술지향적 외부환경평가는 기업이 속해 있는 산업환경분석을 기술혁신의 관점에서 파악하고, 기존 그리고 잠재적 경쟁기업들의 제반 연구개발활동 – 연구개발전략, 연구개발자원, 연구개발협력 등 – 을 분석하는 것이다. 기술지향적 내부환경분석은 기업의 기술혁신역량을 분석하여 기업이 필요로 하는 새로운 그리고 개선된 기술, 제품, 서비스를 창출하는데 필요한 강점요인들과 약점요인들을 살펴보는 것이다. 특히 혁신성이 뛰어난 불연속적 혁신(discontinuous innovations) 혹은 돌파형 기술(breakthrough technologies)들은 일반적으로 기업이 이들을 개발할 인적, 재무적 역량이 부족한 경우가 많다는 점을 인식하고 이에 대한 자원조달 방안을 강구하여야 할 것이다. 연구개발 환경평가는 이미 제3장에서 살펴본 바 있다.

2) 연구개발전략의 수립

전략수립은 전략경영과정의 가장 핵심적인 과정으로서 조직 환경의 기회요인들과 위협요인들의 도출과 조직의 내부 강점요인들과 약점요인들의 분석을 통해 이루어진다. 연구개발관련 SWOT분석 그리고 보다 구체적으로 말하여 기술 포트폴리오의 구성은 연구개발전략을 공식화하는 수단이다.

일반적으로 경영전략에서는 전략수립과 관련하여 핵심역량(core competence)의 중요성을 강조한다. Jain 등(2002)이 말한 바와 같이 핵심역량의 도출은 전략의 공식화에 있어서 핵심이다. 핵심역량은 고객에게 장기적 가치를 제공하고, 조직이 지배할 수 있고, 적용이 가능하고, 지속성이 있으며, 조직의 경영체계 속에 내재된 가치를 의미한다. 실제로 이 개념을 제시한 Prahalad & Hamel(1990)은 전략수립에 있어서 핵심역량의 중요성을 강조하며 기업을 전략적 사업단위가 아니라 핵심역량의 결합체로

〈표 4-3〉 기업의 핵심역량 사례

기 업 명	핵심역량
소 니	최소화 기술
혼 다	모터 기술
샤 프	액정 기술
카 시 오	액정 기술
모토롤라	무선통신 기술
보 잉	대규모 통합 시스템 기술
필 립 스	광학미디어 기술

자료: 정선양(2016), p.68.

파악할 것을 주장하였다. 그런데 이들이 강조한 기업의 핵심역량은 <표 4-3>과 같이 대부분 기술역량(technological capabilities)이다. 이 점에서 기업의 전략경영의 바탕이 되는 핵심역량이 기술역량이라면 기술혁신을 경영하는 방안을 제시하는 연구개발경영 및 기술경영은 당연히 기술역량을 바탕으로 추진하여야 할 것이다.

연구개발전략은 이와 같은 기업의 핵심역량의 기초인 기술역량을 바탕으로 수립되어야 한다. 이와 같은 기술역량은 일반적으로 핵심기술(core technologies)의 개념으로 구현된다. 연구개발전략은 기업이 현재 가지고 있는 핵심기술들이 무엇인지, 이들이 얼마나 지속가능한지, 그리고 어떠한 새로운 핵심기술들을 도출·육성할 것인지를 결정하여야 한다. 이를 바탕으로 기업은 어떠한 연구개발전략을 추구할 것인가를 결정하여야 할 것이다. 즉, 이들 현재의 그리고 미래의 핵심기술들을 바탕으로 선도자 전략을 추구할 것인지 혹은 추종자 전략을 추구할 것인지를 결정하고, 새로운 핵심기술들을 개발하여야 한다면 이를 자체적으로 개발할 것인지 혹은 연구개발 협력을 통해 조달할 것인지를 결정하여야 할 것이다.

연구개발전략은 기업의 전사적 전략 중 성장전략(growth strategy)을 적극적으로 보조하여야 할 것이다. 이 점에서 기업은 외부환경 분석 및 내부환경 분석을 바탕으로 기업의 차세대 성장동력이 될 수 있는 기술, 제품, 서비스의 개발에 적극 노력하여야 한다. 특히 기업은 기술혁신역량의 확충을 통하여 선도적 기업이 되도록 노력하고, 시장에서 게임의 규칙을 바꿀 수 있는 불연속적 혁신(discontinuous innovation)의 창출 및 활용에 적극 노력하여야 할 것이다. 이를 위해서는 최고경영자가 주도하는 연구개발경영의 실천이 매우 필요하다.

연구개발전략이 선택 · 결정되면 기업은 연구개발 프로젝트들에 대한 자원배분(resources allocation)에 관한 의사결정을 하여야 할 것이다. 여기에서는 제3장에서 논의한 기업의 연구개발전략 수립을 위한 기술 포트폴리오보다는 구체적인 연구개발 프로젝트의 포트폴리오를 구성하여야 할 것이다. 즉, 기업이 연구개발전략을 구현하기 위하여 새롭게 추진할 연구개발 프로젝트들의 선정, 기존 연구개발 프로젝트들의 종료 및 중단, 이에 따른 연구개발자원 배분의 의사결정이 이루어져야 할 것이다. 여기에서의 연구개발자원은 재무적 자원, 인적자원, 물질적 자원 등을 포함하여, 현재 기업이 어느 정도의 자원을 가지고 있는지 그리고 새로운 프로젝트의 수행을 위해 부족한 자원들은 무엇인지를 결정하고 이들의 조달 방안에 관한 대략적인 그림을 제공하여야 할 것이다.

3) 연구개발전략의 집행

전략의 집행은 전략의 아킬레스건이다. 많은 기업이 전략의 수립에는 주안점을 두지만 수립된 전략의 집행에는 소홀히 하는 경향이 있다. 그리하여 전문가들은 전략의 수립보다 집행에 집중할 것을 권고하기도 한다(예를 들어, Bossidy & Charan, 2002). 아무리 잘 수립된 전략도 실행되지 않으면 소용이 없으며, 이는 연구개발경영에 있어서도 마찬가지이다. 이에 따라 연구개발전략이 실행이 되기 위해서는 [그림 4-10]과 같은 구체적인 실천이 이루어져야 할 것이다. 아래에는 이들을 구체적으로 설명하기로 한다.

[그림 4-10] 연구개발전략 집행의 과제

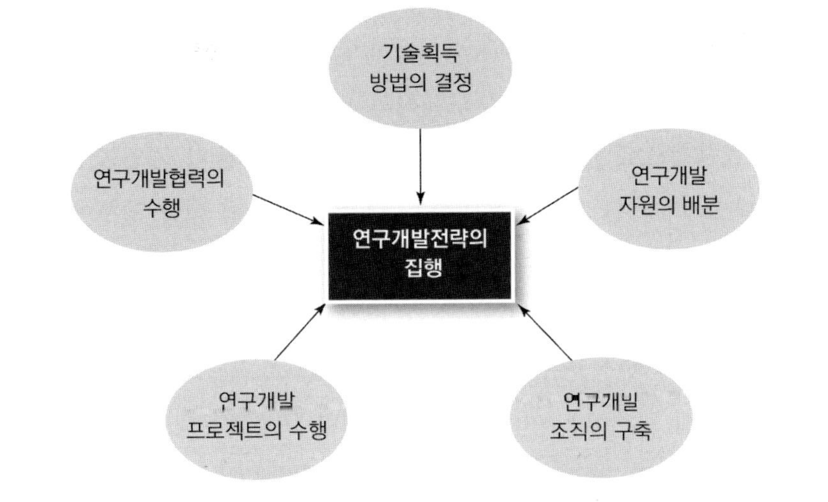

먼저, 연구개발활동의 목표인 목표기술의 획득방법(acquisition methods) 결정이다. 기업이 목표로 하는 새로운 그리고 개선된 기술들의 개발을 자체적으로 개발할 것인가 혹은 외부로부터 협력을 통해 조달할 것인가에 관해 구체적 결정을 내려야 할 것이다. 이 결정은 기업이 현재 가지고 있는 기술적, 재무적, 인적 역량을 충분히 검토하여 결정하여야 할 것이다. 기업이 현재 충분한 연구개발자원을 가지고 있다면 자체연구개발(in-house R&D)을 수행할 수 있을 것이며, 그렇지 않을 경우에는 연구개발협력(R&D collaboration)을 하여야 할 것이다.

둘째, 목표기술의 획득방법이 결정되면 이들 방법에 대한 연구개발자원(R&D resources)의 배분이 구체적으로 이루어져야 한다. 기업이 가용할 수 있는 재무적, 인적, 물적 자원을 내부적 연구개발활동과 연구개발협력에 어느 정도 배분할 것인가를 결정하고 실제로 배분하여야 한다. 아울러 새로운 기술 및 불연속적 기술의 창출을 위한 자원과 기존의 기술 및 점진적 혁신을 위한 기술의 개발을 위한 자원배분도 결정하여야 할 것이다.

특히 전자의 경우에는 기술의 불확실성이 대단히 높지만, 기업의 차세대 성장동력이 된다는 점에서 최고경영자의 적극적인 관여가 필요하다.

셋째, 자체연구개발(in-house R&D)의 경우 연구개발 조직 및 프로젝트 팀의 구축, 연구개발자원의 구체적인 배분이 필요하다. 특히 연구개발조직은 일반적으로 많은 기업이 독립적 연구소, 이른바 기업연구소(corporate research institute)를 설치 · 운영하는 경우가 많으며 이럴 경우에는 해당 연구개발 프로젝트들을 수행할 연구개발 프로젝트팀을 구성하는 것이 더 중요할 것이다. 물론 기업연구소가 존재하지 않고 연구개발부서가 운영되는 경우에는 해당 연구개발부서에서 프로젝트팀을 구성하여 연구개발활동을 수행할 수 있다. 이와 같은 연구개발 프로젝트팀들이 구성되면 이들에 대하여 인적, 물적, 재무적 자원이 구체적으로 배분되어야 할 것이다.

넷째, 연구개발 조직 및 프로젝트팀이 구성되고 자원이 구체적으로 할당되면 구체적으로 연구개발활동(R&D activities)이 수행되어야 할 것이다. 연구개발활동은 일반적으로 상당한 기간이 소요된다는 점에서 세심한 프로젝트 관리(project management)가 필요하다. 특히 적절한 시점에 중간평가와 일정한 마일스톤의 선정 및 이의 달성 여부를 검토할 필요가 있다. 이와 같은 연구개발 프로젝트의 관리는 목표로 하는 기술의 특징, 혁신성의 정도, 이의 기업에 필요한 정도, 그리고 산업적 환경 등에 따라 달라질 수 있다. 아울러 프로젝트의 구체적 진행에 있어서 단일 프로젝트의 다양한 마일스톤의 달성과 이의 연속적 진행이 이루어지는 연속적 접근(sequential approach)과 여러 프로젝트들을 동시에 진행시키는 반복적 접근(iterative approach) 등의 선정이 중요하게 대두된다. 아울러 프로젝트의 진행에 따른 중간평가 및 모니터링의 중요성이 크게 대두된다.

다섯째, 많은 기업은 자체적 연구개발활동과 더불어 연구개발협력(R&D collaboration)을 수행한다. 특히 기업이 목표로 하는 기술의 연구개발 능력이 충분하지 않을 경우에는 다른 기업, 대학, 정부연구소들과 협력관계를 구축하게 된다. 실제로 아무리 기술적으로 앞서가는 선도기업이라 해도 모든 기술분야에 있어서 관련 기술들을 연구개발할 충분한 능력을 가질 수 없기 때문에 연구개발협력은 매우 중요한 과제가 아닐 수 없다. 실제로 Chesbrough(2003, 2010)는 이제 기업이 다른 기업이나 혁신주체와 활발한 협력을 하여야 하는 개방형 혁신(open innovation)의 시대가 당도하였음을 설파하고 있다. 여기에서 연구개발협력의 대상과 유형의 결정이 중요하다. 연구개발협력의 대상은 대학, 정부연구기관, 기업이 될 수 있는데, 필요할 경우 경쟁기업과의 협력이 이루어지기도 한다. 연구개발협력의 유형으로는 공동연구, 조인트벤처, 위탁연구 등 다양한 방법을 추진할 수 있다.

언급한 바와 같이 이와 같은 연구개발전략의 집행 및 실행은 전략의 아킬레스건이다. Zagotta & Robinson(2002)은 전략집행의 성공확률을 높일 수 있는 행동들의 목록을 다음과 같이 제시하고 있는데 이는 연구개발전략의 집행에도 해당된다.

- 비전의 정량화 : 측정 가능한 목표들을 추구하고 중간 마일스톤들을 설정할 것.
- 주문들(mantras)을 통한 의사소통 : 이 주문들은 간단하지만 의미 있는 문구들이어야 함.
- 중간 목표들을 구체적으로 표현하고, 이들에 대해 시간적 틀을 제시하고, 이들을 달성하기 위한 책임을 부여하며, 이들의 달성을 위한 진행상황을 검토하고 이해함.
- 무엇을 하지 않을 것인가를 계획하고 너무 많은 자원을 투입하는 것을 회피.
- 전략을 조직 내에 개방 : 큰 그림으로 조직 전체를 통하여 일상 활동들을 정렬하고, 무엇이 중요한지 의사소통하고 측정함.
- 진행상황 및 진행관리를 자동화함.
- 전략의 수립과 실행의 선순환 구조를 창출하고, 전략적 진행을 검토하고 유지하기 위한 일상적 프로세스 구축.

4) 연구개발경영의 평가와 통제

연구개발경영이 성공했는지 여부는 연구개발경영의 목표와 연관 있는 성과(performance)를 추적하여 관찰할 수 있다. 연구개발경영이 성공하였다는 것은 연구개발활동이 성공을 하였다는 것이며, 이는 기업이 이들을 통해 가치를 획득하였다는 것이다(Tidd & Bessant, 2013). 성공은 목표가 성취되었거나 목표를 초과 달성하였음을 시사한다. 전략은 단지 미래의 행동을 안내하기 위한 것뿐 아니라 원하는 성과를 창출하였는가 여부 역시 대단히 중요하다. 여기에서 연구개발경영의 성과평가(performance evaluation)가 필요하다. 만약 원하는 성과를 창출하지 못하면 이를 수정하기 위한 통제(control)의 과정이 필요하다. 연구개발경영은 그 특성상 일반 조직의 경영과 다른 평가와 통제가 필요하다. 일반적으로 연구개발 성과의 유형은 [그림 4-11]과 같이 나타낼 수 있다.

우선, 연구개발경영의 성과평가는 기술적 성공과 상업적 성공의 여부 모두를 평가하여야 한다. 연구개발경영의 대상이 되는 기술, 제품, 서비스의 개발 및 개선은 기본적으로 기술적 성공(technological success) 여부를 중심으로 성과를 평가하는 경향이 많다. 이는 프로젝트팀이나 연구개

[그림 4-11] 연구개발경영의 성과 유형

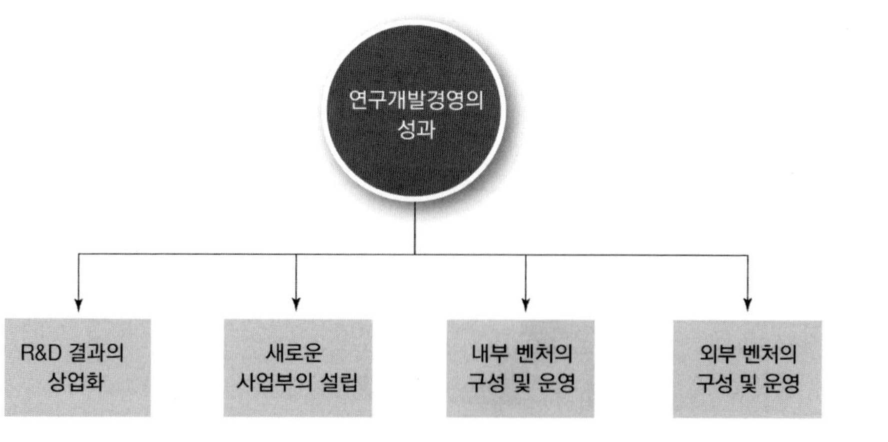

발조직 그리고 연구개발 프로젝트에 종사하는 인력의 관점에서는 매우 중요한 평가기준이 아닐 수 없다. 그러나 기업 전체의 입장에서는 기술적으로 성공한 프로젝트가 상업적으로도 성공하는 것이 매우 중요하다. 즉, 기술적 성공이 반드시 상업적 성공(commercial success)으로 이어지지는 않는다. 이에 따라 연구개발경영의 성과평가는 연구개발활동의 결과 창출된 새로운 그리고 개선된 기술, 제품, 서비스가 시장에서 어느 정도 성공하였는가를 면밀하게 평가하는 것이 중요하다. 이것이 이른바 연구개발결과의 상업화(commercialization)이다. 일반적으로 상업적 성공의 지표로서 새로운 제품 혹은 개선된 제품의 매출액, 시장 점유율 등이 많이 활용된다.

둘째로, 일반적으로 연구개발결과의 상업화는 해당 기술 및 제품의 혁신성의 정도에 따라 과학 사업화, 첨단기술 사업화, 기술 사업화 등으로 나누어 볼 수 있다(정선양, 2016). 여기에서 기술 사업화는 일반적 기술적 제품들의 사업화를 나타내며, 첨단기술 사업화는 기술에 과학적 요소들이 충분히 가미되어 혁신성이 뛰어난 첨단 제품들의 사업화를 의미한다. 그런데 최근 들어 새로운 과학이 사업화가 되는 경향이 많아지고 있다. 그동안의 가장 대표적인 과학 사업화로는 원자력 산업을 들 수 있는데, 최근 들어 생명공학산업의 경우 현대의 가장 중요한 과학 사업화라고 할 수 있다. 실제로 Pisano(2006, 2010)는 생명공학이 과학사업화의 가장 대표적인 분야임을 강조하며 과학 비즈니스(science business)의 활성화 방안을 체계적으로 제시하고 있다.

셋째, 기술집약적 기업의 경우에는 연구개발활동의 결과를 가지고 새로운 기업을 창업하는 경우가 많다. 이는 기존 기업의 경우 연구개발결과가 기업의 경쟁우위 달성에 매우 중요하다면 새로운 사업부(division)를 창출하고, 만약 그 결과가 기업의 주력 업종과 적합성이 떨어지면 외부에 스핀오프(spin-off)를 한다. 아울러 많은 기업은 차세대 성장동력을 창출하기 위해 새로운 첨단기술들 혹은 불연속적 기술들에 대한 적극적인 연구개발활동을 바탕으로 그 결과를 창업하는 내부 벤처(internal venture)를 육성하는 경향이 많다. 이들 세 유형 모두 기업의 연구개발결과를 상업화하는 과정으로 이에 대한 세심한 경영이 필요하다.

3. 성공적인 연구개발전략

1) 연구개발전략과정의 검토

연구개발전략과정의 성공여부는 전체적으로 연구개발경영의 기업 경쟁우위에 얼마나 기여하였는가에 달려 있다. 이 점에서 연구개발전략과정은 상호작용적 과정(interactive process)으로 파악하여야 하며 각각의 단계 간의 피드백과 상호작용이 이루어지는 것으로 파악하고 실천하여야 할 것이다. Rumelt(1980)는 일반적 전략과정의 성공을 높이기 위해 일관성, 조화성, 우위, 타당성의 네 기준으로 미래지향적 관점에서 지속적으로 검토할 것을 강조하였는데, 이는 연구개발전략에서도 다음과 같이 적용가능하다.

- 연구개발전략의 일관성(consistency) : 이는 연구개발전략이 전략의 목표, 정책, 프로그램들과 내부적으로 잘 정렬되어 있는가를 검토하여야 할 것이며 아울러 연구개발전략이 기업 전체의 전략적 목표의 달성에 잘 정렬되었는지를 검토하여야 할 것임을 의미함.
- 연구개발전략의 조화성(consonance) : 이는 연구개발전략의 환경분석이 기업의 내부환경분석과 외부환경인 산업분석을 충분히 다루고 있는가 여부를 나타냄.
- 연구개발전략의 우위(advantage) : 이는 연구개발전략의 결과 경쟁기업과 비교하여 연구개발활동 및 기업 전체의 경쟁우위를 창출하는가 여부를 나타냄.
- 연구개발전략의 타당성(feasibility) : 이는 연구개발전략의 결과 동원된

양적, 질적 자원이 전략을 실행할 수 있을 만큼 적절하고 충분하게 확보하고 있는가를 나타냄.

이들 기준의 관점에서 기업이 충분한 연구개발전략과정을 실행할 수 있다면 연구개발경영의 성공가능성은 높아질 것이다. 그러나 그렇지 않다면 기업의 연구개발전략은 상당한 취약점을 가지고 있음을 의미하는 것이다. 이 경우 기업은 연구개발 경영과정을 세심하게 검토하여 체계적이고도 성공가능한 연구개발경영을 추진하여야 할 것이다.

2) 연구개발전략에 대한 유기적 접근

연구개발전략과정 및 연구개발경영의 과정은 각 단계별로 선형적으로 진행되는 것이 아니라 상호 간 피드백과 시행착오가 일어나는 유기적 과정(organic process)이다. 이에 따라 모든 기업에게 적용가능한 최적의 합리적 과정은 존재하지 않는다. 이는 앞에서 서술한 전략에 대한 접근방법인 합리적 접근방법(rational approach)과 점진적 접근방법(incremental approach) 간의 논쟁에서 점진적 접근방법이 보다 합리적이라는 결론에 도달하는 것과 같다(정선양, 2016; Minzberg 등, 1996).

실제로 민츠버그(Minzberg), 파스칼(Pascale) 등 대응학파(Emergent School) 학자들은 전략이 전략수립, 전략집행, 평가와 통제로 이어지는 선형적 과정을 강조하는 합리적 접근방법에 대해 반대를 하면서, 전략은 보다 유기적 과정(organic process)이라는 점을 강조하였다. 이들은 작금의 급변하는 기술경제환경 속에서 사전적으로 수립할 수 있는 합리적 전략은 존재하지 않으며, 전략은 급변하는 환경 속에서 유연성과 적응성을 가져야 할 것을 강조한다. 즉, 처음부터 합리적인 전략은 존재하지 않으며 전략은 환경변화에 따라 유기적으로 변환되어야 할 것이다.

연구개발활동은 위험성과 불확실성이 농후하고 비용이 많이 들고 매우 복잡한 기술의 연구, 개발, 창출, 활용을 다루고 있다. 즉, 연구개발활동은 일반적 경제환경의 복잡성과 급변성을 감안하는 것은 물론 대상으로 하는 기술의 복잡성, 급변성, 위험성을 다루어야 하기 때문에 근본적으로 경영이 매우 어렵다. 이 점에서 연구개발경영 및 연구개발전략은 일반 전략보다도 더욱 유기적인 접근방법을 필요로 한다. 연구개발전략 과정은 물론 모든 연구개발 프로젝트의 진행에 있어서 다양한 형태의 상호작용 및 피드백을 필요로 하고, 다양한 사람들의 참여를 필요로 하며, 그동안의 성공과 실패로부터 지속적인 학습을 하여야 할 것이다.

삼성전자의 스마트폰 기술전략

현재 스마트폰 시장의 1위 기업으로서 선도자의 입지를 다지고 있는 삼성전자의 초기 위치는 어디였을까? 삼성전자는 스마트폰 이전의 휴대전화인 피처폰(Feature Phone) 시장에서 글로벌 강자의 존재감을 뽐내고 있었지만, 뒤이어 새롭게 열린 스마트폰 시장에서는 빠른 추격자(Fast Follower)에 불과하였다. 애플이 혁신적인 디자인과 기능을 가진 아이폰(iPhone)으로 스마트폰 시장을 휘젓고 있을 때 삼성전자는 햅틱 시리즈로 히드를 하며 피처폰에서 벗어나지 못하고 있었다. 뒤늦게 스마트폰 시장에 도전장을 내밀며 옴니아(Omnia) 시리즈를 선보였지만, 스마트폰의 매력을 전혀 보여주지 못해 소비자의 외면을 받아야 했다. 세간의 비웃음과 조롱을 받으며 1위 기업인 애플을 재빠르게 좇아야만 했던 삼성전자가 1위 기업이 된 사례를 통해 추격자가 선도자로 거듭나기 위한 전략에 대하여 살펴보고자 한다.

삼성전자가 스마트폰 시장의 선도자로 변신할 수 있었던 첫 번째 이유는 기술혁신에 대한 끊임없는 노력에 있다. 삼성전자가 스마트폰 시장에 최초로 선보인 옴니아(Omnia) 시리즈는 '옴레기(옴니아와 쓰레기의 합성어)'라 불릴 정도로 혹평을 받았다. 글로벌시장의 패러다임이 피처폰에서 스마트폰으로 옮겨가고 있음을 파악하여 빠르게 추격자 전략을 추진하였지만, 옴니아는 부족한 기술력 탓에 마이크로소프트 운영체제(OS)에 햅틱폰을 얹은 느낌이라는 비난을 받아야 했다. 옴니아는 스마트폰에 최적화되어 있지 않은 운영체제로 인하여 속도와 배터리 기능에 문제가 발생하였고, 활용할 수 있는 콘텐츠의 부족으로 인하여 많은 사용자를 끌어모을 수 없었다. 이러한 스마트폰 기기 자체의 결함과 애플리케이션의 부재는 옴니아를 실패로 이끌었고, 삼성은 자체 OS를 통해 애플 생태계를 구축한 애플에 대항하기 위하여 차별화된 기술혁신전략을 꾀하여야 했다.

삼성전자는 스마트폰의 소프트웨어인 운영체제(OS)와 애플리케이션을 해결해야 할 핵심문제로 인식하고 구글 안드로이드 운영체제(OS)를 전략적으로 활용하였다. 이에 따라 기존에 보유하고 있던 하드웨어 측면의 강점과 안드로이드 운영체제를 기반으로 빠르게 스마트폰 개발에 착수하였고 이는 삼성전자를 글로벌 스마트폰 1위 기업으로 만든 갤럭시(Galaxy) 시리즈의 탄생으로 이어졌다. 삼성전자는 기술혁신을 거듭하여 갤럭시 시리즈를 발전시키고 갤럭시 성공신화를 이끌어나갔다. 2010년에 출시된 갤럭시S 1세대 제품은 당시 최고 스펙인 500만 화소 후면카메라와 아몰레드 디스플레이 등의 기술 탑재로 출시 7개월 만에 1,000만대 판매의 폭발적인 반응을 이끌어냈다. 2011년에 출시된 갤럭시S2는 800만 화소의 카메라와 1.2Ghz 듀얼코어 애플리케이션 프로세서 등으로 최고 사양을 탑재하였고 이는 삼성전자가 모든 역량을 쏟아 부은 걸작이라는 평으로 이어졌다. 이어 삼성전자는 2012년 최초로 세라믹 소재와 휴먼 인터페이스를 도입한 갤럭시S3를 출시하였고, 2013년 갤럭시S4는 원형 모서리로의 디자인 변화를 만들어냈다. 하지만 2014년 출시된 갤럭시S5는 1,600만 화소의 카메라와 2,800mAh 용량의 배터리, 방수 및 방진 등의 기능에도 불구하고 디자인 요소에서 실패를 맞아야 했다. 이에 삼성전자는 또 다른 차원의 혁신의 필요성을 인식하고 '프로젝트 제로(0)'라는 이름의 갤럭시S6 개발 전담팀을 형성하여 듀얼커브 디스플레이의 고급스러운 디자인과 더욱 빨라진 무선충전기능을 탑재한 갤럭시S6를 출시해 소비자의 주목을 이끌어 내고 전작의 실패를 만회하였다. 이후 갤럭시S7은 소비자 중심의 기술혁신으로 소비자가 느끼는 불편함에 초점을 맞추어 이를 해소하는 방향의 혁신을 이루었다. 이는 스마트폰의 완전체라 불리며 출시된 갤럭시 시리즈 중 단연 최고의 혁신 모델이라는 찬사를 받았다.

또한 경쟁사인 애플이 1위 기업의 자리를 지키기 위해 대화면 모델을 상용화한 iOS기반의 아이패드(iPad)와 스마트 워치(iWatch) 등을 선보이며 애플 생태계를 확장시키는 것에 맞춰 갤럭시 노트(Galaxy Note) 시리즈와 스마트 워치인 갤럭시 기어(Galaxy Gear), 태블릿인 갤럭시탭(Galaxy Tab)을 출시하며 대항하였다.

삼성전자는 스마트폰이 생활 전반에 적용될 수 있는 일종의 플랫폼으로 자리 잡음에 따라 갤럭시 시리즈를 스마트폰 시장을 넘어 다양한 분야로의 혁신으로 확장시키고 있다. 모바일 결제 시스템의 혁신이라 불리는 삼성페이(SAMSUNG PAY)와 갤럭시S9의 스마트싱스(Smart Things) 애플리케이션 및 인텔리전스 인터페이스인 빅스비(Bixby)를 통한 IoT 생태계 구축 노력이 그 예이다.

이러한 끊임없는 혁신과 기술적 진화는 삼성전자가 스마트폰 시장의 빠른 추격자에서 시장 선도자로 자리매김하는 데 핵심이 된 전략이라 할 수 있을 것이다.

그렇지만 삼성전자가 스마트폰 시장의 선도자로 변신할 수 있었던 이유가 비단 기술혁신에만 있는 것은 아니다. 빠른 추격자에서 시장 선도자로 탈바꿈할 수 있었던 원동력은 삼성의 스피드(speed) 경영에서 찾아볼 수 있다. 치밀하고 세심한 관리와 잘 정비된 내부 통제시스템에 의해 신중하게 사업을 추진해왔던 삼성은 기술의 변화와 혁신의 속도가 빨라지고 제품의 수명주기가 점점 짧아지고 있는 IT산업의 환경을 인식하였다. 이에 따라 삼성전자는 스피드를 지속가능한 경쟁우위의 원천으로 삼아 의사결정 및 실행의 속도를 최고의 수준으로 끌어올리는 데 주력하였다. 삼성전자는 스피드 경영을 통하여 반도체, LCD, 디지털TV와 더불어 스마트폰 등의 주력사업에서 신속한 의사결정과 경쟁사보다 빠른 제품 개발 및 출시로 시장의 빠른 추격자에서 선도자로 성장할 수 있었다.

삼성전자는 스마트폰 사업에 대해 준비경영과 선행개발의 방식으로 의사결정 및 전략 실행의 속도를 극대화시켰다. 5～10년 뒤에 무엇을 할 것인지 지금부터 대비해야 한다는 이건희 회장의 경영철학을 바탕으로 삼성전자의 삼성종합기술원(SAIT)과 DMC연구소 등의 핵심적인 연구소들은 10년 후의 미래에 대한 중장기 기술로드맵을 작성하고 업데이트하며 선행적으로 기술개발을 진행하였다. 삼성전자는 2006년부터 스마트폰 관련 핵심기술을 선행개발해 왔으며, 2008년 삼성종합기술원과 DMC연구소의 협업으로 TV화질 기술을 휴대폰에 최적화한 mDNIe 기술을 선행 확보하여 이를 2010년 이후 갤럭시 시리즈에 적용함으로써 스마트폰 화질의 우위를 점하고 제품경쟁력을 확보하였다.

또한, 완제품에 필요한 주요 부품이나 소재를 그룹 내 타 사업부나 관계사가 생산하도록 하는 수직적 계열화 체제를 구축하여 협업함으로써 스피드 경영을 실현하였다. 갤럭시 시리즈는 아몰레드 디스플레이 패널과 모바일 애플리케이션 프로세서 부문에서 세계 1위의 지위를 확보한 삼성디스플레이와 시스템반도체사업부의 협업 시너지의 결과물이다. 이러한 협업은 개발속도를 빠르게 하고 성능의 차별화를 가져와 스마트폰 시장의 선도자인 애플을 빠르게 추격하고 추월하는 결과를 가져왔다.

이뿐만 아니라 삼성전자는 스마트폰 개발에 동시공학을 적용하여 연구개발부문을 비롯해 마케팅, 상품기획, 디자인, 생산, 구매 부문이 기획단계에서부터 함께 참여하여 병행개발을 하고 신제품을 개발 및 출시하고 있다. 이것은 스마트폰의 고객지향적 개발을 가능하게 하고 불량률을 낮춰줌과 동시에 개발 및 출시 시간을 단축시키는 결과로 이어졌다.

이러한 삼성전자의 스피드 경영은 신속한 의사결정과 경쟁사보다 빠른 제품 개발 및 출시를 가능하게 하여 스마트폰 시장의 선도자인 애플을 뛰어넘어 1위 기업으로 자리매김할 수 있도록 하였다.

자료: 저자의 「기술전략」 과목에서의 사례분석.

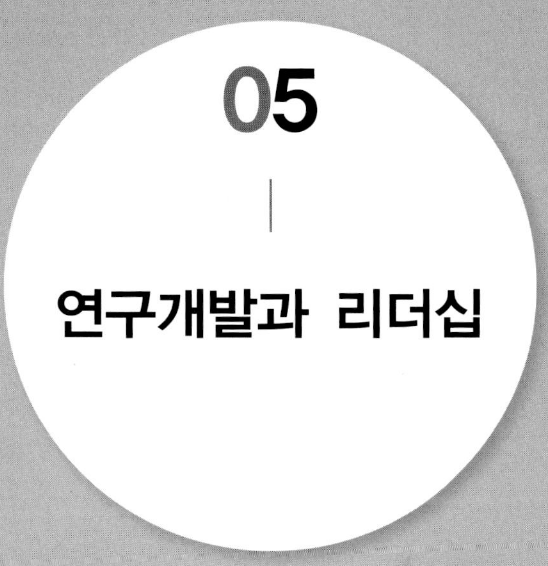

05

연구개발과 리더십

제 1 절 연구개발 리더십

1. 리더십의 개념 및 중요성

연구개발전략을 수립하고 연구개발조직을 운영하며 연구개발과정을 관리하는 경영자는 리더십(leadership)을 확보하고 있어야 한다. 특히 연구개발활동이 매우 복잡하고 위험성이 높으며 자원도 많이 소요되어 그 결과 기업 내에서 반드시 우호적이지 않다는 점에서 연구개발 관련 리더십은 대단히 중요한 과제가 아닐 수 없다. 아울러 연구개발조직을 경영하는 리더는 많은 경우 연구사, 즉 과학자 혹은 공학자 출신인 경우가 많은데, 이들은 해당 연구개발분야에 대한 전문적 지식은 많지만, 조직관리, 커뮤니케이션, 보상, 갈등관리 등 리더십과 관련하여 체계적인 교육훈련을 받지 않은 경우가 많아 조직을 효율적으로 운영하지 못하는 경향도 많다. 이에 따라 이 장에서는 연구개발경영자(R&D manager)가 갖추어야 할 리더십에 관해 살펴보기로 한다.

리더십은 경영의 요체이다. 연구개발경영자를 비롯한 모든 경영자는 리더십을 가져야 한다. 리더십은 '조직의 목표를 달성하기 위해 조직 구성원들이 공감할 수 있는 비전(vision)을 제시하고, 구성원들이 조직목표의 달성을 위해 자발적으로 동참하도록 하는 조직관리능력'으로 정의할 수 있다. 여기에서 핵심은 리더(leader)가 ① 조직 구성원들의 역량을 모아, ② 조직의 목표를, ③ 주어진 시간 내에 달성하는 것이다. 이를 위하여 리더는 조직의 각 개인이 가지고 있는 현재의 능력을 최대한 발휘하도록 유도, 즉 동기유발(motivation)을 하여야 할 뿐만 아니라, 조직 구성원들이 가지고 있는 잠재적 능력(potential capability)의 개발을 도와주어야 할 것이다.

세계적 다국적기업인 GE의 회장이었던 잭 웰치(Jack Welch)는 경영(management)의 요체는 리더십(leadership)이라고 웅변하고, 리더십은 1P와

4E로 구성되어 있다고 강조하였다. 이는 리더십의 구성요소를 나타내 주는데, 아래에는 이를 설명하기로 한다(Krames, 2005).

네 가지의 E 중에서 첫 번째 E는 에너지(Energy)를 나타낸다. 즉, 훌륭한 리더가 되기 위해서는 자기 스스로 높은 에너지를 가지고 있어야 한다는 것이다. 조직에 변화를 일으키고 새로운 성장동력을 창출하기 위해서는 리더 스스로가 높은 에너지를 가져야 한다는 것이다. 이는 특히 기술혁신을 창출하는 조직의 리더는 자기 스스로 대단한 과학적, 기술적, 경영적 능력을 가지고 있어야만 하는 것으로 이해할 수 있다.

두 번째 E는 북돋움(Energize)이다. 리더는 자신의 에너지를 바탕으로 다른 조직 구성원들을 북돋아 이들이 조직의 목표 달성에 매진할 수 있도록 유도하여야 한다는 것이다. 리더는 조직의 목표를 도전적으로 설정하고 이를 달성할 수 있도록 조직구성원의 능력과 에너지를 높이고 발산할 수 있게 하여야 할 것이다.

세 번째 E는 결단력(Edge)이다. 리더는 조직의 나아갈 방향, 전략, 자원배분 등에 있어서 어려운 의사결정을 내려야 한다. 최근과 같이 급변하는 기술경제환경 속에서 리더는 쉽게 의사결정을 내리지 못하며 여러 대안들 중에서 심사숙고를 하여야 한다. 특히 기술혁신은 그 자체가 위험성이 높고, 대단히 복잡하고, 대단히 많은 자원을 필요로 한다는 점에서 리더의 의사결정에 어려움이 있다. 그럼에도 불구하고 리더는 적시에 의사결정을 내려야 하며, 여기에는 결단력과 용기가 필요하다.

네 번째 E는 실행(Execution)이다. 일반적으로 리더는 조직의 나아갈 방향을 정하고 전략을 수립하는 역할로 인식되고 있다. 그러나 리더가 아무리 좋은 전략을 수립하였다 하더라도 이것이 실천되지 않으면 아무 소용이 없으며 전략의 수립에도 많은 자원이 소요된다는 점에서 오히려 실천되지 않은 전략은 오히려 조직에 부정적인 영향을 미친다. 이 점에서 리더는 수립된 전략과 목표를 달성하기 위한 실행력을 가져야 한다. 만족스럽지 못한 목표와 전략이라 하더라도 이를 실천에 옮기는 자질을

[그림 5-1] Jack Welch 리더십의 본질

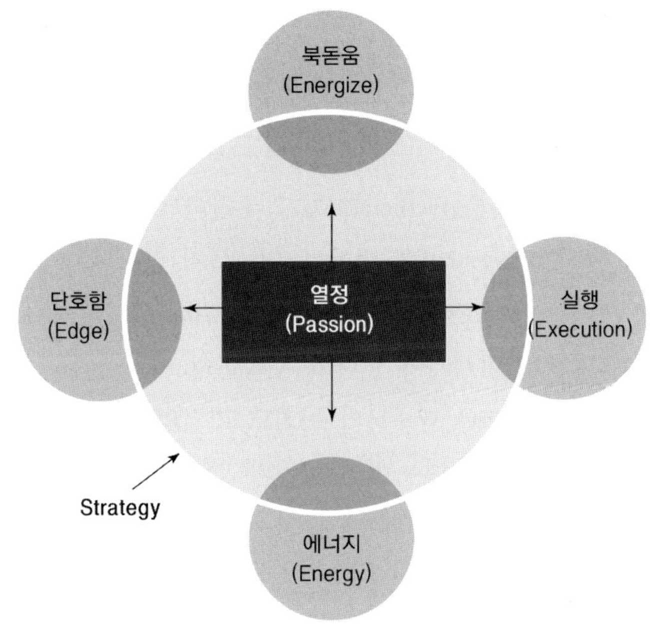

가져야 할 것이다.

잭 웰치(Jack Welch)에 따르면 이들 네 개의 E보다도 더욱 중요한 것은 P, 즉 열정(Passion)이라고 강조한다. 즉, 이들 네 개의 E는 리더가 높은 열정을 가지고 있을 때 확보가 가능하고 체화될 수 있다는 것이다. 이 점에서 리더는 조직발전을 위해 웅대한 꿈과 비전을 가지고 이를 실현할 수 있는 강력한 열정의 소유자야 할 것이다. 이를 도식화 하면 [그림 5-1]과 같이 나타낼 수 있을 것이다.

2. 리더십 이론

그동안 리더십에 관한 많은 연구가 있어 왔다. 가장 대표적인 것은 리더십 특성이론(leadership trait theory)과 리더십 상황이론(leadership situation theory)이다. 아래에는 이를 살펴보기로 한다. 이것은 리더의 특성(trait)과 리더십이 발휘되는 상황(situation) 간의 관계를 바라보는 서로 다른 시각을 나타내 준다.

1) 리더십 특성이론

리더십 특성이론은 Fiedler(1967)가 주창한 이론이다. 그는 리더의 특성(trait)과 성격(personality)은 변화하기가 쉽지 않으며, 이에 따라 올바른 리더십이 발현되고 조직이 성공을 거두기 위해서는 환경(situation)을 리더의 특성에 맞게 변화시켜야 한다고 주장한다.

전술한 잭 웰치(Jack Welch)의 논의도 리더의 자질을 나타내는 것으로 볼 수 있다. 리더의 자질은 여러 가지가 있겠지만 [그림 5-2]와 같이 나타낼 수 있다. 아래에는 이에 대해 자세히 살펴보기로 한다.

(1) 자신감(self-confidence) : 리더는 그동안 교육훈련, 경험을 바탕으로 조직을 이끌어가는 충분한 자질을 습득하고 이를 바탕으로 충분

[그림 5-2] 리더의 특성

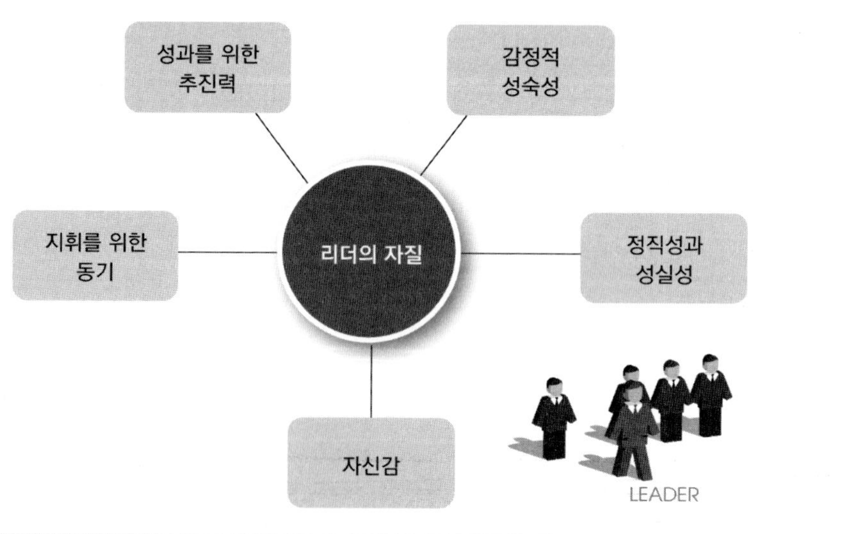

한 자신감을 나타내야 할 것이다.

(2) 지휘를 위한 동기(ambition to lead) : 리더는 조직의 미래지향적 발전을 위한 야망과 이를 달성할 동기를 충분히 가지고 있어야 할 것이다.

(3) 성과를 위한 추진력(drive to achievement) : 리더는 결과로서 말을 하여야 하며, 이에 따라 결과를 달성할 수 있는 강력한 추진력을 가져야 할 것이다.

(4) 감정적 성숙성(emotional maturity) : 리더는 조직 구성원들이 존경하고 따를 수 있는 충분한 감정적 성숙성을 가져야 할 것이다.

(5) 정직성과 성실성(honesty and integrity) : 리더는 윤리적으로 정직하여야 하며, 매사에 솔선수범을 보이는 성실성을 가지고 있어야 할 것이다. 즉, 조직 구성원이 리더의 인품에 감동하여야 진정한 마음으로 리더를 따를 것이다.

리더십 특성이론은 리더십은 리더가 타고난 천성에 의해 유전되는 것으로 파악한다. 그럼에도 불구하고 많은 리더십 이론은 리더십이 후천적으로 학습될 수 있다는 점을 강조한다. 리더의 자질은 후천적으로 교육훈련 및 경험 등에 의해 확보될 수 있다는 것이다. 아울러 이와 같은 리더의 자질은 조직의 특성과 발전단계에 따라 그 중요성이 서로 다를 수 있을 것이다. 예를 들어, 조직의 초기 단계에는 지휘를 위한 동기 및 성과를 향한 추진력 등이 상대적으로 중요할 것이며, 조직이 어느 정도의 안정화 단계에는 리더의 정직성과 성실성이 상대적으로 중요할 것이다.

2) 리더십 상황이론

리더십 상황이론은 Vroom & Yetton(1973)이 주창한 이론으로서, 리더는 주어진 상황(situation)에 따라 서로 다른 리더십 유형을 사용하여야 한다는 것이다. 즉, 리더십 유형은 상황의 분석을 한 후에 결정된다는 것이다. 이들은 5가지 유형의 리더십을 제시하고 있다.

[그림 5-3] Vroom & Yetton(1973)의 리더십 유형

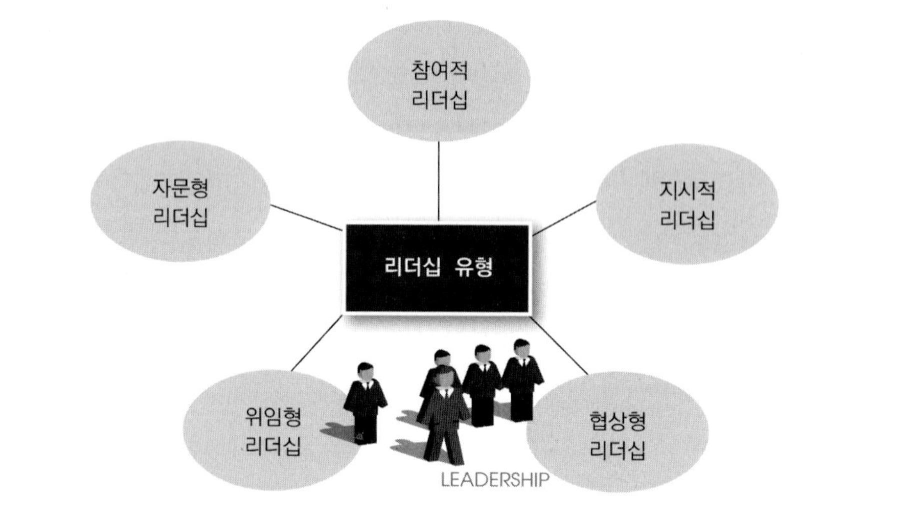

(1) 지시적 리더십(directive leadership) : 이 유형의 리더십에서 리더는 단순히 의사결정을 하고 부하들에게 무엇을 할 것인가를 지시한다.

(2) 협상형 리더십(negotiator leadership) : 여기에서 부하는 리더에게 의사결정에 필요한 정보를 제공하지만, 결정은 리더가 한다.

(3) 자문형 리더십(consultation leadership) : 여기에서 리더는 부하에게 무엇을 할 것인가에 대한 정보와 자문을 요청하고 이를 바탕으로 의사결정을 한다.

(4) 참여적 리더십(participative leadership) : 이 유형에서 부하는 리더에게 정보를 제공하고 해결책을 제시하며, 리더는 부하들과 협상을 하며, 이들은 공동으로 상호 만족스러운 협의를 하고 최적의 의사결정을 내린다.

(5) 위임형 리더십(delegation leadership) : 여기에서는 리더는 부하에게 문제에 관한 정보와 가능한 해결책을 제공하고, 최종의사결정은 부하가 한다.

일반적으로 일상적인 의사결정에는 일반적으로 리더는 자신이 익숙한 습관을 바탕으로 의사결정을 내린다는 점에서 Fiedler가 제시한 리더십 특성이론이 보다 적합할 수 있다. 그러나 리더가 업무를 시작한 지 얼마 되지 않았거나 의사결정이 매우 중요하며 생각할 시간이 충분히 있다면 Vroom & Yetton의 리더십 상황이론이 적합하다(Jain 등, 2010: 153). 연구개발조직의 경우에는 인력의 구성이나 조직구조에 있어서 일반 기업조직과 다른 특징을 가지고 있다. 이 점에서 연구개발조직의 리더십은 일반 기업에서의 리더십과 달라야 할 것이다.

3. 연구개발조직의 리더십

연구개발조직(R&D organization)은 상대적으로 고도의 훈련을 받은 연구원들을 이끌고 지휘하여야 하는 독특한 조직이다. 아울러 연구분야에 따라 장기간에 걸쳐 성과를 창출하여야 하며, 연구개발의 결과 창출된 기술혁신은 구체적인 제품과 서비스와 달리 평가하기가 매우 어렵다. 아울러 이 같은 연구개발활동의 모호성으로 인하여 기업 내에서 연구개발조직은 자원의 확보에도 어려움을 겪는다. 여기에 더욱 적극적인 리더십이 필요하다.

이 같은 특징으로 인하여 Farris(1982)와 Jain 등(2010: 157-158)은 연구개발조직의 리더십을 '리더와 부하들 간의 상호영향(mutual influence)의 과정'이라고 정의한다. 이는 연구개발조직의 경우에는 일반적으로 '참여적 리더십(participative leadership)'이 바람직함을 나타내 주는 것이라 하겠다. 이에 따라 Farris(1982)은 상사와 종업원들 간의 상호영향의 입장에서 연구개발조직에서의 리더십을 다음 네 가지로 구분하고 있다.

(1) 협력(collaboration) : 상사와 종업원들은 의사결정에 있어서 대단히 많은 영향력을 상호 간에 행사한다.
(2) 위임(delegation) : 종업원들은 의사결정에 상당한 책임을 부여받고

있고, 상사는 거의 영향력을 행사하지 않는다.

(3) 독점(domination) : 상사는 대단히 많은 영향력을 행사하며, 종업원들은 거의 투입을 제공하지 않는다.

(4) 포기(abdication) : 상사와 종업원들 모두 특정한 의사결정에 전혀 영향력을 행사하지 않는다.

대체로 전문가들은 연구개발조직은 '통제된 자유(controlled freedom)'를 제공하여야 한다는 데 의견을 같이한다(Andrews & Farris, 1967; Jain 등, 2010). 실제로 많은 혁신적 기업은 조직 구성원들에게 절제된 자유를 제공해 주고 있다. 3M의 경우 종업원들은 자신의 시간 중 15%를 스스로 하고 싶은 일에 몰두할 수 있게 해주는 전통이 있으며, 이를 벤치마킹한 Google은 종업원들이 자신의 시간의 20%를 자신이 원하는 업무에 사용하는 것을 허용하고 있다.

아울러 연구개발조직은 기초연구(basic research)와 응용연구(applied research) 간의 적절한 배분이 필요하다. 물론 기업의 성격에 따라 다르긴 하겠지만, 대부분의 기업은 미래 성장동력의 창출을 위해 상당한 정도의 기초연구를 수행하여야 한다. 이 같은 기초연구는 연구개발조직의 리더들이 이에 대한 적극적인 후원을 해 주어야만 가능할 것이다.

또한, 연구개발조직의 리더는 조직구성원들이 과도한 전문화(over-specialization)의 문제에 빠지지 않도록 유도하여야 할 것이다. 과학기술이 급변한다는 점에서 과도한 전문화는 연구원은 물론 조직 전체의 핵심역량을 저하시킬 수도 있다. 특히 기업의 경우에는 다양한 과학기술적 지식의 축적 및 연계를 통하여 새로운 제품과 서비스를 창출한다는 점에서 연구원들이 적절한 정도의 전문성을 유지하도록 관리하여야 할 것이다.

많은 기업에 있어서 연구개발활동은 매트릭스 조직구조(matrix organization)의 형태를 가진다. 이는 연구개발 프로젝트팀에는 과학기술인력뿐만 아니라 마케팅, 생산, 재무관련 인력이 참여한다는 특징을 가지고 있다. 여기에서 연구개발 관련 리더십은 이와 같은 다양한 인력들 간의 소통(communication)을 활성화하고 이들 간의 생산적 협력을 촉진하여야 할 것이다.

Jain 등(2010)은 연구개발활동은 기업의 미래의 전략적 목표 달성을 목표로 하고 있고 다양한 구성원들의 협력을 바탕으로 이루어진다는 점에서, 일반적으로 연구개발 관련 리더십의 유형으로는 협력적 리더십(collaborative leadership) 혹은 관계지향적 리더십(relation-oriented leadership)이 적합하다고 강조한다. 이들은 특히 효과적 연구개발경영자는 다양한 구성원들의 노력을 통합하고, 전략적 이슈에 대하여 통찰력을 제공하고, 조직 내에 자신의 기술적 공헌을 투입하여야 할 것을 강조한다.

제 2 절 연구개발조직의 동기부여

1. 동기부여의 중요성

어느 조직이나 목표를 달성하기 위해서는 동기부여(motivation)가 필요하다. 연구개발조직에서 동기부여는 연구 생산성의 제고는 물론 조직 효과성 제고에 핵심적 요소이다. 연구개발조직에 있어서 개인의 목표와 연구개발조직의 목표가 반드시 일치하지는 않는다. 예를 들어, 기업 및 기업 연구소는 연구원들에게 새로운 혹은 보다 나은 제품과 서비스로 이어질 연구개발결과를 창출할 것을 요구한다. 그러나 일반적으로 연구원들은 자신이 호기심을 가지고 있고 조직의 목표와 관련이 부족한 연구개발활동을 선호하기도 하고 자신의 연구성과를 기업의 수익성과 관련이 없는 학술지 등에 발표하는 것을 선호하기도 한다. 이 점에서 연구개발경영자의 역할은 구성원들이 조직의 목표에 적합하게 자신들의 행위를 변환시키게 하는 것이다. 여기에서 종업원들에 대한 동기부여의 문제가 대두된다.

2. 인간행동모델

연구개발조직의 동기부여와 관련하여 Jain 등(2010: 104-110)은 인간행동모델(model of human behavior)을 제시하고 있다. 이들은 인간의 행동은 습관(habits)과 행동의지(behavioral intentions)에 달려 있다고 강조한다. 이에 덧붙여 이들은 촉진상황(facilitating conditions)이라는 개념을 도입하였는데, 그 이유는 사람들이 적절한 습관과 행동의지를 가지고 있다고 하여도 외부환경이 적절하지 않으면 행위는 이루어지지 않기 때문이다. 이 세 가지 변수를 가지고 이들은 인간행동모델을 [그림 5-4]와 같이 제시하고 있다.

여기에서 가중치는 행동의 개인에 대한 친숙도에 달려 있다. 만약 개인이 새로운 상황에 부딪치면 의지의 가중치는 1.0이며 습관의 가중치는 0이 된다. 그러나 개인이 행위를 반복하여 수행하면 습관의 가중치는 1.0이 될 때까지 점점 증가한다.

여기에서 습관(habits)의 결정요인은 이전의 보상(previous rewards)이다. 이들 보상은 자극조건과 행위를 강화시키는 역할을 한다. 이에 따라 리더는 보상을 통해 행위자의 행동이 자동적으로 일어나도록 하여야 할 것이다.

이들은 행동의지(behavioral intention)의 결정요인은 사회적 요인, 행위만족, 인지된 결과 등 세 가지를 제시하고 있다. 여기에서 사회적 요인(social factors)으로는 조직의 모든 구성원의 올바른 행동에 관한 생각인 규범(norms), 조직 구성원이 가지고 있는 특정한 위치의 바람직한 행동인 역할(roles), 사람이 자신에게 적절한 행동이라고 생각하는 자기개념(self-concept), 조직 구성원들 간의 개인 간 협약(interpersonnel agreements) 등을 포함한다. 행위만족(act satisfaction)은 행위 자체에 연계된 만족으로서 즐거운 사건들은 행위에 대한 욕구를 창출한다. 인지된 결과(perceived consequences)는 어떤 행위의 기대되는 결과이다. 예를 들어, 연구자가 학술

[그림 5-4] 인간행동모델

$$Pa = (W_H \cdot H + W_I \cdot I)\ F$$

여기에서 Pa: 행동의 확률
W_H: H의 가중치(0~1.0)
W_I : I의 가중치(0~1.0)
H : 습관의 척도
I : 행동의지의 척도
F : 촉진상황의 척도

자료: Jain 등(2002), p.105.

지에 논문을 발표하면 승진이 이루어지는 것 등을 의미한다. 이들 요인은 조직에 있어서 행동을 위한 의지에 영향을 미친다.

촉진상황(facilitating situations)은 내부적 상황과 외부적 상황으로 나눌 수 있다. 내부적 상황은 개인의 심리적 상태를 의미하여 외부적 상황은 우호적 환경, 적절한 조직 구성, 자원에 대한 접근 등을 들 수 있다. 인간행동모델의 수식에서 살펴본 것처럼 이 상황을 나타내는 F는 매우 중요한데, 특히 이것이 영(零)일 경우에는 아무리 습관과 행동의지가 높아도 행동은 발생하지 않는다는 점에서 특히 그렇다. 연구개발조직에서 촉진상황으로 가장 중요한 것은 합리적 위험감수, 혁신, 창조성에 대해 보상(rewards)을 해주는 것이다. 업무만족도(job satisfaction)도 중요한 촉진상황이다. 아울러 과학자들은 인정과 명성을 추구하는 경향이 많다는 점에서 이들에게 자신의 연구결과를 발표하여 상응하는 명성을 획득할 기회를 제공하는 것도 중요하다.

3. 보상과 동기부여

개인의 동기를 유발하는 요인들은 많다. 예를 들면, 급여, 인정, 성공을 위한 기회 등 다양한 요인들이 영향을 미칠 수 있다. 그러나 이와 같은 요인들은 개인에 따라, 기업에 따라, 산업에 따라 다르다. 예를 들어, Foa & Foa(1974)는 조직 구성원의 동기를 유발하는 요인으로서 금전, 서비스, 지위, 관계, 정보, 교육훈련의 기회를 제시하였다. 이들 요인은 연구개발 인력 및 조직에 있어서도 중요한 요인이 아닐 수 없다. 아래에는 동기이론에 관해 살펴보기로 한다.

1) Maslow의 욕구단계설

이미 오래전에 동기부여에 미치는 보상 관련 연구에서 Maslow(1992)는 욕구단계설(hierarchy of needs theory)을 제시하였다.

(1) 생리적 욕구(physiological needs) : 이들은 인간의 기본적 욕구들로서 음식, 물, 잠과 같은 것들을 포함함.
(2) 안전욕구(safety needs) : 이들은 안전한 물리적, 감정적 환경 및 위협으로부터 자유로움에 대한 욕구를 의미함.
(3) 사회적 욕구(social needs) : 이들 욕구는 동료들에 의해 인정을 받고 싶어하고 사랑과 우정을 가지고자 하는 욕구를 의미함.
(4) 존중욕구(esteem needs) : 이들은 다른 사람들로부터 주목, 인정, 평가를 받고 싶어하는 욕망과 관련이 있는 욕구임.
(5) 자아실현욕구(self-actualization needs) : 이들 욕구는 최상의 욕구 범주로서 자신의 능력을 계발하고, 보다 나은 사람이 되기 위한 욕구를 의미함.

Maslow에 따르면 낮은 차원의 욕구들의 충족이 우선순위를 가지며, 이들이 해결되면 다음 차원의 욕구들의 충족으로 옮겨져 간다. 즉, 한 차

[그림 5-5] Maslow의 욕구단계설

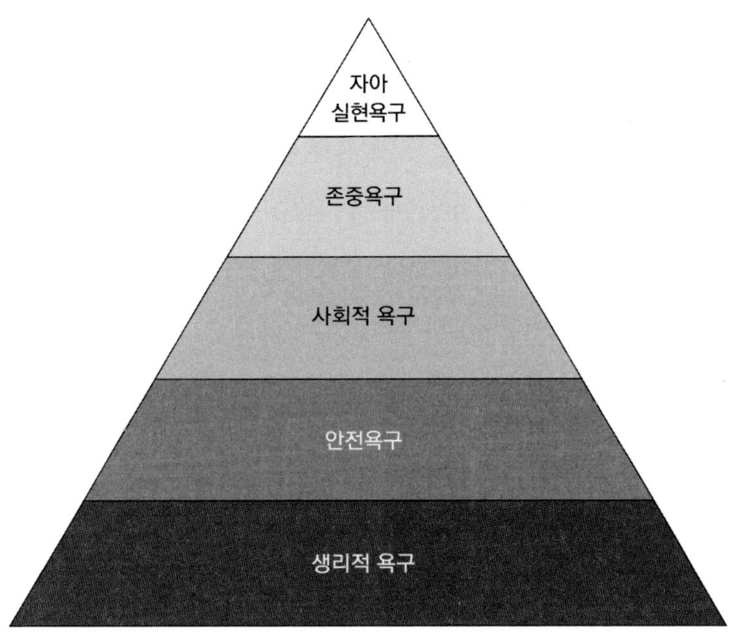

자료: Maslow(1943).

원의 욕구들은 이것이 해결되면 중요성을 상실하며 다음 차원의 욕구 충족이 중요한 문제로 대두된다. 이 이론은 왜 조직이 구성원을 인정하고 보상(rewards) 등을 통하여 동기를 부여하여야 하는가를 나타내 준다. 연구개발조직의 경우에는 상대적으로 보다 상위의 욕구들, 존중욕구, 자아실현욕구를 충족시킬 수 있는 보상과 동기부여가 필요할 것이다.

2) ERG 이론

Maslow의 이론과 유사하게 Alderfer(1972)는 생존(existence), 관계성(relatedness), 성장(growth)의 욕구로 구성되는 3단계의 욕구단계설을 제시하였다. 이 이론은 용어의 첫문자를 바탕으로 ERG 이론으로 부른다. 생존(existence)의 욕구는 생리적 욕구, 안전욕구를 포괄하며, 관계성(relatedness)

의 욕구는 사회적 욕구와 존중욕구를 포함하며, 성장(growth)의 욕구는 자아실현욕구를 포함한다. 경영자는 자신의 조직의 특성을 감안하여 구성원들이 조직의 목적에 맞게 행동을 하도록 구성원들의 다양한 욕구를 충족시킬 수 있는 보상체제를 구축·운영하여야 할 것이다.

3) 연구개발조직의 보상과 동기부여

연구개발조직도 다양한 보상을 통하여 구성원의 동기를 부여할 수 있다. 그러나 이는 연구개발조직의 특수성에 유념하여 일반적인 조직과는 다른 기준의 보상을 적용해야 한다. Debackere 등(1997)에 따르면 연구개발조직의 많은 구성원은 승진보다 자기 분야에서 인정받는 것을 더 큰 보람으로 생각하며, 승진해서 경영진이 되기보다는 자기 연구를 계속할 수 있기를 바라는 경향이 많다. 즉, 연구개발요원은 전통적인 관리계층으로 발전하는 것보다 '지식 사다리(knowledge ladder)' 체제에 보다 더 관심이 많다.

그리하여 연구개발활동에 종사하는 인력들에 대한 동기부여는 여러 가지가 있을 수 있으나, 연구개발활동과 조직의 특징을 고려하여 동기부여를 하여야 할 것이다. 일반적으로 연구개발요원의 특징은 매우 성과지향적이며, 성공에 대한 열망을 가지고, 위험을 적극 감수하며, 모호성에 대하여 적극적인 허용을 하며, 자신의 업무에 대한 높은 자존심을 가진다. 여러 문헌에 따르면, [그림 5-6]과 같은 동기부여를 할 수 있을 것이다.

(1) 도전적 목표의 설정

연구개발활동은 불확실성을 해결하고 새로운 기술, 제품, 서비스를 창출하거나 개선된 기술, 제품, 서비스를 창출하는 창조적인 활동이다. 이 점에서 연구개발활동에 종사하는 인력에게 특정하고, 어렵지만 달성가능한 목표를 설정하는 것이 바람직할 것이다. 이와 관련 Jain 등(2002: 116)은 연구개발조직에서도 연구개발경영자와 연구자 간의 합의된 특정

[그림 5-6] 연구개발조직의 동기 부여방안

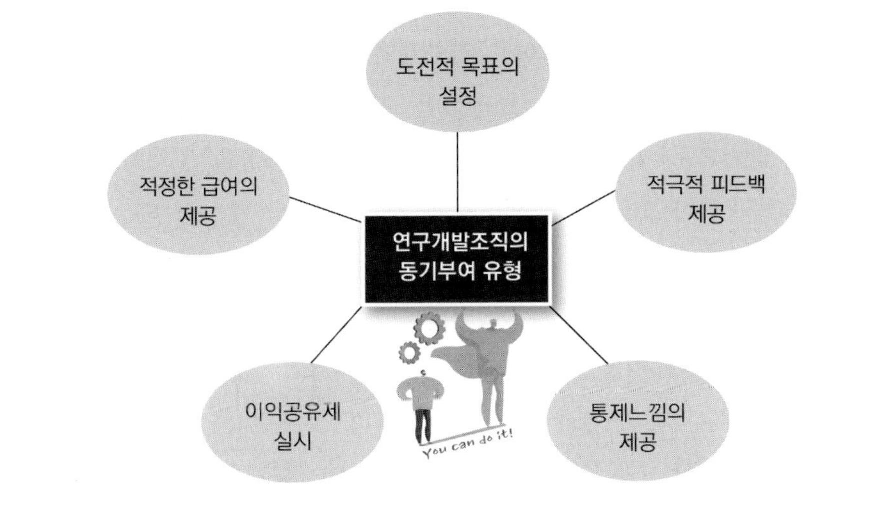

한 목표를 달성할 수 있는 목표경영(MBO: Management by Objectives)을 도입할 것을 권고하고 있다. 특히 우수한 연구자는 도전적 목표(challenging goals)의 추구를 선호하는 경향이 있다.

(2) 적극적 피드백의 제공

연구개발활동은 프로젝트의 성격에 따라 오랜 기간이 걸릴 수도 있다. 아울러 연구개발활동은 위험성이 높은 활동이라는 점에서 연구개발 종사자들이 적절한 시점에 적절한 피드백(feedback)을 받는 것이 바람직하다. 이 같은 피드백은 상사로부터의 평가, 조직으로부터의 인정, 다른 연구자와의 긍정적 비교 등 다양한 형태를 가질 수 있다. 특히 조직 내의 공식적 인정(formal recognition)은 구성원의 동기를 유발하는 강력한 피드백이다.

(3) 통제느낌의 제공

연구개발활동은 일상적인 기업활동과 다른 창조적인 활동이다. 이에 따라 Jain 등(2002: 119-120)은 연구개발인력의 업무환경에 대한 통제느낌(sense of control)의 제공이 효과적인 보상방법이라고 강조하고 있다. 구체적인 방법으로 업무의 설계에 있어서 통제가능성을 고려하고, 연구개발활동과 관련한 소규모 연구회 등과 같은 조직을 활성화 하는 등 이들 인력의 자존감을 느낄 수 있는 방안을 제시할 수 있을 것이다.

(4) 이익공유제 실시

첨단기술기업의 경우 연구개발활동의 결과 새로운 제품이 개발·출시되면 막대한 수익을 창출하기도 한다. 이 경우 연구개발활동에 참여하였던 연구인력들에 대해 기여도에 따라 일정한 수익을 배분하는 이익공유제(profit sharing system)를 도입하면 연구개발인력에게 많은 동기부여가 될 것이다. 실제로 많은 기술집약적 기업들은 이 같은 이익공유제를 시행해 오고 있다. 스톡옵션(stock option)은 대표적인 이익공유제 중의 하나이다.

(5) 적정한 급여의 제공

급여(salary)는 모든 조직에서 동기를 부여하는 기본이 된다. 급여는 연구개발활동에 종사하는 인력에게도 기본이 되는 보상이다. 적정한 급여는 새로운 연구인력의 채용은 물론 기존의 양질의 연구인력의 유지에도 필수적이다. 아울러 연구개발인력은 경영진에 비하여 적은 급여를 받는 기업들도 있는데, 이 경우 양질의 연구개발인력이 연구개발활동에 매진하기보다 경영진으로 커리어를 바꾸는 경향이 있다는 점도 세심히 고려하여야 할 것이다.

이처럼 연구개발활동은 일반 기업활동과 다르다는 점에서 총체적 보상(total reward)을 제공하는 것이 보다 바람직할 것이다. Medcof & Rumpfel

(2007)은 고용관계에서 종업원들이 가치를 두는 모든 것으로 구성되는 총체적 보상이 첨단기술 분야에 종사하는 종업원들에게 보다 적합하다는 결론에 도달하였다. 여기에서 총체적 보상의 주요 구성요소는 급여, 보너스, 학습 및 개발의 기회, 스톡옵션, 업무환경 등을 들 수 있다. 또한, 연구개발요원은 조직 내의 근무연한에 따라서 보상도 때에 알맞도록 다르게 적용할 필요가 있다(Hall & Mansfield, 1975). 예를 들어 신입 연구원의 경우 가장 중요한 보상은 자기만족과 성장이므로 이를 충족시킬 수 있는 보상을 해주는 것이 중요하다. 이렇듯 연구개발조직에서의 보상은 일반적인 조직과 다른 양상을 보인다. 연구개발조직의 인력은 개인의 성장이나 조직의 성장에서 간접적인 보상을 얻는 경우가 많다. 이러한 점을 고려하였을 때 연구개발조직도 발전하고 기업 전체의 발전이 이루어질 것이다.

제 3 절 연구개발 갈등관리

일반조직과 마찬가지로 연구개발조직에도 갈등(conflict)이 많다. 연구개발조직에서의 갈등은 [그림 5-7]과 같이 개인 내 갈등, 개인 간 갈등, 집단 간 갈등, 개인과 조직과의 갈등 등 네 가지 유형이 있다. 연구개발조직 속에는 연구원, 기술원, 연구보조원 등 다양한 유형의 구성원들이 근무하여 독특한 갈등의 문제가 발생한다. 이 같은 갈등을 잘 해결하여야 생산적인 연구개발조직이 될 수 있다. 아래에는 이를 살펴보기로 한다.

1. 개인 내 갈등

개인 내 갈등(intrapersonal conflict)은 연구개발조직 내에 근무하는 개인의 내재적 갈등을 나타낸다. 우선, Jain 등(2010: 164-165)은 개인 내 갈등으로서 역할갈등(role conflict)의 문제를 다루고 있다. 이들은 조직 내에서

[그림 5-7] 연구개발조직의 갈등유형

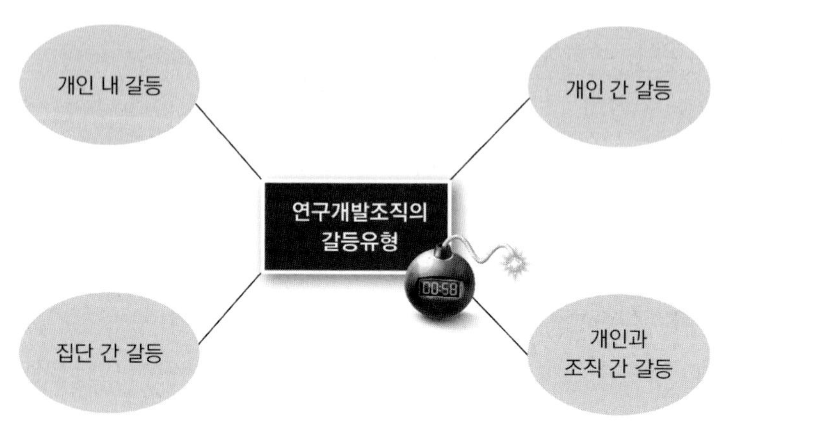

의 역할을 규정된 역할(prescribed role), 주관적 역할(subjective role), 제정된 역할(enacted role) 등 세 가지를 제시하고 있다. 규정된 역할은 다른 사람들에 의해 규정된 역할로 다른 사람들이 기대하는 역할이다. 주관적 역할은 개인이 스스로 생각하는 역할이며, 제정된 역할은 규정에 의해 제시된 역할이다. 이들 세 가지 유형의 역할이 서로 조화를 이루어야 개인의 갈등이 발생하지 않는다. 그러나 역할갈등이 커지면 개인의 만족도는 떨어지고, 자신감도 떨어지게 될 것이다. 연구개발조직은 구성원들의 역할갈등이 최소화되도록 역할이 규정되고 기관이 운영되어야 할 것이다.

아울러 연구개발조직에는 기술원(technician)과 연구원(researcher)이 종사하고 있는데, 여기에서 기술원의 내적 갈등이 발생할 수 있다. 일반적으로 기술원은 연구원보다 학력이 낮고 열등한 업무나 보조업무를 담당하는 것으로 인식되는 경향이 많다. 이 경우 기술원은 갈등을 겪게 된다. 이를 해결하기 위하여 경영자는 기술원을 연구원과 통합하고 협력할 수 있는 방안을 강구하여야 한다. 예를 들어, 기술원의 업무를 향상할 기회를 제공하거나 이들을 연구개발관리자로 승진할 수 있는 교육훈련을 제공하거나 이들에게 적절한 호칭이나 직위를 부여할 수 있을 것이다.

일반적으로 상급자와 하급자 간에 상대방의 역할에 대하여 서로 다른 의견을 가지는 경우가 많다. 특히 상급자가 하급자에게 명확한 역할을 제공하지 않는 역할 모호성(role ambiguity)의 문제가 발생할 수 있다. 특히 연구개발조직의 연구원은 대체로 독립성이 강하고 상사로부터 지시를 받는 것을 싫어하기에 이 같은 역할 모호성의 문제가 크게 대두될 수 있다.

아울러 연구개발조직에서는 역할 과부하(role overload) 혹은 역할 저부하(role underload)의 문제가 발생할 수 있다. 어떤 연구개발과제는 현재의 연구원들이 해결하기에 너무 어려운 과제일 수도 있다. 또한, 어떤 연구개발과제는 연구원의 능력을 충분히 활용하지 않을 수도 있는데 이 경우 연구원은 자신이 저평가되고 있다는 느낌을 받을 수 있다. 이에 따라 조직의 구성원들에게 질적인 측면은 물론 양적인 측면에서 적절한 역할을 부여하여야 할 것이다.

이와 같은 개인의 역할갈등의 문제가 발생하면 연구개발조직은 구성원의 스트레스를 해소할 수 있는 다양한 방안(예를 들어, 전문의 상담)을 운영하여야 할 것이다. 아울러 역할 모호성과 역할갈등을 해소하기 위해 참여적 경영(participative management)을 활용하는 것도 바람직할 것이다. 특히 연구개발조직은 급변하는 과학기술혁신의 문제를 다룬다는 점에서 직급에 상관없이 서로 간 의견을 개진하고 공동으로 의사결정을 하면 역할갈등을 해결하는 데 많은 도움이 될 것이다.

2. 개인 간 갈등

연구개발조직 내에서의 개인 간 갈등(interpersonal conflict)은 보상체제, 목표설정, 권위, 지원 등과 관련하여 많이 발생한다. 일반적으로 개인 간 갈등은 바람직하지 않은 것으로 인식되고 있으나 연구개발조직에서는 긍정적인 측면도 있다. 즉, 불연속적 혁신 혹은 차세대 성장동력이 될 기술은 조직구성원들 간의 이견이 있는 기술들인 경우가 많기 때문이다.

〈표 5-1〉 연구개발조직의 개인 간 갈등의 유형

		갈등의 대상		
		동료 간 갈등	상급자와 갈등	하급자와 갈등
갈등의 내용	기술적 문제			
	인간적 문제			

개인 간 갈등은 <표 5-1>과 같이 갈등의 대상과 갈등의 내용 두 축으로 나누어 볼 수 있다. 갈등의 대상으로는 동료, 상급자, 하급자로 살펴볼 수 있으며, 갈등의 내용으로는 연구개발활동과 관련된 기술적 문제와 사람들과의 관계에서 비롯하는 인간적 문제로 나누어 볼 수 있다. 기술적 문제의 예로는 연구개발목표, 목표 달성 수단, 연구개발 아이디어의 해석 등을 들 수 있다. 그 결과 <표 5-1>에서와 같이 연구개발조직에서의 개인 간 갈등은 여섯 가지 유형의 갈등이 존재할 수 있다.

연구개발조직 내에서 연구개발경영자(R&D manager)와 일반 직원들 간의 갈등은 일반적으로 부정적인 결과를 발생시킨다. 이 유형의 갈등의 대부분은 보상구조, 목표의 통제, 권위, 그리고 지원 등에 있어서 발생한다.

개인 간 갈등은 갈등의 당사자인 두 개인이 서로 다른 태도와 가치를 갖고 있을 때 크게 대두된다. 예를 들어, 업무와 관련된 규칙 및 규정에 대해 명확성을 요구하는 개인과 그렇지 않게 생각하는 개인 간에는 갈등의 가능성이 높다. 아울러 개인 간의 힘의 차이가 있을 경우에 더욱 심각할 수도 있다. 예를 들어, 힘이 한쪽으로 쏠려 있는 경우, 힘이 없는 쪽은 잃을 게 없다고 생각하여 관계를 엉망으로 만들 수도 있다.

연구개발조직 내에서 개인 간 갈등을 해결하는 방법으로, Jain 등(2010:

170)은 상위목표(superordinate goal)의 설정을 통해서 해결될 수 있다고 주장한다. 이 상위목표는 관련 당사자 모두 성취하기 원하며 상대방의 도움 없이는 도달할 수 없는 목표를 말한다. 특히 연구개발조직에서는 위험성이 높고 복잡한 기술혁신의 창출 및 활용을 다룬다는 점에서 상호 간 협력이 필요한 이와 같은 상위목표의 설정 및 유지는 매우 중요한 과제가 아닐 수 없다.

3. 집단 간 갈등

집단 간 갈등(intergroup conflict)은 많은 조직에 흔히 발생하는 갈등이다. Jain 등(2010: 171)은 이 유형의 갈등을 설명하기 위해 내집단(in-group)과 외집단(out-group)의 개념을 제시하고 있다. 내집단은 협력할 준비가 되어 있고 서로를 믿는 개인들로 구성된 집단을 의미하며 외집단은 신뢰하지 않는 사람들로 구성된 집단을 의미한다.

Jain 등(2010: 171)에 따르면, 개인 간 관계(interpersonal relationship)에서는 사람들은 다른 사람들이 누구인가에 관해 인식을 많이 하는 데 비하여, 집단 간 관계(intergroup relationship)에서는 개인들은 다른 사람들의 인적 특징에 대해 별로 신경쓰지 않는다. 즉, 군인은 적에 대하여 그가 누구인가를 개의치 않고 발포를 한다. 아울러 외집단들은 내집단들보다 더 동질적(homogeneous)이라고 믿으며, 내집단들은 상대적으로 이질적(heterogeneous)이라고 믿는다. 즉, 다른 사람들은 모두 같다고 생각하는 경향이 많고 내집단의 사람들은 매우 다르다고 생각하는 경향이 있다.

Jain 등(2010: 171)은 ① 극심한 갈등이 있을 때, ② 갈등의 역사가 있을 때, ③ 내집단을 향한 강한 애착이 있을 때, ④ 외집단 내의 구성에 있어서 익명성이 존재할 때, ⑤ 내집단으로부터 외집단으로 이동할 가능성이 없을 때 개인 간 관계(interpersonal relationship)보다 집단 간 관계(intergroup relationship)가 더욱 발생하기 쉽다고 강조한다.

일반적으로 기업의 연구개발과 관련하여 연구개발집단(R&D group)은 다른 생산집단(manufacturing group)과 마케팅 집단(marketing group)과의 갈등이 종종 발생한다(Brockoff, 1989). 연구개발 분야의 종사자는 생산과 마케팅 관련 종사자와 시각이 매우 다르다. 연구개발종사자는 생산 및 마케팅 관련 종사자들이 모두 똑같다는 인식을 하는 경향이 많으며, 많은 경우 이들 부서와의 갈등의 역사가 있으며, 이들 집단 내에서의 의사결정에 있어서의 자세한 내용을 서로 알 수 없으며, 이들 간에는 교육과 경험 등이 상이하여 상호교류의 가능성이 상대적으로 낮은 경우가 일반적이며, 상대방 집단에 대하여 구성원 개인을 보는 것이 아니라 집단으로 바라본다.

연구개발조직은 혁신(innovation)과 창조성(creativity)을 다룬다. 조직 내에서의 어느 정도의 갈등은 이 같은 혁신과 창조성을 촉진하는데 도움이 된다. 예를 들어, 연구개발 프로젝트팀에 문제를 전혀 다르게 보는 인력의 참여는 프로젝트의 성공에 도움이 된다. 이와 같은 의견의 차이는 과학기술정보의 탐색, 연구개발 프로젝트의 진행, 과학기술적 문제 해결에 대단히 많은 도움이 된다. 그동안 조직 내에서의 적절한 갈등이 혁신과 창조성을 촉진한다는 실증적 연구가 많이 있다(예를 들어, DeDreu & Gelfand, 2008; Schultz-Hardt 등, 2008).

개인 간 갈등에서와 마찬가지로 집단 간 갈등에서도 상위목표(superordinate goal)의 설정은 갈등의 해결에 도움을 많이 준다. 여기에서 상위목표는 한 집단이 다른 집단의 도움 없이는 도달할 수 없는 목표를 의미한다. 이 같은 상위목표를 설정하면 해당 집단들은 서로 협력을 하게 될 것이다. 특히 기업의 연구개발과 관련하여 연구개발조직, 생산조직, 마케팅 조직 간의 갈등은 대단히 심각하여 이들 간의 연계를 활성화하려는 노력이 꾸준히 진행되어온 바 상위목표는 이 같은 연계관리(interface management)의 중요한 수단이 될 수 있다.

연구개발조직에 있어서의 집단 간 갈등의 특이한 유형은 문화 간 갈등(intercultural conflict)이다. 여기에서 문화는 특정한 언어를 사용하고 특정한 시점과 장소에 살고 있는 집단 내에서 발견되는 말하여지지 않은 가정, 믿음, 규범, 역할, 가치로 정의할 수 있다(Jain 등, 2010: 177). 서로 다른 문화를 가지고 있는 사람들은 서로 다른 세계관, 사고방식, 관습을 가지게 된다. 최근 들어 연구개발활동이 세계화되면서 연구개발조직 내에 다양한 국적의 사람들이 같이 근무하는 경향도 많아졌다. 예를 들어, 많은 기업이 자신의 연구개발조직을 해외에 설치하는 경향이 많아졌다. 이 경우 본사에서 파견된 직원들과 현지에서 채용된 직원들 간에는 언어, 교육, 역량 등에 있어서 많은 차이가 있어서 갈등의 근본 원인이 되기도 한다.

Jain 등(2010: 177-178)은 이와 같은 문화 간 갈등을 해결할 수 있는 방안으로 문화 간 훈련(intercultural training)을 제시하며, 다음의 네 가지 방안을 제시하고 있다.

(1) 인지적 접근법(cognitive approach) : 이 방법은 사람들에게 다른 문화의 세계관을 가르치는 방법임.
(2) 감정적 접근법(affective approach) : 이 방법은 사람들에게 다른 문화의 구성원들과의 상호작용 중에 그들의 감정이 발생된 상황에 노출시키는 방법으로서, 사람들에게 특별한 상황 안에서 다른 문화의 구성원들과 상호작용하게 하는 방법임.
(3) 행동적 접근(behavioral approach) : 이 방법은 다른 문화에서 거부감이 일어나는 행동들이 발생하지 않도록 하기 위해 거부감이 없는 행동에 대해 보상 등을 통하여 사람들의 행위를 창출하는 방법임.
(4) 자기통찰(self-insight) : 이 방법은 사람들에게 문화가 얼마나 많이 행동에 영향을 미치는지 이해하도록 하는 방법으로 사람들에게 자신의 문화를 분석할 기회를 제공하고 다른 사람들의 문화를 이해할 수 있게 하는 방법임.

이들 네 가지의 문화 간 훈련방법은 보완적으로 활용할 수 있기에 조직의 상황에 맞게 적절히 혼합하여 사용하면 보다 많은 효과를 얻을 수 있을 것이다. 중요한 점은 연구개발경영에서도 이와 같은 문화 간 훈련방법이 존재하고 이 방법들이 실제로 개인들 간의 관계를 증진시키고 집단 간 갈등을 해결하는데 도움이 된다는 점을 인식하는 것이 중요하다.

4. 개인과 조직과의 갈등

연구개발조직에서는 개인과 조직 간에 갈등이 생기는 경우가 많다. 그 이유에 대해서 LaPorte(1967)는 다섯 가지로 정리한 바가 있는데, 이는 다음과 같다.

① 수익과 기술혁신 사이에는 종종 충돌이 있다. 왜냐하면, 흥미로운 기술개발은 반드시 수익이 되는 것은 아니기 때문이다.
② 개인의 전문적 소망과 목표의 표현은 종종 경영층과는 다르다. 왜냐하면, 개인은 자율성 있기를 바라는 반면 경영층은 조직을 통합하는 것을 바란다.
③ 전문적 개인은 절차적 규정으로부터 자유롭기를 추구하는 반면에 경영자는 절차적 규정을 강조한다.
④ 전문직 개인은 전문적 지위(professional status)에 기초한 권력 관계를 추구하지만, 경영자는 관료적 위치와 권력에 의존한다.
⑤ 전문적 개인은 전문적 지위에 따른 보상을 추구한다. 반면에 경영자는 힘과 지위에 있어서 조직과 조화를 이루는 보상을 강조한다.

여기에서 알 수 있듯 개인과 조직 간 갈등이 일어나는 근본적인 원인은 연구개발 종사자들의 특징에서 비롯된다. 이 갈등을 제거하기는 사실상 어렵지만 이를 방치하는 것은 조직의 효율성을 떨어뜨린다. 결국 연구개발조직에서 이러한 갈등들을 풀어나갈 수 있도록 직무설계(job design)

및 갈등관리(conflict management)를 잘하여야 할 것이다.

연구개발조직에서 개인과 조직 간의 갈등을 해결할 수 있는 열쇠는 연구원이 조직으로부터 보장받을 수 있는 자율성(autonomy)의 적정수준을 정하는 데에 있다. Bailyn(1984)은 자율성을 전략적 자율성과 운영적 자율성을 구분한다(Jain 등, 2020: 83에서 재인용). 전략적 자율성(strategic autonomy)은 자신의 연구주제를 설정할 수 있는 정도에 관한 자율성이고, 운영적 자율성(operational autonomy)은 설정되어 있는 연구주제를 조금 다른 방식으로 시행할 수 있는 정도의 자율성이다. 자율성의 정도는 전략적 자율성이 운영적 자율성보다 더 크다고 볼 수 있다.

Bailyn(1984)에 따르면 연구원들이 가질 수 있는 자율성의 정도는 숙련도에 따라 결정되는 것이 타당하므로, 초기에는 전략적 자율성보다 운영적 자율성을 크게 유지하다가 점차 전략적 자율성의 비중이 높이는 편이 바람직하다. 이러한 자율성의 조정은 아래에서 기술할 동기부여와도 관련이 있다. 연구개발조직의 구성원은 동기부여, 보상으로 일반적인 조직보다 개인적 · 조직적 성장을 추구하는 경향이 있다. 연구개발조직은 이와 같은 다양한 방식을 통하여 조직 구성원이 조직 목표에 적합한 행위를 하도록 유도하여야 할 것이다.

또한, 구조적으로는 이중계층구조 혹은 삼중계층구조를 도입하는 방법도 생각해 볼 수 있다(Jain 등, 2020: 78). 이중계층구조(dual hierarchy)는 관리계층 속에서의 지위와 동등한 기술적 지위를 가진 추가적 계층을 도입하는 것을 의미한다. 이 기술적 위치는 관리계층 속의 상응하는 지위와 같은 정도의 통제, 권한, 보상을 가지는 전문계층이다. 그런데 Schriesheim 등(1977)은 이중계층구조가 개인과 조직과의 갈등을 해결하고 보상을 제공하는 데 대체로 성공적이지 못하다고 결론지었다. 그 이유는 연구원이 전문계층으로 승진하게 되면 조직 내 권력에서 멀어지는 듯한 느낌을 받게 되었기 때문이다. 이에 따라 이들은 전문가와 조직 간의 갈등을 관리하기 위한 대안적 조직구조로서 삼중계층구조(triple hierarchy)의 개념을 제시하였다. 이것은 세 개의 서로 다른 승진 기회를 제공한다. 관리자의 지위로 승진하기를 원하는 전문인력은 관리계층(managerial hierarchy)으로의 승진을 추구할 수 있다. 그러나 자신의 전문적 업무에만 종사하기를 원하면 전문가계층(professional hierarchy)에 머물러 있어도 된다. 제3의 계층은 자신의 정규적 전문적 업무는 물론 핵심적인 관리자의 위치를 동시에 가지는 전문인력에게 해당된다.

연구개발조직에서는 조직 내의 정치적 문제, 연구개발과 관련된 기술적 문제, 그리고 이들 두 가지를 모두 다룰 수 있는 인력들의 조화가 필요하다. 그리하여 Jain 등(2010: 79)은 이들 세 개의 계층을 기술계층(technical hierarchy), 전문가-연락계층(professional-liaison hierarchy), 그리고 관리계층(management hierarchy)으로 명명하고 있다. 이처럼 삼중계층구조는 기존의 경영진과 연구진 사이에 제3의 역할을 하나 더 추가하여 두 계층 간 갈등의 완충지대로 삼는 것이다. 이는 생각보다 큰 긍정적 효과를 가져왔는데, 우선 경영진에 집중되어 있었던 권력이 분산되는 효과가 있었고, 많은 유연성과 동등한 커뮤니케이션을 획득할 수 있었다. 이러한 구조적 변화를 꾀하는 것은 조직문화 측면에서 보았을 때 조직의 유연성, 적응력, 신속성을 확보하는 연구개발문화를 형성하는 데 좋은 수단이 될 수 있다.

연구개발 리더십의 사례

생명공학 분야의 기업연구소인 ABC연구소는 최근 연구 수주와 프로젝트의 축소로 기업 경영층과 내부에서 많은 비판을 받아왔다. 이 같은 연구개발 프로젝트의 축소는 최근 경제적 상황이 좋지 않은 데에서 비롯하였지만, 이 연구소를 감사한 감사팀은 이 연구소가 많은 내부적 문제점을 가지고 있음을 밝혀냈다.

그동안 이 연구소는 상당한 정도의 연구개발 프로그램을 운영해 왔지만, 최근에는 연구 프로젝트의 금액이 1/4로 줄어들었다. 이 연구소의 소장인 P박사는 15년 전에 이 연구소를 설립하였고 기업 내의 다양한 부서로부터 연구 수주를 받아왔다.

최근 이 연구소의 저조한 실적으로 인하여 기업 경영층은 이 연구소가 가지고 있는 연구소 면적이 연구소의 성과에 비하여 너무 크다고 생각하고, 이 연구소의 면적을 절반으로 줄이고 나머지 절반을 다른 연구소 혹은 다른 용도로 사용하는 것이 바람직하다고 생각하였다.

이 연구소의 핵심인력은 연구위원으로 있는 L박사, D박사, B박사, G박사, H박사, M박사, C박사이다. ABC연구소는 이들에게 상당히 큰 연구실, 보조인력, 기본연구비를 제공하였다. 그러나 기업 입장에서는 이들 연구위원이 충분한 연구실적을 창출하지 못한다고 생각하고 이들의 연구실을 절반으로 줄이고 다른 유망한 연구소가 이를 활용하여야 한다고 생각하고 있다.

감사팀이 이 연구소에 대해 감사한 결과 많은 문제점이 도출되었다. 예를 들면, 연구소장인 P박사와 L박사 간에는 상당한 갈등이 있었다. 그 이유는 L박사는 한 연구주제에 대해 지난 7년간 열심히 연구하였지만, 아직 새로운 제품이나 한편의 논문도 게재하지 못하였다. 그러나 L박사는 조만간 그는 최고의 학술지에 논문을 게재할 것이라고 매우 희망적이었다. 감사팀은 L박사가 논문을 게재할 확률을 30% 정도로 판단하였다. 연구소장인 P박사는 기업이 필요로 하는 연구과제 중 L박사의 전공과 관련이 많아 이 과제를 맡으라고 애기를 하였지만 L박사는 이를 거절하였다.

감사팀은 연구소장인 P박사와 다른 연구위원들과 여러 갈등이 있는 것도 발견하였다. H박사는 자신의 취미인 등산에 너무 심취해 있었다. 그러나 H박사는 자신의 연구실적이 연구소의 상위 1/3에 들어 있기에 연구소장이 자신의 취미 문제에 관여할 문제가 아니라고 강변하였다. 사실 ABC연구소는 연구위원의 논문 게재 실적 및 질적인 문제에 대해 명확한 규정이 있지 않았다. 또한, P소장은 D박사와 M박사에게도 부정적인데, 이들 두 박사는 자신의 연구업무가 과중하다는 이유로 연구소의 핵심과제에 참여를 거부하였기 때문이다. 사실 D박사와 M박사는 평소에도 다른 연구원들과 잘 어울리지 않고 독립적으로 연구하는 것을 선호하였다.

감사팀은 G박사와 면담한 결과, G박사는 연구소에서 소외되고 다른 동료들이 협조적이지 않다고 느끼고 있는 것을 발견하였다. 사실 그는 외국인으로서, 연구소와 동료들이 외국인에 대해 차별을 하고 있다고 생각하는 것 같았다.

많은 연구원의 사기는 낮았는데, 그 이유는 이 연구소가 다른 경쟁기업 연구소에 비해 급여수준이 낮은 편이었기 때문이다. 특히 국내 최고의 대학을 나온 C박사는 자신은 다른 연구원들에 비해 더 많은 급여를 받아야 한다고 항상 생각하였다.

많은 연구원은 연구소장인 P박사에게도 비판적이었는데, 그 이유는 P소장이 자신의 연구활동에 충분히 참여하지 않고, 연구팀들이 겪는 애로사항에 대해서 관심을 가지지 않으며, 연구팀들이 어려움을 겪고 연구과제를 성공적으로 마친 것에 대해 충분히 인정하지 않고 있다고 생각하였기 때문이다. 그러나 P소장은 자신은 소장으로서 대내·외활동도 많이 해야 하기에 세부적인 일까지 챙기기에는 너무 바쁘다고 생각하고 있었다.

감사팀에 따르면, 이 연구소의 근본적 문제점 중 하나는 P소장이 연구소 내의 의사결정을 독단적으로 하고 있다는 점이었다. 다른 연구원들은 연구소의 의사결정에 의견을 제시할 기회가 없었고, 실제로 핵심 연구위원들도

P소장의 의사결정에 반대한 적이 없었다. 연구소의 구성원들은 스스로를 연구소와 동일시하지 않고 있었다. 대부분 연구원은 자신의 연구만을 수행하는 것이 편하다고 생각하고 있었다.

현재 ABC연구소가 당면한 문제는 현재의 연구소 면적을 절반으로 줄이는 것이다. 그리하여 P소장은 모든 연구원을 자신의 사무실로 불러서 이를 방지할 수 있는 방안이 무엇인지 논의하고 있다. 여러분이라면 어떤 제안을 할 수 있을 것인가? 이 연구소를 활성화하고 연구 효율성을 제고하기 위한 어떠한 처방과 절차의 변화가 필요할 것인가?

사료. Jain, R. K., Triandis, H. C., and Weick, C. W. (2010), *Management of Research and Development Organizations: Managing the Unmanageable*, 3rd Ed., John Wiley & Sons, New York, pp.92-94에서 저자의 수정.

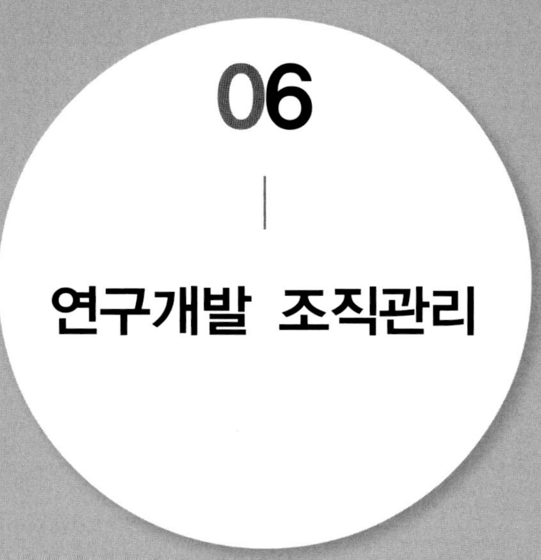

06

연구개발 조직관리

제 1 절 효과적인 연구개발조직

1. 효과적 조직운영의 필요성

기업이 연구개발활동을 수행하기 위해서는 연구개발조직(R&D organization)이 필요하다. 연구개발조직은 독립연구소, 연구개발부서, 이들의 혼합형태로 운영된다(정선양, 2016). 아울러 프로젝트팀의 구성도 연구개발조직으로 파악할 수 있다. 기존 기업의 경우에는 이와 같은 연구개발 조직이 이미 존재하지만, 벤처기업 등 신생기업은 연구개발활동을 수행하기 이전에 이를 구축하여야 할 것이다.

연구개발조직에는 다양한 구성원이 종사한다. 이 점에서 연구개발경영은 이 조직 내의 다양한 구성원 간의 협력을 활성화하고 이들의 노력을 통합하는 것이 중요하다. 일반적으로 연구개발조직 내에는 연구원, 기술원, 행정원 등 다양한 구성원이 종사하며, 이들의 학력, 경험, 성향에 있어서 많은 차이가 있어서 근본적 갈등요인이 되기도 한다. 또한, 연구원은 고학력자가 많고 일반 종업원보다 관리하기가 까다롭다. 여기에 연구개발조직의 세심한 경영이 필요한 것이다.

아울러 연구개발조직은 좁게는 기업 내의 다양한 부서들과 넓게는 사회 전체와 관계를 맺고 있다. 기업 내에서 연구개발조직은 새로운 혹은 개선된 제품의 생산과 판매와 관련된 생산부서와 마케팅부서와의 긴밀한 협력관계를 맺어야 한다. 이들 부서의 구성원들은 서로 다른 학문적, 실무적 배경을 가지고 있고 사용하는 용어도 달라 긴밀한 의사소통이 필요하다. 연구개발부서에 종사하는 연구원들은 기업 밖의 대학, 연구기관, 혹은 경쟁기업의 연구원들과 소통을 하는 경향이 많다. 이를 권장하는 기업도 많지만 그렇지 않은 기업도 많다. Brockoff(1989, 1996)는 성공적인 연구개발활동을 위하여 기업 내에서 연구개발부서와 생산 및 마케팅 부서와의 효율적 연계의 필요성을 강조하면서 이를 연계관리(interface manage-

[그림 6-1] 연구개발조직의 근본 구성요소

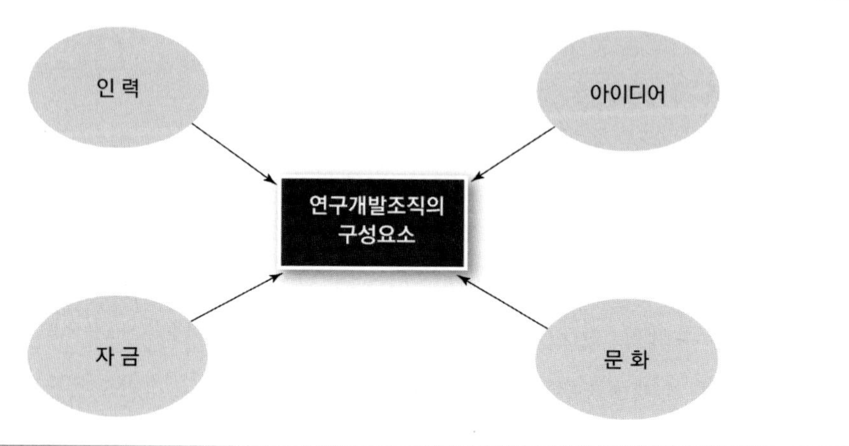

ment)라고 부르고 적극적인 관리의 필요성을 강조하였다.

어찌 되었든 연구개발조직은 성공적인 연구개발활동을 수행하여야 한다. 연구개발활동과 연구개발경영에 성공하는 기업들은 효과적인 연구개발조직(effective R&D organization)을 가지고 있다. Jain 등(2010: 20-46)은 연구개발조직은 사람, 아이디어, 자금, 문화 등 네 가지 기본 구성요소를 가지고 있음을 강조한다([그림 6-1] 참조). 아래에는 이를 분석적으로 살펴보기로 한다.

2. 연구개발조직의 구성요소

1) 인 력

연구개발조직에 종사하는 인력(people)은 상대적으로 높은 교육 수준과 사회성을 지니고 있으며, 상당히 진취적인 것이 특징이다(Jain 등, 2010: 21). 연구개발조직에서 성공적이라고 평가받는 사람들은 대체로 분석적이고, 호기심이 많으며, 독립적이며, 지능적이고, 내성적이며, 수학과 과학을 즐긴다. 이런 사람들은 복잡하고 유연한 사고를 하며, 자부심이 강하고 업무 중심적이며 모호성에 대해 관용적이기도 하다. 또한, 이들은 변화와 자율성의 필요성을 크게 느끼며 상사에 대한 복종에 대해서는 필요성을 많이 느끼지 않는다(Winchell, 1984). 이에 따라 연구개발경영의 성공을 위해서는 이와 같은 특징을 가진 인력의 공급과 이들의 동기부여가 매우 중요한 과제가 아닐 수 없다.

이러한 다양한 특성이 상호작용하여 연구개발조직에 종사하는 사람들을 일반 조직의 사람들과 많은 다른 점을 가진다. 일반적으로 연구개발조직에 종사하는 인력은 이른바 연구개발요원(R&D personnel)으로 불리는데, 이는 ① 연구원, ② 기술원, ③ 연구보조원으로 구성된다. 이들은 보상에 있어서 급여의 인상과 승급 등보다는 자신의 분야에서 경쟁력과 전문성을 인정받는 데에 더 관심을 보인다. 특히 연구원(researcher)은 자신의 일에 대한 자부심이 강하고 독립적이며, 특히 이들의 창조성(creativity)은 연구개발경영의 핵심이다. 이에 따라 기업은 이들이 창조성을 충분히 발휘하고 자유로운 연구개발활동을 수행할 수 있는 적절한 환경(right environment)을 제공하여야 한다. 아울러 기업은 창조적이고 우수한 연구원의 고용 및 이들의 전문성 강화를 위한 제반 노력을 기울여야 한다.

이들 연구개발인력에 대한 동기부여(motivation)는 일반조직의 구성원과 다르게 적용되어야 한다. 우선 이들에 대한 적절한 직무 설계 및 배분을 통해 동기를 부여하여야 한다. 특히 연구원의 전문성과 능력에 따라 적절한 연구개발 프로젝트에 투입하는 것이 중요하다. 둘째, 연구개발조직의 특성에 맞는 보상을 통하여 동기를 부여하여야 한다. 연구원들에 대한 금전적 보상을 넘어서 이들의 자긍심 고취, 해외 연구기관에서의 연구기회 제공, 국내외 학술행사 등에 참여 독려 등 다양한 방법의 보상을 제공할 필요가 있다.

연구개발조직의 관리에 있어서 구성원 간의 갈등(conflict)을 관리, 조정하는 것이 중요하다. 앞의 제5장에서 서술한 바와 같이, Jain 등(2010:

164-184)은 조직 내 갈등을 개인적 갈등, 개인 간 갈등, 집단 간 갈등으로 나누어 살펴보고 있는데, 이는 연구개발조직에도 해당된다. 연구개발조직 내의 개인 내 갈등(intrapersonal conflict)은 역할갈등(role conflict)이라고 할 수 있는데, 이는 연구원, 기술원 등 개인들이 수행하는 역할에 관한 갈등이다. 예를 들어, 연구원들은 조직 내에서 잘못된 커뮤니케이션을 통한 역할 모호성(role ambiguity)을 겪기도 하며, 기술원들은 연구기관 내에서 연구원들에 비해 상대적으로 제대로 대우를 받지 못한다는 느낌을 가지게 되면 갈등이 발생한다. 개인 간 갈등(interpersonal conflict)은 조직 내에서 개인들 간에 겪는 갈등이다. 대표적인 사례는 연구개발조직 내의 관리자와 – 예를 들어 프로젝트 관리자 – 연구원들과의 갈등을 들 수 있다. 집단 간 갈등(intergroup conflict)은 기업 내의 집단들 간의 갈등을 들 수 있다. 가장 대표적인 갈등은 연구개발부서와 생산부서 및 마케팅부서 간의 갈등을 들 수 있다. 이와 같은 갈등은 연구개발조직과 연구개발경영의 성공에 막대한 지장을 주는 만큼 이를 세심하게 관리하여야 할 것이다.

2) 아이디어

연구개발활동의 시작은 아이디어 창출(idea generation)에서 시작한다. 아울러 이 아이디어는 근본적으로 연구원의 두뇌에서 나온다. 훌륭한 연구원은 창조성이 풍부하여 개념화할 수 있는 능력이 뛰어나며, 추상적 사고(abstract thinking)에 익숙하며, 연구개발활동에 진정으로 관심을 가지고 있는 사람이다. 이에 따라 연구개발조직은 이 같은 인력을 찾아 고용하며, 이들에게 새로운 아이디어를 자유롭게 개진할 수 있는 환경을 창출해 주어야 한다(Jain 등, 2010: 24).

그런데 좋은 아이디어(idea)는 연구개발조직의 구성원들에게 있기보다는 많은 경우 연구개발조직 밖에 존재하는 경우가 많다. 우선 연구개발조직 밖이지만 기업 내의 아이디어의 효율적 창출을 위하여 핵심소통가

(key communicators)라는 역할이 대두된다. 이들은 전문 문헌을 읽고 연구조직 내・외의 사람들과 자주 이야기를 하는 사람이다. 이들은 조직 내 구성원들에게 원하는 정보를 제공하고, 문헌정보의 위치를 제공해 주며, 아이디어의 창출에 참여하며, 사람들을 서로 접촉하게 하고, 존재하지 않는 연구를 탐색하며, 아이디어를 평가하며, 핵심 의사결정자에게 연구개발에 관한 정보를 보고하는 등 다양한 방법들을 동원하여 연구개발조직의 아이디어 창출 및 형성에 도움을 준다(Chakrabarti & O'Keefe, 1977). 이들은 200년대 초반 P&G가 도입하여 최근 강조되고 있는 연계개발(C&D: Connect and Develop)의 소통 촉진 역할을 담당하는 사람들이다.

아울러 새로운 아이디어, 특히 불연속적 혁신 혹은 첨단기술의 경우에는 기업 밖의 국내・외의 대학들 및 연구소들에 존재하는 경우가 많다. 이에 따라 성공적인 연구개발활동을 위해서는 기업 외부의 아이디어, 즉 새로운 과학적, 기술적 지식을 효율적으로 획득하여야 할 것이다. 그리하여 선도기업들은 기술문지기(technology gatekeeper)를 두기도 한다. 이들은 경계확장역할(boundary-spanning role)을 수행하는 사람들인데, 이들은 기업 외부와의 정보자원 교류를 담당하는 사람들이다. 이 역할은 조직에 최신 기술적 트렌드를 파악할 수 있게 해주는 등의 이점을 가져다주는데, 보통은 기술 역량이 높고 외부와 상호작용을 많이 하는 사람들이 이런 역할을 담당한다.

좋은 아이디어를 많이 창출하기 위해서는 이런 핵심소통가와 기술문지기와 같은 역할을 잘 운용하는 것이 중요하다. 여기에서 이와 같은 역할을 공식화(formalization)할 것인가 여부와 이들에 대해 어떻게 보상할 것인가가 중요하다. 어떤 견해는 이 같은 역할들을 공식화하는 것은 아이디어 창출에 오히려 부정적이라는 결론을 제시하고, 어떤 의견은 이와 같은 역할을 공식화하고 보상하는 것이 이들 기능을 활성화하는 데 도움이 된다는 견해가 있다. 중요한 것은 연구개발조직 내에서 이와 같은 역할의 중요성을 인식하는 것이지 이를 공식화할 것인가의 여부는 아닐 것이다. 어쩌면 연구개발조직 모든 구성원은 핵심소통가와 기술문지기 역할을 묵시적으로 담당하는 것으로 인식하여야 할 것이다.

아이디어의 창출 및 확산에 있어서 중요한 것은 아이디어가 서적, 논문 등 문헌자료에만 존재하는 것이 아니라 인적 접촉 및 커뮤니케이션을 통해 얻어지고 확산될 수 있다는 점이다. 문헌정보가 정태적인 데 비하여 인적 접촉 및 커뮤니케이션은 동태적이며, 아이디어를 빠르게 교환할 수 있고, 자료를 보다 빨리 분석할 수 있다는 점에서 연구개발 프로젝트에 더욱 적합하다는 특징을 가진다(Jain 등, 2010: 31). 실제로 활발한 인적 접촉과 커뮤니케이션과 높은 성과의 연구프로젝트와 개인들 간의 상관관계를 보여주는 연구도 많이 있다(예를 들어, Tushman, 1988). 이에 따라 효과적 연구개발조직은 적절한 커뮤니케이션 네트워크(communication network)를 필요로 한다.

커뮤니케이션 네트워크는 연구개발조직의 연구개발활동의 성격에 따라서 결정된다. Tushman(1988)은 연구개발활동을 연구프로젝트, 개발프로젝트, 기술 서비스 프로젝트 등 세 가지 유형으로 나누고, 이에 따라 커뮤니케이션 패턴과 네트워크가 달라지는 것을 설명하고 있는데, 이는 다음과 같다.

(1) 연구프로젝트(research projects) : 이 프로젝트는 새로운 지식이나 개념 발전을 위한 연구로서, 대학 및 전문가 집단과 강하고 분권적으로 연결되어 있으며, 광대하고 넓은 커뮤니케이션 네트워크를 필요로 하며, 이때 직접적 접촉 및 기술문지기의 역할은 외부에서 정보를 획득하는 것임.

(2) 개발프로젝트(development projects) : 이는 기존의 지식과 기술을 이용해 새로운 제품과 서비스를 만드는 연구로서, 커뮤니케이션 네트워크는 특정 영역에 집중되며, 사용자와의 커뮤니케이션이 활발하게 일어나야 하며, 기술문지기는 프로젝트와 외부 간의 소통

을 조정하는 역할을 담당함.

(3) 기술 서비스 프로젝트(technical service projects) : 이는 잘 알려진 안정적 기술로 특정한 기술적 문제의 해결을 하는 프로젝트로서, 기업 내·외의 관리자 위주의 커뮤니케이션 패턴을 보이며, 기업 외부와의 커뮤니케이션은 공급자, 하청업체, 고객에 집중되어 있고, 기업 내부의 커뮤니케이션은 마케팅과 제조 부서와 이루어짐.

이들 세 가지의 연구개발유형을 종합하면, 가장 중요한 시사점은 어떤 연구개발활동을 하든 외부와의 정보흐름이 중요하고 서로 다른 연구개발활동은 서로 다른 커뮤니케이션 네트워크를 필요로 한다는 것이다. 이에 따라 연구개발경영자는 기술혁신과정 및 연구개발활동에 있어서 커뮤니케이션의 중요성을 충분히 인식하고 이를 촉진시키기 위한 노력을 기울여야 한다. Tushman(1988)은 이를 촉진하는 방안으로 다음을 제시하고 있다.

(1) 연구개발 프로젝트 내의 커뮤니케이션의 양과 패턴은 프로젝트의 정보처리 요건과 조화를 이루어야 함.
(2) 연구개발 프로젝트는 기업 내의 독립적 부서들과 연계되어야 함.
(3) 연구개발 프로젝트는 직접적 접촉 혹은 기술문지기를 통하여 외부의 정보원천과 연계되어야 함.

3) 자 금

연구개발활동에는 자금(fund)이 필요하다. 연구개발자금은 연구개발인력, 연구개발 장비 및 시설, 연구개발조직의 설립 및 유지에 필요하다. Jain 등(2010: 34-35)은 연구개발경영에서 자금 문제는 너무나 명백하여 이를 다루지 않는 경향이 있으나 이 역시 연구개발경영에 핵심적인 요소임을 강조한다. 실제로 연구개발활동에는 막대한 자금이 필요하다. 이에 따라 많은 기업은 막대한 연구개발투자(R&D investment)를 해오고 있다.

특히 우리나라 기업들은 1980년대 초반 본격적인 연구개발활동을 수행해 온 이래 매년 연구개발투자를 크게 증대해 오고 있다. 예를 들어, 삼성전자는 매년 정부의 연구개발예산 규모만큼의 연구개발투자를 해오고 있다. 일반적으로 연구개발투자의 강도를 나타내는 것은 기업의 매출액 대비 연구개발투자의 비율을 나타내는 이른바 연구개발강도(R&D intensity)이다. 첨단산업에 속하는 기업들은 5% 이상의 연구개발강도를 보이는데 대표적인 첨단산업인 제약 및 생명공학 분야의 기업들은 10% 이상의 연구개발강도를 보이고 있다. 연구개발자금과 관련하여 연구개발자금의 원천, 연구개발투자의 결정, 연구개발예산의 관리 등이 중요한 과제이다.

먼저, 기업의 연구개발자금의 원천(sources)은 다양하다. 기본적으로 기업은 자체자금, 이른바 사내유보금을 바탕으로 연구개발투자를 수행한다. 그러나 자금사정이 부족한 기업들은 은행에서 대출을 받아 연구개발활동을 수행하기도 한다. 새롭게 창업된 벤처기업은 창업자의 자체자금으로 사업을 시작하지만 기업이 성장하면 벤처캐피탈의 자금조달을 받으며, 유망한 벤처기업의 경우에는 기업공개 등을 통해 자금을 조달한다. 대부분의 이들 자금은 연구개발활동으로 사용된다. 아울러 정부는 연구개발프로그램을 통하여 기업의 연구개발활동을 위한 자금을 지원하고 있다. 예를 들어, 기업은 대학, 정부연구소, 다른 기업과의 공동연구를 위한 자금 지원을 받을 수 있으며, 특히 중소기업 및 벤처기업을 위한 정책자금도 많이 준비되어 있다. 이처럼 연구개발자금의 조달은 기업의 발전단계, 더 나아가 업종 및 경영자의 취향 등에 따라 다양하게 이루어진다. 연구개발자금의 조달 및 관리의 문제는 연구개발 조직 및 경영의 중요한 과제가 아닐 수 없다.

둘째, 연구개발투자(R&D investment)에 관한 의사결정이 중요하다. 일반적으로 연구개발투자의 의사결정은 연구개발 프로젝트의 성격 및 중요성에 따라 다르다. 일반적으로 대규모의 연구개발투자가 필요한 프로젝트의 경우에는 최고경영층 등 상위 경영자가 의사결정을 내린다. 프로젝트의 성격과 관련하여 연구개발투자가 기업의 전략적 목표 달성에 중요한 영향을 미치면 그 투자 여부는 최고경영자가 결정한다. 기업의 전략적 목표와 관련성이 적은 기초연구의 경우에는 연구개발부서 혹은 연구원 스스로가 의사결정을 내리게 된다. 그리고 연구개발 프로젝트가 개발지향적인 프로젝트인 경우에는 연구개발부서가 제조 및 마케팅 부서와 협력하여 의사결정을 한다. 이와 같은 연구개발투자의 의사결정을 누가 내릴 것인가 어떤 기법으로 의사결정을 할 것인가의 문제는 연구개발 조직 및 경영의 중요한 분야이다.

셋째, 연구개발예산(R&D budget)의 효율적 설정 및 관리가 중요하다. 기업은 매년 연구개발예산을 수립하여 관리해 오고 있다. 이에 따라 연구개발예산의 관리는 연구개발조직의 중요한 과제가 아닐 수 없다. 연구개발 조직 및 부서는 기업의 재무적 자원의 확보에 있어서 다른 사업부서들과 경쟁적 관계에 있다. 이에 따라 연구개발 조직 및 부서는 효율적인 연구개발 예산관리를 하여야 한다. 일반적으로 연구개발예산은 연구개발경영층이 최고경영진과 협의하여 한 해의 예산을 결정하는 하향식 연구개발예산, 연구개발 프로젝트팀들의 연구개발예산을 취합하여 연구개발 조직 및 기업의 경영층에 올리는 상향식 연구개발예산, 그리고 이들 두 예산관리방식을 모두 사용하는 혼합형 연구개발예산을 설정하고 관리할 수 있다. 이들 세 방식은 장단점이 있는 만큼 기업과 연구개발조직의 상황에 맞게 유연하게 적용하여야 할 것이다.

4) 문 화

문화(culture)는 사람이 만드는 환경요소로서, 주관적 요소와 객관적 요소 모두를 포함하는 개념이다. 연구개발인력은 여러 면에서 일반적인 조직 구성원과 다르기 때문에 이들이 만드는 문화 역시 다르다. 연구개발조직은 기술적, 혁신적 아이디어가 중요하기 때문에 바람직한 문화를 조성하는 데에는 조직구조와 정보 흐름구조의 조화가 중요하다. 다시 말해 조직구조가 정보 흐름을 막아서 아이디어 창출에 장애가 되어서는 안 된다.

조직구조가 정보흐름을 막아서 연구개발조직의 효과성을 저해하는 경우는 두 가지 정도로 나누어 볼 수가 있을 텐데, 하나는 조직 내에서 반대 입장을 표하는 것을 꺼리게 하는 집단사고(group think) 현상이 나타나는 것이고, 나머지 하나는 조직이 외부로부터의 새로운 아이디어를 거부하는 비현지발명(NIH: Not Invented Here) 신드롬이다. 이러한 현상들은 다른 조직에도 나타나나 새로운 기술, 제품, 혁신의 창출을 다루는 연구개발조직의 경우 더욱 치명적이다. 따라서 연구개발조직의 문화는 이러한 효과성을 저해하는 원인이 나타나지 않도록 관리하여야 한다.

일반적으로 연구개발조직의 바람직한 조직문화란 무엇인가를 생각해 보기 위해 가장 먼저 던질 수 있는 질문은 연구개발조직에 있어서 경쟁문화가 바람직한가 혹은 협력문화가 바람직한가의 문제이다. Rosenbaum 등(1980)은 연구개발조직에서는 경쟁문화보다는 협력문화가 바람직하다고 주장하는데, 그 이유는 연구개발조직에서 높은 생산성은 협력적 상황에서 나오기 때문이다.

연구개발조직에 필요한 문화는 '반대의 용인(tolerance for disagreement)'이 가능한 문화이다. 사람들은 자기 의견에 동의해 주는 것을 좋아하기 때문에 의사결정에 있어서 반대입장을 표명하는 사람들을 꺼리게 되며, 동조하는 사람들을 찾게 된다. 하지만 이는 집단사고로 빠질 가능성을 내포하게 된다. 연구개발활동은 대단히 복잡하고 예측 불가능한 일들이 자주 일어나기 때문에 반대를 용인하는 문화가 없으면 중간에 중단하기 어렵고, 일이 걷잡을 수 없이 커진 후에야 이를 깨닫게 되는 경우가 많다. 이런 일들이 일어나면 연구개발조직은 낮은 성과로 연결된다. 이에 따라 연구개발활동이 진행되는 동안 반대의견을 제시할 수 있는 이른바 '악마의 변호인(devil's advocate)'이 있어야 현실을 직시할 수 있게 되고, 아이디어의 경직성을 풀 수 있다(Jain 등, 2010: 37).

Jain 등(2010: 39)은 효과적이고 생산적인 연구개발조직을 만들고 연구집단들과 연구인력들에게 활력을 불러일으킬 수 있는 방안으로 다음 활동들을 제시하고 있다.

- 연구집단에 새로운 인력의 채용 및 투입
- 외부 연구원의 사내 연구집단에 적극적 참여를 촉진(예: 방문학자)
- 연구원의 폭넓은 과학단체(scientific community)와의 협력의 활성화 (예: 연구 세미나, 과학적 미팅 등의 활성화)
- 연구개발집단과 마케팅, 제조, 사용자 집단들과의 상호작용 및 협력을 활성화
- 연구집단과 기술 서비스 집단과의 상호작용의 촉진
- 안식년 프로그램(sabbatical program)의 도입
- 연구원으로 하여금 스스로의 연구주제를 탐험할 수 있는 시간의 부여

제 2 절 연구개발 조직구조의 구성

1. 연구개발조직 구성의 기본모델

1) 기본모델의 개요

연구개발조직에서 업무의 분장과 조정은 공식조직구조(formal organizational structurc)를 통해 이루어진다. 그러나 모든 조직에는 비공식조직구조(informal organizational structure)도 중요한 역할을 한다. 복잡한 연구개발환경 속에서 공식조직구조는 비공식조직구조와 업무과정이 방해하지 않을 때에만 추구하는 목표를 달성할 수 있다.

Kieser & Kubicek(1992)에 따르면, 연구개발활동의 조직구성은 이를 둘러싼 개별적 구성요소들 간의 일관성(consistency)의 원칙뿐만 아니라

조직 전체의 환경에 대한 적응(adaptation)의 원칙을 고려하여야 한다. 일관성의 원칙은 조직구성의 요소들을 조직이 추구하는 결과의 질적 수준을 확보하게 하며, 이 같은 일관성이 확보되면 될수록 연구개발조직 전체의 효과성이 더욱 제고될 수 있다. 이와 같은 일관성은 조직 내부를 지향하고 있으며, 보다 구체적으로 연구개발전략, 연구개발업무, 조직구조, 조직문화, 인력 등 간의 조화를 목표로 한다. 이에 반하여 적응의 원칙은 연구개발조직 전체의 환경에 대한 적응을 지향한다. 즉, 연구개발조직의 효과성은 이의 환경적 적합성, 즉 조직의 환경, 주어진 과제 및 자원에 달려 있다.

이와 같은 관점에서 보면 이상적이고 완벽한 조직구조는 존재할 수 없다. 오히려 기업은 상호작용적인 조직화 및 재조직화 과정에서 조직의 목표, 조직화 수단의 이해, 이들의 효과에 기초하고 주어진 환경조건을

[그림 6-2] 연구개발 조직화의 기본모델

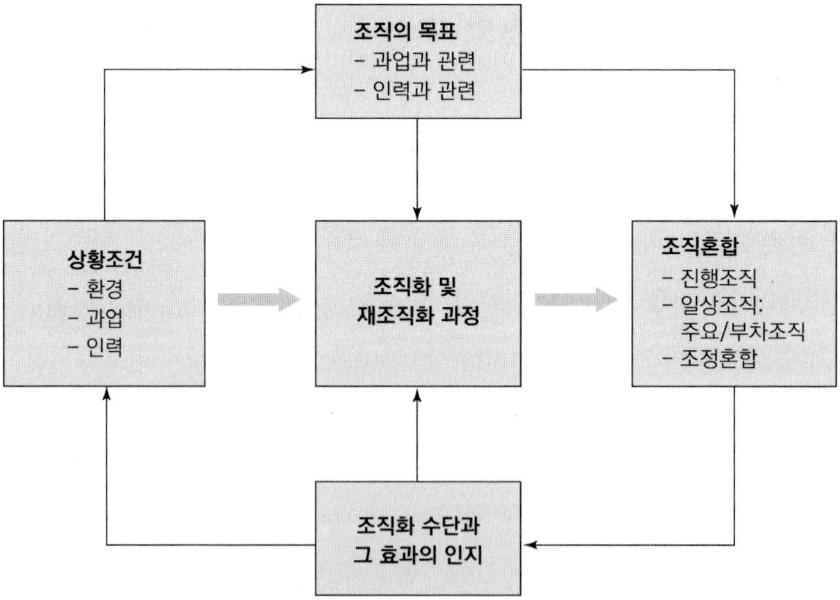

자료: Specht 등(2002), p.330에서 재인용.

고려하여 개별적으로 가장 적합한 조직혼합(organization mix)을 추구하여야 할 것이다. 이와 같은 관련성은 [그림 6-2]와 같은 조직화 기본모델로 요약되어질 수 있다.

2) 기본모델의 구성요소

(1) 연구개발조직의 목표

연구개발조직의 목표는 과업관련 목표와 인력관련 목표로 나누어 볼 수 있다. 과업관련 목표(task-related goals)는 연구개발경영의 가장 중요한 목표로서 연구개발업무의 효과적 · 효율적 실행을 가능하게 하고 촉진하는 조건을 창출하는 것이다. 여기에서 효과성은 기업의 연구개발잠재력이 필요한 만큼 축적되어 있고, 적절한 시점에 투입되고, 유연하게 추가 확장이 가능한가 여부를 나타낸다. 효율성은 연구개발활동이 상대적으로 적은 비용으로, 적은 시간에, 높은 품질을 가지고, 충분한 정도의 유연성을 가지고 진행되는가를 나타낸다. 이와 같은 효과성과 효율성은 경쟁기업이나 동종업계의 가장 선도적 기업과 비교하여 판단할 수 있다.

인력관련 목표(people-related goals)는 연구개발업무에 종사하는 인력의 질적 수준과 동기유발의 정도를 나타낸다. 연구개발업무는 매우 도전적인 업무로서 우수하고 동기가 부여된 인력 없이는 그 목표를 달성하기 어렵다. 이 목표는 연구개발경영의 목표 시스템 속에서 종업원의 목표를 고려하여 판단할 수 있다. 연구개발인력의 목표는 연구개발경영의 목표 달성에 핵심적인 영향을 미친다.

(2) 조직화 수단과 그 효과의 인지

연구개발목표에 조직화 수단 및 그 효과의 인지를 추가할 수 있다. 효과적인 조직화 수단의 개념은 기업이 처한 상황에 달려 있다. 또한 조직화 수단의 선택은 어느 기업에게 적합한 최적의 조직구조는 없다는 점을 반영하는 것이다. 그러나 효과적이고 효율적인 연구개발조직을 구축하는데 이용할 접근방법(approaches)은 많이 있다. 기업은 서로 다른 조직화 수단 및 접근방법이 필요하다. Kieser(1993)에 따르면 실제로 조직론에서는 조직화에 있어서 행위지향적, 의사결정론 지향적, 제도경제학적, 진화론적 접근방법이 있다. 기업은 이와 같은 다양한 접근방법을 감안하여 기업이 처해 있는 상황에 적합한 조직화 수단을 선택하여야 할 것이다. 이 점에서 기업은 주어진 상황에서 다양한 수단들을 활용할 수 있다는 점을 인식하여야 할 것이다.

(3) 상황조건

환경 및 상황의 조건은 연구개발 조직화의 실질적, 근본적 출발점이다. 상황조건은 조직화 수단의 효과에 영향을 미치고, 단기적으로는 조직화 수단에 의해 변화가 없다는 특징을 가지고 있다. 상황조건의 예로는 기업의 규모, 경쟁의 강도 및 동태성을 들 수 있다. 이와 같은 상황조건은 과업관련 조건, 기업환경관련 조건, 인력관련 조건으로 나누어 볼 수 있다.

① 과업관련 상황조건

환경의 중요한 요소는 각각의 연구개발과업이다. 연구개발과업은 기업의 연구개발전략으로부터 창출되며, 보다 구체적으로는 연구개발 프로젝트로 구체화된다. 예를 들면, 자동차회사의 차세대 전기차 개발 등을 들 수 있다. 일반적으로 연구개발과업의 조직적 특징으로는 복잡성, 참신성, 변동성, 구조성을 들 수 있으며, 연구개발조직의 구성에서는 이를 감안하여야 할 것이다.

- 연구개발과업의 복잡성(complexity)은 과업의 구성요소와 이들 간의 관계가 유형과 수에 의해 결정되며, 이와 같은 복잡성의 정도가 높으면 높을수록 연구개발의 기술적, 경제적 위험성이 높아지며, 과업에 대한 기획가능성이 제한된다.
- 연구개발과업의 참신성(newness)은 기존 과업의 경험과 지식에 대한

변화의 유형, 수, 정도, 예측가능성에 의해 결정되는데, 참신성이 높은 과업의 경우에는 실패, 위험준비성, 과업수행의 자유도 등에 있어서 높은 관용을 제공하는 혁신친화적 조직구조를 필요로 한다.

- 연구개발과업의 변동성(variability)은 연구개발과업의 진행과정에 있어서 목표, 일정, 결과의 변화의 정도(빈도, 강도, 속도 등)를 나타내며, 높은 변동성은 조직의 높은 대응성을 필요로 한다는 점에서 이에 상응하는 조직구조를 필요로 한다.
- 연구개발의 구조성(strucurability)은 연구개발목표와 과정의 내용적, 시간적 확정성을 나타내며, 일반적으로 혁신적인 연구개발과업에서는 이 같은 구조성이 낮으며 이와 같은 낮은 구조성을 가진 연구개발과업을 위해서는 자기규제적 조직 및 비공식적 소통이 가능한 조직구조를 필요로 한다.

② 기업환경관련 상황조건

연구개발조직은 기업이라는 상위조직의 하부조직으로서 기업 내부와 기업 외부의 환경에 영향을 받는다([그림 6-3] 참조). 내부환경(internal environment)으로는 기업 내의 연구개발조직이 사용할 수 있는 재무적, 물적, 정보적 자원을 들 수 있다. 이는 기업 행위의 역사적 결과의 잠정적인 모습이기도 하며 연구개발활동이 진행됨에 따라 변화할 수 있다. 외부환경(external environment)은 기업을 둘러싼 미시적, 거시적 환경을 의미한다. 미시적 환경은 과업환경(task environment)으로 특징지어지는데 연구개발과업이 직접적 관련을 맺는 요인들을 포괄한다. 거시적 환경은 기업이 통제하기 어려운 사회문화적, 기술적, 경제적, 법적, 정치적 환경을 의미한다.

기업환경은 이의 분류와 더불어 다음과 같은 특징을 살펴보아야 한다.

- 환경의 복잡성(complexity) : 환경의 다양성 및 불확실성의 정도
- 환경의 동태성(dynamics) : 환경변화의 빈도, 범위, 정규성

[그림 6-3] 기업의 연구개발환경

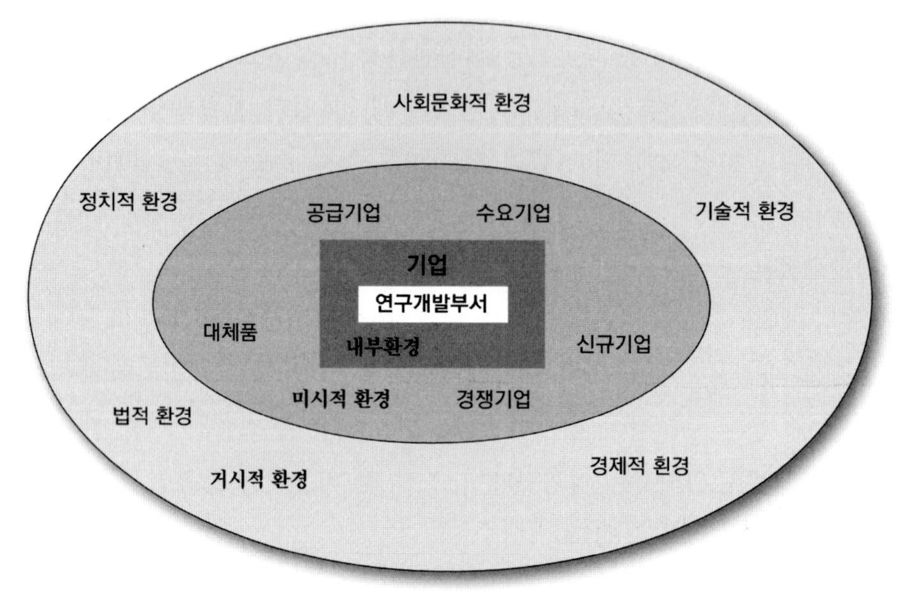

- 환경의 압력(pressure) : 조직에 강요, 제약, 가능성의 형태로 부닥치는 외부 영향의 강도

이와 더불어 연구개발환경의 특징은 Bleicher(1990: 40)가 강조하는 '세 가지 전략적 딜레마(triple Trilemma)'에 직면하는데, 이는 이른바 ① 제품과 시장의 수명주기의 단축, ② 연구개발 소요시간의 증가, ③ 연구개발비용 증가의 경향이다. 이 같은 세 가지 딜레마의 원인은 시장의 동태성뿐만 아니라 기술경제환경의 급속한 변화이다. 이들 두 원인은 연구개발활동에 있어서 환경의 '미약한 신호'를 조기에 인지할 것을 요구한다.

③ 인력관련 상황조건

연구개발조직 구축의 인력관련 조건은 투입된 인력의 구성 및 특징에서 비롯한다. 인력구조는 인사관리에서 핵심적인 주제로서 적절한 인력의 선발 및 개발에 의해 창출된다. 선발된 인력의 전체 구조는 단기적으로는 변화하기 어렵기 때문에 조직의 상황조건으로 파악하여야 할 것이다. 인력의 채용, 동기, 지식과 능력, 다양한 경험과 그 밖의 인적 혹은 행위적 특징은 조직구축의 수단의 효과에 영향을 미친다. 연구개발부서에서 필요로 하는 높은 교육을 받고 자주성, 자기실현, 의미 있는 업무를 지향하는 고급인력의 확보 및 유지는 조직적 해결책 없이는 불가능하다. 연구개발 분야에는 과학적으로 특별히 우수한 인력의 채용이 필요하기 때문에 연구개발조직의 구성에는 이 같은 특별히 전문성이 높고 혁신적인 인재를 어떻게 확보할 수 있을 것인가의 문제가 매우 중요한 과제이다.

(4) 조직화 및 재조직화 과정

조직화 과정(organization process)은 창업하여 새롭게 시작하는 기업에게 적용된다. 이들 기업은 조직화와 관련하여 과거의 의사결정 및 구축과정을 고려하지 않고 새롭게 조직화를 추구할 수 있다. 그러나 대부분 기업의 조직화 과정은 엄밀한 의미에서는 환경변화에 따른 기존 조직의 목표지향적 재조직화 의사결정의 결과 취해지는 재조직화 과정(reorganization process)이다. 여기에는 기업을 더욱 발전시키려는 경영층의 조직화 목적이 영향을 미친다.

Specht 등(2002: 335)은 재조직화 과정을 [그림 6-4]와 같이 나타내고 있는데, 이를 설명하면 다음과 같다.

① 조직의 현황 파악 및 분석 : 현황파악은 조직과 그 환경에 대하여 이루어지며, 아울러 조직의 목표 달성 여부와 관련하여 분석되어진다. 이를 통하여 조직의 문제점과 취약점이 도출된다.

② 대안창출 : 대안창출은 기존의 구조를 점진적으로 개선하거나 혹은 근본적으로 새로운 조직구조를 창출할 것인가의 문제로 나누어진다. 여기에서는 단기적으로는 모든 문제점과 취약점을 제거하고

[그림 6-4] 재조직화 과정의 개별 수단

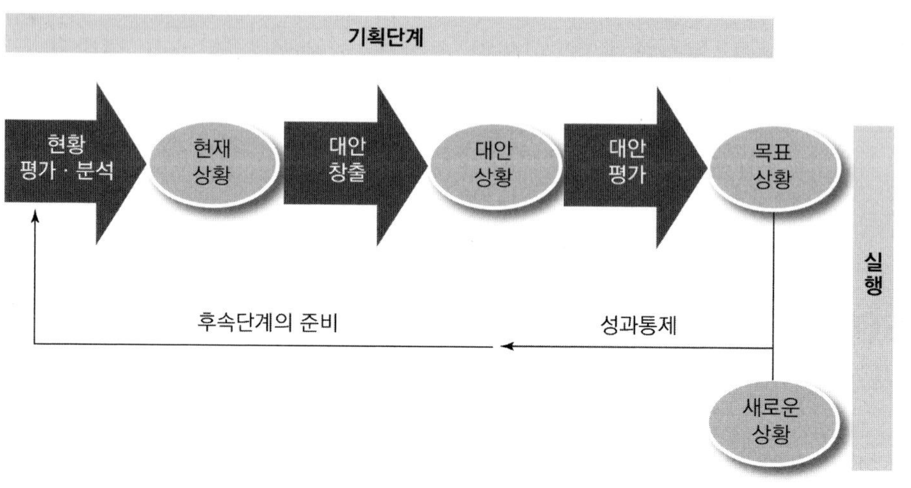

자료: Specht(2004), p.335.

보다 높은 개선 잠재력을 상대적으로 적은 비용으로 연계하여 추구한다. 장기적으로는 전략적 의사결정의 기반하에 새로운 성과창출의 잠재력이 가능할 조직구조를 구축하는 것이다.

③ 대안 평가 및 선택: 여기에서는 다양한 대안을 평가하고 선택하는 것이다. 이 평가에 기초하여 최고경영자는 실행에 옮길 대안에 관한 의사결정을 한다. 이 같은 평가에서는 보통 '평점평가(scoring method)'가 많이 이루어지는데, 특히 예측되는 개선의 정도를 실행비용 및 위험과 비교하는 것이 중요하다.

④ 실행: 이는 기획단계에 설정되었던 '목표상황'의 조직적 실현을 의미한다. 여기에서는 새로운 해결책의 조직 내 수용을 확보할 수 있는 권력후원자(Machtpromotor: power promotor) 및 관계후원자(Beziehungspromotor: relationship promotor)의 투입이 매우 중요하다.

⑤ 성과통제: 실행에 이어 성과통제가 이루어진다. 여기에서는 실행의 결과 창출된 새로운 '현재상황'을 '목표상황'과 비교한다. 성과통

제의 결과에 따라 달성된 결과를 새로운 투입변수로 하여 새로운 재조직화 과정이 이루어진다.

(5) 조직혼합

조직혼합(organization mix)은 기업의 조직화 혹은 재조직화를 위한 의사결정과정의 결과인 '조직설계수단'의 혼합을 의미한다. 우선 이들은 기업의 공식조직구조(formal organizational structure)를 변화시키는 데 영향을 주는 모든 수단을 의미한다. 이에 덧붙여, 공식적 조직구조의 변화 없이 개별적 조직단위의 활동 조정을 촉진하는 보충적 수단들, 예를 들어 기업문화 및 비공식 관계를 개발하는 수단들이 필요하다.

① 공식조직구조의 변경수단

공식조직구조의 창출은 종종 방법론적으로 일상조직(Aufbauorganisation)과 진행조직(Ablauforganisation)으로 나누어 살펴볼 수 있다.

㉠ 일상조직

우선 일상조직은 일반적인 조직구조를 의미하는 것으로, 이는 기본조직과 보조조직으로 나누어 볼 수 있다.

기본조직(primary organization)은 라인조직을 의미하며, 이 조직에서는 직책과 부서의 무기한 구축, 라인조직에서의 지시관계의 수, 기업구조 속에 연구개발활동의 통합 및 세분화에 있어서의 위임 정도의 문제가 관건이다. 연구개발과제의 실현단계의 일련의 활동은 선문화된 부서들을 필요로 한다. 그 이유는 이들 연구개발 업무와 과제는 높은 투자와 특별한 노하우를 필요로 하며, 기업 내·외부와의 소통이 필요하기 때문이다.

이에 반하여 보조조직(secondary organization)은 연구개발 프로젝트의 일시적, 기한이 정해진 과업의 기획과 실행에 필요한 제반 활동의 조정과 통합을 담당한다. 이 같은 조직의 대표적인 사례로는 프로젝트 조직(project organization)을 들 수 있다. 이 조직은 각각 제기된 문제와 환경적 상황에 유연하게 대응할 수 있다.

일반적으로 중견기업 이상의 대기업들은 연구개발경영의 실무에서는 오랜 기간 지속되는 라인조직(기본조직)과 일시적 조직구조(보조조직)가 겹치는 이중조직구조(dual organizational structure)를 가지게 된다. 그러나 중소기업들의 경우는 이 같은 이중조직구조를 유지할 여력이 없는 게 일반적이다.

㉡ 진행조직

진행조직의 문제는 무엇보다도 연구개발 진행과정을 구축하는 것으로, 연구개발의 부분과정 혹은 단계와 이의 전체 과정에 대한 연계를 효과적, 효율적으로 구축하는 것이 핵심이다. 일반조직과 비교하여 진행조직의 문제는 매우 동태적이며, 과정지향적이라는 특징을 가지고 있다. 이 유형 조직의 대표적 사례로 연구개발 프로그램 및 연구개발 프로젝트팀의 구축 및 연계를 들 수 있다. 일반적으로 연구개발경영에서 일반적 연구개발조직의 중요성이 크나 연구개발경영이 성공하기 위해서는 진행적 연구개발조직도 마찬가지로 중요하다.

② 기업문화 및 비공식적 소통을 개발하기 위한 수단

기업문화(corporate culture)를 구축하는 것은 쉬운 일이 아니며 오랜 시간이 걸린다. 기업문화는 기업 내 구성원들에 의해 오랜 기간 의식적, 무의식적으로 배양되고 공유되고 있는 가치체계 및 규범을 의미한다. 기업이 연구개발활동을 체계적으로 추진하기 위해서는 기업 내에 연구개발 및 기술혁신에 대한 우호적인 분위기 및 문화가 형성되어야 할 것이다. 그러나 이와 같은 기업의 기술혁신에 우호적인 문화는 단기적으로 구축·변경하기는 어려우며, 오로지 장기적인 노력에 의해서만 가능하다. 이에 따라 목표지향적이고 장기적인 문화경영(culture management)의 노력이 필요하다. 아울러 이와 같은 문화경영은 비단 연구개발조직에만 주안점을 둘 것이 아니라 연구개발과업 전체, 더 나아가 기업 전체를 대상으로 하여야 할 것이다. 혁신적인 기업이 보다 적극적이고 체계적인 연구개발활동을 수행할 것이기 때문이다.

2. 연구개발 기본조직의 구축

연구개발의 기본조직(primary organization)에서 가장 중요한 것은 연구개발영역을 전체기업의 조직구조에 어떻게 설치·연계할 것인가의 문제와 연구개발영역 내의 조직형태를 어떻게 구성할 것인가의 두 가지 문제로 나누어진다. Specht 등(2002: 339)은 전자를 외부구조화(Außenstrukturierung: outside structuring), 후자를 내부구조화(Innenstrukturierung: inside structuring)라고 부르는데, 아래에서는 이를 살펴보기로 한다.

1) 연구개발영역의 외부구조화

연구개발영역의 외부구조화(outside structuring)는 이 영역을 기업의 전체 조직 내에 설치하는 것이다. 그리하여 이는 한편으로는 상위에 있는 기업 전체의 조직구조에 다른 한편으로는 이 영역의 집중화의 정도에 달려 있다. 즉, 기업 전체의 조직구조와 기업이 의도하는 연구개발활동의 집중화 정도는 연구개발조직의 구축에 중요한 영향을 미친다. 아래에는 이를 살펴보기로 한다.

(1) 연구개발영역의 외부구조화의 유형

기업의 근본적 조직형태는 기능형 조직(functional organization)과 사업부제 조직(divisional organization)이다. 기능형 조직에는 최상층부에 경영층이 있고 아래에는 동급의 기능부서, 즉 구매, 생산, 판매, 재무 등의 부서가 위치한다. 사업부제 조직은 근본적으로 조직이 목표대상(object), 예를 들어 제품, 제품집단, 고객집단, 지역 등에 따라 구성된다. 이와 같이 목표대상에 따라 구성된 개별조직을 사업부(division)라고 부른다.

[그림 6-5] 스탭 기능으로서 집중형 연구개발조직

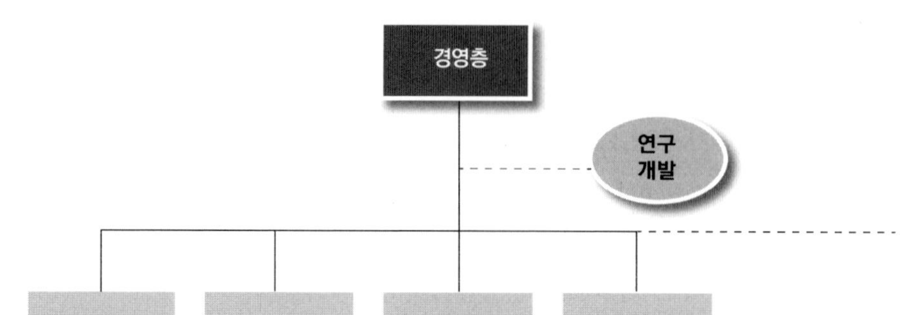

① 기능형 기업조직에서의 연구개발조직

기능형 기업조직은 경영층 산하에 핵심부서로서 기능부서들이 위치해 있는 조직이다. 여기에서 연구개발영역은 다양한 조직구조를 가질 수 있다. 먼저, [그림 6-5]는 스탭(staff) 조직으로 연구개발부서가 존재하는 것이다. 여기에서 연구개발부서는 최고경영층에 자문의 역할만 수행하고 최고경영층과의 소통만을 하며 기능부서들과는 거의 소통을 하지 않는다. 이는 연구개발결과의 상업화로의 이전에 어려움이 있다.

[그림 6-6]은 핵심기능부서로서 집중형 연구개발 조직구조를 나타낸

[그림 6-6] 핵심기능부서로서 집중형 연구개발조직

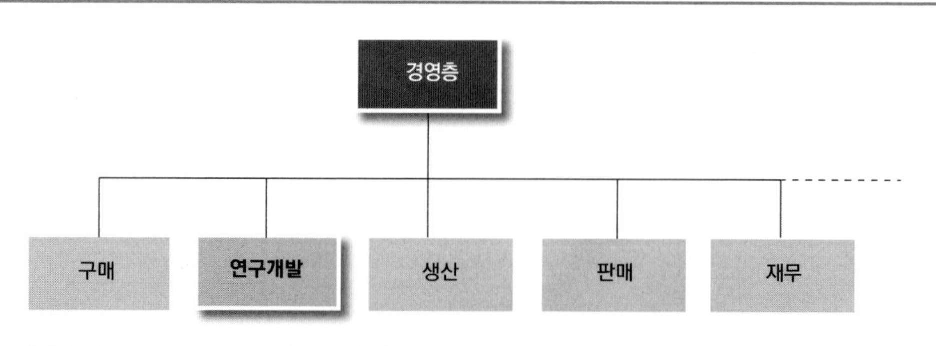

[그림 6-7] 생산부서의 하위조직으로서 집중형 기능 연구개발조직

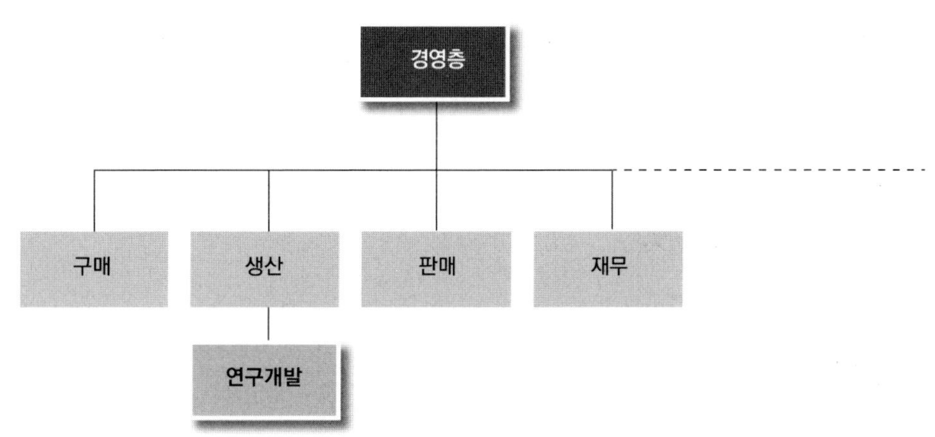

다. 이 유형의 기업조직에서는 연구개발활동이 다른 기능부서들과 동급의 역할을 하며 다른 부서들과의 일정한 소통 관계를 가진다. 이는 일반적으로 연구개발의 중요성을 인식한 중소기업의 경우에 해당된다.

[그림 6-7]은 생산부서의 하위조직으로서의 집중형 연구개발조직을 나타낸다. 일반적으로 연구개발활동은 생산활동과 긴밀한 관련성을 가지고 있으므로 많은 중소기업이 생산기능의 일부로서 연구개발활동을 수행한다. 이런 기업은 아직 연구개발의 중요성을 충분히 인식하지 못하는 소기업들에게서 많이 이루어진다.

[그림 6-8]은 완전히 분산된 연구개발조직을 나타낸다. 연구개발활동이 분산되어 각 기능부서, 특히 생산, 구매, 판매 부서에서 자신들의 수요에 의해 약간의 연구개발활동을 수행하는 유형이다. 이 유형은 개별부서의 연구개발수요는 잘 충족할 수 있으나 연구개발활동의 임계규모가 부족하고 다양한 유형의 연구개발활동 간의 연계가 어렵다.

[그림 6-8] 완전 분산형 기능 연구개발조직

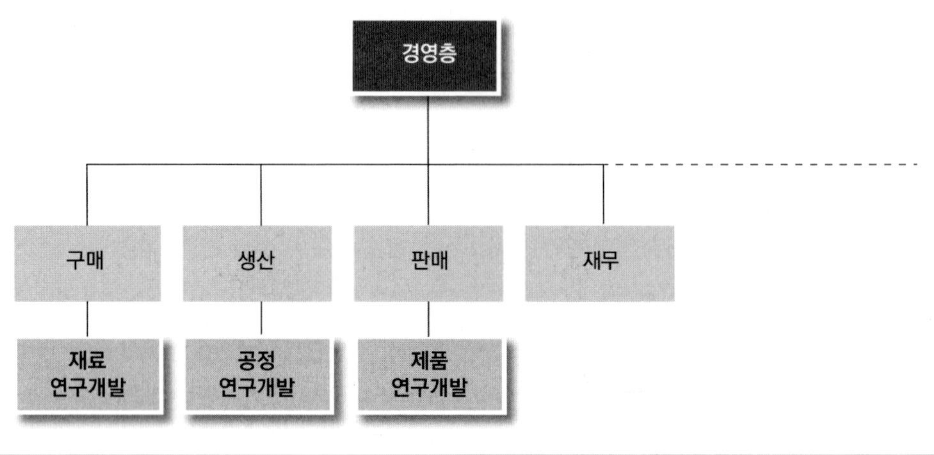

[그림 6-9]는 혼합형 연구개발 조직구조를 나타낸다. 이 유형에서는 각 기능부서들이 연구개발활동을 수행하는 것은 물론 중앙연구소도 동시에 운영한다. 이 연구개발 조직구조를 가진 기업은 연구개발의 중요성을

[그림 6-9] 혼합형 기능 연구개발조직

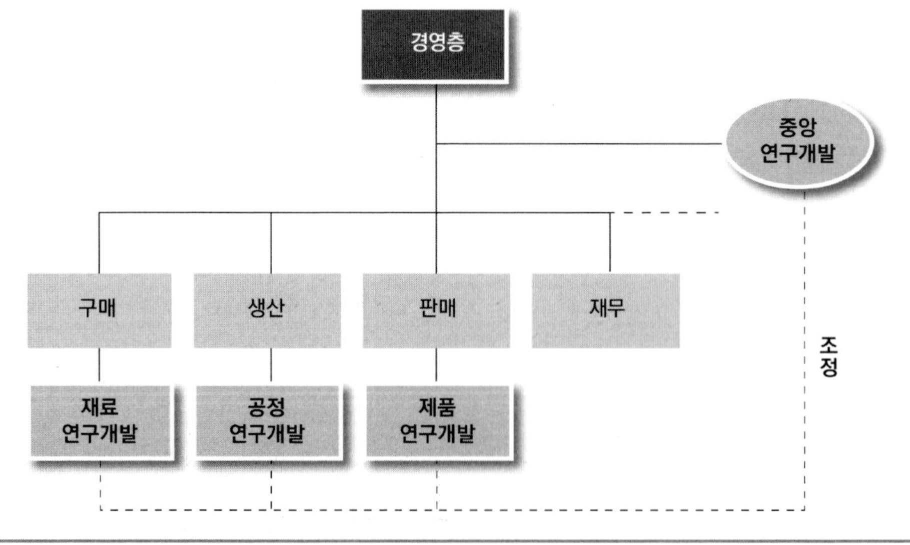

충분히 인식한 기업으로 집중형 중앙연구소가 각 기능부서의 개별적 연구개발활동을 종합조정한다. 일반적으로 중앙연구소는 기초연구 및 기업의 차세대 성장동력과 관련된 연구를 수행하고 기능부서들은 자신들의 수요에 맞는 단기적 연구를 수행한다.

② 사업부제 기업에서의 연구개발조직

사업부제 기업조직은 특정한 제품, 제품군, 고객집단, 지역을 중심으로 독립된 사업단위를 설립·운용하는 조직이다. 각 사업부는 전술한 기능형 기업조직에서의 중요한 기능부서들을 보유하고 있으며, 이 점에서 이들 사업부는 별도의 중소기업처럼 운영된다. 이에 따라 사업부제 조직구조를 가지고 있는 기업은 대부분 대기업 및 다국적기업이다. 대체로 이들 기업은 기업의 경쟁력 확보·유지·발전에 있어서 연구개발과 기술혁신의 중요성을 충분히 인식하고 있다.

[그림 6-10]은 사업부제 기업의 완전히 분권화된 연구개발조직을 나타낸다. 전술한 바와 같이 사업부는 독립적으로 운영되기 때문에 연구개발활동도 독립적으로 운영되고 이에 따라 독립적인 연구개발조직을 운용

[그림 6-10] 완전 분권화된 사업부제 연구개발조직

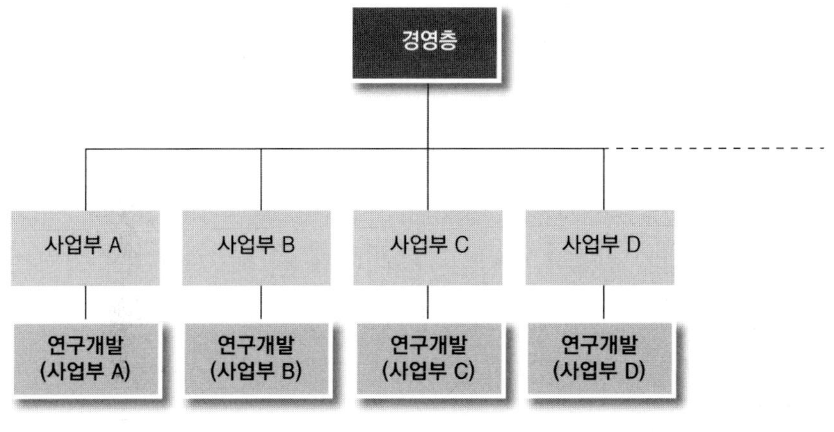

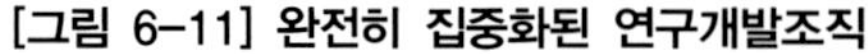

[그림 6-11] 완전히 집중화된 연구개발조직

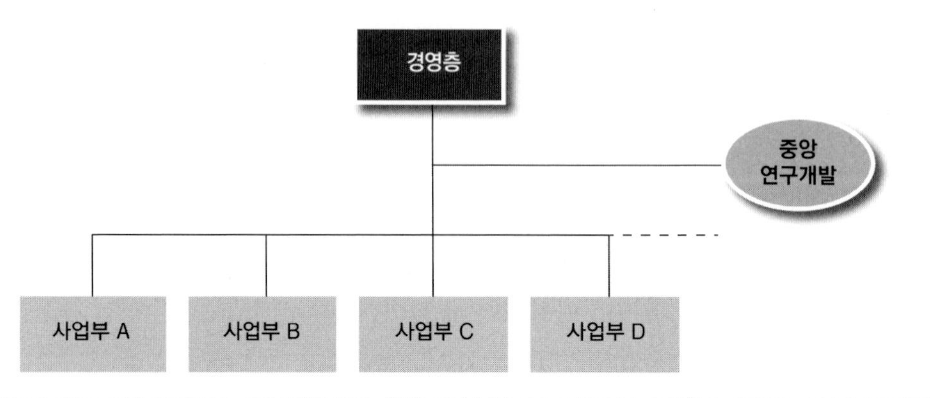

하는 것이 일반적이다. 이 같은 구조를 가진 기업들은 중앙연구기관을 가지고 있지 않다는 점에서 일반적으로 기술경쟁력이 그다지 높지 않고 첨단기술산업보다는 성숙산업에 속한 기업들이다.

[그림 6-11]은 사업부제 조직구조를 가지고 있는 기업의 완전히 집중화된 연구개발조직을 나타낸다. 이 유형의 기업에서는 사업부는 연구개발활동을 수행하지 않고 중앙연구소에서 집중적인 연구개발활동을 수행한다. 각 사업부는 연구개발 수요가 있을 경우 그 수요를 중앙연구소에 수요를 전달하여 연구결과를 받아 활용한다. 이 유형은 연구개발활동이 집중화되어 있어 연구개발자원을 효율적으로 활용하여 시너지를 창출하고 연구개발경영이 쉬운 장점이 있으나, 사업부의 수요를 제대로, 적시에 반영하기 어려워 연구개발의 성공률이 상대적으로 낮다는 단점이 있다. 이 유형의 연구개발조직을 가진 기업들은 대체적으로 첨단기술분야가 아닌 성숙산업에 속한 대기업들로서 사업부는 연구개발에 대한 수요가 부족한 경우이다. 필요에 따라서 중앙연구소는 최고경영층의 지도를 받아 새로운 산업으로 진출할 연구개발활동을 수행할 수 있다. 우리나라의 대부분 중소기업 및 대기업은 이와 같은 연구개발 조직구조를 가지고 있다.

[그림 6-12]는 혼합형 연구개발조직으로서 사업부별 분권화된 연구개

[그림 6-12] 혼합형 연구개발조직

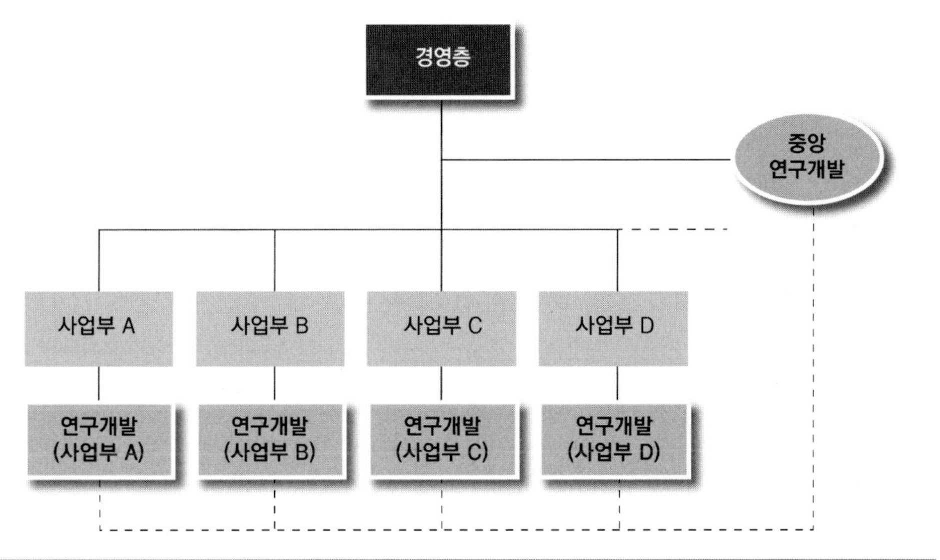

발조직과 중앙연구소와 같은 집중화된 연구개발조직을 운영하는 유형이다. 이 유형의 기업은 독립된 연구개발조직으로서 중앙연구소를 가지고 있고, 이 중앙연구소는 기업의 미래성장동력을 창출하는 기능을 담당하며 기업 경영층의 지시를 받는다. 각 사업부 역시 자신의 필요에 따른 독립적 연구개발조직을 가지고 있다. 이 같은 유형의 조직구조를 가진 기업은 첨단산업에 속해 있는 중견기업 및 대기업인 경우가 많으며, 이들 기업은 사업부 자체 내에서도 급변하는 시장의 수요에 대응한 연구개발활동을 수행하고, 중앙연구소에서는 기초연구 및 미래성장동력을 창출하는 연구를 수행한다. 대기업들과 다국적기업들은 이와 같은 유형의 조직구조를 많이 가지고 있다.

(2) 기업 조직구조의 영향

기업 조직구조는 연구개발 조직구조에 영향을 미친다. 여기에서 중요한 점은 연구개발영역과 기업의 다른 부분영역들, 즉 생산, 판매, 물류

등의 기능 및 영역과의 관계설정이다. 여기에서 판단기준은 다음과 같이 매우 다양하다.

- 연구개발활동이 기업 전체의 목적에 미치는 영향의 정도
- 연구개발활동이 다른 기능부서의 필요에 미치는 영향의 정도
- 연구개발과 기술혁신에 대한 경영층의 이해도 및 신뢰도
- 기업이 지향하는 시장의 상황과 동태성
- 목표기술의 성격, 복잡성, 동태성
- 연구개발인력, 재무적 자원, 물적 자원의 확보 정도와 용이성
- 연구개발활동과 기능부서 간의 업무조정비용

기업의 기능식 조직(functional organization)은 각각의 기능부서의 역량을 최대로 활용할 수 있다는 장점이 있다. 그러나 이 조직구조는 기능부서가 자신의 이해와 목표에 더 많은 주안점을 두고 다른 부서의 업무와 목표는 등한시한다는 단점도 있다. 연구개발영역에서의 기능형 조직구조는 연구개발부서가 고객, 시장의 수요와 경쟁자의 활동에 둔감할 수 있다는 문제점이 있다. 아울러 연구개발부서는 다른 기능부서들과의 협력과 소통이 어려우며, 특히 범기능적 협력이 필요한 핵심적 연구개발 프로젝트의 수행에 매우 어려움이 있다. 이에 따라 기능형 연구개발 조직구조는 환경변화가 많지 않고 성숙된 산업에서 활동하는 중소기업에게 적합한 조직구조이다.

일반적으로 사업부제 조직(divisional organization)에서 연구개발부서는 최고경영층의 지시보다는 독립된 사업부의 수요를 지향하게 된다. 대체로 사업부제 조직을 가진 기업은 중견기업 이상의 대기업들이기 때문에 더욱 많은 제품, 고객, 경쟁자에 대응하여야 한다. 이 점에서 사업부제 조직은 보다 나은, 빠르고, 정확한 의사결정을 필요로 한다. 아울러 이 조직구조에서는 기업의 다른 영역들과의 조정의 문제는 상대적으로 덜하다. 일반적으로 사업부제 기업은 다양한 제품군을 가지고 있고 매우 급변하

는 환경 속에 기업 행위를 하고 있다. 이 같은 조직을 가진 기업에서의 연구개발부서는 각 사업부의 자체적인 연구개발수요를 충족시켜야 하고, 이들 기업은 급변하는 환경 속에서 활동한다는 점에서 매우 혁신적인 제품과 서비스를 창출하여야 하는 수요도 충족시켜야 한다. 대체로 사업부의 연구개발수요는 단기적이고 제품혁신 지향적이고, 기업 전체 차원에서의 수요는 장기적이고 혁신적인 차세대 제품을 개발하는 것이다.

(3) 연구개발영역의 집중화와 분권화의 영향

① 집권화 vs. 분권화

연구개발업무의 외부구조화에 있어 연구개발활동을 집권화할 것인가 분권화할 것인가는 매우 중요한 영향을 미친다. 여기에서 집권화 혹은 집권적 연구개발조직은 연구개발활동의 구성업무를 모두 포괄하여 하나의 조직구조(예: 중앙연구소)에서 수행하는 것이다. 이와 반대로 분권화 혹은 분권적 연구개발조직은 연구개발활동의 구성업무를 다양한 조직구조(예: 각각의 기능부서 혹은 사업부)에서 수행하는 것이다.

연구개발업무의 집권화(centralization)의 장점은 기술혁신 관련 지식을 집중하고, 자원을 절약하며, 낮은 소통 및 조정비용이 든다는 것이다. 집권적 연구개발조직은 기업 전체의 장기적 목표를 달성하는데 유리하다. 그러나 집권적 연구개발조직은 과도한 기술집약성, 시장수요의 부적절한 대응, 낮은 유연성, 다른 부서들과의 소통 및 조정 비용이 든다는 단점이 있다. 그리히여 집권적 연구개발조직은 제품의 수가 많지 않고 상대적으로 안정적인 산업에 종사하는 기업에게 적합하다.

이와 반대로 연구개발업무의 분권화(decentralization) 시장에 가깝고, 보다 높은 유연성을 가지며, 기능부서들과의 조정이 용이하다는 장점이 있다. 단점으로는 연구개발활동과 자원의 낭비가 있을 수 있으며, 혁신적 제품의 개발 및 기업의 장기목표 달성에 어려움이 있다.

이와 같은 장단점에 따라, 실무에서는 하나의 집권적 연구개발조직과 여러 개의 분권적 연구개발조직을 결합하는 복합적 조직구조(hybrid organization)가 가장 일반적이다. 이와 같은 복합적 연구개발조직이 성공하는데 관건은 집권적 연구개발조직(예: 중앙연구소)과 기능부서 혹은 사업부의 분권적 연구개발조직(예: 연구개발부서) 간의 업무와 역량의 배분이다. 일반적으로 집권적 연구개발조직은 기초연구에 근접하고 기업 전체의 미래성장동력이 될 수 있는 혁신성이 높은 연구개발업무를 담당하는 것에 대한 의견의 일치가 있다. 그러나 이들 두 유형의 연구개발조직 간의 연구개발 업무와 자원의 배분은 종종 갈등을 불러오기도 한다.

② 집권화 정도와 연구개발조직

집권적 연구개발조직과 분권적 연구개발조직 간의 업무와 자원의 배분은 종종 갈등(conflicts)을 불러오기 때문에 이에 대한 배분의 기준이 필요하다. 그 기준으로서 연구개발업무의 특징을 살펴보아야 하는데 [그림 6-13]은 연구개발업무의 혁신성(innovativeness)과 활용가능성(applicability)의 기준을 바탕으로 집권화 정도의 측면에서 연구개발조직의 유형을 나

[그림 6-13] 연구개발업무의 분권화와 집권화

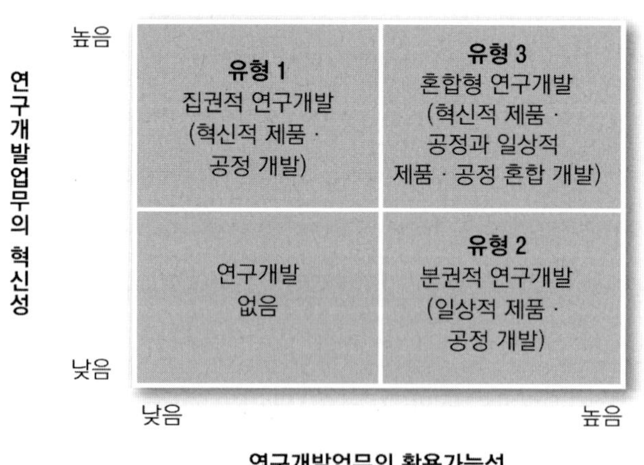

자료: Specht 등(1995), p.345에서 저자의 수정.

타내고 있다. 전자는 연구개발업무의 기술적 특성을 후자는 상업적 혹은 경제적 특성을 나타내 준다. 이들 두 특성을 살펴보면 다양한 형태의 연구개발조직 형태를 구성할 수 있다.

〈유형 1〉은 연구개발업무의 혁신성은 매우 높은 데 비하여 이의 활용 가능성은 낮은 과제 혹은 업무를 의미한다. 이와 같은 업무는 매우 혁신성이 높은 제품 혹은 공정의 개발 업무를 들 수 있다. 보통 이 같은 업무는 연구개발강도가 높은 첨단산업의 제품 및 공정개발이 해당된다. 여기에 적합한 연구개발조직은 주요조직으로서 집권적 연구개발조직, 대표적으로 중앙연구소를 설치하는 것이 바람직할 것이다. 첨단산업의 많은 기업은 실제로 이와 같은 중앙연구소를 설립・운영하고 있다.

〈유형 2〉의 경우에는 연구개발업무의 혁신성은 낮으나 매우 높은 활용가능성을 가지는 과제 및 업무이다. 이 유형의 과제를 수행하기 위해서는 분권적 연구개발 조직구조가 보다 적합할 것이다. 이들 업무는 업무의 성격상 기능조직의 경우에는 제품개발 프로젝트 혹은 공정개발 프로젝트의 형태로 해당 기능부서 혹은 사업부제 조직의 경우에는 각각의 사업부에 배당하여 시장수요에 가까운 연구개발활동을 추진하게 하는 것이 좋다.

〈유형 3〉의 경우에는 연구개발업무의 혁신성도 높고 활용가능성도 높은 과제를 의미한다. 이 경우에는 연구개발업무가 혼합형 연구개발조직에서 이루어져 연구개발활동의 분권화와 집권화의 장점을 살려야 할 것이다. 아울러 성공적인 연구개발을 위해서는 집권적 연구개발조직과 분권적 연구개발조직 간의 원활한 소통과 협력이 이루어져야 할 것이다.

2) 연구개발조직의 내부구조화

연구개발조직의 내부구조화(inside structuring)는 연구개발조직 내부에서 이루어지는 연구개발활동의 내용과 분야를 체계적으로 구성하는 것을 의미한다. Specht 등(2002: 348-354)은 내부구조화를 1차원적 구성, 다차원적 구성으로 설명하고 있는데, 아래에는 이를 살펴보기로 한다.

(1) 내부구조화의 1차원적 형태

1차원적 형태의 내부구조화는 연구개발조직을 한 가지의 기준으로 구성하는 것인데, 대체로 다음과 같은 기준이 많이 사용된다.

- 연구개발과정의 단계 : 예를 들어, 기초연구, 응용연구, 개발연구
- 과학기술적 학문분야 : 예를 들어, 물리, 생명공학, 유기화학, 공정기술 등
- 제품집단 : 예를 들어, 가전, 반도체, 휴대폰 등
- 생산공정 : 예를 들어, 원유채굴, 원유정제, 석유화학

여기에서 연구개발과정과 학문분야를 바탕으로 구성되는 연구개발조직은 대체로 기능식 조직의 기업들이 많이 구성하며, 제품집단과 생산공정으로 구성되는 연구개발조직은 대부분 사업부제 조직의 기업들이 많이 구성한다. 아래에는 이를 상세히 살펴보기로 한다.

[그림 6-14]는 연구개발과정(R&D process)에 따른 내부구조화를 나타낸다. 일반적으로 기업은 개발연구에 집중하지만 응용연구와 기초연구도 수행한다. 이에 따라 연구개발부서는 기업의 특성에 따라 이 같은 연구개발의 유형에 따라 내부 부서를 구성하는 것이다. 이를 통하여 기업은 장

[그림 6-14] 연구개발과정에 따른 내부구조화

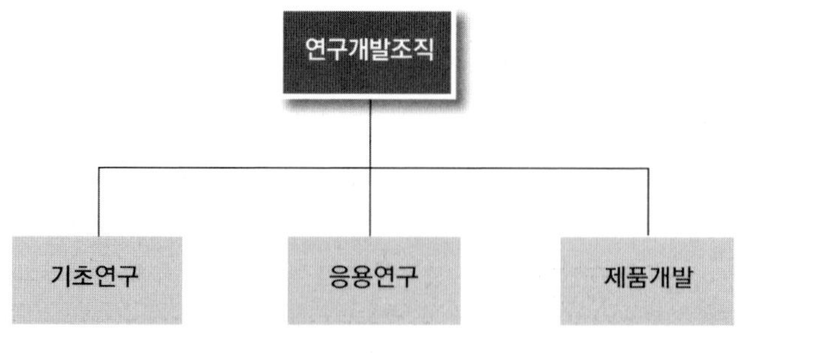

[그림 6-15] 과학기술분야에 따른 내부구조화

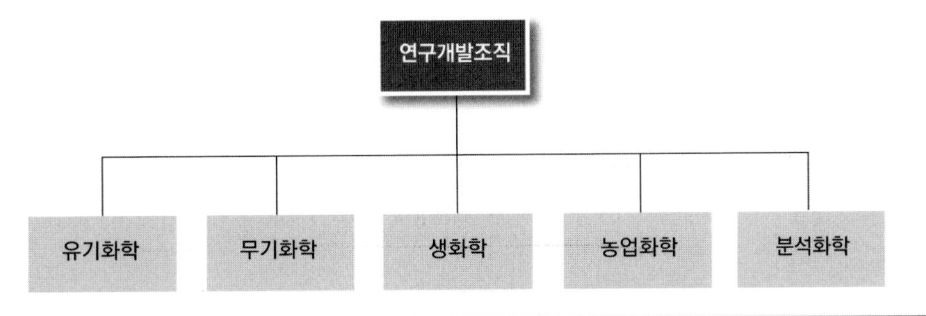

기적 연구업무와 단기적 개발업무를 구분하고 연구개발업무의 중복성을 회피하고 기업의 자원을 효율적으로 사용할 수 있다. 그러나 이 형태의 내부조직구조는 연구개발의 성격이 다르기 때문에 내부 부서 간 협력이 어렵고 단절되는 경향이 있으며 그 결과 부서 간의 조정비용이 들 수 있다.

[그림 6-15]는 과학기술적 학문분야에 따른 내부구조화를 나타낸다. 예를 들어 종합화학회사의 경우 화학의 다양한 분야, 유기화학, 무기화학, 생화학 등을 바탕으로 내부 부서를 구성할 수 있다. 이를 통하여 연구개발조직은 산하 부서의 전문성을 증대하고 연구업무의 중복을 회피할 수 있다. 그러나 이 조직구조는 내부 부서 간의 높은 조정비용을 수반하고, 최근 기술혁신의 융복합 추세에 대응하여 부서 간의 협력을 도모하기에는 어려움이 있다. 또한, 이 조직구조는 시장의 빠른 변화에 대응하는 데에도 한계가 있다.

[그림 6-16]은 제품 혹은 제품집단에 따른 내부구조화를 나타낸다. 보통 이 유형의 기업은 제품 및 제품집단의 매출규모를 바탕으로 사업부를 조직하는 경향이 많은데, 이들 기업의 연구개발조직의 내부구성은 기능적으로는 별 차이가 없다. 이 유형의 연구개발조직의 내부구성은 고객의 요구 그리고 경쟁기업의 행위에 대해 보다 잘 대응을 할 수 있고, 연구개발업무의 명확성이 높다는 장점이 있다. 그러나 이와 같이 현존하는

[그림 6-16] 제품집단에 따른 내부구조화

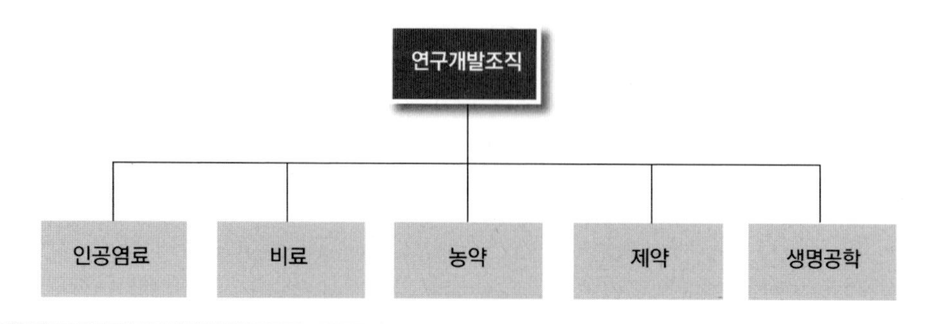

제품에 대한 단기적 지향은 장기적으로는 미래의 성장동력을 창출할 혁신적 제품의 개발을 소홀히 할 수 있다는 단점이 있다. 아울러 현존하는 제품에 대한 연구개발에 주안점을 두어 중장기적인 연구개발활동을 위한 자원의 동원이 어렵다는 단점이 있다.

[그림 6-17]은 생산공정에 따른 내부구조화를 나타낸다. 이와 같은 유형의 구조화는 일부 정유산업과 같은 덩치가 큰 산업에서만 이루어진다. 이들 산업에 속한 기업은 규모가 크고 계열화가 많이 되어있어 원유의 생산에서 석유화학 산업에 이르는 매우 긴 스펙트럼의 연구개발활동을 수행하고 이 같은 스펙트럼에서 중요한 단계 위주로 연구개발조직의 내부조직을 구성하고 있다.

[그림 6-17] 생산공정에 따른 내부구조화

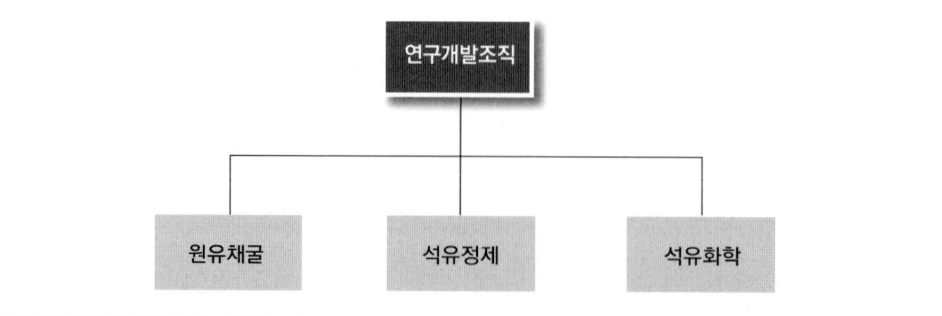

[그림 6-18] 매트릭스 조직에 따른 내부구조화

연구개발조직	유기화학	무기화학	생화학	농업화학	분석화학
비료					
농약					
인공염료					
제약					

(2) 다차원적인 내부구조화

연구개발조직의 내부구성은 좀 더 복잡하게 다차원적으로 이루어질 수 있다. 대표적으로 전술한 내부구조화를 2차원적으로 결합한 매트릭스 조직구조를 구성할 수 있다. [그림 6-18]은 제품집단과 기술분야 간의 매트릭스를 형성할 수 있는데, 이는 대체로 제품집단에서의 프로젝트의 형태로 구성된다. 이 같은 매트릭스 구조를 지역적으로 확대하면 3차원의 내부구조화가 가능하다.

3. 연구개발 보조조직의 구성

연구개발조직의 구성에 있어서 조직 내의 공식적인 라인조직의 형태로 구축되는 기본조직(primary organization)만 가지고는 부족하다. 이 기본조직은 보조조직(secondary organization)에 의해 보충되어야 한다. 연구개발활동은 일시적이고 시간이 정해져 있다는 점에서 이런 과제의 상당한 부분은 보조조직에서 담당하여야 할 것이다. 이 같은 보조조직의 활용은 연구개발의 기본조직들 간의 소통과 조정을 쉽게 하고, 연구개발과제를 보다 빠르게 진행시키게 한다는 장점이 있다. 아울러 최고경영층은 기업의 미래가 달려 있는 차세대 제품을 보다 효율적으로 개발하기 위하여 보조조직을 활용하는 경우도 많다. 아래에는 보조조직의 유형과 이들의 기본조직과의 연계방안에 관해 논의하기로 한다.

1) 보조조직의 유형

보조조직은 주요조직과 같은 공식적인 조직이 아닌, 일정한 기간 목표지향적 상호작용을 하는 사람들의 집단(group)을 의미한다. Specht 등(2002: 355-360)은 구성원들의 협력의 기간과 연속성을 바탕으로 [그림 6-19]와 같은 보조조직의 유형을 제시하고 있다. 아래에서는 이들을 살펴보기로 한다.

(1) 프로젝트 집단

프로젝트 집단은 일정 기간 연속적으로 연구개발 관련 업무를 수행하는 다양한 역량을 가진 사람들의 집합이다. 이들은 정해진 목표를 가진

[그림 6-19] 연구개발 보조조직의 유형

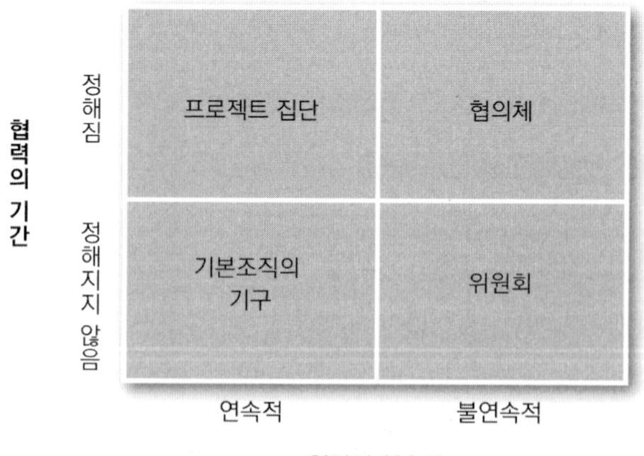

복잡하고 혁신적인 과제를 수행하기 위해 투입되는데, 이 점에서 이와 같은 집단은 연구개발업무에 매우 적합한 조직구조이다. 프로젝트 집단의 크기, 규모, 위계는 프로젝트의 규모와 기간에 달려 있다. 일반적으로 프로젝트 집단 내에서의 의사결정은 구성원 전체의 공동의사결정으로 이루어진다. 프로젝트에 투입되는 인력은 프로젝트 기간 동안 고정적으로 참여하는 인력과 간헐적으로 참여하는 인력으로 나누어볼 수 있다. 전자는 프로젝트의 핵심요원으로서 핵심적인 기술적 역량을 가지고 프로젝트 전체 진행기간 참여하고 결과에 책임을 지는 인력이다. 후자는 프로젝트의 진행에 따라 개별 프로젝트의 필요에 따라 한시적으로 고용되는 인력이다. 일반적으로 프로젝트 리더(project leader)는 고정적인 참여인력으로서 프로젝트의 진행과 관리를 책임진다. 프로젝트의 구성인원은 대체로 적은 인력이 참여하는데(예를 들어, 10명 이하), 이 같은 작은 집단은 구성원들 간의 효율적인 협력이 가능하고 빠르고 비공식적인 소통이 이루어진다는 장점이 있다. 그리하여 이 같은 장점을 활용하기 위해 대규모 연구개발 프로젝트는 몇 개의 작은 규모의 소규모의 부분 프로젝트로 나누어 운영하는 경향도 많다.

연구개발 프로젝트가 성공을 하기 위해서는 프로젝트에 참여하는 인력도 중요하지만, 프로젝트의 진행과정을 주도하고 관리하는 프로젝트 리더(project leader)가 중요하다. 보통 프로젝트 리더는 프로젝트가 시작되기 전에 상부 경영층에 의해 위촉된다. 이때 그의 업무는 프로젝트를 준비하는 것으로서, 특히 프로젝트의 세부적 계획과 조직을 구축하는 역할을 한다. 예를 들어 프로젝트의 목표와 여건의 명확화, 프로젝트의 일상조직과 진행조직의 구축, 연구인력의 선발 및 확보, 자원의 조달 등이다. 프로젝트가 진행되는 동안에는 전체 프로젝트를 관리, 감독하며 업무의 세부적, 추가적 배분을 수행한다. 그는 세부 프로젝트 간, 프로젝트의 단계 간의 다양한 업무를 조정하고 연구인력을 지도 · 감독한다. 아울러 그는 프로젝트팀과 다른 라인조직 및 기업의 상층부와 소통과 협력을 담당한다. 즉, 프로젝트 리더는 프로젝트의 기획, 진행, 목표달성에 최종적인 책임을 진다. 이에 따라 프로젝트 리더는 주로 관리적인 업무를 담당하고, 그의 관리의 영역은 프로젝트의 규모와 복잡성에 달려 있다.

(2) 위원회 및 협의체

연구개발영역에서의 연구개발업무가 연속적이지 않을 경우에는 보조조직으로 위원회나 협의체를 활용한다. 위원회는 조직 전체 차원에서 그리고 규모가 큰 프로젝트 내부에서 프로젝트 집단들 간의 통합 및 조정을 담당한다. 이 위원회는 불연속적이고 위계질서를 넘어서는 협력을 담당하고, 위원들은 기본조직 내의 직위를 가지고 있으며 위원회에 참석, 파견되어 연구개발 관련 업무를 수행한다. 위원회의 중요한 업무는 연구개발업무 발주자 혹은 연구개발결과의 사용자와의 의견조정, 프로젝트 리더와 프로젝트 구성원들 간의 의견조정 등이다. 이와 같은 위원회는 다양한 형태를 가질 수 있는데, 그 규모는 선택된 프로젝트 조직구조, 프로젝트의 규모 등에 따라 다르다. 일반적으로 위원회 수는 적고 규모도 작은 것이 바람직하다. 보통 연구개발조직에서는 운영위원회, 조정협의체, 자문기구 등을 들 수 있다.

① 운영위원회

일반적으로 연구개발조직은 운영위원회(Lenkungsausschuß)를 운영하는데, 이 기구는 정해진 기간이 없이 불연속적으로 연구개발업무에 대하여 관여한다. 특히 운영위원회는 기능부서 간, 범프로젝트 차원의 업무조정 및 의사결정을 담당한다. 이 위원회는 연구개발 프로젝트의 선발 및 관리, 프로젝트 리더의 선발, 최상위 프로젝트 목표 설정을 담당한다. 이 조직은 모든 프로젝트의 종합적 프로그램 계획과 소요 자원량에 대하여 조망하며 연구개발부서 및 프로젝트 간의 자원배분에 관한 의사결정을 한다.

그리하여 운영위원회의 구성원은 전체 기업의 목표와 전략에 대해 인지하고 있고 기업이 동원할 수 있는 연구개발역량에 관해 조망하여야 하며 연구개발 경영능력을 파악하고 있어야 한다. 일반적으로 운영위원회에는 경영층의 구성원들이 참여하며, 이는 연구개발 보조조직의 가장 높은 자리에 위치하고 모든 연구개발 프로젝트의 전반적인 관리와 조정의 책임을 맡는다. 운영위원회는 프로젝트가 진행되는 전체의 기간에 걸쳐 운영되며, 프로젝트에 참여하는 모든 부서와의 의견조정 및 협력촉진의 업무를 담당한다.

② 조정협의체

조정협의체(Steuerungskomitees)는 시간적으로 정해진 기간에 불연속적으로 활동하는 협의체이다. 이 기구는 보통 다양한 세부 프로젝트로 구성되어 있는 대형 프로젝트의 효율적 추진을 위하여 운영된다. 일반적으로 조정협의체는 프로젝트의 리더와 협력하에 운영위원회에 의해 구성할 것을 요청받으며 그 구성은 프로젝트 집단의 대표들 혹은 구성원들로 이루어진다. 일부 구성원은 운영위원회의 위원을 겸직할 수 있다. 조정협의체의 기능은 해당 프로젝트의 세부적인 기획으로 시작하여 이의 종료에 의해 끝난다. 이 협의체의 업무는 프로젝트에 참가하는 집단들 간의 내용적, 조직적 조정을 하는 것이다. 예를 들어, 연구진행보고서의 작성, 중간결과의 통제, 프로젝트 내에서의 자원배분, 연구개발 진척도에 대한 운영위원회에 대한 보고 등을 담당한다.

③ 정보자문기구

프로젝트 집단, 조정협의체, 운영위원회의 업무 보조를 위하여 정보 및 자문기구를 설치할 수 있다. 이 기구에는 프로젝트에 직접적으로 참가하지 않는 외부 전문가들도 포함될 수 있다. 정보기구는 연구개발부서와 전체 기업과의 정보전달의 기능을 담당하며, 자문기구는 개별적 문제에 대하여 연구개발 관련 집단, 부서, 위원회 등에 대한 문제해결방안을 제시하는 역할을 담당한다.

2) 보조조직과 주요조직의 연계

위원회와 같은 보조조직을 기본조직에 연계하고 보충하는 것은 어려운 일은 아니다. 대체로 연구개발부서는 운영위원회를 운영한다. 이는 특히 연구개발부서가 독립된 연구소와 같이 규모가 클 경우에는 더욱 중요한 역할을 한다. 그러나 정보기구와 자문기구는 연구개발부서의 규모에 따라 운영 여부를 결정할 수 있다. 아울러 일상적으로 연구개발집단 간의 조정협의체도 연구개발부서에서 일반적으로 운영한다. 이들 보조조직은 근본적으로 기본조직의 다양한 차원의 효율적 운영을 지원한다. 이와 같은 기본조직과 보조조직 간의 관련성은 [그림 6-20]과 같이 나타낼 수 있다.

[그림 6-20] 연구개발 기본조직과 보조조직의 관계

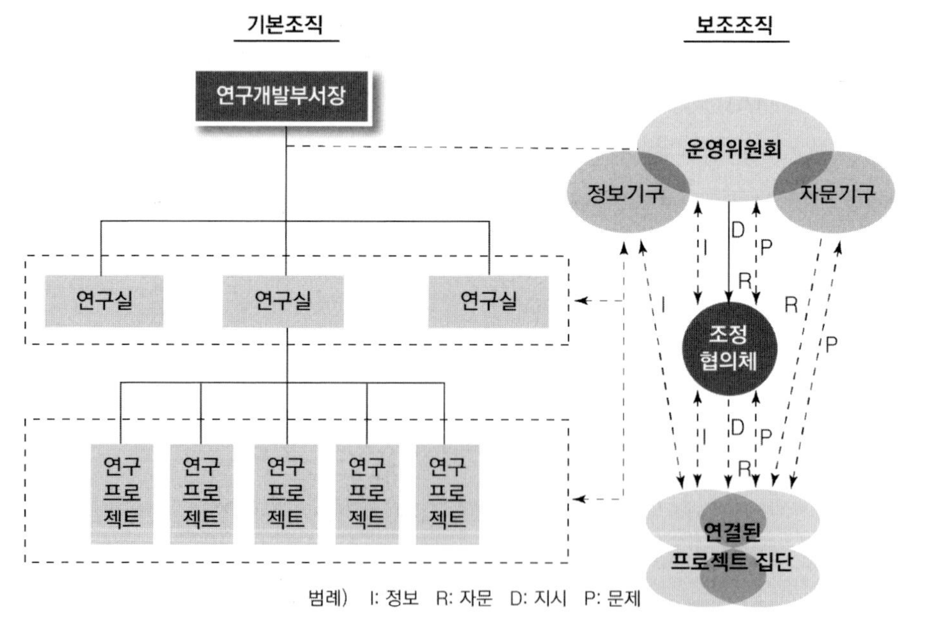

자료: Specht 등(2002), p.360에서 저자의 수정.

일반적으로 불연속적인 업무를 담당하는 보조조직으로서의 위원회는 독립적인 인력과 예산이 필요하지 않고 무엇인가를 구체적으로 실현하는 조직이 아니기 때문에 일반 주요조직 및 프로젝트와 부족한 자원에 대하여 경쟁하는 위치는 아니다. 그럼에도 불구하고 위원회, 라인조직, 프로젝트 간의 역량과 업무의 분장은 위원회 조직의 효율성과 효과성에 매우 중요하다. 이 같은 문제는 라인조직, 즉 주요조직의 책임있는 인력이 위원회의 일원으로 참여함으로써 많이 해결될 수 있다.

위원회 조직을 활용하는데 주의할 점은 이 같은 조직의 수가 많아지면 이들 조직의 업무가 불명확해지고 의사결정의 시간이 길어지는 문제가 있다는 점이다. 이에 따라 위원회는 연구개발업무의 방해기구가 아니라 촉진기구의 역할을 하도록 세심하게 운영을 하여야 할 것이다.

3) 프로젝트 조직의 유형

연구개발업무에 있어서 프로젝트 조직은 매우 중요한 역할을 한다. 아래에서는 프로젝트 조직의 기본모형을 살펴보고 이 조직의 특별한 유형을 살펴보기로 한다.

(1) 프로젝트 조직의 기본모형

프로젝트 조직(project organization)의 기본모형은 다음 네 가지 유형으로 나누어 살펴볼 수 있다(Specht 등, 2002: 361).

- 라인조직에 의한 프로젝트 관리
- 스탭 프로젝트 조직
- 매트릭스 프로젝트 조직
- 순수 프로젝트 조직

이와 같은 프로젝트 조직유형의 분류는 프로젝트 리더의 유형과 권한에 의해 나누어진다. 이들 유형에 따라 프로젝트 관련 목표와 과업의 배분, 프로젝트를 위한 지시권한 등이 서로 다르게 배분된다. 아래에는 이를 설명하기로 한다.

① 라인조직에 의한 프로젝트 관리

라인조직에 있는 프로젝트에서 프로젝트 리더는 라인조직의 구성원 혹은 리더인 경우가 대부분이다. 이 경우에는 연구개발부서가 다른 기능부서와 마찬가지로 라인조직으로 설치되어 있고, 이 연구개발부서 산하에 몇 개의 연구실이 구성되고 각 연구실에 프로젝트 집단이 구성되는 것이다. 프로젝트 집단의 장은 프로젝트 리더로서 연구개발부서 내의 연구실에 소속하거나 연구실장이 맡는 경우가 일반적이다. 이와 같이 구성되는 프로젝트는 다른 부서들 혹은 연구실의 프로젝트와 서로 협력하지 않고 프로젝트 관리비용도 적게 든다. 그러나 이와 같은 프로젝트 조직은 유연성이 부족하며 충분한 자원을 확보하기 어려우며, 경직된 프로젝트 관리가 이루어지는 게 일반적이다. 이 같은 프로젝트 관리는 중소기업들의 작은 프로젝트의 수행에 이용되며, 프로젝트 리더의 권한은 매우 작다.

[그림 6-21] 프로젝트 조직의 유형 및 프로젝트 리더의 권한

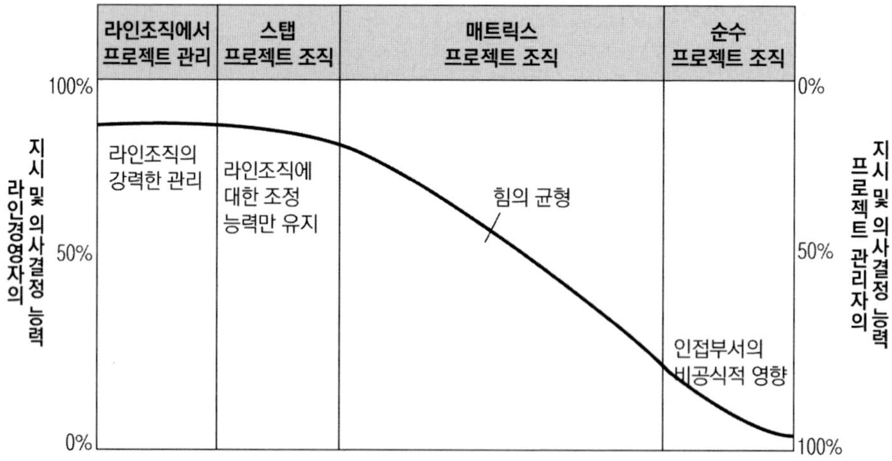

라인조직에서 프로젝트 관리
스탭 프로젝트 조직
매트릭스 프로젝트 조직
순수 프로젝트 조직
100%
50%
0%
라인경영자의 지시 및 의사결정 능력
라인조직의 강력한 관리
라인조직에 대한 조정 능력만 유지
힘의 균형
인접부서의 비공식적 영향
0%
50%
100%
프로젝트 관리자의 지시 및 의사결정 능력

자료: Specht 등(2002), p.361.

② 스탭 프로젝트 조직

스탭 프로젝트 조직은 프로젝트 리더가 기능부서, 즉 기능부서로서의 연구개발부서에 속해 있지 않고 최고경영층의 스탭조직(staff organization)으로 위치하여 프로젝트에 참여하고 있는 모든 조직에 대한 조정 역할을 담당하는 유형의 조직이다. 프로젝트 리더는 관련 프로젝트의 진행을 위한 계획을 수립하고 관련 부서들의 동의를 얻으며 프로젝트의 진행을 감독한다. 그는 프로젝트의 진행과 관련한 지체 여부를 눈여겨 살펴보아야 하며, 프로젝트가 목표로 하는 방향에서 이탈 여부를 조사하며, 프로젝트 진행을 관련 부서에 알려주는 역할을 담당한다. 그러나 프로젝트 관련 중요한 의사결정은 상급기구(예를 들어, 프로젝트 운영위원회, 조정협의체 등) 혹은 관련 라인조직(주로 연구개발부서)이 내리도록 한다. 이와 같은 순수 조정기능으로 인하여 이 유형의 프로젝트 리더는 프로젝트 조정자(project coordinator)로 불리기도 한다. 이 유형의 프로젝트 조직의 장점으로는 라인조직(기본조직)에 있는 연구개발 관련 부서들의 변화 없이 설치가 용이하고 연구개발부서와 독립적으로 연구개발업무의 조정이 용이하다는 점이다. 그러나 이 유형의 프로젝트 리더는 독립적인 충분한 권한이 없기 때문에 연구개발업무의 조정과 관련 상위기구에게 보고하여 구속력 있는 의사결정을 내리도록 노력하여야 하는 어려움이 있으며, 이는 연구개발 업무 및 프로젝트의 지체를 가져올 수도 있다. 그리하여 이와 같은 프로젝트 조직은 작은 규모의 복잡성이 낮은 프로젝트의 추진에 이용된다.

③ 매트릭스 프로젝트 조직

매트릭스 프로젝트 조직(matrix project organization)은 연구개발 분야에서 가장 많이 이용되는 프로젝트 조직이다. 이 조직은 프로젝트 관련 역량과 전문분야와 관련된 역량의 결합을 통해 탄생한다([그림 6-22] 참조). 여기에서 프로젝트 리더는 부분 프로젝트의 배분과 귀속(무엇)과 이들의

[그림 6-22] 매트릭스 프로젝트 조직구조

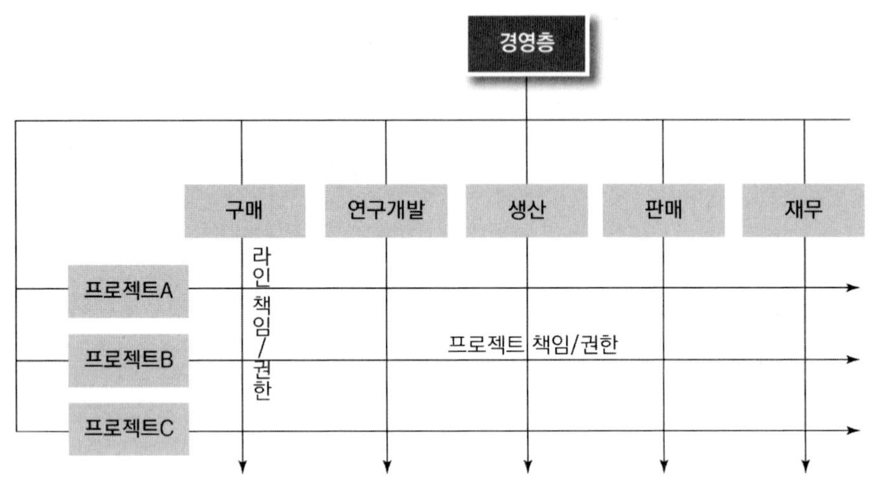

자료: Specht 등(2002), p.363.

일정(언제)에 관한 의사결정 권한을 가진다. 이에 반하여 라인 조직의 리더는 자원의 투입(어떻게)에 관해 결정하며 프로젝트에 참여하는 종업원(누구)에 대한 부서의 의견을 전달한다. 프로젝트 리더에게는 어느 정도의 필요한 자원이 배분되며, 그 결과 그는 자원에 관하여 기능부서에 의존하게 된다.

매트릭스 프로젝트 조직구조의 장점으로는 연구개발 프로젝트에 다양하고 유연한 자원의 투입이 가능하다는 점이며, 프로젝트 리더는 다양한 프로젝트에 대한 이 같은 자원의 배분을 통하여 환경변화에 유연하게 대응할 수 있다. 아울러 이 조직구조는 다양한 기능부서에서 다양한 배경을 가진 인력을 동원하여 다학제적 집단을 구성할 수 있고, 프로젝트 리더는 프로젝트의 전반적 진행, 즉 프로젝트 목표의 설정, 실질적 진행관리, 필요할 경우 프로젝트의 방향 수정 등에 관한 권한을 가지고 있고, 아울러 라인조직에서는 프로젝트 조직에 투입되는 예산의 효율적 사용 여부를 검토할 수 있다.

그러나 매트릭스 프로젝트 조직은 인력의 투입 및 자원의 배분에 있어서 라인조직과의 갈등의 위험성이 매우 높다는 단점을 가지고 있다. 그리하여 많은 기업은 연구개발 프로그램(R&D Program)의 기획시 '운영위원회(Lenkungsausschuß)'를 활용하는데, 이 위원회는 자원 부족의 가능성을 파악하고 제안된 연구개발 프로젝트들 간의 우선순위를 설정하고 더 나아가 프로젝트 리더의 권한의 한계에 대해서도 명확히 결정한다(Specht 등, 2002). 아울러 프로젝트에 참여하는 종업원들은 소속이 두 개라는 점에서 역할 갈등의 소지 역시 많다.

이와 같은 장단점을 파악하면 기업은 연구개발활동 및 기술혁신능력의 제고를 위해 매트릭스 프로젝트 조직을 효과적으로 활용할 수 있다. 특히 이 조직구조는 다양한 기능부서로부터의 지원이 필요한 중대형 연구개발 프로젝트에 적합한 조직구조이다.

④ 순수 프로젝트 조직

순수 프로젝트 조직(pure project organization)은 독립적 프로젝트 조직으로서 프로젝트의 진행과정 동안 모든 프로젝트 참여자들은 하나의 독립적 조직에 소속된다는 특징을 가지고 있다([그림 6-23] 참조). 여기에서 프로젝트 조직구조는 비공식적인 태스크포스(task force) 조직을 운영하거나 공식적으로 프로젝트 조직(project organization)의 형태를 가질 수 있다. 전자의 경우에는 프로젝트 수행을 위해 인력을 기능부서에서 일시적으로 빌려오는 것이고, 후자는 기능부서에서 인력을 프로젝트 수행만을 위하여 별도의 조직에 귀속시키는 것이다. 여기에서 프로젝트 조직에 귀속된 인적, 물적 자원은 모두 프로젝트 조직에서 관리하게 된다. 그리하여 프로젝트 리더는 프로젝트 조직 내의 학제적, 기능적 관리업무를 전담하고 프로젝트 성과에 대한 책임을 진다.

순수 프로젝트 조직은 연구개발 프로젝트 수행의 관점에서는 가장 효과가 높지만, 가장 비용이 많이 드는 조직구조이다. 제한받지 않는 자원

[그림 6-23] 순수 프로젝트 조직

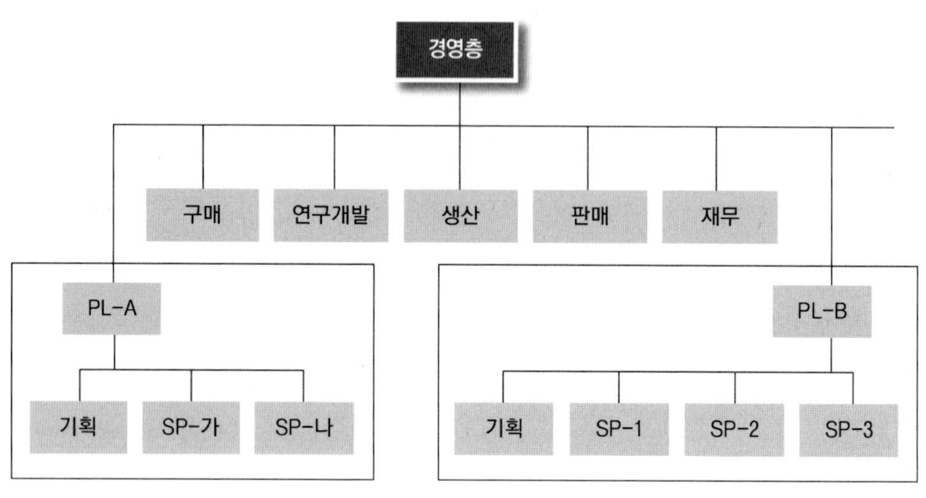

자료: Specht 등(2002), p.364.

의 이용가능성 및 프로젝트에 대한 자원의 집중 가능성 등으로 인해 프로젝트 목표의 성공 가능성은 매우 높고 프로젝트 참여자는 라인조직에 관계없이 자기가 맡은 프로젝트에 집중할 수 있다.

그러나 순수 프로젝트 조직은 연구개발활동의 중복 및 독립적으로 제공된 자원의 비효율성 등으로 인하여 효율성이 저하될 수 있는 위험이 있다. 아울러 순수 프로젝트 조직은 다른 기능부서 및 프로젝트 조직과의 소통에 어려움이 있을 수 있고 그리하여 비현지발명 신드롬(NIH Syndrome)이 발생할 수 있다. 아울러 독립된 프로젝트 조직의 설치 및 운영은 높은 조직적 비용을 발생시키고, 향후 프로젝트 조직이 해산되었을 때 프로젝트 조직 구성원들의 라인조직으로의 복귀에 어려움이 있을 수 있다. 그리하여 이와 같은 순수 프로젝트 조직은 대형 프로젝트에 많이 이용된다.

4. 연구개발활동의 조정

기업의 경쟁우위에 기술혁신이 중요해짐에 따라 많은 기업의 연구개발투자가 크게 증가하고 있고 이는 수많은 연구개발활동 및 연구개발 프로젝트로 이어진다. 이에 따라 조직 전체의 입장에서 연구개발활동의 조정 문제가 발생한다. Specht 등(2002)은 연구개발활동에는 다양한 조정의 필요성이 대두되며, 이 같은 조정수단을 구조적 조정과 비구조적 조정으로 나누어 논의하고 있는데, 아래에는 이를 살펴보기로 한다.

1) 조정의 필요성

조정(coordination)은 한 조직의 부분적 활동들을 조직 전체의 목표를 달성하기 위해 정렬하는 것을 의미한다. 조정의 필요성은 개별 구성원이 자신의 업무 처리에 있어서 조직 전체를 고려하지 않아 조직 전체의 목적이 달성에 지장을 줄 것이라고 예상되는 경우에 발생한다.

연구개발활동의 조정은 한편으로는 연구개발부서 내에서의 연구개발활동의 연계와 다른 한편으로는 조직 전체의 관점에서 연구개발부서의 다른 기능부서와의 연계로 나누어 파악할 수 있다. 연구개발조정의 목적은 부분영역들의 서로 다른 이해관계를 연구개발활동에 끌어들이고 연구개발활동에 참여하는 모든 부서의 협력을 이끌어내고 관리하는데 목표를 두게 된다.

연구개발활동 및 부서들의 조정이 특별히 중요한 이유는 다음과 같다(Kuhn, 1989: 110-111).

① 유용성: 오직 강력한 부서 간 조정만이 연구개발활동을 경제적으로 정당화할 수 있는 결과로 이어지게 하고 이를 새로운 제품과 공정으로 이어지게 함.

② 최적화: 이상적이고 완벽한 연구개발조직이 없다는 점에서, 조정만이 특정한 조직형태를 선택함에 따른 단점을 극복할 수 있음.

③ 경제성: 부족한 연구개발자원의 현실에 비추어 조정은 연구개발활동의 시너지 효과를 창출하고 중복투자의 문제점을 제거할 수 있음.

④ 활용성: 조정을 통하여 유용한 연구개발결과가 활용되지 못하는 상황을 방지할 수 있음.

이와 같은 연구개발 분야의 조정, 특히 연구개발부서와 다른 기능부서들과의 연계의 유형과 강도는 이상의 이유를 바탕으로 연구개발활동의 효용성과 성공에 매우 중요한 영향을 미친다.

2) 구조적 조정

연구개발활동의 구조적 조정(structural coordination)의 수단은 공식적인 조직 구조화의 일부이며 조직의 규정에 기반한다. 일반적으로 구조적 조정수단으로는 인적지시, 프로그램, 계획, 자체결정에 의한 조정, 그리고 기본조직과 보조조직의 조직단위 연계를 통한 조정 등으로 나누어 살펴볼 수 있다.

(1) 인적 지시에 의한 조정

인적 지시에 의한 조정은 의사결정 및 지시의 권한을 가진 사람이 어떤 활동에 참여하는 모든 조직단위에 관하여 행사하는 조정이다. 그리하여 이는 종(縱)적인 조정의 형태를 가진다. 그러나 다양한 부서들의 연구개발활동 조정에 관해서는 의사결정의 집중화에 의한 인적지시는 그 적합성이 많이 떨어지는데, 그 이유는 해당 의사결정자에게 주관업무의 과부하를 가져오기 때문이다. 아울러 이 유형의 조정은 의사결정에 걸리는 시간이 오래 소요된다는 점에서 급변하는 기술경제환경 속에서 이루어지는 연구개발활동과 부서의 조정에는 적합하지 않다.

(2) 프로그램에 의한 조정

프로그램에 의한 조정은 특정한 상황의 발생이 각각의 조직단위에게 경험적 조언을 제공하는 경우에 이루어진다. 해당 상황이 실제로 발생하면 프로그램은 조직단위의 대응의 유연성을 크게 높인다. 그리하여 프로그램의 질은 적시의 적응과 발생가능한 상황의 올바른 예측 여부에 달려 있다. 프로그램에 의한 연구개발활동의 조정은 과업환경의 동태성에 크게 제한받는다.

(3) 계획에 의한 조정

계획에 의한 조정은 제도적 기획과정에서 도출된 정기적인 사전계획 목표설정의 허용을 의미한다. 계획을 허용하기 위해서는 미래의 진행에 대하여 예측이 필요한데, 그 이유는 연구개발활동의 조정은 다시금 과업환경의 동태성에 의존하기 때문이다. 그러나 근본적으로 이 같은 계획에 의한 조정은 근본적으로 프로젝트의 복잡성을 극복하고 목표와 관련 오해를 회피하여야 하는 대형 프로젝트에 필요하다.

(4) 자체결정에 의한 조정

자체결정에 의한 조정은 수평적 커뮤니케이션과 의사결정 분권화에 의한 조정을 의미한다. 이 같은 조정은 연구개발 프로젝트에서 대단히 많이 사용되는 조정 형태이다. 이 유형의 조정은 업무와 활동이 서로 연계된 부서들이 조정업무를 스스로 인지하여 추진하는 것을 의미한다. 이 조정업무는 위계에 의한 상층부에 의해 이루어지는 것이 아니라는 점에서 혁신적 조직구조에서 요구하는 수평조직과 의사결정의 분권화에 대한 요구를 잘 충족시킬 수 있다. 일반적으로 이 같은 자체결정에 의한 조정은 관련부서들의 대표들의 집단의사결정에 의해 이루어진다. 연구개발 프로젝트에서 많이 사용되는 위원회 및 협의체에 의한 의사결정은 이 유형의 조정방안을 나타내 준다.

(5) 조직단위 연계를 통한 조정

개인의 이중소속 등을 통한 중첩된 위원회 및 프로젝트 집단의 체제는 조정에 있어서 자체결정을 촉진할 뿐만 아니라 기본조직과 보조조직을 인적, 조직적으로 연계할 수 있다는 장점이 있다. 이를 통하여 위계적 조정의 부담을 덜 수 있고 조직 구성원들의 동기도 제고할 수 있다. 이와 같은 조직단위 연계에는 '중첩집단'과 '연계팀'의 형태가 많이 사용된다.

① 중첩집단

중첩집단(überlappende Gruppen: overlapping groups)의 모델은 소위 연결핀(linking pin) 역할을 하는 집단조정자를 통해 다양한 집단의 수직적, 수평적 조정을 추진하는 모델이다([그림 6-24] 참조). 이 모델은 집단 내외의 다양한 위계 차원을 인지하고, 이 집단은 집단리더와 구성원들로 이루어진다. 집단리더는 각각 차상위 위계 단계에 대한 연결핀 역할을 한

[그림 6-24] 중첩집단에 의한 조정

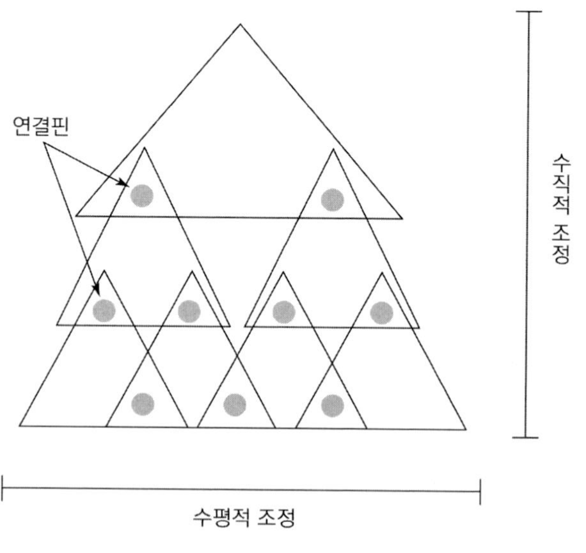

자료: Specht 등(2002), p.376에서 저자의 수정.

다. 그는 이 단계 집단의 구성원이 된다. 이 모델에서는 위계구조는 그대로 유지하지만 원활한 소통과 조정을 통하여 협력적 리더십을 구현할 수 있다. 이 모델은 연결핀을 통하여 같은 위계수준 간은 물론 서로 다른 위계단계 간의 강력한 소통이 이루어진다. 연구개발 프로젝트에서 부분 프로젝트 및 하위 프로젝트의 리더는 수직적 연결핀 역할을 담당한다.

② 연계팀

연계팀(vermaschte Teams: lined teams)에서는 동시에 두 개의 팀에 속해 있는 개인에 의해 조정을 추진하는 것이다. 그러나 팀 내에서 그리고 팀 간에는 하등의 위계적 단계는 존재하지 않는다. 팀의 구성원은 팀의 업무에 대한 공동책임을 가진다. 팀 내에서 위계적 프로젝트 리더의 기능은 동급의 사회자(moderator)에 의해 대체된다. 이를 통하여 관련 프로젝트 분야의 수평조직 구성이 가능하고 관련 프로젝트 구성원 간의 수평적, 비공식적 커뮤니케이션이 활성화될 수 있다.

3) 비구조적 조정

비구조적 조정(non-structural coordination)은 조직구성원의 행위를 조직구조나 규정에 전혀 혹은 최소한 의거하여 조정을 하는 것을 의미한다. 이 같은 유형의 조정수단으로는 특히 기업문화에 의한 조정과 비공식적 소통에 의한 조정이 자주 사용된다.

(1) 기업문화에 의한 조정

기업문화는 구성원들이 동일시하고 스스로의 행동을 구현하게 하는 기업 내의 규범 및 가치로 이해할 수 있다. 그리하여 기업문화에 의한 조정은 구성원들이 합의된 조직의 가치와 규범에 일체감을 가지면서 자신의 행동을 구조적 수단의 도움 없이 조정함으로써 이루어진다. 특히 연구개발업무와 같이 불확실성이 높고 다양한 구성원들의 참여가 필요한 과업에 있어서 기업문화는 관련 업무의 조정에 매우 긍정적인 영향을 미친다.

연구개발업무는 특별한 조정의 필요성이 있기에 '혁신우호적인 기업문화'는 연구개발활동의 기획 · 추진 · 조정에 아주 중요한 역할을 한다. 일반적으로 혁신적이고 협력적인 기업문화를 가진 기업은 다음과 같은 특징을 가진다(Corsten 등, 2006: 80-81; Gerpott, 1999: 147-148; Specht 등, 2002: 378-379).

- 높은 개방성(예를 들어, 기업 내 · 외부와의 강력한 정보교류, 연구개발 협력)
- 기업 내부 기능부서 간의 개방적, 비공식적 특징을 가진 혁신 관련 커뮤니케이션
- 구성원이 개인적 해결방안을 도출하는데 충분한 가능성과 여지가 있음
- 기업 가치체계 내에서 혁신의 중요성이 매우 높음
- 종업원의 안정성(예를 들어, 조직변경에 있어서 구성원의 개인적 위험 최소화)
- 혁신적 종업원에 대한 적극적 지원(예를 들어, 종업원의 아이디어에 대한 재정지원, 도전적 과제에 대한 적극적 지원)
- 혁신에 대한 노력의 적극적 보상 및 실패에 대한 높은 용인

아울러 혁신우호적인 기업에서는 혁신과 연구개발활동에 적대감을 극복하는데 중요한 역할을 하는, 특별히 동기가 유발되고 혁신지향적인 구성원들이 존재한다. 이 같은 구성원들은 다양한 명칭으로 불리고 있다. 우선, 제품 챔피언(product champion)은 기술혁신을 위한 아이디어를 창출하고 이를 프로젝트화하여 새로운 제품과 서비스로 만들어내는 구성원을 의미하며, 프로젝트 후원자(project sponsor)는 중역으로서 자신의 지위를 가지고 제품 챔피언에게 상당한 자원을 배분할 수 있는 권한을 가진 구성

원을 의미한다. 아울러 독일에서는 오래전부터 기업의 기술혁신을 위한 촉진자(promotor) 역할을 강조하였는데, 이는 전술한 두 유형의 구성원을 의미하는 것이다. 좀 더 확장하여 이들 촉진자 모델은 과학기술적 지식을 가지고 있는 전문촉진자(Fachpromotor), 자원을 확보해 줄 수 있는 권력촉진자(Machtpromotor), 조직적 지식을 가지고 이들 두 촉진자를 연계하는 과정촉진자(Prozeßpromotor) 등 세 가지 유형으로 나누기도 한다(Hauschildt, 1997: 161).

(2) 비공식적 소통에 의한 조정

많은 경우 효율적인 조정방법은 다양한 의사결정자들 간의 개인적 소통이기 때문에, 연구개발활동의 조정에 있어서 비공식적 소통(informal communication)은 중요한 역할을 담당한다. 이 같은 비공식적 소통은 창조성을 촉발하고 협력을 촉진하며 조직 공동의 목표 이해에 공헌한다. 연구개발과업의 복잡성이 높으면 높을수록 이 같은 비공식적 소통의 중요성은 더욱 증가한다.

비공식적 소통구조의 분석에서 문제점은 소통의 구조가 매우 복잡하고 구성원들 간의 연계가 너무나 많다는 점이다. 이와 같은 네트워크의 분석은 이른바 사회적 네트워크(social network)라는 새로운 구조로 분석되어지곤 한다. 연구개발경영에 있어서는 다음 세 가지 네크워크가 중요하다.

- 소통 네트워크(communication network) : 문제가 되는 과업과 관련한 문제에 관하여 정기적으로 이야기하는 사람들의 집합
- 자문 네트워크(advisory network) : 과업의 완수와 관련된 문제의 해결하기 위해 자문을 구할 수 있는 사람들의 집합
- 신뢰 네트워크(trust network) : 어려운 상황에 부닥쳐 있을 때 지원을 기대할 수 있는 사람들의 집합

[그림 6-25] 비공식적 네트워크의 사례

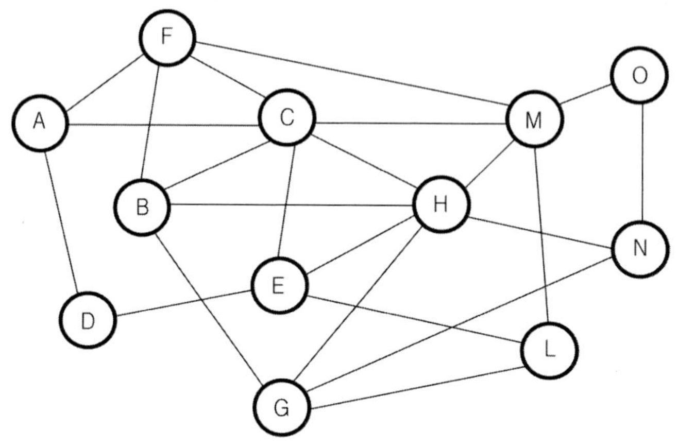

[그림 6-25]는 비공식적인 네트워크를 나타내 주고 있다. 연구개발 프로젝트를 시작하거나 팀을 구성할 때에 이 같은 참여 인력의 네트워크를 분석하는 것은 매우 바람직하다. 이들 세 유형의 비공식적인 네트워크 분석은 커뮤니케이션의 흐름이 얼마나 각각의 과업에 적합한가, 이 흐름이 공식적 조직구조를 얼마나 잘 보충할 것인가, 프로젝트에 참여하는 구성원들의 행동과 사회적 능력이 업무의 흐름을 얼마나 지원할 수 있는가를 알려줄 수 있다.

제 3 절 **연구개발조직의 설계**

1. 연구개발 조직구조 설계의 영향요인

기업의 연구개발활동은 다른 기업활동과 같이 투입 대비 산출을 극대화할 수 있도록 조직을 설계하는 것이 필요하다. 그런데 지식기반사회가 진행됨에 따라 연구개발의 양적인 성과보다는 질적인 성과, 즉 성과의 창의성이 점점 더 중요해졌다. 그러므로 연구개발 조직구조는 연구개발 성과와 창의성을 극대화할 수 있는 조직으로 설계되어야 할 것이다. 근본적으로 연구개발조직은 기본적으로 계층 구조가 작고, 연구원의 자율성과 책임성 간 균형을 추구하며, 적절한 평가 척도가 설정되고, 연구개발의 수요자와 활발하게 의사소통을 하는 조직으로 설계하여야 할 것이다. 이 점에서 연구개발 조직구조의 설계는 일반적인 창의적 기업조직 설계의 방향을 충분히 반영하여야 할 것이다.

전술한 바와 같이 기업의 기술개발조직을 설치할 때 우선적으로 고려하여야 할 사항은 조직을 "집권화할 것인가?"와 "분권화할 것인가?"의 문제이다. 또한, 이 문제를 더욱 넓게 해석하면 이와 같은 집권화 및 분권화에 추가하여 "외부와 협력할 것인가?"의 결정이 중요하게 대두된다. 즉, 최고경영자는 연구개발조직의 설계와 관련하여 집권화, 분권화, 외부 협력의 문제를 심각하게 고민하여야 할 것이다. 연구개발과 관련하여 중앙연구소를 운영하는 것과 사업부별 연구소를 운영하는 것 사이에서 어떻게 알맞게 균형을 유지하는가에 대해서는 정해진 법칙도 없다. 그럼에도 불구하고 Tidd 등(2005: 210-211)은 연구개발조직의 설치와 관련하여 적당한 균형에 영향을 미치는 다음의 네 가지 요인들을 도출하고 있다.

1) 기업의 주요 기술궤적

기업 주력기술의 궤적은 연구개발조직에 대한 강력한 방향성을 제시한다. 일반적으로 이와 같은 기술궤적(technology trajectory)은 산업에 따라 다르며, 그 결과 연구개발조직도 산업에 따라 다르다. 예를 들어, 전사적 차원의 중앙연구소는 화학산업, 제약산업 등에 있어서 매우 중요한데, 그 이유는 이들 산업에 있어서 기초연구의 결과가 종종 직접 상업화할 수 있는 기술개발로 이어지기 때문이다. 그러나 항공산업과 자동차산업에서는 중앙연구소의 중요성이 덜한데, 이러한 산업부문들은 기초연구가 기술개발에 간접적으로 영향을 줄 뿐이며, 연구개발, 디자인, 생산 간의 연계가 매우 핵심적이기 때문이다.

2) 기술의 성숙도

신흥기술 등과 같이 목표로 하는 기술의 성숙도(technology maturity)가 낮으면 전사적 차원의 중앙연구소의 형태가 적합하며, 기술의 성숙도가 높으면 사업부 단위의 연구개발활동을 수행하는 것이 바람직하다. 생명공학 등 첨단기술의 경우에는 기본적 기술적 돌파의 출현 이후 시장에서 특수한 기술적 기회들이 시작되기 이전에 시행착오 및 학습을 위한 상당한 기간이 필요하다. 이 경우 기존 부서나 내부 벤처그룹의 시장지향적인 틀 속으로 이전을 하기 전에 기술적 기회를 중앙연구소 내에 위치시켜 기존 부서의 즉각적인 상업적 압력으로부터 벗어나게 하고 이와 같은 학습과정을 제공하는 것은 큰 장점이 있다. 그러나 기술의 성숙도가 높아갈수록 한 산업 내의 많은 기업은 해당 기술에 대한 기술능력을 상당한 정도로 확보를 하고 있어 경쟁요인은 제품의 차별성보다는 원가우위 및 시장에 출하하는 시간이 된다. 이와 같은 기술에 대한 연구개발은 연구개발결과를 즉시 상업화하고 시장에서 필요로 하는 요건을 연구개발과정에 즉각 반영할 수 있는 사업부 단위의 연구개발 조직구조가 적합하다.

3) 기업전략의 유형

기업의 전략 유형(strategic style)은 연구개발조직의 선택에 영향을 미친다. 기존 제품에 주안점을 두고 단기적 재무성과를 지향하는 전략을 가진 기업은 중앙연구소를 선호하지 않을 것이다. 이에 반하여 중장기적 지속가능한 성장을 추구하는 기업은 신흥기술과 같은 차세대 기술의 개발 및 활용을 위하여 중앙연구소 형태의 조직구조를 선호할 것이다. 그러나 단기적, 시장지향적 전략을 추구하는 기업은 사업부 내의 기존제품과 관련된 점진적 혁신에 주안점을 두는 사업부 내의 연구개발부서의 설치를 선호할 것이다. 그러나 이와 같은 단기적 전략을 추구하는 기업은 급진적이고 새로운 기술의 개발과 활용으로부터 나타나는 기회를 놓칠 위험이 높다. 실제로 많은 전문가는 1980년대 미국과 영국의 많은 기업이 새로운 기술의 개발 및 활용보다는 단기적 재무성과에 주안점을 두어 기업의 미래지향적 건전성을 해쳐 경쟁력을 상실하였음을 제시하고 있다.

4) 새로운 과학기반 기술과의 연계

새로운 과학기반기술(science-based technologies)과의 연계를 추구하는 기업은 새로운 형태의 연구개발 조직구조를 가진다. 이 같은 기업은 중앙연구소를 운영하는 경향이 많으나 새로운 지식을 습득하기 위하여 대학 및 공공연구기관과의 긴밀한 연계를 맺는다. 이와 같은 기초학문과의 연계를 추구하는 기업들은 주로 생물학, 나노기술, 정보통신기술과 같은 첨단기술 산업에 속한 경우가 일반적이다. 아울러 이들 첨단기술 분야에서 대학 및 공공연구소로부터 새로운 기업이 분리 독립하는 경향도 많은데 이들은 전통적으로 모태조직인 대학 및 공공연구기관과 긴밀한 협력을 하게 된다.

2. 연구개발 조직구조 설계의 방향

연구개발 조직구조는 산업 및 기업에 따라 다르다. 그리하여 모든 기업들에게 적용가능한 '최적'의 조직구조는 있을 수 없다. 또한, 연구개발 조직구조는 시간의 흐름에 따라 변화하여야 한다. 그럼에도 불구하고 효과적인 연구개발 조직구조의 설계 방향은 다음과 같다.

첫째, 연구개발 조직구조는 연구원의 창의성을 최대한 발휘할 수 있도록 구성되어야 한다. 즉, 보고와 통제의 단계를 줄인 수평적 조직을 통해서 연구원들이 자유로운 분위기에서 창의적 연구에 몰두할 수 있도록 해야 한다.

둘째, 연구개발조직 구성원들의 지식과 기술을 최대한 활용할 수 있는 조직형태를 설계해야 한다. 즉, 연구원들 각자의 지식을 최대한 공유하고 상호 전달하여 시너지 효과가 극대화될 수 있도록 조직이 만들어져야 한다. 예를 들어, 연구개발조직은 연구원들 각자의 아이디어와 지식을 스스로 공표하고 공유하는 학습지향적 조직문화를 구축·운영하여야 할 것이다.

셋째, 연구개발 조직구조는 연구개발부서 내부의 연구원뿐만 아니라 관련 외부의 연구기관이나 연구자와 원활한 의사소통을 촉진하여 지식의 이전·확산·조합은 물론, 새로운 지식의 습득이 광범위하고 항시적으로 일어날 수 있도록 설계하여야 한다. 지식기반사회로의 진전으로 지식의 생산과 유통이 기술혁신의 가장 중요한 출발점이 되고 있기 때문에 연구원들 간의 원활한 의사소통은 더욱 중요해지고 있다.

넷째, 연구개발 조직구조는 연구개발부서와 기업 내 타 조직, 특히 생산 및 마케팅 조직과의 원활한 연결과 소통이 가능하도록 조직이 설계되어야 한다. 이들 관련부서는 연구개발성과의 일차적 수요자들로서, 이들 소비 조직과 효율적으로 연계할 수 있는 조직설계가 연구개발조직 성공의 주요한 출발점이다.

다섯째, 연구개발조직 내부의 관련 자원을 최대한 활용할 수 있는 조직설계가 이루어져야 한다. 이를 위하여, 연구개발부서가 가지고 있고 손쉽게 획득할 수 있는 물리적, 인적 자원을 최대한 활용할 수 있는 연구개발부서의 업무범위의 합리적 설정이 필요하다.

마지막으로, 조직 구성원과 조직 자체의 전문성을 지속적으로 유지·강화할 수 있는 조직설계가 필요하다. 즉, 연구개발조직의 지속적이고 자발적인 학습조직화가 성공에 있어서 매우 중요하다. 연구개발조직은 새로운 기술혁신의 창출 및 확산을 주요 업무로 하고 있기 때문에 구성원의 학습 촉진은 물론 양질의 신규인력 충원이 용이하게 이루어지도록 조직이 설계되어야 한다. 따라서 학습조직(learning organization)의 논리와 절차를 반영한 연구개발조직의 설계가 필요하다.

3M의 연구개발문화

3M컴퍼니(3M Company)는 1902년 미국 미네소타주에서 창립되었으며 초기에는 미네소타광공업회사(Minnesota Mining and Manufacturing Co.)로 불리었다. 이 회사는 설립 초기 사포와 연마제를 생산한 이후 스카치테이프, 포스트잇, 탁상용 복사기 등 대단한 혁신적 제품을 개발하여 전 세계에서 가장 혁신적인 기업의 명성을 유지해 오고 있다. 3M은 전 세계 200여 국에서 10여만 명의 종업원이 종사하며 5만여 개의 다양한 제품을 판매하고 있는데, 이들 제품은 이 기업이 확보하고 있는 핵심기술역량에 바탕을 두고 있다.

3M의 기술혁신역량은 이 기업의 독특한 연구개발 및 혁신 문화에서 비롯하는데, 이 문화는 Google 등 전 세계의 첨단기업들도 벤치마킹해 오고 있다. 이 기업의 성공은 혁신은 우연한 사건 등 수많은 방향 어디에서든지 발생할 수 있는 조건을 창출하고 혁신을 질식시킬 수 있는 과도한 조직구조의 설치를 회피하는 데 많은 노력을 기울여 온 데 있다.

3M이 도입한 혁신우호적 문화의 요소는 다음과 같다.

- 인정과 보상 : 3M은 기업 전반에 걸쳐 혁신활동을 인정하는 다양한 제도를 가지고 있는데, 예를 들어 성과보다는 노력을 인정하는 '혁신상(Innovator's Award)' 제도를 들 수 있음.
- 핵심가치의 강화 : 이 기업 내에서는 "혁신은 존경받는다!"는 핵심가치를 강화해 오고 있는데, 예를 들어 3M에는 혁신성과를 기준으로 선발, 헌정하는 '명예의 전당(Hall of Fame)'을 운영하고 있음.
- 지속적 순환 : 이와 같이 대규모, 분산된 기업에게 핵심인 창조적 결합을 위하여 다양한 시각을 가진 사람을 이동하고 결합함.
- 느슨함(slack)의 배분 및 여가의 허용 : 종업원에게 자신의 업무시간의 일정

부분을 때로는 돌파형 제품(breakthrough products)을 제공해 줄 수 있는 호기심을 추구하는 활동을 하도록 허용함.

- 끈기(patience) : 혁신적인 아이디어가 진화하고 형체를 갖추는 동안 실수하는 것을 허용함. 포스트잇(Post-it)과 스카치가드(Scotchgard)와 같은 돌파형 제품은 이들이 정규 제품의 틀 속으로 들어오는 데 2~3년의 준비의 시간이 필요했음.
- 실수의 용인 및 위험부담 촉진 : 이와 관련, 한 전직 CEO의 다음 언급이 인용될 수 있을 것임. "실수(mistake)는 종업원이 올바르다면 괜찮다. 종업원들이 저지르는 실수는 장기적으로 보면 심각한 것이 아니다. 왜냐하면, 이것이 심각하면 실수관리(mistakes management)가 작동하기 때문이다. 실수가 발생하였을 때 경영층이 너무 민감하면 종업원의 진취성을 죽이게 된다. 우리가 계속 성장하려면 진취성을 가진 많은 종업원을 가지는 것이 핵심적이다."
- 비밀작업(bootlegging)의 촉진 : 종업원들에게 권한이양(empowerment)의 느낌을 부여하여 종업원이 기업체계를 우회하는 창조적 방법을 눈감아 줌. 이것은 기업의 경직된 관료적 절차의 문제를 해결하는 방안임.
- 혁신가(innovators)의 고용정책 : 종업원의 채용에 있어서 혁신가의 경향과 특징을 가지고 있는 사람을 적극적으로 탐색.
- 연대의 힘에 대한 인식 : 다양한 기능들을 분리하지 않고 이들을 팀과 그룹으로 한데 모으려는 세심한 노력을 기울임.
- 폭넓은 시각을 촉진 : 제품의 개발에 있어서 연구개발자들과 사용자 간의 긴밀한 연계를 구축하여 제품을 보다 사용자 친화적이고 성공적이게 함. 예를 들어, 연구개발요원을 고객과 직접 만나게 함.
- 비공식 모임 촉진 : 3M은 1951년부터 Technology Forum이라는 구조적 이름하에 일련의 집단 및 위원회 등에서 비공식 모임과 워크숍 등을 촉진해 오고 있음. Technology Forum은 정보의 자유롭고 활발한 교환과 아이디어의 교차수분을 촉진하기 위해 만들어졌음. 이 포럼은 비록 기업이 자원을 지원하였지만 자발적 활동이었고 이는 다양한 시각과

아이디어를 물 흐르듯 교환하게 하는 기업 전반의 '대학(college)' 역할을 하였음.

- 자원봉사자(volunteers)의 고용 : 특히 새로운 영역을 창출하려고 할 때에 연구개발팀의 구성원으로서 고객과 다른 외부인들의 참여를 촉진함. 이는 다양한 시각의 혼합을 가능하게 하였음.

자료: Tidd, J. and Bessant, J. (2013), *Managing Innovation: Integrating Technological, Market and Organizational Change*, 5th Ed., John Wiley & Sons, Chichester, pp.158-159에서 저자의 수정.

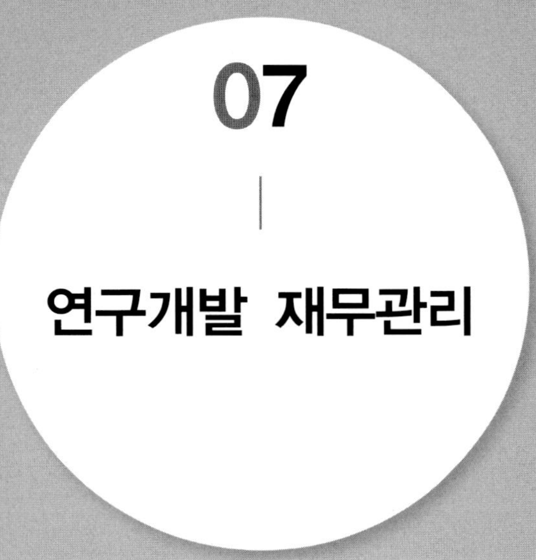

07 연구개발 재무관리

제 1 절 연구개발자금의 조달

연구개발경영에서 중요한 과제 중 하나는 다양한 연구개발활동에 필요한 자금을 조달하는 것이다. 연구개발자금 조달은 연구개발조직의 측면에서는 무론 기업 전체의 측면에서 이루어지며, 더 나아가 연구개발협력을 통해서도 또한 정부의 지원을 통해 이루어진다. 아래에는 이를 논의하기로 한다.

1. 연구개발 자금조달

자금조달(financing)의 개념은 자본조달을 의한 단・장기적 수단을 의미한다. 이에 비하여 투자(investment)는 조달된 자금을 적절한 곳에 사용하는 것을 의미한다.

1) 연구개발투자의 특징

연구개발투자(R&D investment)는 미래지향적 투자라는 점에서 기업에게 전략적 의미가 있으며, 기업의 연구개발에 대한 지출은 넓은 의미에서는 고정자산(fixed assets)에 대한 지출과 비교할 수 있다. 연구개발지출의 이와 같은 투자의 성격은 다음과 같은 세부적 특징으로 살펴볼 수 있다 (Stratmann, 1998: 62-63).

- 연구개발활동의 결과로서 시간적으로 분리된 지출과 수입 흐름이 존재함.
- 연구개발활동은 기업의 운영과정에서 장기적 경쟁우위의 확보를 지향함.
- 연구개발활동을 통하여 – 고정자산투자를 통해 물리적 자본스톡의 구축과 유지가 이루어지는 것처럼 – 보이지 않는 연구개발스톡(R&D stock)이 구축됨.

연구개발투자가 고정자산투자와 다른 특이점은 이 투자는 긴 시간적 범주에 걸쳐 발생한다는 점이다. 특히 연구개발투자는 제품과 공정 개발이 끝나 시장출하가 시작되는 연구개발과정의 후반부에 특히 많이 발생한다. 아울러 연구개발비용은 프로젝트 초기에는 정확히 산정할 수 없고 프로젝트가 상당한 정도 진행되어야 명확하게 알 수 있다. 또한, 연구개발투자는 새로움(newness)을 나타내는 혁신을 다룬다는 측면에서 미래의 투자 회수의 가능성을 확실히 알 수 없다는 측면이 있다. 이와 같은 특징으로 인하여 연구개발투자는 일반 고정자산에 대한 투자보다 훨씬 높은 위험을 내포하고 있다. 특히 기업의 차세대 성장동력을 가져올 불연속적 혁신 혹은 돌파형 기술의 개발은 그 위험성이 대단히 높다.

2) 연구개발 자금조달의 기준

투자의 형태로서 연구개발지출의 특징 그리고 연구개발투자의 특징으로 적절한 연구개발 자금조달의 형태와 이를 위한 기준이 개발되었다. 특히 Stratmann(1998)은 이에 대해 상세한 서술을 하고 있다.

먼저, 연구개발투자를 위한 자금조달의 일반적 기준은 자금지원자로부터의 독립성과 수익성이다. 여기에서 독립성(independence)은 연구개발투자에 있어서 자금지원자의 바람직하지 않은 영향력 행사를 방지한다는 것이며, 수익성(profitability)은 자금조달은 투자에 있어서 수익을 창출하여야 한다는 것이다. 또한, 연구개발투자는 여러 단계로 장기적으로 투자된다는 점에서 자금조달의 상당한 분량이 조기에 그리고 지속적으로 조달되어야 한다. 여기에서 추가적인 자금조달기준으로 정기성(periodicity)과 조달가능성(availability)이 대두된다.

연구개발투자는 특이성(singularity)과 부분적으로 높은 위험성(risk)의 특징을 가지고 있는데, 이는 주관적으로만 인식될 수 있는 기준이다. 아울러 비실체성(immateriality)은 자금제공자가 필요한 자금을 사실상 준비할 능력이 항상 있는 것이 아니라는 특징을 의미한다. 이에 따라 자금

[그림 7-1] 연구개발투자 자금조달을 위한 기준의 도출

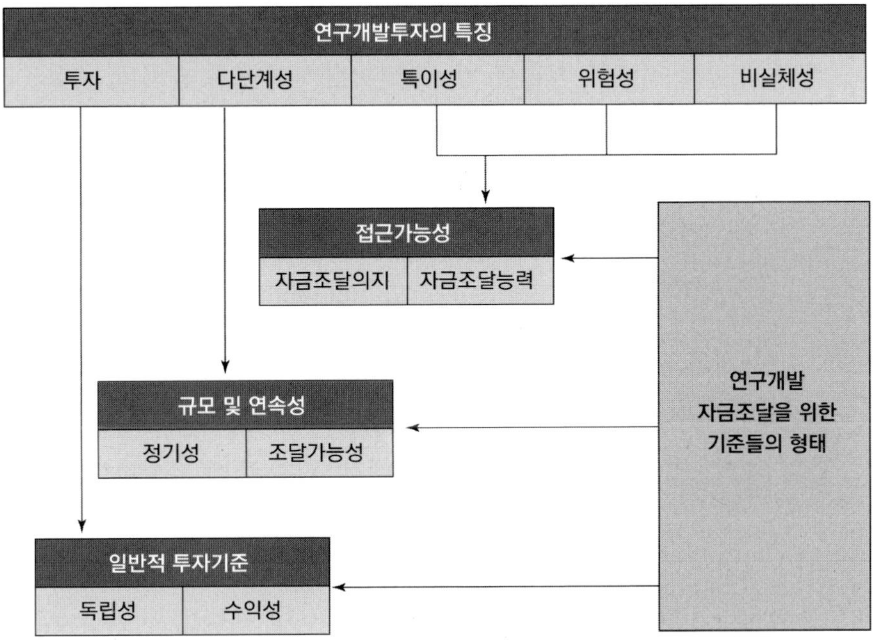

자료: Stratmann(1998), p.69.

조달의 기준으로서 자금제공자의 의지(will)와 능력(capability)의 기준이 필요하다.

이상에서 언급한 연구개발 자금조달 기준들은 [그림 7-1]과 같이 연구개발투자를 위한 자금조달 가능성을 평가하는데 도움이 되는 분석의 틀을 제공한다.

3) 연구개발투자를 위한 자금계획

기업의 투자와 자금조달 의사결정의 본질적인 기반은 무엇보다도 기업의 상환 가능성을 보증하는 자금계획(financial plan)이다. 연구개발경영에서 자금계획은 무엇보다도 연구개발 프로젝트들의 우선순위 설정과 각각 필요한 예산의 결정에 사용된다. 자금계획은 현재와 미래의 모든 수입과 지출 흐름을 대비하며, 이를 통해 무엇보다도 다음 업무를 수행한다(Specht 등, 2002: 510).

- 수입과 지출의 흐름과 연구개발과정의 재무적 수요와 조정
- 기업의 업무를 자금조달 가능성에 집중하여 연구개발활동에 필요한 재무적 자원의 적시에 준비
- 기존의 재무적 자원을 지출채무보다 크게 유지하여 연구개발자금 부족사태의 방지

자금계획은 일반적으로 단기적인 유동성 계획(liquidation plan)과 장기적인 자본구성계획(capital binding plan)을 포괄한다. 유동성 계획은 1년 단위 계획으로서 보통 대출 및 자산매각 등을 통해 조달한다. 연구개발 투자는 고정성이 높고 일반적으로 장기간에 걸쳐 이루어지기 때문에 조기의 계획과 예산편성이 필요하다. 이 목적을 위하여 자본구성계획이 대두되는데 이는 수년에 걸쳐 계획된 자본수요를 보장하는 목적으로 이루어진다.

연구개발자금의 구체적 조달 및 구성은 연구개발조직 관점에서의 조달, 기업 전체 관점에서의 조달, 협력에 의한 조달, 정부로부터의 조달 등으로 나누어 살펴볼 수 있다(Specht 등, 2002: 511-524; Pleschak & Sabisch, 1996: 333-345). 아래에는 이를 설명하기로 한다.

2. 연구개발조직 관점에서의 연구개발 자금조달

연구개발부서가 독립적인 경우에는 연구개발부서는 자신의 연구개발활동에 필요한 자금조달의 책임을 지는 경우가 있다. 이 경우 연구개발부서가 독립된 수익센터(profit center)로 운영되는 완전한 독립채산의 형태로부터 기업 상층부에서 일정한 정도의 자금을 지원받는 유형 등 다양한 스펙트럼을 생각할 수 있다. 완전한 독립채산제의 경우 연구개발조직

은 내부고객에게도 연구개발자금을 책정하며 외부의 제삼자를 위한 연구개발활동을 수행한다.

1) 기업 상층부에 의한 연구개발 자금조달

기업 상층부로부터의 자금조달은 기업 전체의 재무적 자원으로 연구개발부서에게 일반예산을 제공하는 것을 의미한다. 자금조달의 한도는 일반적 판단기준, 예를 들어 매출액 대비 연구개발투자 혹은 산업 평균 연구개발비 등을 바탕으로 결정한다.

특히 분권적 연구개발조직에서는 보통 일반 사업부들도 연구개발부서의 성과에 대한 수요자로서 일반적 예산편성절차에 참여하기도 한다. 여기에서 기본이 되는 판단기준은 매출액, 수익, 현금흐름과 같은 경제적 척도가 일반적이다.

기업 전체의 입장에서는 상층부로부터의 연구개발부서에 대한 자금조달은 일반 부서들의 예산책정과 차이가 별로 없고 그 결과 매우 간단하며 관리비용이 적게 드는 자금조달방법이다. 그러나 연구개발부서의 경제적 성과를 미리 예상하기는 쉽지 않다. 이에 따라 이 자금조달 방법은 기초연구 및 첨단기술연구를 위한 자금조달에 많이 사용된다.

2) 내부고객에 의한 자금조달

연구개발부서의 관점에서 추가적 자금조달 방법은 내부의 고객, 즉 내부의 연구개발 수요자들에게 이들이 사용하는 연구개발결과에 대해 비용을 청구하는 것이다. 이 방법의 전제조건은 내부고객에게 금액을 책정할 때 명백한 책정기준을 설정하는 것이다. 이와 관련 책정단가의 측면에서는 시장가격(market price)에 의한 책정방법과 원가가격(cost price)에 의한 책정방법이 있고, 의사결정방법의 측면에서는 경영층이 결정하는 방법과 당사자 간 협상방법이 있다.

이 자금조달방법의 문제점은 상황에 따라서는 연구개발조직의 수요

부서들에 대한 의존으로 인하여 연구개발조직의 독립성이 훼손될 수 있다는 점이다. 그러나 이 방법은 내부고객과 연구개발부서 간 긴밀한 협력을 수행할 수 있고 연구개발결과의 수요부서 내에서의 수용도를 제고할 수 있다는 장점이 있다.

3) 라이선스 수입에 의한 자금조달

이 자금조달 방법은 상대적으로 독립적인 연구개발부서의 자금조달 방법이다. 연구개발부서는 외부의 수요자에게 연구개발결과인 특허(patents)의 사용권을 제공함으로써 수입을 얻을 수 있다. 여기에서 라이선스 수입의 크기는 연구개발비용에 일정한 수익을 추가하여 책정할 수 있다. 기업이 이와 같은 라이선스의 제공 이유는 수익창출과 같은 일반적 목적보다는 신기술의 빠른 확산, 표준의 설정과 같은 특별한 목적을 가지는 경우가 많다.

4) 제3의 연구계약에 의한 자금조달

연구개발부서 자금조달의 또 다른 방법은 외부로부터 연구개발 프로젝트를 수탁받는 것이다. 연구개발부서는 자신의 연구개발역량을 시장에 적극적으로 판매할 수 있다. 그러나 다른 기업을 위한 연구개발 프로젝트의 수행은 기업 자체의 수요에 우선할 수 없으며, 때에 따라서는 기술적 지식의 유출위험이 있기에 세심하게 추진하여야 할 것이다.

3. 기업 관점에서의 연구개발 자금조달

기업의 관점에서는 연구개발 자금조달을 위한 다양한 방법이 존재한다. 가장 대표적인 자금조달은 내부자금조달(예: 사내유보)을 통한 연구개발 자금조달, 자기자본의 조달을 통한 연구개발 자금조달, 외부자금(예: 은행대출, 공급자 대출 등)을 통한 연구개발 자금조달 등을 들 수 있다. 일

〈표 7-1〉 기업의 기본적 자금조달 방법의 개요

자금의 원천 / 법적 위치	내부자금조달 (내부의 자체능력에 의한 자금조달)	외부자금조달 (외부의 자본공급을 통한 자금조달)
자체자금조달 (자기자본에 의한 자금조달)	수익을 시내유보하지 않고 직접 사용(자체조달)	외부로부터의 자기자본의 조달 (예: 주식발행)
타인자금조달 (타인자본에 의한 자금조달)	유보금의 자금조달에 사용 (예: 퇴직충당금의 사용)	타인자본의 조달(예: 은행대출, 고객대출, 공급자대출)

자료: Pleschak & Sabisch(1996), p.332.

반적으로 기업의 관점에서의 연구개발 자금조달은 <표 7-1>과 같이 재무적 자원의 원천과 법적 형태에 따라 구분할 수 있다. 아래에는 이에 관해 세부적으로 논의하기로 한다.

1) 내부자금조달을 통한 연구개발 자금조달

기업의 내부자금조달은 매출과정, 필요한 경우에는 기업 자산의 매각, 이자 수입 등을 통해서 재무적 자원을 확보하는 것이다. 그리하여 연구개발활동을 위한 내부자금은 기업이 내부적으로 자유롭게 사용할 수 있는 자금을 의미한다. 이는 이른바 현금흐름(cash flow)을 형성한다. 내부자금조달의 장점은 자금에 대한 정보를 이미 확보하고 있고, 빠르게 확보할 수 있으며, 외부자본비용이 발생하지 않으며, 더 나아가 자금에 대한 자율성을 확보할 수 있다는 점이다. 그러나 이 방법은 매우 단기적인 성격을 가지며 자금조달의 지속성을 확보하기 어렵다는 단점이 있다.

2) 자기자본조달을 통한 연구개발 자금조달

자기자본(Eigenkapital)에 의한 조달은 그동안 혹은 새로운 동업자 혹은 공동출자자에 의한 추가적 출자를 통해 자금을 조달하는 것이다. 일반적으로 외부자금은 제한된 접근만 가능하므로 이 같은 자기자본조달은 연구개발 자금조달의 중요한 기초가 된다. 이 자금조달의 유형은 자금의 규모, 지속성, 접근가능성 측면에서 매우 유리하며, 자금조달의 비용도 절약할 수 있다. 그러나 이 같은 자기자본조달은 이익의 일부분을 제공하여야 하며 새로운 출자자의 모집은 종종 의사결정 권한의 침해를 가져오기도 한다. 일반적으로 이와 같은 자기자본을 통한 연구개발자금의 조달은 벤처기업 및 초기의 중소기업에게 매우 매우 중요하다.

3) 참가자본의 이용을 통한 연구개발 자금조달

연구개발 자금조달은 투자회사들을 통해서도 이루어진다. 벤처캐피탈을 비롯한 참가자본(Beteiligungskapital)은 다양한 투자자들, 예를 들어 은행, 보험회사, 공공기관, 기업, 기금, 개인이 투자하여 모아지는 특별한 자금이다. 대부분 이 같은 참가자본은 자신들이 투자하는 기업의 통제권, 공동의사결정권과 연계되어 있고 경우에 따라서는 투자자들에 의한 경영지원도 이루어진다. 이와 같은 참가자본에 의한 자금조달의 장점은 기술혁신투자에 대해 적절하게 준비된 자금이라는 점이다. 투자자금의 크기와 연속성이 개별 투자자본에 대해 잘 준비될 수 있으며, 투자자들이 피투자회사들에 대한 자문을 제공할 수 있다는 장점도 있다. 그러나 이 유형의 자금조달의 단점으로는 이들 자금은 대부분 수익창출을 목표로 하고 있어 투자 대상기업을 엄격히 선정하고 있으며, 이에 따라 이들 자금에 대한 이용가능성이 많이 떨어진다는 점이다. 자본참가에 의한 연구개발자금조달은 대체로 벤처기업 및 중소기업들이 많이 이용하는데, 그 이유는 이들 기업은 충분한 자체자금조달에도 어려움이 있고 대기업에 비하여 외부자금조달에도 큰 어려움이 있기 때문이다.

4) 은행대출에 의한 연구개발 자금조달

은행은 다양한 자금조달수단을 가지고 있다. 그러나 일반적으로 은행은 기술혁신에 대한 자금조달을 위한 특별한 수단은 가지고 있지 않기 때문에, 은행을 통한 연구개발활동에 대한 자금조달은 은행의 일반적 대출을 통해 이루어지게 된다. 은행으로부터의 대출은 단기, 중기, 장기로 나누어진다. 근본적으로 은행대출은 자금조달 기준들과 관련하여 정기성, 크기, 연속성에 있어서 적합성을 가지고 있다. 그러나 이용가능성에 있어서는 일반적으로 은행들은 까다로운 대출심사를 하고 과거의 기업경영 이력을 검토하기 때문에 기술혁신 및 연구개발투자는 상당히 꺼리는 경향이 많다. 이에 따라 은행대출은 연구개발투자가 얼마나 수익을 창출할 수 있을 것인가를 바탕으로 결정되며, 이는 자금조달에 있어서 심리적 성격을 가지는 것이기도 하다. 많은 은행은 연구개발투자나 기술집약형 기업에 대한 투자에 있어서 상대적으로 높은 이자를 부과한다. 아울러 이 같은 은행대출은 은행과 기업 간의 오래된 거래관계를 바탕으로 이루어진다.

제 2 절 연구개발투자의 결정[1)]

1. 연구개발유형과 투자결정방법

기업이 연구개발활동을 수행하기 위해서는 인적, 물적, 재무적 자원을 필요로 한다. 그런데 기업의 자원은 한정되어 있기 때문에 연구개발부서는 전통적인 기능부서들과 자원확보를 위해 경쟁하게 된다. 많은 경우 연구개발부서가 필요한 예산을 순조롭게 조달받기 위해서는 자신의 연구개발활동에 대한 당위성을 보여야 한다. 즉, 연구개발부서는 자신의 연구개발활동이 기업의 경쟁우위로 변환될 새로운 제품과 서비스의 창출 및 기존제품 및 서비스의 개선으로 이어진다는 것을 기업 내에서 증명해 보여야 한다.

---

1) 이 절은 정선양(2016), 「전략적 기술경영」, 제4판, 박영사, pp.352-358을 참조하였음.

그러나 연구개발활동은 근본적으로 불확실하고, 실패의 위험이 있으며, 수익을 창출하는 데 많은 시간이 걸리기 때문에 이를 증명하기는 쉽지 않다. 이에 따라 많은 기업에서 최고경영자는 연구개발에 대한 투자를 즉각적인 수익을 창출하지 않는 비용(cost)으로 처리하는 경우가 많다. 따라서 기업의 경영층이나 재무부서들은 비용으로 처리되고 불확실하며, 장기적인 연구기간을 갖는 연구개발활동에 대한 투자를 꺼리게 된다.

그러나 일반적으로 장기적이고 위험이 높은 연구개발 프로젝트일수록 기업에게 보다 많은 효익을 제공하는 것으로 인식되고 있다. 많은 선도기업의 사례를 살펴보면 기업의 연구개발에 대한 지출은 기술혁신, 생산성 제고, 품질개선, 시장점유율 증대 등에 많은 공헌을 한 것으로 인정되고 있다. 이 점에서 연구개발에 대한 지출은 기업의 미래를 위한 투자(investment)로 인식하여야 할 것이다.

이상에서 간략히 살펴본 바와 같이 기업의 연구개발자원에 대한 의사결정은 일반적으로 비용(cost)으로 간주할 것인가와 투자(investment)로 간주할 것인가에 따라, 다음 세 가지 방법에 기초하고 있다([그림 7-2] 참조).

먼저, 연구개발활동을 비용, 즉 간접비(overhead cost)로 간주하여 지원하는 것이다. 이 경우에는 경영층이 연구개발이 필요하다고 인식하고 있고, 연구개발에 대한 자금지원의 의지도 충분하며, 연구개발활동에 대한 실질적인 지원이 이루어진다. 그러나 이 같은 연구개발에 대한 의사결정은 기업의 상황이 좋을 때는 문제가 없지만, 자금사정이 좋지 않을 경우에는 간접비를 증대시킬 수 없고 오히려 이를 비용으로 인식하여 축소할 수 있다는 문제점을 가지고 있다. 이에 따라 개별 연구개발 프로젝트의 측면에서 볼 때 이 방법은 기업의 연구개발 프로젝트 중 기술혁신과정의 상층부 끝 쪽의 탐색연구(exploratory research) 혹은 기초연구(basic research) 프로젝트에 대한 의사결정방법으로 적절할 것이다. 이를 통하여 기업의 자금 사정이 좋지 않을 때에는 기초연구에 대한 자원배분을 줄이고 단기적인 수익을 창출할 수 있는 개발연구 및 상업화 연구에 자원을 집중할

[그림 7-2] 연구개발활동유형과 투자결정방법

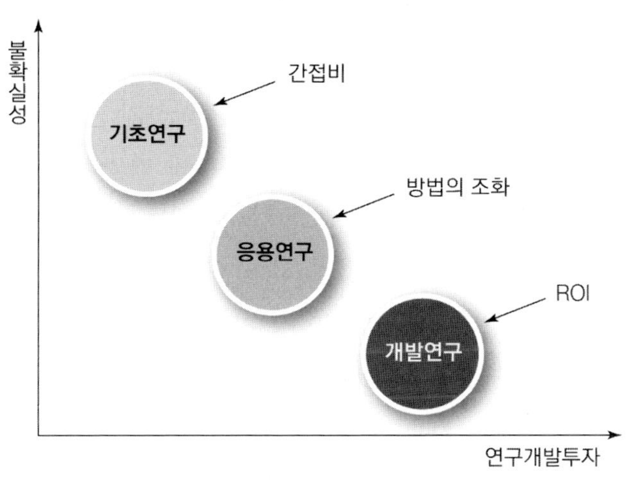

수 있으며, 기업의 상황이 좋으면 기초연구 및 탐색연구를 증가하여 기업의 미래 성장동력의 확보를 모색할 수 있을 것이다.

다음으로는 연구개발활동이 투자(investment)로서 지원되는 것이다. 이 경우에는 연구개발활동에 대한 자원의 배분이 기업의 투자행위로 인식되어 연구개발에 대한 투자 여부가 자본예산(capital budgeting)과 같은 전통적인 재무적 판단기준에 의해 결정된다. 자본예산에서와 마찬가지로 연구개발투자에 대한 가장 일반적인 판단기준은 순현재가치법(NPV: net present value)과 투자수익률법(ROI: return on investment)이다. 그러나 이들은 근본적으로 미래가 불안한 장기적인 성격을 가진 연구개발 프로젝트에 대해서는 부정적인 결정을 내리게 하는 경향이 많다. 일반적으로 이 방법에 의하면 미래에 대한 수익이 낮게 추정되고 위험성이 높은 프로젝트는 선정되기 매우 어렵기 때문에 많은 유망 연구개발 프로젝트들이 탈락되게 된다. 그 결과 투자수익률법은 시장이나 재무적 함의를 계량화할 수 있는 개발연구(development research) 및 상업화(commercialization) 프로젝트에 적절하다. 즉, 투자수익률법은 연구개발결과에 대한 불확실성이 상당한 정도 감소 혹은 제거된 기술혁신과정의 하부 끝 쪽의 연구개발 프로젝트의 정당화에 적합하다.

그러나 위에서 서술한 두 개의 끝의 중간에 위치한 응용연구, 탐색적 개발연구는 이상의 두 가지 방법이 모두 적합하지 않을 수 있다. 이 분야의 프로젝트는 많은 자원이 필요하기 때문에 간접비(overhead cost)로 자금지원을 받을 수는 없으며, 연구과제의 잠재적 영향이 매우 불확실하기 때문에 자본예산기법으로도 정당화하기 어려운 경우가 일반적이다. 그러나 이 분야의 프로젝트야말로 기업이 전략적 틈새를 가지고 있는 분야이며 기회의 창을 효율적으로 제공해 줄 수 있다는 점에서 이 분야의 프로젝트의 중요성을 인식하고 그 정당성을 확보할 수 있는 기술경영자의 역할이 중요하다. 이와 같은 연구프로젝트들은 응용연구(applied research) 및 개발연구(development research)와 관련된 프로젝트들인 경우가 많다. 이들 연구개발활동에 대한 의사결정은 간접비 및 자본예산기법을 조합하는 의사결정방법의 조합(methods mix)을 활용하여야 할 것이다.

많은 연구개발 프로젝트들은 잠재적인 기회는 충분히 존재하나 기업의 자금조달 여력을 넘는 경우가 많은데, 이 같은 과제들은 정부의 자금지원, 다른 기업과의 공동부담, 기술적 · 재무적 · 전략적 연계의 구축을 통하여 해당 프로젝트들을 기업이 수행가능한 영역으로 이동시켜야 한다([그림 7-3] 참조). 이를 위하여 많은 나라가 과학기술정책(science and technology policy)을 추진하고 있는데, 과학기술정책에서는 연구개발 컨소시엄 및 기타 협력적 사업연계를 촉진하고, 산업계에 대한 대응자금(matching fund)을 제공하며, 대학 및 공공연구부문의 연구개발결과의 폭넓은 확산을 촉진하는 역할을 담당하고 있다(Tisdell, 1981; Meyer-Krahmer & Kuntze, 1992; Chung, 1996; 정선양, 2001, 2006). 아울러 기업들은 다양한 형태의 연구개발협력을 통하여 독자적으로는 수행할 수 없었던 연구개발 프로젝트를 수행해 오고 있다. 이와 같은 기술협력은 협력기업과의 보완적 기술활용에 대한 동기도 있지만 많은 경우 기술개발에 있어서 부족한 자원의

[그림 7-3] 연구개발 프로젝트의 허용가능 범주로의 이동전략

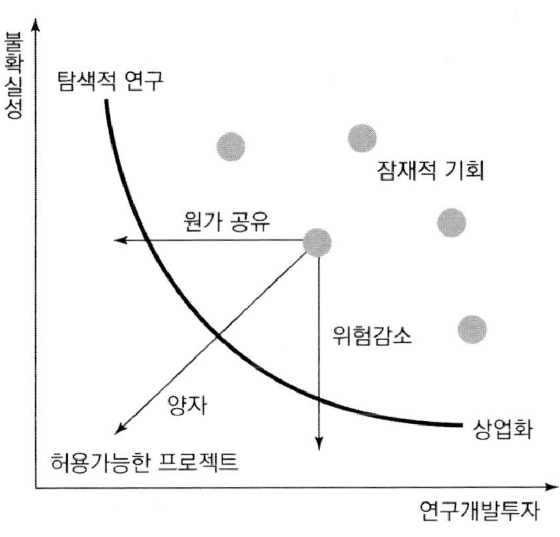

문제를 해결하기 위해 이루어진다.

연구개발활동을 수행하는 기업의 입장에서는 정부의 과학기술정책 및 기업 간 연구개발협력을 바탕으로 한 연구개발 프로젝트의 수행은 세 가지 측면에서의 의미가 있다.

첫째, 연구개발활동의 기술적, 상업적 성공에 대한 불확실성으로 인해 독자적으로 추진하지 못하였던 연구개발과제에 있어서 기술적, 상업적 위험(risk)을 공유함으로써 연구개발 프로젝트를 실행가능하게 하는 것이다. 예를 들어, 정부의 특정분야의 연구개발결과에 대한 우선구매정책은 연구개발결과에 대한 상업화와 관련된 불확실성을 감소시킴으로써 이 분야 기업들의 연구개발활동을 촉진시킬 수 있다.

둘째, 연구개발 프로젝트에 소요되는 비용이 너무 많아 기업이 감당하기 어려울 때 결국은 정부의 정책적 지원 및 기술협력은 기업으로 하여금 원가(cost)의 공유를 통해 기업의 연구개발활동을 촉진·강화시킬 수 있을 것이다. 여기에 기업 간, 기업과 대학 및 공공연구기관과 연구개발협력의 필요성이 대두되는 것이다.

셋째, 기업은 위의 두 가지 방법을 모두 사용하여 연구를 수행할 수 있다. 즉, 독자적으로 수행하기 어려운 프로젝트에 대해 정부의 정책적 지원에 의한 위험감소 및 기업 간 공동투자를 통하여 프로젝트 원가를 공유함으로써 잠재적 프로젝트를 실현가능한 프로젝트로 이동시킬 수 있다.

2. 연구개발목적과 투자결정방법

Tidd 등(2005: 220)은 기술혁신의 근본적인 불확실성과 이에 대한 투자 효익의 평가의 어려움으로 인하여 성공적인 경영자들은 투자에 대한 특별한 관행이 있음을 제시하고 있다. 경영자들은 자원배분에 있어서 점진적인 접근을 하거나 자기만의 간단한 규칙을 정해서 사용하며, 프로젝트를 중단하기 위한 기준을 처음부터 명시화하고, 프로젝트의 진행에 있어서 성과에 대한 민감도 분석을 실시하며, 핵심적인 불확실성의 감소를 추진하고, 서로 다른 연구개발활동에 대해서는 서로 다른 기준을 적용하여야 한다고 주장한다.

아울러 이들은 기술혁신활동에 대한 합리적인 투자를 위하여 기술혁신활동을 지식창출, 전략적 포지셔닝, 사업투자의 세 유형으로 나누고, 이에 따라 서로 다른 자원배분기법을 활용할 것을 강조하고 있다(<표 7-2> 참조).

1) 지식창출

지식창출(knowledge building) 분야의 프로젝트는 기술혁신과정의 초기 단계의 과제로서 예산이 많이 소요되지 않는 특징을 가지고 있다. 이 유형의 연구는 기초연구나 새로운 기술의 발전에 대한 모니터링의 목적이 있고 시장에 대한 분석은 거의 이루어지지 않는다. 이 경우 연구개발에

〈표 7-2〉 연구개발목적별 투자결정 기준과 특징

목 적	기술적 활동	배분기준	의사결정자	시장분석	위험성
지식창출	기본연구, 모니터링	간접비	R&D 부서	없음	적음
전략적 포지셔닝	집중화된 응용연구, 탐색적 개발	옵션 평가	최고경영자 R&D 부서	넓음	중간
사업투자	개발 및 생산 엔지니어링	NPV 분석	사업부	특정적임	많음

자료: Tidd 등(2005)에서 저자의 수정.

산은 간접비(overhead cost)로 간주되고 그 의사결정은 연구개발부서에서 이루어지는 것이 일반적이다. 이 유형의 과제를 수행하기 위해서는 대학 및 공공연구기관들과 같은 외부기관과의 협력이 활발한 것도 특징 중의 하나이다.

2) 전략적 포지셔닝

전략적 포지셔닝(strategic positioning) 분야의 프로젝트는 응용연구개발 혹은 타당성 조사 등과 같은 프로젝트로서, 기업은 이 프로젝트를 통해 상당한 수익의 창출을 기대하는 특징을 가지고 있다. 이 유형의 연구개발 프로젝트에 대한 투자결정은 사업부와 연구개발부서의 상급관리자들이 모여서 결정하는 경향이 큰데, 이 과제는 기업의 미래에 있어 전략적 중요성이 크기 때문이다. 이 유형의 과제의 규모는 전술한 지식창출을 위한 프로젝트보다 예산의 규모가 크며, 외부와의 연계도 세심한 관리를 통해 이루어진다. 이 유형의 프로젝트들에 대한 자원배분의 기준으로는 실물옵션기법(real options approach)을 많이 활용한다. 이 기법에 따르면 비교적 폭넓은 범위의 프로젝트들에 대해 상대적으로 적은 금액을 투자하여 불확실성이 줄어들면 가장 유망한 프로젝트들만 계속 진행하게 된다.

3) 사업투자

사업투자(business investment) 유형의 투자는 새롭고 보다 나은 제품과 서비스의 개발, 생산, 판매를 위한 프로젝트들이다. 이 유형의 과제는 대규모의 투자가 필요하며, 이에 따라 의사결정의 수단으로 순현재가치법(NPV: net present value)이 많이 활용된다. 이를 위한 의사결정은 보통 비용과 효익을 담당할 해당 사업부에 의해 이루어진다. 이 유형의 프로젝트는 시간적 지평이 짧고, 프로젝트의 진도에 따라 강력한 통제가 이루어지는 것이 보통이다.

제 3 절 연구개발 예산관리

연구개발예산(R&D budget)의 수립은 일정 기간 기업의 연구개발활동에 필요한 자금의 총액을 결정하고, 이를 세부 프로젝트 및 비목(인건비, 기자재비 등) 등에 배분하는 과정을 의미한다. 기업이 필요로 하는 연구개발예산의 총액 결정에는 일반적으로 다음 세 가지의 접근방법이 있다(Brockhoff, 1994; Gerpott, 1999: 168-170; Specht 등, 2002).

1. 하향식 예산수립

하향식 예산수립(top-down budgeting)은 기업이 필요로 하는 연구개발예산의 총액을 추진하고 있는 세부 연구개발과제들의 성공가능성에 대해 충분히 고려하지 않고 기업의 최고경영층에 의해 전략적으로 결정하는 것을 말한다. 이처럼 하향식 연구개발예산의 수립을 하는 데에는 다음 두 가지 기준이 있다.

① 연구개발예산을 일반적인 재무적 기준(financial criteria)을 바탕으로 결정하는 방법이다. 여기에서 활용할 수 있는 예산기준으로는 해당 기업 혹은 경쟁기업의 매출액, 자금흐름, 순이익, 연구개발비용, 연구개발인력 등을 들 수 있다. 이들 기준은 과거 일정 기간의 실적들이라는 점에서 이들을 바탕으로 연구개발예산을 설정하는 것을 '과거지향적 예산수립(backwards budgeting)'이라고 부른다. 이와 같은 예산의 수립방법은 1980년대 후반에 많이 유행하였는데, 특히 기업의 연구개발강도(R&D intensity)라는 개념에 의해 많이 활용되었다. 그러나 이 방법은 연구개발예산이 과거의 기업의 실적을 반영하여 결정된다는 점에서 연구개발예산이 기업의 경영실적에 따라 변화의 폭이 커질 수 있다는 문제점이 있다.

② 기업의 미래 경쟁전략의 측면을 반영하여 전략적 기준(strategic criteria)을 바탕으로 연구개발예산을 결정하는 방법이다. 이 방법에서는 기업의 경쟁우위 유지·확대를 위한 제품혁신과 공정혁신의 필요성을 전략적으로 감안하여 연구개발예산의 크기를 결정하는 것이다. 이 방법은 기업의 미래 전략목표 달성을 추구한다는 점에서 '미래지향적 예산수립(forwards budgeting)'이라고 부른다. 세부적으로 이와 같은 예산 설정은 기업의 제품혁신율에 대한 목표, 제품혁신을 통한 기업의 목표 매출액 등을 고려하여 연구개발예산을 결정한다. 이 방법의 장점은 예산의 규모가 최고경영층의 전략적 목표를 달성하기 위하여 결정된다는 점에서 기업의 경영실적과 관계없이 결정될 수 있다는 장점이 있다.

Specht 등(2002: 501-503)은 구체적인 하향식 연구개발예산 수립방법을 예산규칙에 입각한 독립된 예산계획과 수학적-공식적 접근방법(mathematical-formal approach)에 기초한 통합적 예산계획으로 나누어 살펴보고 있다. 아래에는 이를 살펴보기로 한다.

① 연구개발 예산수립 규칙: 예산수립규칙에 근거한 독립된 연구개발 예산계획에서는 연구개발부서 내, 연구개발부서와 다른 기능부서들 간의 상호 관련성이 전혀 고려되지 않으며, 다음과 같은 규정에 의하여 연구개발예산이 수립된다.

- 이전 연구개발예산의 지속: 이 경우에는 이전의 연구개발예산 수립방법을 계속 적용하는 것이며, 여기에서는 기대되는 인플레이션율, 인적, 물적 비용의 증가, 일정한 연구개발예산의 증가를 반영할 수도 있음.
- 경쟁자지향적 접근방법: 이 방법은 연구개발예산을 경쟁기업의 연구개발예산에 근거하여 수립하거나 혹은 산업평균 연구개발예산에 근거하여 예산을 수리하는 것임.
- 매출지향적 접근방법: 이 방법에서는 연구개발예산이 매출액에 대한 비율에 의해 도출되는데, 준거가 되는 매출액은 직전 연도의 매출액, 여러 해의 평균 매출액(예를 들어, 지난 5년의 매출액), 혹은 예산수립기간의 목표 매출액 등을 사용할 수 있음.
- 이익지향적 접근방법: 이 방법에서는 연구개발예산이 매출지향적 접근방법과 마찬가지로 결정되나 이익을 준거로 하여 도출함.

이들 접근방법은 대체로 과거지향적 예산수립규정이라는 특징을 가지고 있으며, 연구개발의 전략적 중요성을 충분히 고려하지 못한다는 단점도 가지고 있으며, 또한 연구개발예산의 유연성을 충분히 고려하고 있지 못한다는 단점을 가지고 있다. 그러나 이 접근방법들은 대체로 적용하기 간편하다는 점에서 많이 활용되는 방법들이다.

② 수학적-공식적 연구개발예산 수립방법: 이 예산수립방법은 연구개발부문 내부의 연계성 및 연구개발부문과 다른 부문들과의 연계성이 고려된다는 점에서 통합적 예산수립방법(integrated budgeting method)

이라고도 부르는데, 세부적으로는 생산이론적 접근방법과 재무이론적 접근방법으로 구분된다. 아래에서는 이에 관해 설명하기로 한다.

- 생산이론적 접근방법 : 이 방법에서는 연구개발과 관련된 생산기능들이 개별적 생산요소들로 도출되고, 모든 생산요소에 대하여 최적의 생산요소 투입량이 조사되면, 이를 조달하는데 들어가는 자금을 기준으로 연구개발예산을 결정하는 것임.
- 재무이론적 접근방법 : 이 방법에서는 연구개발의 비용 및 투자소요액을 기업특정적 혹은 산업특정적 경험치를 바탕으로 명시적으로 고려하고, 이를 통하여 잠정적으로 설정된 연구개발예산의 적절성을 검토함.

이 수학적-공식적 연구개발수립방법은 이에 활용할 수 있는 정보를 획득하기가 쉽지 않고, 상당한 비용을 수반한다는 문제점이 있다. 그러나 이 방법은 프로젝트 계획수립에 중요한 출발점을 제공해 줄 수 있다. 또한, 이 방법은 연구개발 프로젝트의 미래잠재력을 충분히 파악하지 못하여 혁신성이 높은 급진적 혁신 프로젝트에 대한 예산조달에 부정적인 영향을 미치는 경향이 있다.

2. 상향식 예산수립

상향식 예산수립(bottom-up budgeting)은 기업이 필요로 하는 연구개발예산의 총액을 개별 연구개발 프로젝트들이 필요로 하는 예산의 총합에 의해 결정하는 방법이다. 여기에서 개별 연구개발 프로젝트는 이미 시작되어 있는 프로젝트와 새롭게 시작하는 프로젝트를 모두 포괄한다. 이와 같은 예산수립방법에서는 기존의 프로젝트들과 새롭게 시작될 프로젝트들이 기술혁신과 관련이 있는 여러 부서에 의해 종합적으로 평가가 이루어지게 된다. 이에 따라 기업이 수행하고 있거나 앞으로 수행하여야 할 연구개발 프로젝트들에 대해 다각적인 검토가 이루어진다는 점에서 연구개발예산을 효율적으로 사용할 수 있다는 장점이 있다. 그러나 이 예산수립방법은 관련 부서들이 단기적 연구개발과제를 선호하는 경향이 있다는 점에서 기업의 미래 경쟁력이 달려 있는 중장기적 연구개발 프로젝트의 수행이 어렵다는 문제점도 있다.

Specht 등(2002: 504-505)은 상향식 예산수립방법으로 프로젝트지향적 예산수립방법(project-oriented budgeting)과 영점기준 예산수립방법(zero-based budgeting)을 제시하고 있다. 아래에는 이를 자세히 설명한다.

① 프로젝트지향적 예산수립방법: 이 예산수립방법은 연구개발예산의 크기를 현재 진행되고 있는 프로젝트들과 계획된 프로젝트들의 비용의 총합에 의해 결정하는 것이다. 이 예산수립방법은 기업의 전략적 요건을 충분히 고려하여 전략적 목표를 달성할 수 있는 프로젝트를 수행하는 것이다. 이 예산수립방법의 장점은 목표지향성을 충분히 달성할 수 있고 추진하는 프로젝트들 간에 연계성을 고려할 수 있다는 점이다. 아울러 연구개발요원의 동기와 전략 지향성을 연구개발 예산수립과정에서 반영할 수 있다는 장점도 있다. 그러나 이 방법의 단점은 기업 전체의 유동성 상황을 충분히 고려할 수 없다는 점이다. 즉, 기업의 자원부족을 고려할 수 없으며 기업 내·외부의 대체적 투자의 매력도도 고려할 수 없다.

② 영점기준 예산수립방법: 연구개발에 있어서 영점기준 예산수립방법은 각 기간의 연구개발예산의 모든 요소를 근본적으로 검토하고 새롭게 구축하는 방법이다. 이를 통해 기업의 재무적 자원을 특정한 프로젝트에 왜 사용하여야만 하는지를 정당화하게 된다. 이 방법은 다음 두 가지 장점을 가지고 있다. 먼저 현재 진행 중인 프로젝트들이 단순히 계속적으로 예산지원을 받는 것이 아니라 각각의 계획기간에 새롭게 정당성을 검토하게 된다는 점이다. 둘째,

프로젝트와 관련한 예산소요와 프로젝트와 관련 없는 예산소요가 원칙적으로 동일하게 다루어지며 직접 비교를 한다는 점이다. 일반적으로 실무에서는 이 영점기준 예산수립방법에 대해 대체적으로 긍정적으로 평가하고 있다.

3. 상호작용적 예산수립

상호작용적 예산수립(interactive budgeting)은 연구개발예산의 수립에 있어서 최고경영층으로부터의 정보의 흐름과 개별 연구과제로부터의 정보의 흐름을 모두 반영하여 예산을 결정하는 방법을 말한다. 일반적으로 이 방법에서는 최고경영층이 연구개발예산의 총액과 전체적인 구조를 제시하고, 이와 동시에 연구개발부서에서는 필요로 하는 연구개발과제들에 의해 요구되는 예산의 소요량을 결정하여, 이들 두 유형의 정보를 바탕으로 기업이 필요로 하는 전체적인 예산을 협의하여 결정하게 된다. 이 방법은 앞에서 서술한 두 가지 방법의 장점을 모두 활용할 수 있다는 점에서 매우 바람직한 예산수립방법으로 평가된다.

Stockbauer(1991)은 상호작용적 예산수립을 [그림 7-4]와 같이 나타내고 있다. 여기에서 나타나 있는 바와 같이 상호작용적 예산수립은 기업의 전략적 목표와 연구개발 프로그램 전체의 수요를 모두 고려하며, 기업 전체의 예산과 연구개발예산 간의 연계성을 잘 구축할 수 있다는 장점이 있다. Specht 등(2002: 505)은 이와 같은 상호작용적 예산수립은 무엇보다도 다음 세 가지 질문에 대한 대답을 목표로 하고 있다고 강조한다.

- 어떠한 프로젝트들을 어떤 시간적 범주와 어느 정도의 규모로 추진할 것인가?
- 새로운 프로젝트들에 대하여 어떤 재무적 자원을 조달할 것인가?
- 전체 연구개발예산의 규모는 어느 정도인가?

[그림 7-4] 상호작용적 연구개발 예산수립방법

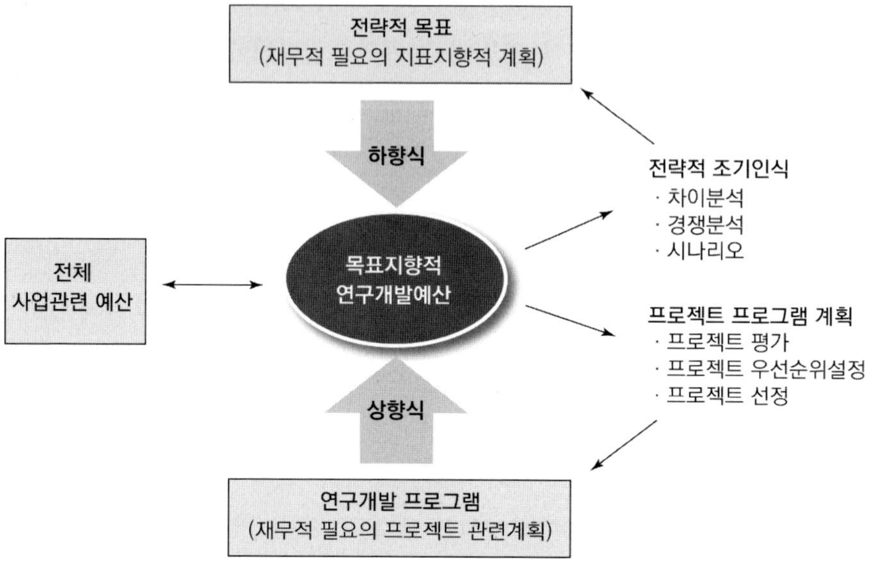

자료: Stockbauer(1991), p.142.

상호작용적 예산수립은 상향식 예산수립과 하향식 예산수립의 장점을 모두 취하고 두 방법의 단점을 줄이려는 목적을 가지고 있다. 아울러 이 방법은 새로운 수익 잠재력을 창출하려는 전략적 목적을 달성할 수 있는 새로운 프로젝트들의 지원을 강조한다. 그러나 이 예산수립방법의 단점으로는 개발지향적 프로젝트들과 공정개발 지향적 프로젝트들에 대한 고려가 상대적으로 부족하다는 점이다. 왜냐하면, 이 방법은 새로운 제품의 개발이나 세계시장을 지향한 매우 야심찬 제품을 개발하기 위한 프로젝트들에 대한 예산지원이 우선시될 수 있기 때문이다.

▌우리나라 기업 연구개발투자의 증가

우리나라 기업은 산업화 이후 연구개발투자를 크게 확대해 왔다. 이는 우리 기업이 세계시장이 필요로 하는 제품과 서비스를 창출하여 경쟁우위를 확보하는 데 결정적인 기여를 하였다. 특히 우리나라의 산업구조가 1980년대에 접어들면서 경공업에서 중화학공업, 중화학공업에서 첨단산업으로 바뀜에 따라 우리나라 기업들은 연구개발투자를 눈부시게 증대하여 왔다. 아래에는 이를 살펴보기로 한다.

우선 <표 1>은 우리나라 연구개발주체별 연구개발투자 추이를 나타내 준다. 우리나라 산업화가 시작된 시기인 1963년 우리나라의 국가 전체의 연구개발투자는 불과 12억 원에 불과하였고 이는 국내총생산(GDP) 대비 0.24%에 불과하였다. 그러나 우리나라 전체의 연구개발투자는 1990년에 3조 2,105억 원(GDP 대비 1.68%), 2000년에는 13조 8,485억 원(GDP 대비 2.03%)을 투자하였다. 이 같은 증가추세는 2000년대 들어서도 지속되어 2010년에는 43조

〈표 1〉 우리나라의 연구개발주체별 연구개발투자 추이 (단위: 억 원)

구분		1963	1970	1980	1990	2000	2010	2019
연구개발투자		12	105	2,117	32,105	138,485	438,548	890,471
GDP 대비 연구개발투자		0.24%	0.38%	0.54%	1.68%	2.30%	3.74%	4.64%
연구수행 주체	공공연구기관	438(1976) (71.9%)	1,044 (49.3%)	5,917 (18.4%)	20,320 (14.7%)	63,061 (14.4%)	101,688 (11.4%)	
	대학	20(1976) (3.2%)	259 (12.2%)	2,443 (7.6%)	15,619 (11.3%)	47,455 (10.8%)	73,716 (8.3%)	
	기업체	151(1976) (24.9%)	814 (38.5%)	23,745 (74.0%)	102,546 (74.0%)	328,032 (74.8%)	715,067 (80.3%)	
	합계	**609(1976) (100%)**	**2,117 (100%)**	**32,105 (100%)**	**138,485 (100%)**	**438,548 (100%)**	**890,471 (100%)**	

자료: 과학기술정보통신부 · 한국과학기술기획평가원(각 연도), 「연구개발활동조사」, 서울.

8,548억 원(GDP 대비 3.74%)을 기록하였고, 2019년에는 89조 471억 원으로 GDP 대비 4.64%를 투자하여 세계에서 가장 연구개발투자를 하는 국가가 되었다. 우리나라가 산업화가 상당히 진전된 2000년대 이후에도 지속적으로 연구개발투자를 해온 것은 전 세계에서 유례를 찾기 어려우며, 지난 10년 동안에도 국가 전체 연구개발비가 두 배로 증가하는 등 우리나라는 전 세계적으로 가장 연구개발투자에 적극적인 나라가 되었다.

우리나라 연구개발투자를 연구개발 수행주체별로 살펴보면, 우리나라 과학기술발전의 초기인 1976년의 경우 국가 전체의 연구개발투자 609억 원 중에 71.9%는 공공연구기관이 사용하였고 산업계는 24.9%를 사용하였고, 대학은 3.2%만을 사용하였을 뿐이다. 그러나 1970년대, 특히 1980년대 이후 산업계는 연구개발투자를 꾸준히 증가하여 1990년 전체 연구개발비의 74.0%를 차지한 이후 이 수준을 꾸준히 유지하고 있으며, 이에 반하여 공공연구기관은 1980년대 이후 그 비중이 꾸준히 감소하여 2000년대에는 14%대를 유지하였다. 대학의 비중도 1980년대 이후 10% 수준에 맴돌고 있다. 특히 2019년에 산업계의 비중은 80%를 넘었는데, 이는 최근에도 우리 기업들이 연구개발투자를 대폭 증대해 오고 있음을 나타내 주는 것이다.

<표 2>는 최근 우리나라 기업의 연구개발비 지출을 기업의 유형별로 나

〈표 2〉 우리나라의 기업 유형별 연구개발지출 추이 (단위: 억 원)

구분	2010	2012	2014	2016	2017	2018	2019
대기업	242,129 (73.8%)	320,709 (74.2%)	386,177 (77.5%)	407,787 (75.6%)	398,038 (63.6%)	438,236 (63.7%)	446,658 (62.5%)
중견기업	–	–	–	–	90,687 (14.5%)	95,954 (13.9%)	101,864 (14.2%)
중소기업	48,503 (14.8%)	58,132 (13.4%)	59,468 (11.9%)	68,717 (12.7%)	70,070 (11.2%)	74,883 (10.9%)	80,048 (11.2%)
벤처기업	37,400 (11.4%)	53,388 (12.4%)	52,899 (10.6%)	63,021 (11.7%)	66,840 (10.7%)	79,272 (11.5%)	86,497 (12.1%)
합계	328,032 (100%)	432,229 (100%)	498,544 (100%)	539,525 (100%)	625,635 (100%)	688,345 (100%)	715,067 (100%)

자료: 과학기술정보통신부·한국과학기술기획평가원(각 연도), 「연구개발활동조사」, 서울.

타내고 있다. 2010년의 경우 산업계 전체 연구개발비 중 73.8%가 대기업이 사용하였고, 중소기업은 14.8% 그리고 벤처기업은 11.4%의 연구개발비를 사용하였다. 그러나 지난 10여 년간 중소기업의 비중은 11.2%로 줄어들었고 대기업과 중견기업의 비중이 증가한 것으로 나타났다. 이는 지난 10년간 우리나라의 대기업과 중견기업이 중소기업과 벤처기업에 비해 상대적으로 연구개발투자에 더 많은 노력을 해오고 있음을 나타내 준다. 이 점에서 우리나라 중소기업과 벤처기업이 연구개발투자에 더 많은 노력을 기울여야 함을 알 수 있다. 그러나 우리나라의 벤처기업은 절대액의 규모로 볼 때 2010년에서 2019년 사이 3조 7,400억 원에서 8조 6,497억 원으로 2.3배의 연구개발비를 증대한 것으로 나타나, 벤처기업들이 매우 연구개발 집약적이라는 점을 나타내 준다.

08

연구개발 인력관리

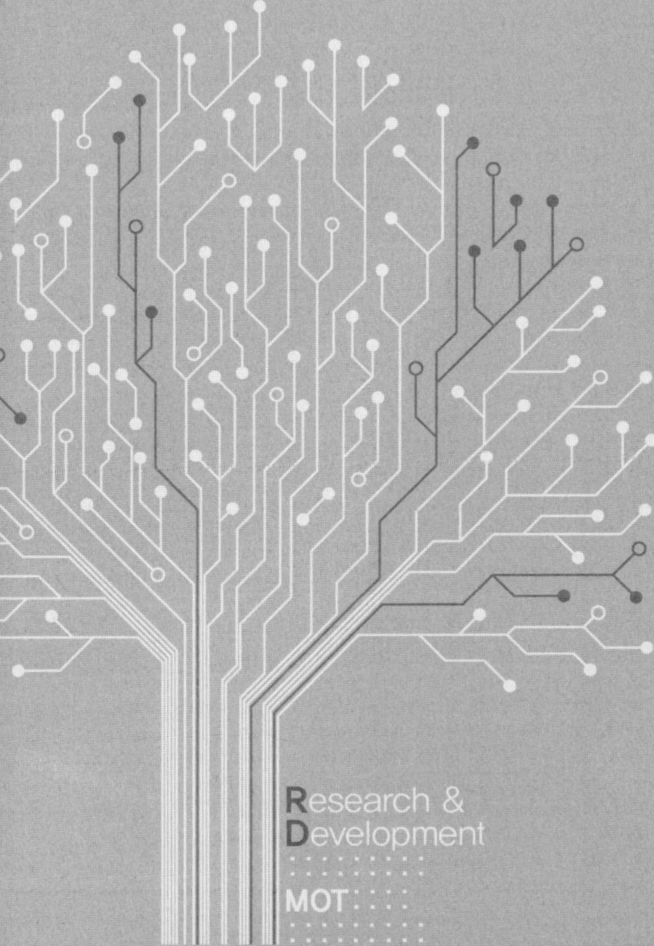

제 1 절 연구개발과 창조성

1. 창조성의 개념과 구성요소

연구개발활동은 새로운 혹은 보다 나은 기술, 제품, 공정, 서비스를 만들어내는 과정이다. 연구개발활동에는 다양한 사람들이 참여하여 이들을 종합적으로 연구개발요원(R&D personnel)이라고 말한다. 연구개발요원들에는 연구원, 기술원, 행정원, 지원인력 등이 속한다. 연구개발활동에서의 핵심은 연구원(researcher)들로서 이들은 매우 창조적이며, 독특한 특징을 가지고 있으며, 매우 높은 학력수준을 가지고 있다.

최근에는 더 나은 기술혁신을 보다 빠르게 창출하기 위하여 혁신가(innovator)라는 새로운 유형의 인력의 중요성이 대두되고 있다. 혁신가는 기술혁신을 바탕으로 새로운 수칙을 창출할 수 있는 사람들을 의미한다. 이에 따라 혁신가는 과학기술적 교육을 받은 연구원이 될 수도 있고 사회과학적인 교육을 받은 사람일 수가 있다. 연구원은 경영학적 교육훈련을 받음으로써 혁신가가 될 수 있으며, 사회교육을 받은 사람들도 과학기술에 흥미를 가지고 새로운 비즈니스 모델을 발굴하고 사업화할 수 있는 능력을 배양하면 혁신가가 될 수 있다. 연구개발활동의 결과가 기술혁신의 창출 및 이의 상업화라는 점을 감안하면 연구개발과 관련된 인력관리에서 혁신가의 특징과 무습을 살펴볼 필요가 있다.

훌륭한 연구개발요원 및 혁신가들에게 가장 중요한 요건은 창조성(creativity)이다. 창조성은 인지적 과정으로 심리학 및 교육학 등에서 오랫동안 다루어온 주제로서 그 정의 또한 매우 다양하다. 연구개발경영과 관련하여 가장 관련성이 높은 정의는 「교육학용어사전」에서 정의한 '새로운 관계를 지각하거나, 비범한 아이디어를 산출하거나 또는 전통적 사고유형에서 벗어나 새로운 유형으로 사고(思考)하는 능력'이 적합하다(서울대학교 교육연구소, 1995). 따라서 연구개발경영에서의 창조성은 '새로운 제품과 서비스를 창출하거나 기존의 제품과 서비스를 개선하는데 필요한 사고능력'으로 정의할 수 있을 것이다. 창조성은 다음과 같은 다양한 특징을 가지고 있다(Jain 등, 2010: 52).

1) 개념적 풍부성 : 아이디어를 표현하고 공식화하는 능력
2) 많은 아이디어의 빠른 창출 능력 : 다른 사람보다 새로운 아이디어를 빠르게 도출하고 제시하는 능력
3) 독창적이고 비상한 아이디어를 창출하는 능력
4) 정보의 평가에 있어서 원천(누가 얘기하였는가)과 내용(무엇이 얘기되었나)을 구별하는 능력
5) 다른 사람들보다 두드러지고 벗어나는 능력
6) 부닥친 문제에 대한 흥미
7) 문제가 진행되는 과정을 추적하는 끈기
8) 판단을 유보하고, 조기에 실행에 옮기지 않음
9) 분석하고 탐구하는데 기꺼이 시간을 투입하는 의지
10) 지적이고 인지적 사안에 대한 진정하게 높이 평가

Weule(2002)은 창조성의 구성요소를 [그림 8-1]과 같이 나타내고 있다. 창조성의 핵심적인 구성요소는 창조적 과정(creative process)이며, 여기에 투입요소로서 '창조적 인간(creative man)'이 존재하며, 창조적 요인이 창조적 과정에 투입되면 창조적 산출물(creative output)이 만들어진다. 창조적 과정은 시간의 많이 드는 과정이다. 이 같은 창조적 과정에서 창조성을 발현시키고 창조성을 저해하는 요인을 극복하는 기법들이 필요하며, 이들 모두를 둘러싼 창조적 환경(creative environment) 또한 중요한 구성요소이다.

창조적 과정(creative process)에 관해서는 많은 연구가 있지만, 우선 Geschka(1995)는 다음의 다섯 단계로 나누어 논의하고 있다.

[그림 8-1] 창조성의 구성요소

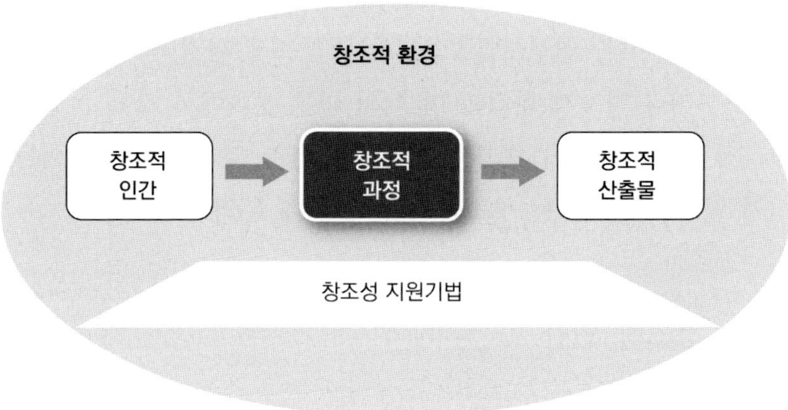

자료: Weule(2002), p.141.

1) 문제인식의 발생 : 문제를 인지하고, 분석하고, 이해함.
2) 문제의 집중적 검토 : 문제에 전념하여 검토함.
3) 이완 및 소외 : 문제에 거리를 두지만 이는 잠재의식 중에 항상 존재함.
4) 정신적 섬광 : 문제와 관련 없는 인지를 통해 갑작스러운 아이디어의 도출.
5) 아이디어의 추구 : 아이디어가 숙고되고, 정교화되며, 추가적 숙고가 이어짐.

이와는 조금 다르게 Wack(1993)은 창조적 과정을 다음과 같은 단계로 나타내고 있다.

1) 문제설정(Problematisierung)
2) 문제탐구(Exploration)
3) 뜸들이기(Inkubation)
4) 조명/종합(Illumination/Synthese)
5) 마무리(Elaboration)

연구개발과정(R&D process)은 창조적 과정이다. 이 점에서 이 책이 연구개발과정 전체를 다루고 있다는 점에서 이에 대한 추가적인 설명은 필요 없을 것이다. 연구개발경영에서는 창조적 환경 역시 중요한 의미가 있다. 그러나 창조적 환경은 이 책의 다른 분야에서 많이 논의하고 있고, 창조적 기법 역시 이 책의 내용과는 거리가 멀다는 점에서 이들은 논의하지 않고 여기에서는 창조적 인간에 관해 논의하기로 한다.

2. 창조적 인간

어떤 형태의 창조성이든 그 출발점은 인간(사람)이다. 연구개발활동은 창조적 활동이라는 점에서 창조적 인력, 즉 연구개발요원의 창조성은 이 활동의 성공에 핵심적이다. 그동안 인간의 창조성에 관하여 많은 연구가 있어 왔는데, 특히 뇌과학의 측면에서 많이 이루어져 왔다. 일부 학자들은 창조적인 사람은 수렴형 사고(convergent thinking)와 발산형 사고(diver-

〈표 8-1〉 수렴형 사고와 발산형 사고

수렴형 사고	발산형 사고
• 수직적 사고 • 좌뇌적 사고: 분석적, 순차적, 합리적, 목표지향적 정보처리 • 논리적-분석적 • 의미 지향적 • 집중적 • 인지능력 • 외부적 동기 우세 • 입증된 해결과정에 주안점 • 엄격하고 규정지향적 • 현실에 대한 논리적-합리적 시각: 올바른 해결책과 객관적 진실이 존재	• 수평적 사고 • 우뇌적 사고: 포괄적, 결합적, 공간적, 직관적, 독립적, 산란적, 동시적 정보처리 • 이질적-탐구적 • 직관 및 감정 지향적 • 다양한 시각 • 많은 방향으로의 확장적 • 내재적 동기 우세 • 연상능력 • 가볍고 유쾌함 • 현실에 대한 구성주의적 시각: 많은 유형의 해결책이 있고 다양한 개별적 진실이 존재(객관적 진실은 존재하지 않음)

자료: Corsten 등(2006), p.97.

gent thinking)를 모두 하고 있고, 이를 바탕으로 창조적 문제해결을 한다고 강조한다(Corsten 등, 2006: 97; Steiner, 2003: 275). 이들이 강조하는 두 사고의 유형은 <표 8-1>과 같은 특징을 가지고 있다.

Johanson(1985)은 경험과 창조성에 관한 연구를 수행하였다. 그에 따르면, 인간의 창조성은 어린시절에 높지만, 시간이 경험이 부족하여 경험격차(experience gap)를 겪게 된다. 그러나 시간이 지나면 인간은 경험이 크게 축적되지만, 창조성은 점차 줄어들어 창조성 격차(creativity gap)에 시달리게 된다([그림 8-2] 참조). 이처럼 창조성은 사람에게 특정적이지만, 나이가 들어도 창조적인 사람들도 많이 있고 창조성은 개발될 수도 있다. 그리하여 한 조직이 창조성을 촉진하기 위해서는 창조성이 많은 사람을 고용하고 여러 사람의 아이디어를 교환하고 축적하여야 할 것이다.

한편 Sternberg & Lubart(1995)는 창조적 업무를 하기 위한 여섯 개의 인적 자질(personal resources)을 제시하고 있다.

[그림 8-2] 창조성과 경험

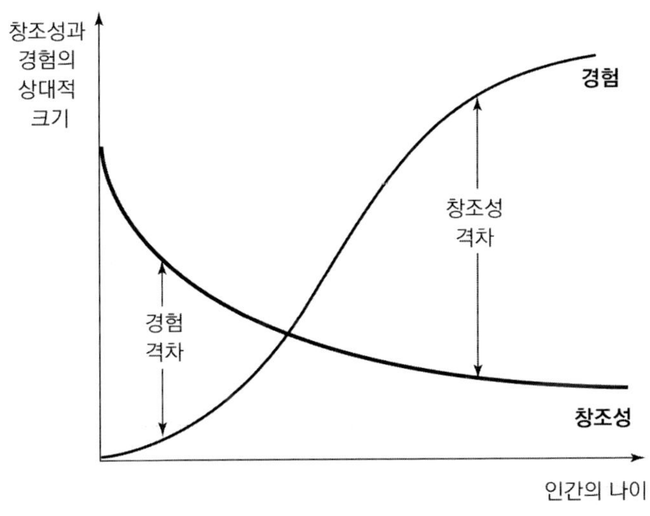

자료: Johansoon(1985) (Weule, 2002, p.142에서 재인용).

- 지성(intelligence) : 창조적이기 위하여 대단히 높은 IQ는 필요하지 않지만 미국 대학생 평균인 IQ 120 이하는 새로운 아이디어를 창출하는 데 도움이 되지 않음.
- 지식(knowledge) : 주제에 관해서 다른 사람이 무엇을 하였는가는 알아야 하지만 모든 것을 다 알 필요는 없음.
- 사고유형(thinking style) : 다른 사람이 진실이라고 생각하는 것에 대하여 의문시하고 비정상적이고 심오하며 중요한 무엇에 관해 생각하는 유형.
- 성격(personality) : 창조적이기 위해서는 모험을 걸고, 때로는 조롱도 받으며, 현상유지를 흔들려는 마음가짐이 있어야 함.
- 동기부여(motivation) : 창조적인 사람은 높은 에너지를 가지고 있으며, 실제로 많은 것을 창출하며, 과업지향적이며, 자신이 하는 일에 몰두함.
- 올바른 환경 속에 존재 : 창조적인 사람은 그에게 영감을 주고 최적의 업무 여건을 제시하는 감독자 혹은 멘토를 가지고 있음.

일부 연구에 따르면(예를 들어, Freiberg, 1995), 가장 창조적인 과학자는 창조적 멘토(creative mentor)를 가지고 있다. 그에 따르면 대부분의 노벨상 수상자는 이전에 노벨상을 받았거나 그 수준의 능력을 가진 학자들 밑에서 공부하고 그들에 의해 영감을 받은 것으로 나타났다. 즉, 창조적인 인력은 선천적인 지성도 중요하지만 창조적인 사람들에 의해 둘러싸여야 한다는 것이다.

Sternberg & Lubart(1995: 285-288)는 창조성은 개발될 수 있다고 강조하면서, 이를 위해 사람들에게 다음의 원칙을 가르칠 것을 제안하였다.

1) 문제를 재정의하는 방법을 배워라! : 어떻게 사고하고 행동할 것인가에 관해 당신이 들은 바를 단순히 수용하지 말 것
2) 다른 사람들이 보지 않는 것을 추구하라! : 사안을 다른 사람들이

하지 않는 방법으로 구성할 것

3) 좋은 아이디어와 나쁜 아이디어를 구분하는 방법을 배우고 이들의 잠재적 공헌에 관해 주의를 기울여라!
4) 창조적 공헌을 할 수 있기 전까지 당신이 일하는 영역에 관해 모두를 다 알아야 한다고 느끼지 말아라!
5) 큰 그림을 보아라!
6) 장애물에 부닥치면 끈기를 가지고, 분별있는 위험부담을 하고, 성장할 준비를 하라!
7) 당신이 진정으로 사랑하는 것을 하라!
8) 당신이 하고자 하는 것에 대해 보상을 해줄 수 있는 환경을 발견하라!
9) 당신은 당신이 가지지 않은 것을 보충할 능력이 있다.
10) 창조성에 대한 주요 장애물은 환경이 아니라 당신이 환경을 바라보는 방식이라는 점을 깨달아라!

제 2 절 연구개발분야의 인력구조와 관리목표

1. 연구개발 인력구조

기업의 연구개발활동은 실질적으로 연구개발인력(R&D manpower)에 의해 이루어진다. 이에 따라 연구개발인력의 관리는 연구개발활동의 생산성 향상 및 전략적 기술경영의 성과 제고에 대단히 중요하다. 그러나 연구개발인력의 관리는 기업의 일상적인 인력관리와 상당한 차이가 있다. 이와 같은 차이는 연구개발영역에 대한 인력구조의 특수성에서 비롯한다. 이와 같은 인력구조의 특수성을 감안하여 연구개발 인력관리(R&D manpower management)의 목표와 제반수단들이 도출되어야 한다. 아래에서는 이와 같은 연구개발인력의 구조 및 실제 인력관리방안에 관해 살펴보기로 한다.

연구개발분야는 일반 부서와 다른 인력구조를 가지고 있다. 연구개발부서는 다른 사업부서와 달리 연구원, 기술원, 연구보조원 등의 과학기술분야에 특수한 훈련을 받은 인력으로 구성되어 있다.

연구원(researcher)은 높은 과학기술적인 지식을 가진 과학자 및 공학자이다. 이들은 적어도 대학 이상의 고등 교육훈련을 받았으며, 많은 경우 석사 및 박사 학위를 가지고 있는 것이 일반적이다. 연구원은 기업이 당면한 다양한 문제들의 해결을 위한 창조적인 개념을 제공해 준다는 점에서 연구개발부서의 성과는 이들에게 달려 있다.

기술원(technician)은 연구개발활동의 운영업무를 통해 연구원을 기술적으로 보조하는 인력들이다. 이들은 실질적인 실험을 수행하고, 시제품의 모델 및 프로토타입을 개발하며, 연구개발장비의 개발 및 관리를 담당한다. 이들은 대부분 학사 이상의 교육훈련을 받았고 일부는 박사학위를 가지고 있기도 하다. 이들은 이와 같이 상당한 정도의 기술적인 훈련을 체계적으로 받은 사람들이다.

연구보조원(research assistant)은 이상의 연구원과 기술원에 속하지 않는 모든 집단의 인력들로서, 예를 들면 비서, 도서관 사서, 구매담당, 특허담당 인력 등을 들 수 있을 것이다.

일반적으로 연구개발인력의 관리는 연구원의 문제에 집중하는데, 그 이유는 연구개발업무에서 차지하는 연구원의 절대적인 비중에서 비롯한다. 그러나 효율적인 연구개발활동을 수행하기 위해서는 양질의 기술원과 연구보조원들을 필요로 한다는 점에서 이들의 원활한 조달 및 관리도 매우 중요하다.

2. 연구개발 인력관리의 목표

기업의 연구개발활동의 성과는 이에 참여하는 인력의 능력, 창의성, 동기부여 여부에 달려 있다. 이에 따라 연구개발활동의 성공을 위해서는 적절한 프로젝트 책임자 및 구성원의 선발(recruitment), 이들의 연구능력을 유지하기 위한 교육훈련(education and training), 그리고 연구개발인력에 대한 동기부여(motivation)가 대단히 중요하게 된다. 이들 문제와 더불어 연구개발 인력관리에 대한 큰 도전은 과학기술적 지식이 점점 빠르게 발전하여 기존의 지식이 쉽게 진부화한다는 점이다. 그 결과 이와 같은 추세에 맞추어 새로운 지식을 가지고 있는 양질의 과학기술인력을 신규로 모집하는 데 상당히 많은 비용이 들어간다는 어려움이 있다. 또한, 기존 연구개발인력의 경우 급속한 기술진보로 인하여 이들의 지식이 진부화되기 때문에 이들에 대한 꾸준한 교육훈련이 필요하고, 경우에 따라서는 일부 기존 연구개발인력을 해고하여야 하는 문제도 중요하게 대두된다.

연구개발 인력관리의 목표(objectives)는 연구개발과제의 수행에 필요한 인력을 안정적으로 확보하는 인력확보(manpower acquisition)의 목표와 각각의 연구개발인력이 기업의 목표 달성에 최대한 공헌할 수 있도록 하는 인력 효과성(manpower effectiveness)의 목표로 나누어 볼 수 있다. 인력확보의 목표는 기업이 경쟁기업과 비교하여 보다 우수한 연구개발인력을 확보하려는 것이다. 인력 효과성 목표는 이미 확보된 연구개발인력을 효과적으로 관리하여 이들로 하여금 성공적인 연구개발활동을 수행하게 하여 기업의 경쟁우위에 공헌하게 하려는 것이다. 그러나 인력관리에 있어서 이와 같은 기업의 목표와 더불어 인력 개개인의 개인적 목표와 사회가 요구하는 사회적 목표도 고려하여야 할 것이다.

또한, 이와 같은 연구개발 인력관리는 전통적인 연구개발인력의 개발과 더불어 기업의 미래를 이끌어 갈 차세대 리더(next-generation leaders) 육성의 측면을 포함하여야 한다. 이에 따라 연구개발인력의 관리는 인사부서의 업무일뿐만 아니라 최고경영층의 업무이기도 하다. 최근 선도기업의 최고경영층들이 기업의 미래를 책임질 차세대 인력의 육성과 개발에 심혈을 기울이고 있음은 이를 나타내 주는 것이다. 기업의 경쟁우위 확보에 있어서 기술이 중요해짐에 따라 세계적인 선도기업들의 경영층은 공학적 배경(engineering background)을 가지고 있는 경향이 많다. 과거에는 기업의 최고경영자는 재무부서나 마케팅부서의 교육과 경험을 가진 인력이 선호되었지만, 최근에는 기술혁신 및 연구개발의 교육과 경험을 가진 경영자들이 선호되고 있다. 이와 같은 기술적인 배경을 가진 우수한 인력이 경영학적인 이론과 실무를 겸비하여 기업을 경영하면 효과적인 기술전략을 수립하고, 기술전략과 경쟁전략의 효과적인 조화를 달성하며, 기술전략의 효율적인 집행을 할 수 있는 보다 좋은 위치에 있게 될 것이다. 이에 따라 사전적인 접근으로서 대학 학부과정에서 이공계 대학생들이 경영학의 여러 과목을 공부하고, 더 나아가 과학기술과 경영을 연계하는 기술경영교육(MOT education)을 체계적으로 받아야 할 필요성이 대두되는 것이다(정선양, 2006, 2007, 2009; 정선양 · 김정흠, 2008; NRC, 1987; Nambisan & Wilemon, 2003).

연구개발 인력관리는 전술한 연구인력 확보의 목표와 효과성의 목표를 효과적으로 달성하여야 할 것이다. Specht 등(2002: 295-325)은 연구개발인력의 관리가 신규 연구개발인력의 모집, 연구개발인력의 업무관리, 연구개발인력의 성과평가로 이어지는 일련의 과정으로 파악하여야 할 것을 강조한다([그림 8-3] 참조). 아래에서는 이에 관해 자세히 살펴보기로 한다.

[그림 8-3] 연구개발인력의 관리영역

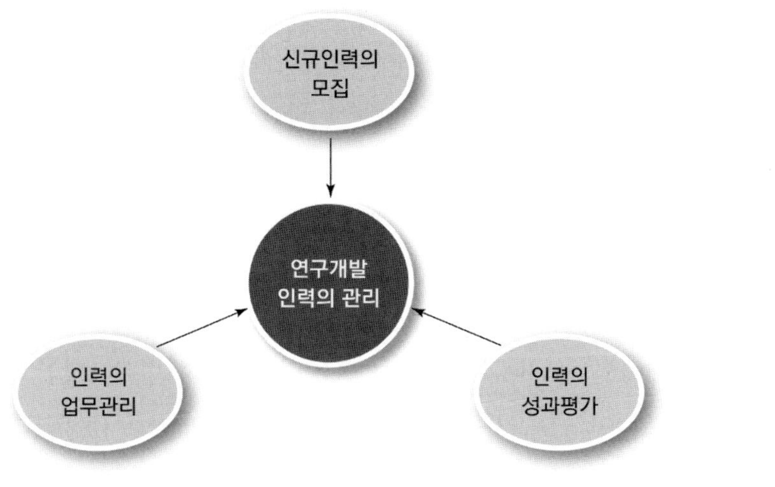

제 3 절 연구개발 인력관리[1)]

1. 신규인력의 모집

연구개발 인력관리의 중요한 과제는 새로운 연구개발인력을 모집(recruitment)하는 것이다. 이 업무영역은 인력수요의 조사, 인력의 모집, 인력의 통합 등 세 단계로 나누어 살펴보아야 한다.

1) 인력수요조사

연구개발분야에서 필요한 신규인력에 대한 수요조사(demand investigation)는 연구개발활동을 시간적, 지리적 측면에서 파악하여 기업의 연구개발 프로젝트의 수행에 필요한 인력의 수요를 양적인 측면과 질적인 측면에서 결정하는 것을 목표로 하고 있다. 현재 그리고 미래 인력의 필요

1) 이 절은 정선양(2016), 「전략적 기술경영」, 제4판, 박영사, pp.364-371을 참조하였음.

성은 현재 인력과 목표 인력과의 차이로 인하여 발생하는데, 이에 따라 인력의 수요를 장기적으로 예측하는 것이 중요하다. 이를 통하여 인력의 양적, 질적인 조달에 있어서의 문제점을 해결할 수 있다.

아울러 인력수요조사를 통하여 인력 과잉의 문제도 조기에 인식되어야 하는데, 이를 통하여 인력의 고용해지 수단을 적시에 활용할 수 있으며 해당 인력에게도 충분한 대비의 시간을 제공해 줄 수 있다. 이와 같은 연구개발인력 수요조사(R&D manpower demand survey)의 정확성은 해당 일자리에 대한 세부적인 내용과 이에 따른 필요한 인력의 자격에 대한 구체적인 제시에 달려 있다. 이와 관련하여 연구개발부문에서는 연구개발업무 구체화, 연구개발인력의 근무조건과 업무내용의 빈번한 변화, 전문지식 진부화의 빠른 속도 등 많은 어려움을 해결하여야 한다.

2) 인력의 조달

연구개발인력의 조달(supply) 단계는 채용공고와 인력선발의 단계로 나누어 볼 수 있다. 인력에 대한 채용공고(recruitment advertisement)는 능력있는 인력들이 해당 업무에 대해 관심을 가지고 지원하도록 하는 데 목적을 두고 있다. 이와 같은 채용공고는 기업 외부와 내부에 모두 할 수 있다. 기업 외부에 대한 외부광고(external advertisement)는 해당 기업에 대해 관심을 가지고 있는 외부의 인력이 지원할 수 있게 하는 것이다. 외부인력의 모집에는 전통적인 언론매체에 대한 광고는 물론 인터넷, 대학과의 접촉, 외부인력의 자문 등 다양한 방법을 활용할 수 있다. 이에 반하여 내부광고(internal advertisement)는 기업 내의 광고를 통하여 기업 내부에서 연구개발업무에 관심을 가지고 열정을 가진 인력을 모집하는 것을 목표로 하고 있다. 이 방법은 단기적인 인력 조달에는 적합하지만 일반적으로 많이 활용되지는 않는다.

연구개발인력의 선발(R&D manpower selection)은 인력에 대한 채용광고의 결과 지원한 후보들 중에서 기업이 필요로 하는 가장 적절한 인력을 선발하는 절차를 말한다. 이 단계는 대단히 중요한데 연구개발부문의 인력선발은 연구개발활동 전반에 걸쳐 대단히 중요한 의사결정이기 때문이다. 인력의 잘못된 선발은 연구개발활동 전체의 실패를 가져올 뿐만 아니라 향후 이들에 대한 막대한 교육훈련의 비용도 발생시킨다. 또한, 한번 채용한 인력의 해고는 노동관련법상 매우 어렵다는 점에서 세심한 선발이 필요하다. 이에 따라 양질의 연구개발인력 선발을 위해서는 기업은 일정한 선발기준을 가져야 할 것이다. 일반적으로 연구개발인력의 선발기준으로는 ① 전문지식, ② 일반적 지식과 창조성, ③ 가치관, ④ 관리능력, ⑤ 팀워크 등을 들 수 있다. 특히, 현대의 연구개발활동이 학문적, 기술적, 제도적 경계를 넘어 이루어지고 있다는 점에서 연구개발인력의 팀워크 능력은 대단히 중요한 기준이 아닐 수 없다.

3) 인력의 통합

인력의 채용에 이어서 중요한 사항은 새로운 인력을 연구개발부문에 세심하게 통합(integration)하는 것이다. 왜냐하면, 새로운 인력은 초기의 적응 여부가 이들의 향후 업무에 대단히 중요한 영향을 미치며 나아가 이직률에도 중요한 영향을 미치기 때문이다. 새로운 인력을 조직에 통합하는 데 있어서 전형적인 문제점은 이들 인력의 조직에 대한 실망 및 목표성의 상실을 들 수 있다. 이에 따라 기업은 새로운 인력이 연구개발부문에 쉽게 통합될 수 있는 다양한 조치를 취하여야 할 것이다. 특히, 조직에 대한 초기의 인상을 좋게 할 수 있는 다양한 정보의 제공과 초기 업무를 수행하는 과정에서 기존의 연구인력을 통한 멘토링(mentoring)도 중요한 수단이 될 수 있을 것이다. 기업과 연구개발부서는 새로운 인력으로 하여금 기업과 연구개발부서의 문화(culture)에 적응할 수 있는 충분한 시간을 부여해 주어야 할 것이다. 또한, 최고경영층이 신규인력과 충분한 대화를 나눔으로써 이들에 대한 효율적인 지도·감독을 강화하는 것도 필요할 것이다.

2. 연구개발인력의 업무관리

연구개발인력이 채용되어 업무를 시작하면 이들에 대한 업무를 효과적으로 관리하여야 할 것이다. 이와 같은 업무관리에 있어서 중요한 과제는 연구개발인력의 인사관리, 인력개발, 인력의 보상을 들 수 있는데, 이를 통하여 연구개발인력의 업무와 성과에 긍정적인 영향을 미쳐야 할 것이다. 아래에서는 이와 같은 연구개발인력 업무관리의 세부적인 수단에 대하여 좀 더 자세히 살펴보기로 한다.

1) 연구개발인력의 인사관리

연구개발인력의 인사관리(personnel management)는 경영자에 의한 연구개발인력의 업무행위에 직접적인 영향을 행사하는 것을 의미한다. 후술할 인력의 개발 및 보상 수단들은 연구개발인력에 대하여 간접적인 영향을 미치는 데 비하여 연구개발인력의 인사관리는 인력에 대하여 직접적인 영향을 미친다는 특징을 가지고 있다. 연구개발인력의 관리는 연구개발인력의 노력이 기업의 목표를 지향하도록 하는 데 그 목적이 있다. 이를 위해서는 능력있는 연구개발관리자의 육성이 필요하다. 이에 따라 연구개발관리자(R&D manager)의 자격, 관리유형, 과제, 목표, 필요사항을 정확하게 분석하고 이를 실무에 옮기는 것이 필요하다. 연구개발관리자는 연구개발인력에 대해 동기를 부여하고 독립적인 연구를 수행할 수 있는 상당한 정도의 자유를 보장하여야 한다. 아울러 연구개발관리자는 소속 연구요원의 경력을 계발하여 주어야 한다. 또한, 경영자는 연구개발인력이 자신의 성과에 대해 정기적으로 보고할 수 있게 하고 이에 따른 보상을 하여야 할 것이다.

연구개발인력의 효율적 인사관리(personnel management)를 위해서는 연구개발 프로젝트를 총괄 관리할 연구개발관리자의 역할이 대단히 중요하다. 신규 연구개발요원은 연구개발활동에 대한 경력이 축적되어감에 따라 연구개발관리자(R&D manager)로 성장하게 된다. 연구개발관리자는 자신의 전공분야에 대한 전문적 지식뿐만 아니라 연구개발업무의 특성과 관련한 경영 및 관리 분야의 충분한 지식을 가지고 있어야 한다. 연구개발관리자의 가장 중요한 요건으로는 학제적 사고, 기업가적 사고, 전략적 사고, 개념적 사고를 잘하고 이들 사고를 실제 행동으로 잘 옮길 수 있는 것이다. 아울러 연구개발관리자는 소속 연구원들에 대해 연구개발업무의 비전과 목표를 제시하고 이를 달성할 수 있도록 독려하고 동기를 부여할 수 있어야 한다. 또한, 연구개발부문의 각 인력 간에 협력과 집단적 문제해결의 문화를 창출・유지시켜야 할 것이다.

2) 연구개발인력의 개발

연구개발인력의 개발은 연구개발인력의 자격을 체계적으로 개선・증진시키는 모든 수단을 의미한다. 연구개발부문에 있어서 인력개발의 과제는 연구개발인력이 연구개발과정에서 스스로의 연구개발활동은 물론 다른 연구개발인력들과의 성공적인 협력에 필요한 자격요건을 제공하는 것이다. 여기에 필요한 자격요건은 전문적 지식뿐만 아니라 경영적, 사회적 능력도 포괄한다. 이와 같은 인력개발(personnel development)의 필요성은 현재 기업이 추진하고 있고 앞으로 추진하려는 연구개발업무에 필요한 자격요건이 현재 인력의 자격요건에 비하여 훨씬 높을 때 특히 필요하다. 최근과 같이 과학기술의 진보가 대단히 빠르고 급변하는 기업환경 속에서는 연구개발인력의 전문성을 제고하는 지속적인 계발이 필요하다. 또한, 현대의 기술융합적인 환경 속에서 연구개발업무는 다양한 분야의 인력들이 공동으로 노력하여야 한다는 점에서 연구개발활동에 필요한 사회적, 문화적, 협력적 능력의 필요성도 크게 대두된다.

이와 같은 연구개발인력의 개발수단으로는 업무조정, 추가교육, 경력계획을 들 수 있다. 첫째, 업무조정(job structuring)은 기존업무에 대한 자격요건의 확장 및 새로운 도전적인 업무를 부여하여 연구개발인력의 잠재력을 향상시키는 것을 의미한다. 대표적인 수단으로 업무순환(job rotation)을 통하여 새로운 업무 및 경영의 경험을 제공할 수 있으며, 업무 충실화(job enrichment)를 통하여 보다 도전적인 업무를 수행할 수 있는 능력을 확보하게 할 수 있다. 둘째, 추가교육(further training)은 사내교육(on-the-job training) 및 사외교육(off-the-job training) 등을 통하여 연구개발 인력들에게 특정한 지식과 능력을 직접 제공하는 것을 의미한다. 셋째, 경력계획(carrier planning)은 신진 연구인력들에게 연구개발관리자로 승진하는 데 필요한 전문적, 비전문적 필요요건을 제시함으로써 이들의 능력개발을 촉진하는 것이다. 연구개발부문에 있어서는 이와 같은 경력계획이 매우 중요한데, 그 이유는 신진 연구인력이 어느 정도의 시간이 지나면 지속적으로 연구원의 경로로 갈 것인가 아니면 관리자의 경로로 갈 것인가에 대한 선택을 하여야 하기 때문이다.

3) 인력의 보상

연구개발인력의 보상은 연구개발인력의 성과 제고에 대단히 중요한 영향을 미친다. 이에 따라 기업은 연구개발인력에 대한 합리적인 보상 시스템(incentives system)을 준비하여 운용하여야 한다. 연구개발인력에 대한 보상은 프로젝트 자체로부터 유발되는 내생적 보상(intrinsic incentives)과 연구개발인력의 특정한 행동에 대한 물질적, 비물질적 지원인 외생적 보상(extrinsic incentives)으로 나누어 볼 수 있다. 기업은 이들 여러 유형의 보상을 혼합하여 제공하는 합리적인 보상 시스템을 구축하여 연구개발인력이 높은 연구개발성과를 창출할 수 있도록 유도하여야 할 것이다.

첫째, 연구개발 프로젝트(R&D projects)는 연구개발요원에게 그 자체로서 매우 중요한 동기유발요인이다. 이에 따라 흥미롭고 도전적인 과제를 수행할 수 있는 기회는 연구개발인력에게는 대단히 중요한 보상이 된다. 이와 같은 도전적이고 흥미 있는 과제의 발굴은 연구개발인력의 능력을 제고하고 많은 경우 연구개발인력의 자긍심을 제고시킨다.

둘째, 물질적 보상(material incentives)으로는 연구개발인력에 대한 임금 인상 및 성과배분 등을 들 수 있다. 이와 같은 물질적인 보상은 연구개발인력을 포함한 모든 인력들에게 중요한 인센티브가 된다. 이와 같은 물질적 보상은 인력에 대한 성과평가(performance evaluation)의 결과로서 제공된다.

셋째, 비물질적 보상(non-material incentives)으로는 승진, 교육훈련, 연구의 자율성 등을 들 수 있다. 연구개발인력은 일반 인력들과 달리 교육훈련, 연구 자율성, 독자적인 연구팀의 구성 등이 중요한 인센티브로 작용할 수 있다. 연구개발업무는 지속적인 교육훈련이 필요하고, 상당한 정도의 자율성을 확보받아야 하며, 여러 연구개발인력이 팀을 이루어 협력하여야 한다. 이와 같은 비물질적인 연구개발 여건은 연구개발인력의 동기부여에 매우 중요한 역할을 담당한다.

3. 연구개발인력의 성과평가

연구개발인력의 성과평가(performance evaluation)는 상급자에 의하여 연구개발인력의 성과를 평가하는 것을 의미한다. 일반적으로 인력의 평가는 인력정책적 목적과 경영정책적 목적을 가지고 있다(Specht 등, 2002: 322-323). 인력정책적 목적(personnel policy objectives)은 인력평가를 통하여 피평가대상인 종업원의 발전을 위한 의사결정에 도움을 주는 것이다. 이와 달리 경영정책적 목적(management policy objectives)은 종업원의 성과평가를 통하여 종업원이 성과를 더 많이 창출하여 기업의 목적에 적합한 활동을 할 수 있도록 하는 것이다. 인력의 평가는 정기적으로 이루어져야 하며 공식적이고 표준화된 과정에 따라 이루어져야 한다. 인력의 평가는 대부분의 기업에 있어서는 일상적으로 이루어지고 있으나 연구개발부문에 있어서는 연구개발활동의 복잡성 및 적절한 평가지표의 부족 등으로 인하여 활발하게 이루어지지는 않는다.

합리적인 성과평가를 위해서는 평가의 합리적 기준(criteria)이 필요하다. 연구개발인력의 성과평가를 위한 기준으로는 일반적인 성과평가에서와 마찬가지로 성과기준, 행위기준으로 나누어 볼 수 있다. 성과기준(outcome criteria)의 예로는 연구개발인력의 논문발표 건수, 신제품에 대한 공헌도, 특허의 수 등을 들 수 있을 것이다. 이들 성과기준들은 많은 경우 정량화할 수 있다는 점에서 활용이 용이하나, 이와 같은 성과기준은 성과에 대한 정확한 산정이 어렵고 기업의 경제적 목적에 대한 공헌도를 반영하지 못한다는 문제점이 있다. 행위기준(behavioral criteria)으로는 연구개발인력의 연구개발활동의 과정에서 나타난 개념적 풍부성, 협력성, 사회성 등을 들 수 있다. 그러나 이들 행위기준은 매우 추상적이고 정성적인 특성을 가지고 있기 때문에 활용에 있어서 평가자의 객관성과 공정성이 매우 필요하다. 연구개발인력의 성과를 효과적으로 평가하려면 이들 성과기준과 행위기준, 정량적 기준과 정성적 기준 등을 혼합하여 활용하여야 할 것이다.

제 4 절 연구개발과 혁신가

연구개발은 혁신(innovation)으로 이루어져야 가치가 있다. 혁신은 연구개발결과를 유용한 가치, 즉 수익으로 연결시키는 것이다. 이 점에서 연구개발경영에서 혁신가(innovator)의 역할은 매우 중요하다. 기업에서 성공적인 연구개발요원은 혁신가가 되어야 할 것이다. 이와 관련하여 두 개의 저명한 연구가 있는데, 하나는 Deyer 등(2009)의 「혁신가의 DNA (Innovator's DNA)」이고, 또 다른 하나는 실리콘밸리의 유명한 디자인 회사인 IDEO의 CEO인 Tom Kelly의 「혁신의 10가지 얼굴(The Ten Faces of Innovation)」이다. 아래에는 이를 설명하기로 한다.

1. 혁신가의 DNA

1) 혁신가의 특징

기업의 성공에는 혁신적인 기업가의 중요성이 절대적이다. 연구개발 활동이 단순한 기술적 성공에 머물지 않고 상업적 성공은 물론 사회경제를 바꾸어 놓기 위해서는 연구개발요원은 혁신가로 변환되어야 할 것이다. 혁신적인 기업에는 혁신적인 기업전략이 수립, 추진되며, 이는 혁신적 기업가(innovative entrepreneurs)에 의해 이루어진다. 확실히 이들은 일반적 경영자 및 기업가와는 다른 특징을 가지고 있다. 그러면 혁신적인 기업가의 특징은 무엇인가가 알아볼 필요가 있다. Dyer 등(2009)의 혁신적인 기업들에 대한 연구에 따르면, 성공적인 기업가는 좋은 전략을 수립하는데 책임감을 느끼는 것이 아니라 혁신과정(innovation process)을 촉진하는데 책임감을 느끼며, 혁신의 과정을 위임하는 것이 아니라 스스로 수행하고 있다고 주장하였다. 특히 이들 혁신적 기업가가 이를 할 수 있었던 것은 이들을 두드러지게 하는 5개의 발견능력(discovery skills), 즉 연결하기, 질문하기, 관찰하기, 실험하기, 네트워킹하기의 능력을 가지고 있다는 결론을 지었다.

Dyer 등(2009)에 따르면, 혁신가는 '창의적 지능(creative intelligence)'이라고 할 수 있는 특별한 능력을 가지고 있다. 이들은 단순한 우뇌의 인지 능력만을 의미하는 것이 아닌 모든 뇌를 이용하여 연결하기, 질문하기, 관찰하기, 실험하기, 네트워킹하기 등 5가지 발견능력을 사용하여 새로운 아이디어를 찾아낸다. 이들은 이 같은 혁신가의 특질을 DNA에 비유하고 이를 '혁신가의 DNA(Innovator's DNA)'로 설명하고 있다. 우선 이들은 연결하기(associating)가 DNA의 이중 나선 구조의 중심이며, 나머지 4개의 요소(질문하기, 관찰하기, 실험하기, 네트워킹하기)가 이를 감싸면서 새로운 통찰력을 갖도록 도와주며([그림 8-4] 참조), 사람들 모두가 고유의 DNA를 가지고 있듯이 혁신가의 DNA도 서로 다르다고 주장하였다.

[그림 8-4] Dyer 등의 혁신가의 DNA

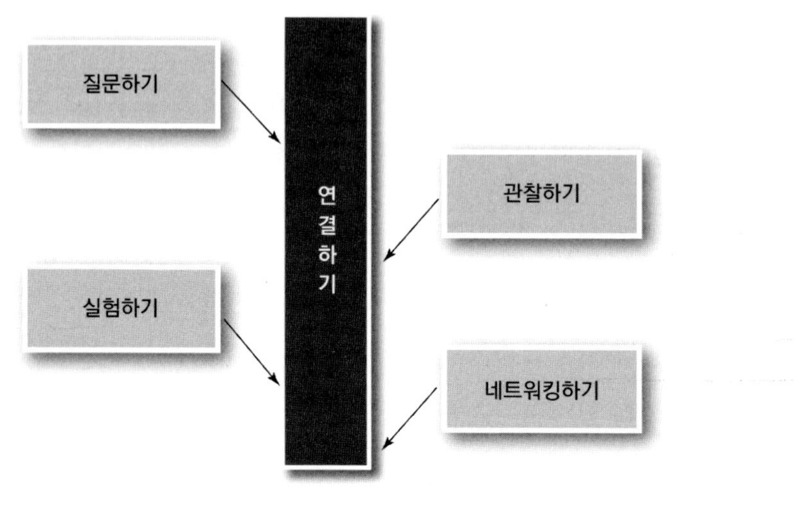

아울러 이들은 이 같은 창의적으로 생각하는 능력의 1/3는 유전에서 비롯되지만, 나머지 2/3은 후천적으로 학습에 의해 발전될 수 있다고 주장하였다. 아래에는 이를 설명하기로 한다.

2) 혁신가의 DNA

(1) 발견능력 1 : 연결하기

연결하기(associating)는 겉으로 보기에는 관련 없는 여러 분야에서의 질문, 문제, 아이디어 등을 성공적으로 연관을 짓는 능력을 의미한다. 인간의 뇌는 한 단어를 다양한 경험과 생각과 연상하기 때문에 더 많이 경험할수록 더 새로운 연상을 할 수 있고 더 새로운 아이디어를 창출할 수 있다는 것이다. 실제로 스티브 잡스(Steve Jobs)는 "창의성은 연결하는 것이다!!!"라고 강조하였다. 예를 들어, 스티브 잡스는 서예, 인도의 명상, 메르세데스 벤츠의 섬세한 디테일 등 관련 없는 것들을 연관하여 평생 새로운 것을 창조해 냈다. 이들에 따르면, '연결하기'는 다른 네 가지의 발견능력을 사용함으로써 더욱더 강해지는 정신적 근육(mental muscle)이라고 강조한다.

(2) 발견능력 2 : 질문하기

혁신가들은 일상적 지혜에 도전하는 질문을 끝없이 제기하는데, 이 질문하기(questioning)는 '질문할 여지가 없는 것에 대해 질문하는 것(question the unquestionable)'을 의미한다. 이들의 연구에 따르면, 혁신적인 기업가는 어떻게 세상을 변화시킬 것인가에 대해 고민하는데 대단히 많은 시간을 사용하고 그들이 새로운 기업을 창업할 영감을 가질 당시에 스스로 가졌던 특별한 질문을 기억한다고 한다. 예를 들어, Michael Dell은 "컴퓨터를 분해하면 모든 부품의 가격이 총 600$ 정도에 불과한데 왜 컴퓨터 시스템 전체는 3,000$에 팔리는가?"의 질문에 매달리면서 혁신적인 비즈니스 모델을 만들어 냈다. 질문하기를 효율적으로 하기 위하여, 혁신가들은 다음을 한다.

① "왜?", "왜 안 돼?", "만약 그랬더라면?"의 질문을 하라

대부분의 경영자는 현재 과정을 어떻게 조금 더 발전시킬 것인가에 대해 질문한다면, 혁신적 기업가는 "왜(why)?", "왜 안 돼(why not)?", "만약 그랬더라면(what if)?"의 질문을 바탕으로 일반적 가정(assumption)에 근본적으로 도전한다.

② 정반대를 상상하라

혁신적인 기업가는 두 가지 정반대의 생각을 동시에 할 수 있는 역량을 가지고 있으며, 양자 간 선택을 하는 것이 아니라 이들의 종합(synthesis)을 창출할 수 있는 능력이 있다. 그리하여 이들은 항상 '악마의 변호인(devil's advocate)' 역할을 하는 것을 좋아하며, 그동안 당연시되던 것에 이견을 가지고 정반대의 입장을 취해 보면서 학습을 한다.

③ 제약조건을 환영하라

대부분은 현실 세계의 한계에 부딪힐 때만 제약조건(constraints)을 생각하지만, 거대한 질문은 이미 우리의 사고과정에 적극적으로 제약조건을 부과하며, 이는 통찰력을 창출할 수 있는 촉매로 작용한다. 이들에 따르면 실제로 Google의 9대 혁신원칙 중의 하나는 "창조성은 제약조건을 사랑한다(Creativity loves constraints!!!)"이다. 이들은 이를 위한 질문의 예로 "만약 현재 고객에게 이걸 파는 것이 법적으로 금지된다면 우리는 어떻게 사업을 할 것인가?"의 질문을 제시하고 있다.

(3) 발견능력 3 : 관찰하기

혁신적인 기업가는 일반적 현상, 특히 잠재적 고객의 행동을 세심히 관찰함을 통해 특이한 사업의 아이디어를 창출한다. 다른 사람들을 관찰하기(observing)에 있어서 그는 인류학자 혹은 사회과학자와 같이 행동한다. Intuit의 창업자 Scott Cook은 아내가 가계부를 쓰는 것에 대해 불평을 하는 것을 관찰하고 더 나은 그래픽 UI(User Interface)에 대한 아이디어를 얻고 제품을 내놓아 출시 첫해에 재무분야 소프트웨어 시장의 50%를 차지하였다. 아울러 Ratan Tata는 4인 가족이 스쿠터 한 대에 힘겹게 타고 가는 것을 보며 2009년에 $2,500의 가격으로 세계에서 가장 값싼 자동차 Nano를 출시하였다.

(4) 발견능력 4 : 실험하기

토마스 에디슨(Thomas Edison)은 "나는 실패한 것이 아니라 단지 10,000가지 작동하지 않는 방법을 찾았을 뿐이다!!!"라고 하였을 정도로 세상은 그의 실험실이었다. 실험가(experimenter)는 상호작용적인 경험을 설계해 특이한 반응을 유발하여 새로운 통찰력을 얻으려 한다. 이 같은 실험은 지적인 탐험, 물리적 유희[예: 스티브 잡스(Steve Jobs)와 같이 Sony사의 워크맨(Walkman)을 분해하여 새로운 제품 아이디어 획득], 새로운 환경에 참여[예:

하워드 슐츠(Howard Shultz)는 이탈리아에서 커피 바를 구경한 뒤 Starbucks 창업] 등 모두 해당한다. 이들의 인터뷰에 따르면, Scott Cook은 실험을 촉진하는 문화를 창출하는 것이 중요하며, 특히 수많은 실패를 허용하여 학습하는 것이 중요하며 이것이 일상적 기업문화와 혁신문화(innovation culture)를 구분하는 것이라고 강조하였다. 아울러 이들은 혁신가가 관여할 수 있는 가장 강력한 실험 중 하나는 해외에서 거주하고 일하는 것이라고 주장한다. 예를 들어, Alan G. Lafley는 학생 시절 프랑스에서 역사를 공부하였고 일본에서 군 복무를 하였으며, 나중에 P&G 아시아 본부 책임자로 일본에서 근무하였다. 그의 이 같은 다양한 국제적 경험은 그를 세계에서 가장 혁신적인 기업의 리더의 역할을 잘 수행하게 하였다.

(5) 발견능력 5 : 네트워킹하기

다양한 사람들의 네트워크(network)를 통해 아이디어를 찾고 실험하는 것은 혁신가에게 급진적으로 다른 시각을 제공해 준다. 일반적인 경영인이 네트워크를 통해 자원에 대해 접근하고 자신과 기업을 보다 잘 광고하고 자신의 경력을 확대하는 데 비하여, 혁신적인 기업가는 다양한 아이디어와 시각을 가진 사람들을 만나 자신의 지식 영역을 넓혀나간다. 그리하여 이들은 다른 나라를 방문하고 다른 생활을 해온 사람들을 만나는 데 지속적인 노력을 기울인다. 아울러 이들은 다양한 컨퍼런스에 참여하여 새로운 아이디어를 얻는다. 실제로 가장 도전적인 문제를 해결하는 데 필요한 아이디어와 통찰력은 우리가 현재 속해 있는 산업 및 과학기술계의 밖에서 나온다.

3) 발견능력 개발을 위한 연습

어떤 조직에 속해 있더라도 혁신(innovation)은 모든 리더의 핵심적인 업무이다. 혁신적인 사고 및 발견능력은 일부에게는 선천적이지만, 대체로 이는 연습(practice)을 통해 개발, 강화될 수 있다. 이에 따라 혁신가가 되기 위해서는 상당한 시간을 투입하여 적극적으로 창조적인 아이디어를 창출하기 위해 노력하여야 한다.

여기에서 가장 중요한 능력은 '질문하기(questioning)'이다. "왜?"와 "왜 안 돼?"를 계속 질문하는 것은 다른 발견능력을 촉진하고 제약조건을 설정하고 넘어서게 하며 문제와 기회를 다른 시각에서 바라보게 한다. 특히 자신이 속해 있는 기업 및 산업의 현 상태(status quo)를 도전할 수 있는 새로운 질문을 하는 것이 바람직하다. 관찰능력(observational skills)을 단련하기 위해서는 많은 시간을 투입하여 고객들이 원하는 것을 세심하게 관찰하는 연습을 하는 것이 중요하며, 여기에서 관찰은 가능한 한 객관적으로 하는 것이 중요하다.

실험능력(experimental skills)은 개인과 조직 차원에서 이루어지는데, 이를 강화하기 위해서는 실험정신을 가지고 업무와 일상생활에 의식적으로 접근하는 것이 중요하다. 세미나, 중역교육프로그램 등에 참가하여 공부하며, 책도 많이 읽고 여행도 많이 하면서 다른 생활양식과 행동에 부닥쳐 보아야 한다. 아울러 조직 내에서 작은 실험을 자주 하는 것을 제도화하는 것도 중요하며, 조직의 모든 차원에서 실패로부터 학습할 수 있는 환경을 조성하여야 할 것이다. 네트워킹 능력(networking skills)을 강화하기 위해서는 매우 창조적인 사람들과 접촉하여 그들이 창조적 사고를 촉진하기 위해 무엇을 하는가를 공유·학습하는 것이 좋다. 이들을 창조적 멘토(creative mentors)로 삼는 것은 더욱 좋은 일이다. 아울러 다양한 기능, 기업, 산업, 국가로부터의 새로운 사람들을 만나 식사를 하거나 교류를 하는 것도 좋은 일이다.

결국, 혁신적 기업가정신(innovative entrepreneurship)은 유전적인 성향이 아니라 매우 적극적인 노력의 산물이다. Dyer 등(2009)은 Apple의 슬로건이 "다르게 생각하라!!!(Think Different!!!)"라는 점을 상기시키며, 혁신가들은 다르게 생각하기 위하여 지속적으로 "다르게 행동하라!!!(Act Different!!!)"가 중요하다고 결론짓고 있다. 그리하여 혁신가의 DNA를 이해하고, 강화하며, 모델화함으로써 기업은 구성원의 창조적 불꽃(creative spark)을 보다 성공적으로 창출할 수 있다고 결론짓는다.

2. 혁신가의 역할

1) 다양한 역할의 중요성

혁신가를 강조한 또 다른 문헌은 Tom Kelly의 「혁신의 10가지 얼굴(The Ten Faces of Innovation)」이라는 책이다. 이 책에서 저자는 혁신은 팀워크(teamwork)라는 점을 강조하며 다양한 사람들이 혁신과 관련된 다양한 역할을 수행하여야 성공적인 혁신이 이루어진다는 점을 강조한다. 즉, 그는 위대한 조직 내에서 혁신을 촉진하는 것은 사람들(people)과 팀(team)이라는 점을 강조하면서, 특히 혁신적인 사람들이 팀을 이루면 경이로운 일을 창출해 낼 수 있음을 강조한다. 조직 내에서 다양한 사람들이 서로 다양한 역할(role)을 수행하면 다양한 시각을 표출할 수 있고 이는 매우 다양한 범위의 혁신적인 해결책을 창출할 수 있다. 그는 이 같은 역할을 페르소나(persona)라고 명명하며, 이와 같은 페르소나를 개발하고 활용하면 혁신적이고 성공적인 기업을 만들 수 있다고 강조한다. 그는 이들 페르소나를 학습, 조직화, 구축 페르소나 등 세 가지 유형으로 구분하여 설명하고 있다(<표 8-2> 참조).

〈표 8-2〉 혁신 페로소나의 구분

학습 페르소나 (Learning Personas)	조직 페르소나 (Organizing Personas)	구축 페르소나 (Building Personas)
1. 인류학자 (Anthropologist) 2. 실험가 (Experimenter) 3. 교차수분자 (Cross-Pollinator)	4. 허들선수 (Hurdler) 5. 협력자 (Collaborator) 6. 무대감독 (Director)	7. 경험설계자 (Experience Architect) 8. 무대 장치가 (Set Designer) 9. 간병인(Caregiver) 10. 이야기꾼(Storyteller)

2) 혁신 페르소나의 유형

(1) 학습 페르소나

개인과 조직은 자신의 지식을 확장하고 성장하기 위하여 부단히 새로운 정보를 수집하고 활용하여야 한다. 이 점에서 다음 세 가지 페르소나는 학습 페르소나(learning personas)이다. 이와 같은 학습의 역할은 팀과 전체 조직을 과도하게 내부지향적인 폐단에서 벗어나 부단하게 외부환경을 분석하고 일상에서 새로운 통찰력을 확보할 수 있게 해준다.

① 인류학자(anthropologist) : 이 역할은 인간의 행동을 관찰하고 사람들이 제품, 서비스, 공간 등에 대해 물리적으로, 감정적으로 어떻게 상호작용을 하는가를 면밀히 이해함으로써 조직 내에 새로운 학습과 통찰력을 가져오는 것을 의미한다.

② 실험가(experimenter) : 이 역할은 아이디어를 지속적으로 프로토타입으로 만들고 시행착오의 과정을 거쳐 학습하는 것이다. 실험가는 성공에 도달하기 위하여 '계산된 위험(calculated risk)'을 부담한다.

③ 교차수분자(cross-pollinator) : 이 역할은 다른 다양한 산업과 문화를 탐험하고 그 결과를 기업의 수요에 맞게 전환하는 것이다. 이를 바탕으로 새로운 아이디어를 개발하게 된다.

(2) 조직 페르소나

다음의 세 가지 유형의 페르소나는 조직이 아이디어를 진행하는 과정에 관하여 풍부한 지식을 가진 개인이 수행하는 역할이다. 아무리 좋은 아이디어도 시간, 주의, 자원에 있어서 경쟁하여야 한다. 그리하여 기업은 아이디어를 실제의 사업으로 이어지게 조직화하는 역할, 즉 조직 페르소나(organizing personas)를 필요로 하는데, 이 역할을 하는 사람들은 예산과 자원을 배분받기 위해 대단히 노력하며 실제로 성공을 거두는 역할을 한다.

④ 허들선수(hurdler) : 이 역할은 혁신과정이 수많은 장애물에 부닥친다는 점을 알고 이를 극복하기 위한 방법을 개발하는 것이다. 예를 들어, 3M의 스카치 테이프 발명가는 처음에 자신의 아이디어가 기업 상층부로부터 거절되었음에도 불구하고 끈질긴 노력 끝에 성공을 거두었다.

⑤ 협력자(collaborator) : 이 역할은 다양한 의견을 절충하고 이를 통하여 종종 새로운 해결책을 제시하는 것이다. 실제로 혁신적인 제품들은 이들에 대한 다양한 의견들을 종합, 조정하여 탄생한다.

⑥ 무대감독(director) : 이 역할은 재능있는 구성원을 모으고 이들이 창조적 아이디어를 발산하게 하는 것이다. 실제로 성공적인 영화제작에는 다양한 출연진을 선발하여 일시적 팀을 구성하여 이들이 재능을 발산할 수 있게 하는 이 같은 감독의 역할이 대단히 중요하다.

(3) 구축 페르소나

나머지 네 개의 페르소나는 구축 페르소나(building personas)로서, 학습역할로부터의 통찰력을 적용하고 조직역할로부터의 권한위양을 매개로 하여 혁신이 실제로 발생하게 하는 구축역할을 담당한다. 이들의 역할은 매우 돋보이며 그리하여 보통 이들은 혁신과정에서 핵심적인 위치를 차지한다.

⑦ 경험설계자(experience architect) : 이 역할은 고객의 잠재적 혹은 표현된 니즈에 보다 깊은 차원에서 연계하기 위하여 단순한 기능을 넘어서는 강렬한 경험을 설계하는 것이다. 예를 들어, 아이스크림 가게가 단순한 아이스크림의 판매를 넘어서 '얼음 디저트'를 준비하여 출시하여 대단한 성공을 거둔 것은 고객의 새로운 경험을 설계한 것이다.

⑧ 무대 장치가(set designer) : 이 역할은 혁신 팀의 구성원들이 최선을 다해 일할 수 있는 무대를 창조하는 것으로 혁신을 둘러싼 물리적 환경을 구성원의 태도와 환경에 영향을 줄 수 있는 강력한 수단으로 변환하는 역할이다. 이것은 창조적 문화가 배양되고 유지될 수 있도록 올바른 업무환경을 구성하는 것을 들 수 있다.

⑨ 간병인(caregiver) : 이 역할은 단순한 서비스의 제공을 넘어서 고객의 니즈를 예상하고 돌본다는 것이다. 이는 고객의 수요를 진정으로 충족시키려고 노력하는 것을 의미한다.

⑩ 이야기꾼(storyteller) : 이 역할은 인간의 근본적 가치를 소통하거나 특정한 문화적 특성을 보강하는 강렬한 묘사를 통하여 내부적 사기와 외부적 인식도를 구축하는 것이다. 많은 성공적인 기업은 그들의 명성을 보강하고 동지애를 강화한 전설들을 가지고 있다. 이와 같은 전설적인 이야기를 제공하는 것은 기업의 혁신성과 경쟁력 제고에 많은 공헌을 한다.

3) 혁신 페르소나의 조직 내 적용

혁신의 10가지 얼굴 혹은 페르소나는 혁신의 인간적 측면을 강조함으로써 조직 내의 사람들과 팀들이 창조적 진화의 정신을 지속적으로 불어넣을 수 있는 실무적 방법과 기법을 제공해 줄 수 있다. 조직과 팀 내 구성원들의 페르소나를 개발하고 이들의 능력을 극대화하면 혁신적 문화와 혁신적 기업을 창출할 수 있을 것이다. 여기에서 모든 구성원이 여기에서 논의한 10개의 페르소나를 모두 가질 수는 없을 것이다. 구성원은 일상생활에서 자신에게 적합한 두세 개의 페르소나를 발견하고 그 역할을 실천에 옮겨야 할 것이다. 이 점에서 조직 구성원이 '융합형 인재'일 경우에는 여기에서 지적한 10개의 페로소나 혹은 역할의 수행에 매우 적합할 것이다. 융합형 인재로는 T-자형 인재, 혹은 파이(π)자형 인재, 종합적 전문가(general specialist) 등을 들 수 있을 것이다. 이들은 특정한 분야에 대해 심층적 지식을 가지고 있음은 물론 다양한 분야에 걸쳐 넓은 지식을 가지고 있는 인재이다. 그리하여 Tom Kelly는 페르소나는 단순히 '혁신을 행하는 것(doing innovation)'이 중요한 것이 아니라 '혁신이 되는 것(being innovation)'이 중요함을 강조한다. 이는 혁신가(innovator)가 되는 것을 의미하는 것이다. 혁신가가 된다는 것은 혁신이 일상화 된다는 것을 의미한다. 이를 위해서 혁신가가 되기 위한 교육훈련 및 스스로의 단련이 필요하다.

Tom Kelly는 혁신은 궁극적으로 다양한 구성원들에 의해 수행되어지는 단체경기(team sport)라는 점을 강조한다. 다양한 융합형 인재들을 육성하여 이들을 혁신가로 변환하고 이들을 중심으로 팀과 조직을 구성할 필요가 있다. Kelly는 조직 구성원의 입장에서 혁신가가 될 수 있고 팀과 조직이 혁신적일 수 있는 다음의 다섯 가지 원칙을 제시하고 있다(Kelly, 2005: 263-264).

① 강점을 위한 확장(stretch for strength) : 조직의 입장에서는 규모나 힘보다는 유연성이 더 중요하다. 한때 해당 분야에서 최고의 기업이었던 베들레햄철강(Bethlehem Steel) 및 팬암(Pan Am)은 새로운 비즈니스 모델 및 환경에 유연하게 적응하지 못하여 퇴출당하고 말았다. 조직 내의 교차수분자, 실험가 등은 기업을 유연하고 신선하게 유지할 수 있다. 유연성은 새로운 강점이다.

② 장기전(Go for distance) : 혁신은 단순한 프로그램이 아니라 일상이고 생활양식이다. 페르소나를 적용하고 혁신의 문화를 배양하는 것은 연구개발 혹은 마케팅 등 특정한 부서에 맡겨서 되는 일이 아니다. 위대한 기업들은 혁신의 정신이 기업 전체에 스며들어 있다. 혁신 페르소나와 팀을 이 같은 전체적 혁신문화 확산의 촉진에 사용하여야 할 것이다.

③ 굴복하지 않음(Never surrender) : 최고의 혁신가와 기업은 절대 중도

에 포기하지 않는다. '허들선수'는 장애물이 나타나도 이를 극복해야만 한다는 것을 알고, '무대감독'은 일순간 분출되는 에너지보다는 새로운 아이디어의 지속적인 흐름이 더 중요하다는 것을 알고 있으며, '협력자'는 내·외부의 다른 팀과 협력을 통하여 조직의 에너지 수준을 증폭시킬 수 있다. 대부분 페르소나는 이 같은 끈질긴 태도를 가지고 있다.

④ 멘탈게임의 수용(Embrace mental game) : 혁신은 정신력의 게임이며 특히 어려움이 닥쳐오면 이 같은 정신력은 더욱 중요해진다. 모든 페르소나는 정신적 강인함(mental toughness)을 필요로 하는데, 특히 '허들선수', '실험가'의 경우는 더욱 그러하다. 혁신가는 유망한 아이디어를 동료들이 포기한 오랜 이후까지 끈질기게 추진할 수 있는 강인함을 가지고 있다.

⑤ 코치를 찬양함(Celebrate coach) : 개인의 성과에 있어서도 성공을 창출하는 사람은 자신을 믿고 후원하는 위대한 코치를 가지고 있다. 그리하여 혁신가는 자신을 믿고 육성시켜줄 좋은 코치 혹은 멘토를 찾아야 한다. 특히 혁신가의 역할 중 '인류학자', '협력자', '이야기꾼'의 특질은 좋은 코치에 의해 계발되어질 수 있다.

일반 개인은 혁신가가 되기 위하여 다양한 페르소나의 혼합을 추구할 필요가 있다. 아울러 팀이나 조직은 서로 다른 페르소나를 가진 다양한 혁신가들로 구성되어야 한다. 이들 혁신가 간의 약간의 창조적 갈등은 조직의 혁신성을 유지·발전시키는 데 매우 생산적이다. 아울러 이들 혁신가의 활동으로 인한 '파급효과'는 조직을 보다 혁신적인 조직으로 만들고, 유기적 성장(organic growth)을 가능하게 할 것이다.

우리나라 기업 연구원의 증가

우리나라 연구개발인력 통계가 집계되기 시작한 것은 1966년이다. 이 해의 우리나라 전체의 연구원(researcher) 수는 2,962명이었는데 2019년 현재 538,136명으로 산업화 이후 지난 53년 사이 182배의 눈부신 증가를 보였다. 특히 우리나라 산업계에 종사하는 연구원은 1966년 220명에서 2019년 387,448명으로 무려 1,761배의 경이로운 증가를 보이고 있다. 이는 우리나라 기업들이 연구개발능력을 바탕으로 경쟁우위를 확보해 왔음을 나타내 주는 것이다.

〈표 1〉 우리나라의 연구개발주체별 연구원 추이 (단위: 명)

구분	1966	1970	1980	1990	2000	2010	2019
공공연구기관	2,286 (77.2%)	2,458 (43.7%)	4,598 (24.9%)	10,434 (14.8%)	13,913 (8.7%)	26,235 (7.6%)	40,069 (7.4%)
대학	456 (15.4%)	2,011 (35.7%)	8,695 (47.2%)	21,332 (30.3%)	51,727 (32.3%)	93,509 (27.0%)	110,619 (20.6%)
산업계	220 (7.4%)	1,159 (20.6%)	5,141 (27.9%)	38,737 (54.9%)	94,333 (59.0%)	226,168 (65.4%)	387,448 (72.0%)
합계	**2,962** (100%)	**5,628** (100%)	**18,434** (100%)	**70,503** (100%)	**159,973** (100%)	**345,912** (100%)	**538,136** (100%)

자료: 과학기술정보통신부·한국과학기술기획평가원(각 연도), 「연구개발활동조사」, 서울.

연구원의 주체별 분포를 살펴보면, 1966년 당시 우리나라의 전체 연구원의 77.2%는 공공연구기관에 종사하였고 산업계에는 오직 7.4%인 220명의 연구원만이 종사하였다. 그러나 산업계 연구원의 수는 1980년대 이후 급속히 증가하여 1990년에는 38,737명(54.9%), 2010년에는 226,168명(65.4%)을 기록하였고 2019년 현재 전체 연구원의 72.0%인 387,448명이 산업계에 종사하고 있는 것으로 나타났다. 이에 반하여 공공연구부문의 연구원 고용 비중은 꾸준히 감소하여 1980년 24.9%, 2000년에는 8.7%를 보였고 2019년 현재 7.4%를 보이고 있다. 대학의 비중은 1966년 15.4%에서 1970년대는 큰 증가를 보였으나, 1980년대 이후 우리나라 산업계가 연구원 수를 대폭 증가하기 시작하면서 2019년 현재에는 20.6%의 연구원을 고용하고 있다. 이는 우리나라 산업계가 1980년대 이후 연구원을 적극 고용하여 연구개발능력을 대폭 확충해 오고 있음을 나타내 주는 것이다.

<표 2>는 최근 우리나라 기업의 연구원의 증가 추이를 기업의 규모별로 나타내 주고 있다. 2010년 우리나라 산업계 연구원의 46.4%는 종업원 1,000명 이상의 기업에 근무하고 있는 것으로 나타났으며 다음으로 종업원 99명 이하의 기업이 32%를 고용하고 있는 것으로 나타났다. 그러나 10여 년이 지난 2019년의 비중을 보면 우리나라 연구원의 가장 큰 고용주는 종업원 99명 이하의 소기업으로 이 유형의 기업은 42.7%의 비중을 나타냈고, 다음으로 종업원 1,000명 이상의 기업이 36.9%를 고용하고 있는 것으로 나타났다. 중기업과 중견기업의 비중은 지난 10년간 별 변화가 없는 것으로 나타났다. 2019년 현재 소기업이 우리나라 산업계 연구원의 가장 큰 고용주가 되었다

〈표 2〉 우리나라의 기업 유형별 연구원 추이 (단위: 명)

구분	2010	2012	2014	2016	2017	2018	2019
종업원 99명 이하	72,444 (32.0%)	96,851 (35.1%)	110,543 (36.2%)	123,960 (38.6%)	136,880 (39.9%)	154,944 (42.1%)	165,364 (42.7%)
종업원 100~299명	28,349 (12.6%)	35,582 (12.9%)	38,093 (12.5%)	39,499 (12.3%)	41,016 (11.9%)	43,686 (11.9%)	44,223 (11.4%)
종업원 300~999명	20,409 (9.0%)	24,451 (8.9%)	27,350 (9.0%)	29,885 (9.3%)	31,273 (9.1%)	34,249 (9.3%)	34,870 (9.0%)
종업원 1,000명 이상	104,966 (46.4%)	119,102 (43.1%)	128,822 (42.3%)	127,979 (39.8%)	134,198 (39.1%)	135,358 (36.7%)	142,991 (36.9%)
합계	226,168 (100%)	275,986 (100%)	304,808 (100%)	321,323 (100%)	343,367 (100%)	368,237 (100%)	387,448 (100%)

자료: 과학기술정보통신부·한국과학기술기획평가원(각 연도), 「연구개발활동조사」, 서울.

는 것은 그동안 다른 유형의 기업에 비하여 연구개발활동에 상대적으로 노력을 덜 했던 소기업들이 지난 10년간 연구원의 고용을 확대하여 연구개발 능력을 대폭 확충한 것으로 풀이된다.

09

연구개발 프로그램 및 프로젝트 관리

제 1 절 연구개발 프로그램의 기획

1. 연구개발 프로그램 기획의 목표와 과제

연구개발 프로젝트(R&D project)의 평가 · 선정 · 우선순위화는 연구개발의 효과성 증진에 중요한 추동력이 아닐 수 없다(Foster, 1986: 118). 많은 연구개발 프로젝트는 기술적으로도 성공하기 쉽지 않으며, 설사 기술적으로 성공하였다 해도 시장에서 상업적으로 성공하기는 더욱 쉽지 않다. 이 점에서 연구개발 프로젝트의 성공률을 높일 수 있는 제반 처방이 필요하다.

이 점에서 연구개발 프로젝트의 평가 · 선정 · 우선순위화의 목적은 기업으로 하여금 부적절하고 필요없는 프로젝트 제안을 가능하면 빨리 인지하여 이들이 추가적으로 분석 · 검토 · 실행화되는 것을 회피하게 하는데 목표를 두고 있다(Specht 등, 2002: 203). Specht 등(2002)은 연구개발 프로젝트의 평가 · 선정 · 우선순위화를 '연구개발 프로그램(R&D Program)'의 기획이라고 명명하고, 이 같은 기획의 결과는 효과적이고 효율적인 프로젝트 믹스(project mix)로 이어진다고 강조하고 있다. 이를 위하여 프로젝트들이 정의되어야 하며, 정량적, 정성적, 시간적으로 구조화된 프로젝트들의 집합인 연구개발 프로그램(R&D program)을 창출하여야만 한다. 여기에서는 개별적인 프로젝트에 대한 과업의 복잡성, 시간적 한계, 팀의 구성 등이 서술되어야 한다.

여기에서 중요한 개념은 프로젝트의 효과성(effectiveness)과 효율성(efficiency)인데 이들은 이른바 연구개발 생산성(R&D productivity)에 결정적인 영향을 미친다. 연구개발 프로젝트의 효과성은 올바른 연구개발 프로젝트를 선정하였는가 여부를 나타내며, 연구개발 프로젝트의 효율성은 연구개발자원의 투입 대비 창출된 연구개발결과를 나타내 준다. 연구개발 생산성은 연구개발활동(R&D activities)의 경쟁력을 나타내 주는 것이기도 하다.

연구개발 프로그램의 기획은 비단 단기적인 기업의 경쟁우위를 지향하는 것이 아니라 기업의 미래 성과 잠재력(future performance potential)을 창출 · 확대하는 데 주안점이 모아져야 할 것이다. 이에 따라 연구개발 프로그램의 기획은 한편으로는 연구개발의 전략적 기획과 운영적 기획의 연결고리와 다른 한편으로는 이에 상응하는 프로젝트들을 통하여 이들 기획의 실제적 실행을 구성한다(Specht 등, 2002: 203).

2. 기업의 전략기획에 있어서 연구개발 프로그램

일반적으로 기업의 전략기획(strategic planning)이 다양한 단계가 있는 바와 같이 연구개발 프로그램의 기획도 다양한 단계를 가져야만 한다. 대체로 이 같은 기술기획 및 연구개발 프로그램의 기획은 기업 전체인 전사적 차원(corporate level)과 사업부, 즉 전략적 사업단위(SBU: Strategic Business Unit) 차원으로 나누어 살펴볼 수 있다. Specht 등(2002: 204-205)은 기업 차원, 사업부(SBU) 차원, 기능부서 차원의 프로젝트 프로그램 기획을 설명하며, 이를 통합적 프로젝트 프로그램(integrate project program)이라고 설명하고 있다.

이와 같은 통합적 프로젝트 프로그램은 기업 전체, 사업부, 기능부서 차원에서의 연구개발 프로젝트들 간의 세심하고도 구체적인 연계와 조율을 가능하게 한다. [그림 9-1]의 통합적 프로젝트 프로그램은 중견기업 이상의 연구개발 프로그램의 기획을 나타내 주는 것이며, 대기업이나 거대기업의 경우에는 훨씬 복잡한 연구개발 프로젝트 기획의 과정을 거치게 된다. 중소기업의 경우에는 사업부와 종합연구소가 존재하지 않은 경우가 일반적이기 때문에 [그림 9-1]에서의 기능부서로서의 연구개발부서의 연구개발 프로젝트 프로그램 기획을 하는 경우가 일반적이다.

[그림 9-1] 통합적 프로젝트 프로그램 기획

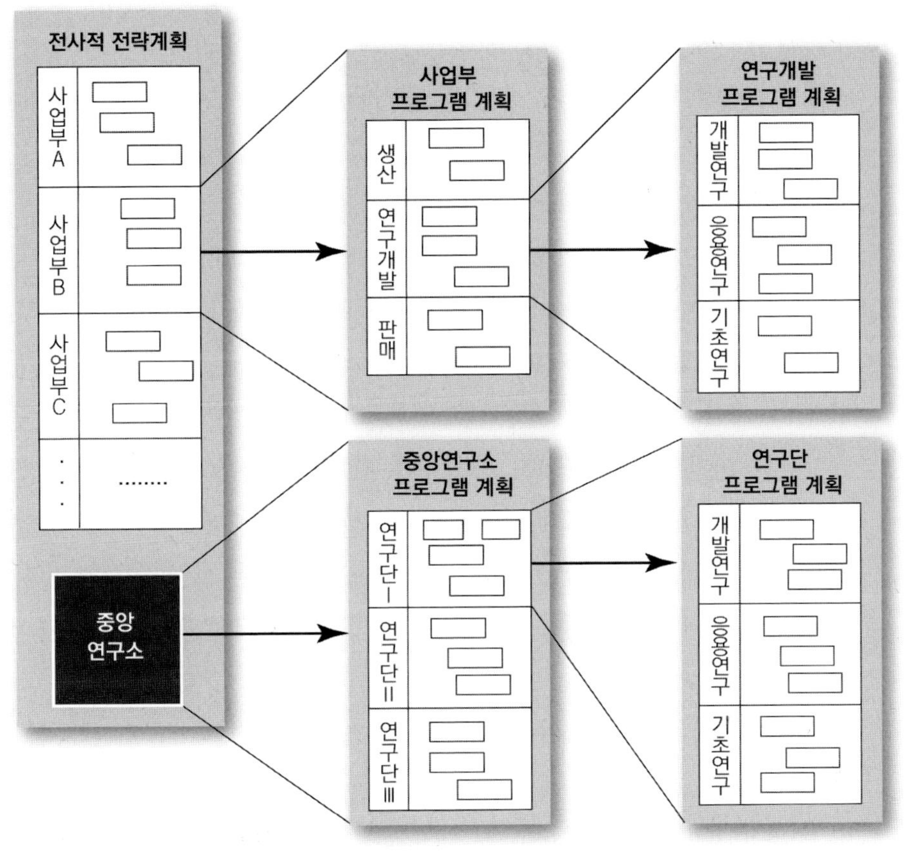

자료: Specht 등(2002), p.204에서 저자의 수정.

3. 연구개발 프로젝트 프로그램의 통합

연구개발 프로젝트의 통합은 기본적으로 통합적 전략개념(integrated strategic concept)의 관점에서 중요하다. 통합적 전략개념은 기업의 전략기획에 있어서 전략적 기업기획의 요구뿐만 아니라 기업의 다른 기능부서들의 요구를 체계적으로 고려하여야 한다는 것이다. 이를 바탕으로 수직적 통합과 수평적 통합이 도출된다.

수직적 통합(vertical integration)의 목적은 기업 전체 차원의 전략개념과 사업부서 차원의 전략개념을 기능부서 차원의 연구개발 프로그램과 조화와 연계를 이루는 것을 목표로 하고 있다. 기업경영의 차원에서 연구개발 프로젝트는 기업의 목표 및 전략과 효율적 연계를 구축하여야 한다. 또한, 연구개발 프로젝트는 사업부, 즉 전략적 사업단위의 목표와 전략과도 효율적 연계를 맺어야 한다. 일반적으로 기능전략의 경우에는 사업부 전략과 기업전략과 연계가 잘 이루어지고 있으나, 이들 기능부서의 전략도 연구개발 프로젝트와 연계를 이루어야 한다.

수평적 통합(horizontal integration)은 개별적 기능부서, 특히 연구개발, 마케팅, 생산 부서 간의 프로그램 연계의 달성을 의미한다. 특히 연구개발부서와 마케팅부서 간에는 자원 배분의 측면과 아울러 시간적 측면에서의 연계와 조율이 필요하다(Specht 등, 2002: 206). 마케팅부서는 연구개발부서보다 짧은 시간적 지평을 선호하며, 이 같은 시간적인 조율의 어려움은 두 부서 간의 갈등의 원인이 되기도 한다. 일반적으로 경영실무에서는 수직적 통합의 문제보다는 수평적 통합에 더 많은 노력을 하는 편이다. 수평적 통합을 위하여 인적, 조직적, 정보적 수단을 활용할 수 있다. 예를 들어, 범기능적 프로젝트팀(multi-functional project team)의 설치 및 운영은 수평통합을 추진하는 대표적인 수단이다.

제 2 절 연구개발 프로젝트의 유형

연구개발 프로젝트 프로그램 기획은 우선적으로 연구개발 프로젝트 유형의 구분을 전제로 한다. 그 이유는 연구개발 프로그램은 다양한 연구개발 프로젝트의 집합이라는 점에서 연구개발 프로젝트는 연구개발 프로그램의 기획 대상이다. 이 같은 프로젝트 유형은 프로젝트 포트폴리오에서 많이 다루어지고 있는데(정선양, 2016), Specht 등(2002: 209-214)은 연구개발 프로젝트를 기술개발 프로젝트, 사전개발 프로젝트, 제품개발 프로젝트, 공정개발 프로젝트로 나누어 살펴보고 있다. 아래에서 이를 자세히 알아보기로 한다.

1. 연구개발 프로젝트 유형 구분의 필요성

연구개발 프로젝트 유형(R&D project type)의 구분은 연구개발경영에 핵심적이다. 특히 이는 연구개발 프로그램의 기획과 통제의 중요한 구성요소이다. 일반적으로 기업은 다양한 유형의 연구개발 프로젝트들을 수행한다. 연구개발조직은 이 같은 연구개발 프로젝트들의 총합을 바탕으로 기업의 다른 기능부서들과 자원의 확보에 경쟁하게 된다.

실제로 기업은 기업전략, 사업부 전략을 바탕으로 다양한 프로젝트를 수행하여야 한다. 이와 같은 프로젝트의 구분은 혁신성, 복잡성, 위험, 기획기간, 기업의 능력 등을 반영하여 이루어진다. Specht 등(2002)은 Wheelwright & Clark(1992)의 구분을 바탕으로 연구개발 프로젝트를 기

[그림 9-2] 연구개발 프로젝트의 유형

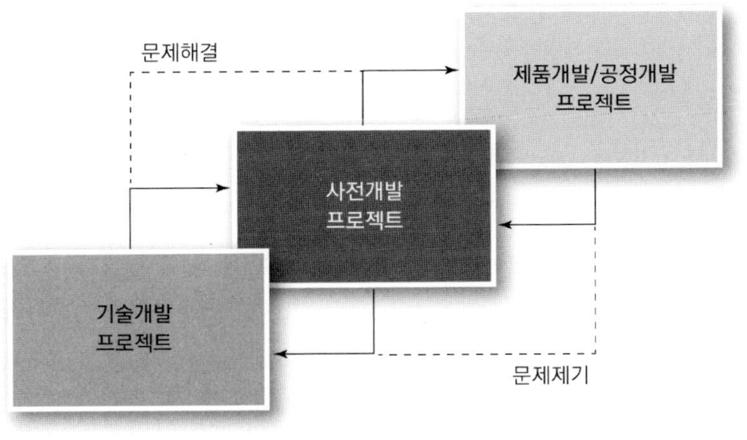

자료: Specht 등(2002), p.210.

술개발 프로젝트, 사전개발 프로젝트, 제품개발 프로젝트, 공정개발 프로젝트로 나누어 구분하고 있다. 이는 연구개발 대상을 중심으로 구분하였다는 점에서 매우 간단하고 설득력이 있다. 또한, 이들 연구개발 프로젝트의 대상인 기술, 사전개발, 제품, 공정은 다양한 스펙트럼의 혁신성을 반영할 수 있다는 장점을 가지고 있다.

[그림 9-2]에 나타나 있는 바와 같이 이들 유형의 프로젝트들은 상호간의 연계관계를 가지고 있다. 기술개발 프로젝트는 사전개발, 제품개발, 공정개발에 영향을 미치며, 제품개발 및 공정개발 프로젝트는 사전개발과 기술개발 프로젝트에 대한 추가적인 수요를 창출할 수 있다.

2. 기술개발 프로젝트와 사전개발 프로젝트

기술개발 프로젝트(technology development projects)는 기업의 기술능력 제고를 목표로 하고 있다. 이 프로젝트는 특히 기업이 충분하게 확보하지 못한 영역에서의 노하우와 역량의 창출을 목표로 한다. 이 점에서 이 프로젝트는 다른 프로젝트에 비하여 혁신성, 위험도, 복잡성, 재무적 자원의 필요성이 상대적으로 높은 것이 일반적이다. 이 프로젝트는 기초연구와 연계성이 높으며, 종종 연구역량이 뛰어난 인력과 특별한 연구개발 장비를 필요로 하는 것이 일반적이다(Specht 등, 2002: 211). 많은 경우 기술프로젝트들은 별도의 장소에 설치된 중앙연구소(central research institute)에서 이루어지는 경향이 많으며, 이를 통하여 외부와의 접촉에 신중을 기하기도 한다. 우리나라의 대부분 기업이 별도의 중앙연구소를 설립·운영하는 것도 같은 맥락이다. 기술개발 프로젝트들이 성공하기 위해서는 항상 사전개발, 제품 및 공정 개발을 위한 기술적 해결책 제공에 노력하여야 하며, 거꾸로 시장에 근접한 연구개발 프로젝트 및 영역으로부터 새로운 문제해결의 수요를 충분히 전달받아야 한다.

Specht 등(2002: 211)은 기술개발 프로젝트를 '신기술 개발 프로젝트'

와 '기술개선 프로젝트'로 구분하여 설명하고 있다. 신기술 개발 프로젝트는 기업이 지금까지 확보하지 못한 기술을 개발하려는 프로젝트로, 이는 보통 기술의 S-커브에서 기존기술에서 새로운 기술로의 기술전환이 이루어지는 경우에 주로 추진된다. 이에 비하여 기술개선 프로젝트는 기업이 이미 확보하고 있는 기술의 추가적 성과제고를 목표로 수행되는 프로젝트를 의미한다.

사전개발 프로젝트(vor-development projects)는 제품개발과 공정개발을 지원한다. 이들은 높은 기술적 위험으로 인하여 제품과 공정에 통합될 수 없는 새로운 유형의 제품개념, 부분시스템, 부품의 개발을 목표로 한다(Specht 등, 2006: 211). 이 유형의 프로젝트에 대한 투입요인들은 기술개발 프로젝트들로부터의 문제해결방안들과 제품개발 및 공정개발로부터의 문제제기들이다. 산출요인들은 기술개발 프로젝트들에 의해 해결되어야 할 기술적 문제와 제품개발 및 공정개발에서 활용될 수 있는 문제해결방안들이다. 이들 프로젝트의 복잡성은 상대적으로 높은 편이며 보통 기술개발 프로젝트들에 비하여 시간적 압력이 대단히 높은 편이다.

3. 제품개발과 공정개발 프로젝트

제품개발과 공정개발은 매우 목적지향적이며, 이들 프로젝트 구분은 제품과 공정의 변화 정도에 따라 분류할 수 있다. 이를 위하여 Clark & Wheelwright(1993)는 제품개발과 공정개발 프로젝트를 개선 프로젝트, 플랫폼 혹은 차세대 프로젝트, 급진적 혁신 프로젝트로 나누어 살펴보고 있다([그림 9-3] 참조). 다음에는 이에 대해 살펴보기로 한다.

1) 개선 프로젝트

이 유형의 프로젝트는 이미 존재하는 기술을 바탕으로 기존제품의 개선 및 파생제품을 개발하거나 혹은 공정에 있어서 미세조정 및 점진적

[그림 9-3] 제품개발 프로젝트와 공정개발 프로젝트

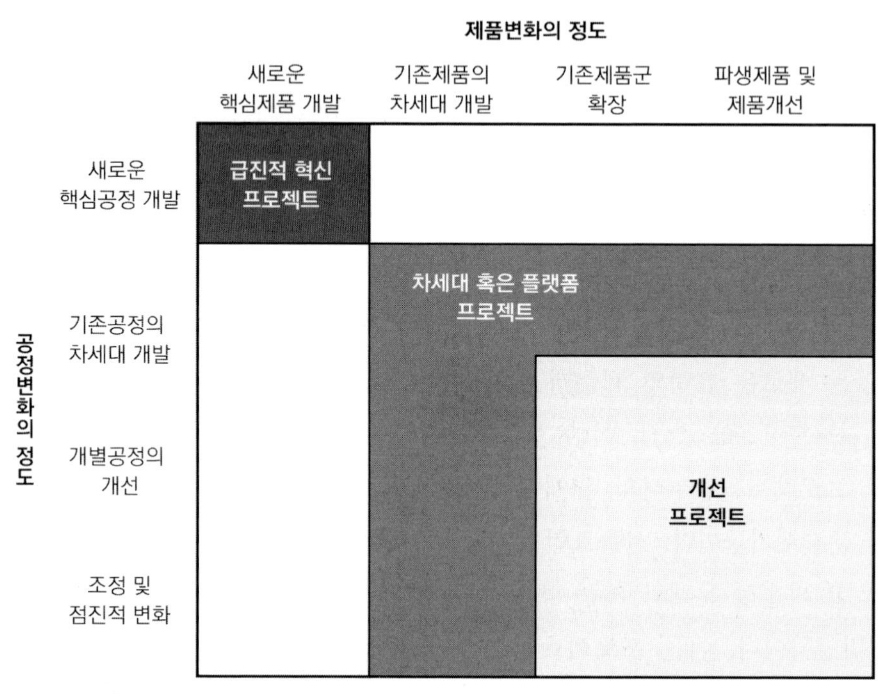

자료: Clark & Wheelwright(1993), p.244.

변화만을 가져오는 프로젝트를 의미한다. 아울러 기존제품군을 확장하고 개별공정을 개선 · 업그레이드하는 프로젝트들도 이 유형에 속한다. 이들 프로젝트는 매우 적은 연구개발자원만을 소요할 뿐이다. 실무에서는 대단히 많은 프로젝트가 이 유형의 프로젝트들이다.

2) 플랫폼 혹은 차세대 프로젝트

이들 프로젝트는 제조공정의 차원, 제품의 차원, 혹은 두 차원 모두에서 상당한 변화를 수반하여 고객에게 새로운 '시스템' 해결책을 제공하는 프로젝트들이다. 이들 프로젝트는 여러 해 동안 사용할 수 있는 제품군과 공정군을 창출할 수 있는 기초를 제공한다는 점에서 플랫폼 프로젝트(platform projects)라고 한다. 이들 프로젝트는 개선 프로젝트보다 훨씬 많은 자원을 필요로 한다. 이들 플랫폼 프로젝트는 세심하게 계획되고 실행된다면 상당한 기간 높은 매출액과 원가, 품질, 성과에 있어서의 획기적 개선을 가져온다. 그리하여 이들 프로젝트를 차세대 프로젝트(next generation projects)라고 부른다.

Clark & Wheelwright(1993)은 플랫폼 프로젝트는 연구개발 프로그램을 구성하는데 특별히 중요하다고 강조하는데, 그 이유는 이들 프로젝트가 기업에게 막대한 경쟁우위를 가져다주고 기존시장에서 누리지 못하였던 성장잠재력을 제공하여 주지만, 많은 최고경영자가 이 같은 잠재력을 체계적으로 창출하는데 어려움을 가지고 있기 때문이다. 그리하여 이들 프로젝트를 계획하여 연구개발 프로그램에 포함시키는 것은 기업에게 중요한 기회를 제공해 줄 수 있다.

차세대 플랫폼 프로젝트는 단일 제품 및 공정을 창출하는 것 이상을 수행하는데, 차세대 프로젝트가 플랫폼으로 작동하기 위해서는 다음 세 가지 필수적 특징을 가지는 제품 및 공정을 개발하여야 한다(Clark & Wheelwright, 1993: 247).

① 핵심 수요와 어울리는 핵심 성과능력: 프로젝트가 개발하려는 해결책이 핵심고객집단의 수요에 대하여 목표지향적이고 시스템적 해결을 제공하여야 함.

② 전체 제품·공징 창출을 보조: 플랫폼 프로젝트는 점진적 사양의 부가 혹은 삭제를 통하여 후속 개발 노력이 확장 혹은 제고될 수 있는 제품 및 공정, 그리하여 제품군과 공정군을 창출하여야 함.

③ 이전의 세대 혹은 후속 세대와의 연결성: 플랫폼은 한 세대에서 다음 세대로의 이동을 촉진시키며 고객에 대한 가치 이동경로를 제공하여야 하며, 그리하여 고객 및 유통채널 등의 안정성을 보장하여야 함.

3) 급진적 혁신 프로젝트

급진적 혁신 프로젝트(radical breakthrough projects)는 제품과 공정에 있어서 대단한 변화를 가져오는 프로젝트이다. 이들 혁신적 프로젝트가 충분히 성공을 거둔다면 새로운 핵심제품과 핵심공정을 구축한다. 이들 프로젝트는 완전히 새로운 제품 범주를 만들거나 기업이 새로운 산업으로 진입하게 하는 디딤돌이 될 수도 있다. 이들 프로젝트는 공정보다는 제품에 더 주안점을 두는데 그 이유는 이들 프로젝트의 결과는 새로운 고객을 창출하여야 하기 때문이다. 그럼에도 불구하고 이들 프로젝트는 제품 자체가 혁신적이라는 점에서 새로운 공정의 개발에 대한 많은 노력이 필요하다. 이들 프로젝트의 혁신성으로 인하여 최고경영자는 이들 프로젝트를 수행하는 팀에게 자원, 기술, 시설, 장비 등의 사용에 상당한 자유도를 부여한다.

제 3 절 연구개발 프로젝트의 평가와 선정

1. 연구개발 프로젝트 선정의 중요성

연구개발 프로그램을 기획하기 위해서는 프로젝트 선정(project selection)이 이루어져야 한다. 근본적으로 연구개발은 매우 복잡하고 위험성이 높은 활동이기 때문에 연구개발활동은 프로젝트(project)에 의해 수행된다. 이 점에서 기업의 입장에서는 연구개발 프로젝트의 효율적 선정이 매우 중요하다. 기본적으로 과학기술은 분야도 다양하고 매우 복잡하며 위험성도 대단히 높으며, 기업은 모든 연구개발 프로젝트를 수행할 수 있는 재무적, 인적 자원의 한계를 가지고 있기 때문이다.

근본적으로 연구개발경영의 목표는 연구개발활동에서의 불확실성과 위험을 '허용할 수 있고', '계산된' 위험으로 변환시키고 이를 감수하는 것이다. 여기에서 기업은 기술적 위험과 상업적 위험을 고려하여야 한다. 기술적 위험(technological risk)은 기업의 연구개발활동이 기술적으로 성공하지 못할 위험을 의미하며, 상업적 위험(commercial risk)은 기업이 비록 연구개발활동에서 기술적인 성공을 하였어도 이를 통하여 창출된 제품과 서비스가 시장에서 수익을 창출하지 못할 위험을 나타내는 것이다. Tidd & Bessant(2013: 378)에 따르면, 모든 프로젝트의 30~45%는 완결되지 못하며, 절반 이상의 프로젝트가 예산을 초과하거나 연구기간이 200% 이상 소요되는 것으로 나타났다. 이는 연구개발 프로젝트 선정의 중요성을 나타내 주는 것이다. 일반적으로 연구원과 엔지니어는 연구개발 프로젝트에 대해 너무나 낙관적이며, 이에 반하여 재무관련 부서의 요원은 연구개발 프로젝트에 대하여 대단히 보수적이다.

이 점에서 올바른 프로젝트를 선정하는 것이 연구개발활동 전체의 성공에 가장 핵심적이라는 점에서 기업은 이에 세심한 노력을 기울여야 할 것이다. Tidd & Bessant(2013: 380)는 프로젝트 선정과 평가의 목적을 다음과 같이 제시하고 있다.

① 잠재적 프로젝트(potential projects)에 대한 전체적 이해의 습득 및 축적
② 주어진 프로젝트에 대한 우선순위 설정 및 필요할 경우 프로젝트의 탈락
③ 프로젝트가 선정 시기에 설정된 기준에 따라 프로젝트의 모니터링
④ 필요할 경우 기존 프로젝트의 중단
⑤ 완료된 프로젝트의 결과 평가
⑥ 미래의 프로젝트를 위해 학습을 하기 위한 목적으로 성공된 그리고 실패한 프로젝트의 평가

근본적으로 기업 간의 글로벌 경쟁이 치열해지고 있는 현 기술경제환경 속에서 기업은 점진적 혁신을 위한 프로젝트는 물론 급진적 혁신을

〈표 9-1〉 점진적 혁신 프로젝트와 급진적 혁신 프로젝트의 차이점

점진적 혁신 프로젝트	급진적 혁신 프로젝트
- 낮은 불확실성과 위험	- 높은 기술적, 사업적 위험
- 전통적 기획 기법의 활용 가능	- 새로운 기획기법의 도입 필요
- 중간경영자의 독립적 결정 가능	- 최고경영자의 적극적 개입 필요
- 재무부서와 마케팅부서의 설득 용이	- 재무부서와 마케팅부서 설득의 어려움
- 기업 내부로부터의 아이디어 창출	- 외부로부터의 아이디어 창출

위한 프로젝트도 수행하여야 할 것이다. 실제로 최근 들어, 연구개발경영에 있어서 연속적 혁신(continuous innovation)은 물론 불연속적 혁신(dis-continuous innovation)의 창출에 주안점을 두어야 한다는 주장이 많이 제기되고 있다(Morris & Miller, 1999; Tidd & Bessant, 2013). 이들 두 프로젝트의 성격은 서로 다르다(<표 9-1> 참조).

이와 같은 프로젝트의 선정은 기업이 처해진 상황과 연구개발의 대상 등에 따라 서로 다른 접근방법을 취하여야 할 것이다. 그러나 일반적으로 적용할 수 있는 프로젝트 선정기법을 이해하여야 하는데, 여기에서는 이들을 살펴보기로 한다.

2. 연구개발 프로젝트 평가 및 선정 기법

1) 프로젝트 평가기법의 요건

연구개발 프로그램 기획의 중요한 요소는 연구개발 프로젝트들의 선정과 우선순위화를 위한 목적으로 연구개발 프로젝트들을 평가하는 것이다. 여기에서는 우선 연구개발 프로젝트의 평가과정에 관한 요구사항을 살펴보고 세부적인 평가과정 및 방법에 관해 살펴보기로 한다.

연구개발 프로젝트의 평가는 프로젝트 아이디어와 프로젝트에 대하여 다툼의 여지가 없이 적합한 평가가 이루어져야 한다. 이를 위해서는

프로젝트들은 사실에 기초하여 평가되어야 하며 기술적, 상업적 실현의 가능성을 충분하게 분석하여 평가되어야 한다. 프로젝트의 평가 및 선정은 프로젝트 위험을 조기에 인지하고 오로지 성공 가능한 프로젝트만 선정하고 연구개발을 추진하는 것을 보장하여야 한다. 그리하여 기술적으로 실현가능성이 없거나 기술적으로 성공해도 상업적으로 성공할 가능성이 없는 프로젝트들은 선발되지 않거나 가능한 조기에 중단되어야 한다.

많은 기업이 이와 같은 프로젝트의 평가와 선정을 종종 비체계적으로 추진하는 경향이 많다. 이는 기업에 막대한 손실을 가져올 수도 있다. 그리하여 기업은 다양한 프로젝트의 평가기법을 적용하여 프로젝트의 선정, 탈락, 중단 등의 결정을 합리적으로 행하여야 한다. 이를 통하여 기업은 성공 가능성이 없는 프로젝트에 대한 부족한 자원의 낭비를 막고, 잠재적으로 성공 가능성이 높은 프로젝트 아이디어를 자의적으로 탈락시키는 것을 방지할 수 있다. 또한, 연구개발 프로젝트의 평가과정 및 평가기법은 개별적인 프로젝트들에 대한 우선순위를 제공해 줄 수 있다.

그리하여 적절한 프로젝트의 선정을 위해서는 적절한 프로젝트의 평가기법을 적용하는 것이 중요하다. Specht 등(2002: 215)은 연구개발 프로젝트의 평가기법 선정을 위한 기준을 다음과 같이 제시하고 있다.

1) 현실에 가까움
2) 다차원적 목표체계에 대한 적합성
3) 프로젝트 목표의 동태성 문제 극복
4) 현존하는 데이터베이스에 대한 적응성
5) 정보의 불확실성 문제를 적절하게 다룸
6) 상황적 데이터, 목표, 대응수단 등의 측면에서의 위험 고려
7) 평가의 시점과 관련한 적합성
8) 선정결과의 객관성, 투명성, 공감성
9) 이용자 친화성

10) 낮은 비용과 높은 정확성

2) 프로젝트 평가기법 개요

기업의 건전한 연구개발 프로젝트를 선정하려면 적절한 평가 및 선정 기법을 가지고 있어야 할 것이다. 그동안의 다양한 연구들은 연구개발 프로젝트 선정기법이 다음 사항과 관련하여 체계화되어야 할 것을 강조하고 있다(Brockhoff, 1994: 253; Specht & Beckmann, 1996: 222).

- 선정평가 목표의 유형: 경제적 목표인가 혹은 비경제적 목표인가?
- 선정평가 목표의 수: 하나의 목표인가 혹은 여러 목표인가?
- 선정평가의 활용영역: 사전적 프로젝트 선정인가 혹은 진행되고 있는 프로젝트의 중단인가?
- 연구개발 프로젝트의 불확실성의 정도: 결정적 과정인가 혹은 확률적 과정인가?
- 선정평가 정보의 특징: 질적인 정보인가 혹은 양적인 정보인가?

연구개발 프로젝트의 선정기법은 매우 다양한 방법으로 이루어진다. Specht & Beckmann(1996)은 이와 같은 선정기법을 정성적 선정기법(qualitative selection methods), 준정량적 선정기법(semi-quantitative selection methods), 정량적 선정기법(quantitative selection methods) 등 세 가지 유형으로 나누고 있다. 첫 번째 유형은 연구개발 프로젝트의 가치를 수치가 아닌 서술에 의해 나타나는 결과를 가지고 선정하는 방법이며, 두 번째 유형은 연구개발 프로젝트의 가치가 수치로 나타나지만 구체적인 금전적 단위로 나타낼 수 없고 주관적 판단이 포함되는 선정방법이며, 마지막 유형은 연구개발 프로젝트의 가치를 재무적 수치로 나타낼 수 있는 선정방법을 의미한다. 그동안 다양한 연구에서 이들 세 유형에 따라 세부적인 연구개발 프로젝트 선정기법을 제시하고 있다(<표 9-2> 참조). 다음에서는 이들 세부 선정기법 중 중요한 기법들을 서술하기로 한다.

〈표 9-2〉 연구개발 프로젝트의 선정평가 기법

정성적 평가기법	준정량적 평가기법	정량적 평가기법
종합적 평가기법 - 직관적 복합평가 - 토론적 평가법 **개방형 분석적 평가기법** - 체크리스트법 - 점수평가법 - 프로젝트 프로파일법 - 포트폴리오 분석법	**개방형 분석적 평가기법** - 이용가치 분석법 - 비용효과 분석법 - 우선순위 나열법 - 포트폴리오 분석법	**투자분석법** 정태적 투자분석 - 원가비교 - 수익비교 - 손익분기점분석 - 투자회수분석법 - 프로젝트지표법 - 수익률분석법 동태적 투자분석 - 연차상환분석법 - 순현재가치법 - 현금흐름할인법 - 내부수익률법 **프로젝트 보전분석법**

자료: Specht 등(2002), p.216에서 저자의 수정.

3) 종합적 평가기법

연구개발 프로젝트 선정의 종합적 평가기법에는 직관적 복합평가기법과 토론적 평가기법이 있다. 다음에는 이를 살펴보기로 한다.

(1) 직관적 복합평가

직관적 복합평가(intuitive Komplexbewertung)는 종합적 평가기법 중 하나로서 프로젝트의 선호도 순서를 매기는 것이다. 여기에서 각각의 프로젝트 아이디어는 총체적 인상에 따라 다른 아이디어들과 비교하여 평가되어진다. 여기에서의 기본적인 가정은 일정한 핵심적 평가기준에 의하여 프로젝트의 전체 모습이 드러날 수 있다는 것이다. 후술할 분석적 평가기법(analytical evaluation methods)과 다르게 전체 모습은 부분으로 나누어 분석되지 않는다. 이와 같은 직관적 복합평가기법은 <표 9-3>처럼

〈표 9-3〉 직관적 종합평가 기법

구 분	내 용
등급분류	예를 들어, 지원필요, 조건부 지원필요, 적게 지원필요, 지원불필요
점수화 평가	각 평가자가 각각의 프로젝트 제안서에 대해 점수(예를 들어, 100점 이내)를 매김
순서 매기기	프로젝트 제안서들에 대하여 직관적으로 지원순서를 매김
쌍대비교	프로젝트 제안서를 짝으로 비교하여 우선순위를 매김

자료: Specht 등(2006), p.217.

여러 개로 나누어진다. 직관적 복합평가의 수준은 평가자들의 능력에 달려 있다. 그리하여 이 점에서 이 유형의 평가에서는 해당 분야에 관한 전문성이 있고 경험이 많은 평가자를 찾는 것이 중요하다.

(2) 토론적 평가기법

토론적 평가기법(dialektische Bewertungmethode)은 프로젝트 제안서 각각의 장점과 단점을 논의하고 비교하여 의견을 모아가는 방법이다. 이 평가방법은 전략적으로 중요한 프로젝트의 평가에 특히 많이 사용된다. 여기에서는 프로젝트 아이디어, 목표, 평가기준 등이 심층적으로 논의되며, 특히 이 논의에 있어서 실체와 사실을 가지고 논의를 하는 것이 중요하다. 여기에는 다음의 세부 방법이 있다.

① 장단점 비교법 : 이 방법은 두 개의 단계로 나누어지며 '장단점 카탈로그'를 통해 구조화된다. 첫 번째 단계는 탐색단계로서 프로젝트 아이디어에 관한 장점과 단점에 관한 논점이 조사된다. 일반적으로 전문가 집단의 논의를 촉진하고 조정하기 위하여 좌장이 위촉되고 회의를 이끌어간다. 장단점 논점은 핵심단어를 중심으로 하나의 카탈로그에 기재된다. 다음 단계로는 각각의 논점이 전문가 집단에 의해 심층 논의되고 중요성을 부여받는다. 이와 같은 과정을 평가대상 프로젝트 아이디어들에 대해 이루어지면 개별

프로젝트 제안서에 대한 장점과 단점이 나타나게 된다. 마지막으로 전술한 직관적 복합평가 방법에 의해 전체적 평가 및 우선순위를 도출할 수 있다.

② 프로젝트변호법 : 이 방법에서는 한 전문가 혹은 프로젝트 프로모터(project promotor)가 특정한 프로젝트를 옹호한다. 이는 일반적으로 '프로젝트 기획위원회'에서 일종의 '변호'의 형태로 이루어진다. 이 방법은 프로젝트에 대한 변호가 공개적으로 이루어진다는 점에서 절차의 투명성이 보장된다. 이 변호는 다음과 같이 7개 단계로 구성된다.

1) 핵심문제의 묘사(문제의 현재 상태)
2) 문제의 진행 예측(문제의 현 상태를 유지할 경우 어떤 결과가 진행되는가?)
3) 목표상태의 묘사(희망상태)
4) 대립영역의 제시(목표상태가 달성가능한가?)
5) 해결 가능성으로서의 프로젝트 아이디어 제시(장단점이 제시됨)
6) 경쟁하고 있는 프로젝트 아이디어의 비판적 평가
7) 결론적 판단 및 종합

③ 토론평가법 : 이 방법은 프로젝트의 평가와 선정에 있어서 집단토론(group discussion)을 하는 것으로, 이는 다양한 기능부서의 협력을 필요로 하고 조직 구조의 여러 차원의 의견을 참조한다. 여기에서 중요한 것은 이 토론을 이끌 좌장(moderator)을 선정하는 것이다. 프로젝트와 관련이 있는 부서들은 프로젝트 제안에 대하여 세심한 검토를 하고 의견을 제시하여야 한다. 좌장은 개별 프로젝트 제안들과 이들의 결과에 대해 조망하고 토론과 평가를 진행하여야 한다.

이들 세 유형의 토론적 평가기법의 장점은 프로젝트 제안서들에 대한 논점을 일목요연하게 구조화하는 데 있다. 여러 논점에 따른 장단점, 근거 등을 제안들 간에 비교하여 제시된다. 그리하여 프로젝트 아이디어의 평가는 직관적 복합평가에 비하여 투명하다는 장점이 있다. 그러나 이들 방법은 좌장 및 평가위원의 선정에 있어서 전문성, 경험, 객관성을 충분히 고려하여야 하는 어려움이 있다.

4) 분석적 평가기법

(1) 체크리스트법

체크리스트법(checklist method)은 프로젝트 평가에 있어서 매우 자주 사용하고 간단한 정성적 평가기법이다. 체크리스트는 프로젝트 제안서들에 관한 의사결정에 있어서 중요하다고 인식되는 요인들, 즉 기준들의 목록이다. 이들 기준은 기술적 요인, 상업적 요인, 법적·재무적 요인, 기업전략 등을 포함한다. 일반적으로 이들 요인에 대하여 가중치를 부여한다. 이들 요인의 선정과 그 중요도에 대한 가중치 부여는 연구개발부서의 운영위원회 혹은 프로젝트 선정위원회 등에서 이루어진다. 이 기법의 장점은 적용하기 편하다는 점이다. 그리하여 이 방법은 다른 복잡한 기법을 사용하기 전 출발점으로 사용하는 경우가 많다. 이 방법이 효과적으로 사용되면 기업이 추진하여야 할 프로젝트들에 대한 유용한 토론으로 이어질 수 있다. 즉, 평가자들 간의 의견의 일치 및 불일치 영역이 나타나며, 이에 대한 집중적인 토론을 통하여 최종적인 평가결과가 도출된다. <표 9-4>는 프로젝트 평가를 위한 체크리스트법 및 여러 세부 구성요인들을 나타내 준다.

(2) 점수평가법

점수평가법(scoring model) 혹은 평점모델법에서는 프로젝트 평가에 적합한 기준 혹은 요인에 대하여 적절한 등급을 부여하여 평가하는 것이다.

〈표 9-4〉 프로젝트 선정을 위한 체크리스트법

요 인	점수(1~5)	가중치(%)	평가점수
기업전략에 기여도			
전체적 목적 및 전략에 적합도			
기업 이미지에 기여도			
마케팅과 유통에 적합도			
잠재적 시장의 크기			
제품 판매 역량			
시장 추세 및 성장에 대한 적합도			
고객의 수용도			
기존시장과의 관계			
시장점유율			
개발기간의 시장위험			
가격책정 및 수익성			
신제품 도입의 시점			
제품 판매의 기대기간			
제조의 적합도			
원가 절감능력			
필요 시설 및 장비			
원자재 확보 가능성			
연구개발 용이도			
기술적 성공 확률			
소요 원가			
연구개발기간			
연구개발자원의 획득 가능성			
연구개발시설의 획득 가능성			
특허 상황			
다른 프로젝트와의 조화도			
법적·규제적 요인			
수익성			
소요 자본투자			
투자수익률			
단가			
자산의 활용도			

자료: Tidd & Bessant(2013), pp.391-392.

〈표 9-5〉 점수평가법의 사례

핵심성공요인	가중치 (1)	강력한 경쟁기업과 비교한 평가(2)											환산점수 (1×2)
		매우 부정적 ←→ 매우 긍정적											
		0	1	2	3	4	5	6	7	8	9	10	
잠재적 수요의 크기	10				v								30
시장점유 가능성	8									v			64
기술경쟁력	10						v						50
재무적 자원	5		v										5
환산점수의 총계													149

자료: Specht 등(2006), p.220.

아울러 평가요인의 중요도에 따라서 가중치를 부여한다. 이 평가기법은 전술한 체크리스트법과 유사하나, 이 기법에서는 중요한 평가요인을 나열하고 이에 대한 가중치를 부여하여 평가한 후 전체 점수로 환산한다는 점의 차이가 있다. 각각의 연구개발 제안서는 이와 같은 평가과정을 거쳐 전체점수의 순서로 선정하거나 일정 점수 이상을 받은 제안서들을 선정한다. <표 9-5>는 이 같은 점수평가법의 사례를 나타내 주고 있다.

5) 포트폴리오 분석법

포트폴리오 분석법(portfolio analysis)은 평가대상이 되는 연구개발 프로젝트 제안서들을 동시에 평가한다는 특징을 가지고 있다. 포트폴리오 분석법은 두 가지 측면의 핵심 변수들, 예를 들어 기술 측면과 시장 측면 혹은 보상과 위험 등을 동시에 고려하여 평가한다는 장점이 있다.

(1) 보상-위험 연구개발 프로젝트 포트폴리오

이 유형의 포트폴리오 분석은 일련의 프로젝트들을 프로젝트의 수행에 들어가는 비용을 프로젝트의 기대되는 수익과 비교하여 평가하는 것이다. [그림 9-4]는 이 유형의 연구개발 프로젝트를 나타내 준다. 그림

[그림 9-4] 보상-위험 연구개발 포트폴리오

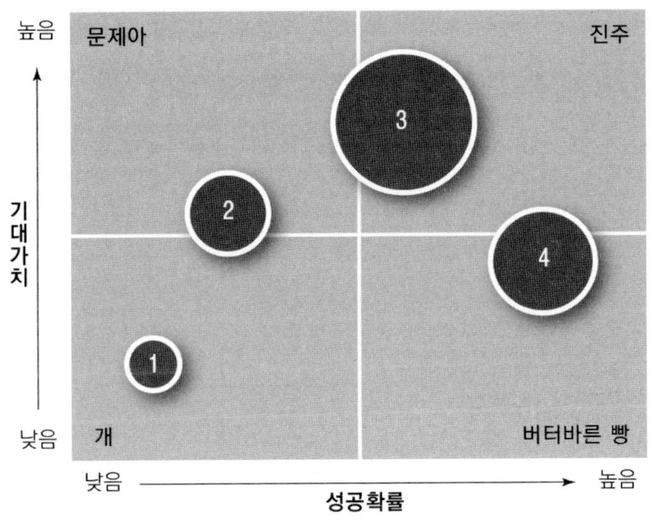

자료: Tidd & Bessant(2013), p.393.

안의 원의 크기는 프로젝트에 들어가는 자원의 규모, 즉 프로젝트의 규모를 나타낸다. 일반적으로 이 포트폴리오에서 좌하단 영역(개)은 프로젝트의 성공확률도 떨어지고 기대효과도 낮은 영역으로 이 부분에 해당되는 프로젝트-1은 탈락시켜야 할 영역이다. 좌상단의 영역(문제아)은 성공확률은 낮으나 기대효과는 높은 영역으로 이 부분에 해당하는 프로젝트-2는 기업의 상황에 따라 선정을 할 것인가 탈락을 시킬 것인가를 세심히 선택하여야 하는 영역이다. 우하단 영역(버터바른 빵)은 성공확률은 높으나 기대효과가 낮은 영역으로, 이 부분에 해당하는 프로젝트-4 역시 기업의 전략적 선택이 필요한 영역이다. 우상단 영역(진주)은 프로젝트의 성공확률도 높고 기대효과도 높은 영역으로, 이 부분에 해당하는 프로젝트-3은 당연히 선정하여야 할 것이다. 이와 같은 프로젝트의 선정에 있어서 기업이 처해 있는 상황과 프로젝트에 소요되는 자원 역시 고려하여야 할 것이다. 이 같은 보상-위험 포트폴리오는 다양한 프로젝트의 핵심적인 측면, 즉 성공확률, 기대효과, 프로젝트의 규모 등을 고려하여 비교하여 선정할 수 있다는 장점이 있다.

(2) 기술-시장 연구개발 프로젝트 포트폴리오

Möhrle(1988)의 연구개발 프로젝트는 개별 프로젝트 차원에서 기업의 목표와 자원의 배분을 고려하여 기업이 추진하는 연구개발 프로젝트의 전체 차원에서 평가를 가능하게 한다. 이를 통하여 이 유형의 프로젝트 평가는 연구개발 프로그램의 효율적인 기획에 기여한다. 이 포트폴리오는 [그림 9-5]와 같이 기술투입(technology push)과 시장견인(market pull)의 두 차원에서 구성된다.

여기에서 기술투입은 프로젝트의 기술적 매력도(technological attractiveness)를 나타내는데, 이는 기술의 고유한 특징, 기술의 융합성, 프로젝트

[그림 9-5] 기술-시장 연구개발 프로젝트 포트폴리오

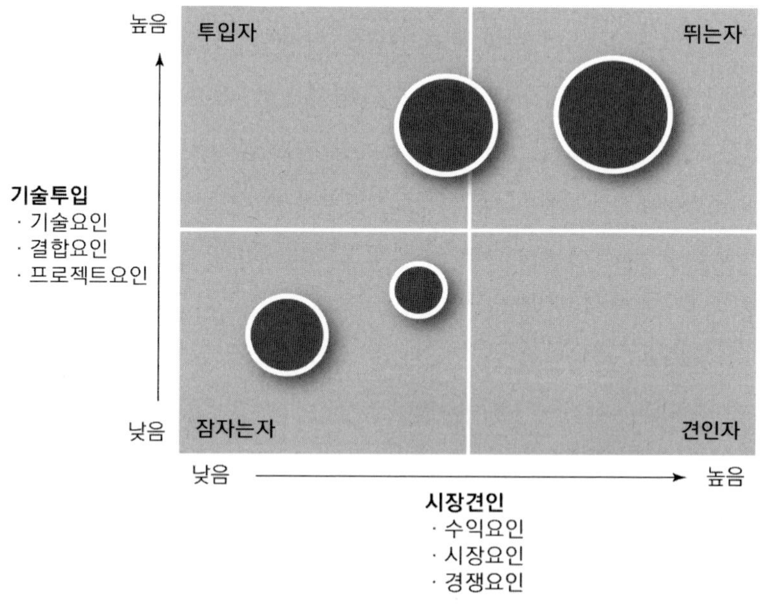

자료: Möhrle(1988), p.13.

적 특징과 요인으로 평가된다. 기술의 고유한 특징으로는 사용된 기술의 유형, 이의 투입 스펙트럼, 기술 표준 등을 들 수 있으며, 융합적 요인은 기술 간 조화성, 기존 연구개발지식의 연구개발 프로젝트 지식과의 연계성, 현 프로젝트와 다른 프로젝트와의 기술적 경합성, 프로젝트 기술적 경로의 기업 목표 경로와의 조화성 등을 들 수 있다. 프로젝트 특징으로는 프로젝트의 참신성, 복잡성, 프로젝트 관련 전문 프로모터 투입의 적극성 등을 들 수 있다.

시장견인 요인은 수익성, 시장상황, 경쟁상황 등을 나타낸다. 수익요인은 연구개발 프로젝트의 결과로서 미래 제품 및 공정의 재무적 성과를 나타내며 기대되는 제품수익과 개별 프로젝트의 미실현에 의한 기회비용을 분석한다. 시장요인은 시장의 매력도를 나타내며 기대되는 시장점유율과 시장성장의 크기를 나타낸다. 경쟁요인으로는 경쟁적 적합성, 경쟁자에 대한 달성가능한 우위의 정도 등을 나타낸다.

기술투입요인과 시장견인요인의 전체적 평가는 각 세부 요인들의 점수평가법(scoring model)의 도움으로 작성되며, 그 결과 각각의 연구개발 프로젝트는 포트폴리오 매트릭스 내에 위치하게 된다. 여기에 위치하는 원의 크기는 프로젝트에 투입되는 자원의 크기를 나타내며, 원의 크기가 클수록 규모가 큰 프로젝트 제안서를 나타낸다. 자원의 크기는 투입이 예상되는 재무적 자원의 크기와 투입되는 인력의 양(예를 들어, man-month)으로 측정된다.

매트릭스의 각 사분면은 '뛰는자(Renner)', '투입자(Drücker)', '견인자(Zieher)', '잠자는자(Schläfer)'로 구분되며, '뛰는자'에 속하는 프로젝트 제안서는 기술투입요인과 시장견인요인 모두 좋은 제안서들로서 우선적으로 추진되어야 하는 제안서들이고, '잠자는자'에 속하는 프로젝트 제안서는 두 요인 모두 낮은 점수를 받은 제안서이기에 추진하지 않고 탈락되어야 할 제안서들을 나타내며, '투입자'와 '견인자'의 영역에 속하는 프로젝트 제안서들은 기업의 상황에 따라 전략적 선택을 하여야 하는 제안서들을 나타낸다.

(3) Arthur D. Little사의 연구개발 프로젝트 포트폴리오

Arthur D. Little사의 연구개발 프로젝트 포트폴리오는 기업의 제한된 전체자원을 고려하여 최적의 프로젝트 믹스를 달성하기 위하여 프로젝트의 기회와 위험요인을 고려하고 기업의 성장과 안전성 간 선택의 여지를 고려하여 프로젝트를 선정하는 방법이다. 그리하여 이 포트폴리오는 기업의 전략적 목표의 달성과 연계되어 있으며, [그림 9-6]과 같이 두 단계에 걸친 프로젝트 평가를 한다.

첫 번째 평가단계에서는 프로젝트 제안서들이 위험(risk)과 매력도(attractiveness)의 두 차원에서 평가되고 비교된다. 위험 차원은 기술적 불확실성과 경제적 불확실성을 나타내며 이는 궁극적으로 프로젝트가 성공하지 못할 경우의 손실 가능성을 나타낸다. 이는 프로젝트의 종료까지의 비용 측면과 시간 측면을 나타낸다. 매력도는 연구개발 프로젝트 제안서들이 목표시장, 경쟁적 위치, 경쟁강도, 성장잠재력, 다른 프로젝트들 및 사업전략과의 조화성, 목표로 하는 혁신의 강도, 수익성, 개발된 기술의 전략적 중요성 등과 관련되어 있다. 그리하여 위험도가 낮고 매력도가 높은 프로젝트 제안서들이 1차 평가에서 선정되어야 한다.

[그림 9-6] Arthur D. Little사의 연구개발 프로젝트 포트폴리오

위험 \ 매력도	낮음	높음
높음	탈락	위험 감소
낮음	검토	선정

전략적 효과 \ 비용	낮음		높음
높음	매우 높은 우선순위	높은 우선순위	검토
	기회적 추진	낮은 우선순위	후순위
낮음	기회적 추진	탈락	탈락

자료: Arthur D. Little(1988), pp.107-113.

두 번째 평가단계는 1차 평가에서 선정된 프로젝트 제안서들을 대상으로 이들의 전략적 효과와 소요비용을 바탕으로 프로젝트 제안서의 우선순위를 결정하는 것이다. 여기에서는 높은 전략적 중요성과 낮은 비용을 소요하는 제안서들이 높은 우선순위를 가진다.

6) 재무적 기법

프로젝트의 선정에 있어서 재무적 기법(financial methods)은 정량적 평가기법으로서 연구개발 프로젝트의 선정에 여전히 많이 사용되는데, 보통 정성적 평가기법과 결합하여 사용된다. 재무적 기법은 단순히 회수기간법, 투자수익률법 등에서부터 순현재가치(NPV: Net Present Value) 혹은 현금흐름할인(DCF: Discounted Cash Flow) 등 복잡한 평가방법이 활용된다. 현금흐름할인을 통한 프로젝트 평가 및 선정은 근본적으로 오늘의 자금이 미래의 자금보다 더 가치가 있다는 개념에 기초하고 있다. 프로젝트의 순현재가치는 다음의 수식으로 산정된다.

$$NPV = \sum_0^T P_t \,/\, (1+i)^t - C$$

여기에서

P_t = t시점에서의 예상 현금흐름

T = 프로젝트 기간

i = 평가되는 프로젝트에 대한 위험으로서 증권 대행물에 대한 기대수익률

C = 시점 t=0에서의 프로젝트 비용

이상의 수식에 의하여 프로젝트 제안서의 순현재가치가 0 이상이라는 것은 프로젝트에 대한 투입비용보다 예상되는 현금흐름이 더 크다는 것을 나타내는 것으로 이들 제안서는 일단 수행할 가치가 있는 프로젝트들이다. 기업은 이들 제안서 중에서 순현재가치의 크기에 따라 순서를 부여하고 기업의 연구개발자원의 한도를 고려하여 순현재가치가 높은 프로젝트에서 낮은 프로젝트 순으로 기업의 재무상황에 맞게 연구개발 프로젝트들을 선정할 수 있다.

제 4 절 연구개발 프로그램의 구성요소

1. 연구개발 프로그램의 진행 개요

연구개발 프로젝트들로 구성된 연구개발 프로그램(R&D program)의 기획은 [그림 9-7]과 같이 일정한 진행과정을 나타내는데, 특히 연구개발 프로젝트 아이디어의 창출 차원과 프로젝트 초안의 도출 차원이 중요하다. 아래에는 이를 설명하기로 한다.

우선 연구개발 프로그램 기획을 효율적으로 추진하기 위해서는 전략개념, 프로젝트 유형, 평가기법의 전제조건을 필요로 한다.

- 즉, 프로그램 기획 이전에 이미 일관된 전사적 전략개념(strategy concept)이 존재하여야 하며, 이는 연구개발 프로그램 기획에 책임이 있는 위원회에게 명확히 전달되어야 한다.
- 프로그램 기획의 목적으로서 상황에 적합한 프로젝트의 유형(project types), 즉 기초연구, 기술개발연구, 제품개발연구, 공정개발연구 등이 정의되어야 한다.
- 기획에 참여하는 모든 사람이 프로젝트 평가, 선정, 우선순위 설정

[그림 9-7] 연구개발 프로그램 기획의 과정

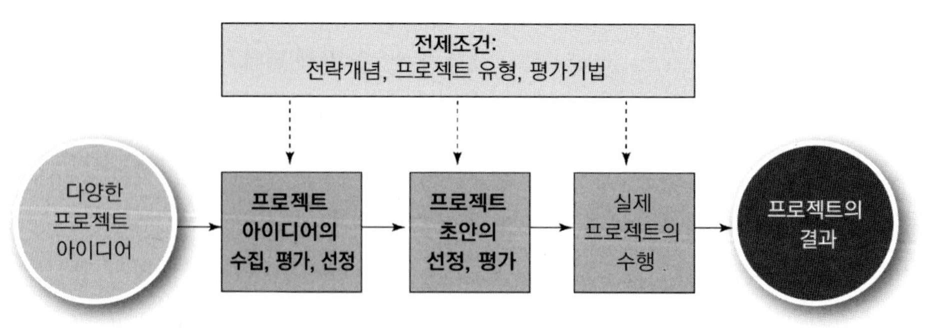

자료: Specht 등(2006), p.226에서 저자의 수정.

과 관련하여 평가기법(evaluation methods)에 관한 명확한 지식을 가지고 있어야 한다.

이와 같이 효율적인 연구개발 프로그램 기획을 위한 전제조건이 충족되면, 프로그램 기획의 실제 과정이 시작되는데, 이 과정은 프로젝트 아이디어 차원과 프로젝트 초안 차원으로 구성된다.

먼저 프로젝트 아이디어(project idea) 차원은 기업의 모든 사업영역에서 연구개발 프로그램 기획과정에 투입되는 아이디어의 평가, 선정, 우선순위화를 의미한다. 이 같은 필터링 과정에서 프로젝트 아이디어는 계속 추진되거나, 탈락하거나, 수정되게 된다. 계속 추진되는 프로젝트 아이디어는 정의된 프로젝트 유형에 따라 분류되며, 이들을 가지고 기획에 필요한 자원을 산정하며, 우선순위를 설정하고 프로젝트 수행에 필요한 시간을 결정한다.

프로젝트 초안(project concept)의 차원에서는 그동안 선정된 프로젝트 초안들이 평가되고 개략적인 선정이 이루어진다. 프로젝트 초안들은 선정되거나, 탈락하거나, 추가적인 작업이 필요한 초안들로 분류된다. 선정된 프로젝트 초안들은 자원이 투입되고 일정이 추정되면서 새로운 프로젝트로 변환되며 기존 프로젝트와 함께 연구개발 프로그램에 자리를 잡게 된다. 다음으로, 프로젝트 믹스(project mix)의 구성적 측면에서의 분석이 이루어지고 그 결과를 바탕으로 프로젝트 믹스의 최적화가 시작되며, 이 같은 분석과정을 여러 번 거치면서 유망한 프로젝트들로 구성된 연구개발 프로그램이 창출된다. 이어서 프로그램이 시작되고 프로젝트들이 수행됨으로써 연구개발 프로그램 기획은 종료되며, 프로젝트 관리(project management)가 시작된다.

그리하여 연구개발 프로그램의 기획은 연구개발 전략계획과 이의 실현을 연계하고 더 나아가 프로젝트 주관 부서와 프로젝트들을 연계하는 역할을 한다. 이와 같은 두 가지의 연계는 연구개발 프로젝트 관리와 전략경영 간의 체계적인 연계관리를 필요로 한다(Specht 등, 2002: 227). 그러나 그동안 연구개발 실무에서는 연구개발 프로그램의 기획 업무가 기업 전체 전략으로의 통합이 체계적으로 이루어지지 않았다(Wheelwright & Clark, 1992: 88-92). 대표적인 문제는 특히 기능부서의 활동과 프로젝트 활동 간의 불충분한 조정, 개별 프로젝트의 기술전략과 마케팅전략과의 불충분한 연계, 연구개발기획 및 예산배분 과정에서의 체계성 부족을 들 수 있다. 여기에 체계적인 연구개발 프로그램의 기획이 필요한 것이다. 이에 따라 아래에서는 앞에서 언급한 연구개발 프로그램 기획의 핵심 과정인 프로젝트 아이디어 차원의 프로그램 기획과 프로젝트 초안 차원의 기획을 살펴보기로 한다.

2. 프로젝트 아이디어 차원의 프로그램 기획

Specht 등(2002: 227)에 따르면, 프로젝트 아이디어(project idea) 차원의 프로그램 기획은 [그림 9-8]과 같이 여섯 단계로 구성된다.

1) 프로젝트 아이디어의 수집

연구개발 프로그램 기획의 결과는 실현가능한 연구개발 프로젝트 믹스(R&D project mix)이며, 이는 실제 연구개발과정에 투입되는 프로젝트 아이디어의 일부이다. 그리하여 효율적, 효과적인 연구개발 프로그램 기획의 전제조건은 선정과정에 투입되는 창조적 역량이 정량적으로나 정성적으로나 충분히 높아야 한다는 점이다. 이를 위해서는 구성원들의 자발적 아이디어를 목표지향적으로 촉발·수집하는 것은 물론 창조성 촉진 기법 등을 바탕으로 이미 정의된 탐색영역에서의 체계적 아이디어 창출 과정을 필요로 한다.

구성원의 아이디어를 자발적으로 촉발·수집하기 위한 대표적 방법으로는 제안제도(suggestion method)를 들 수 있는데, 여기에는 제안함, 이메

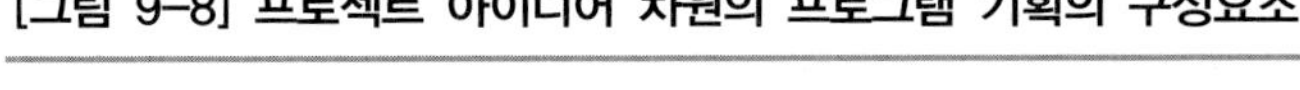

[그림 9-8] 프로젝트 아이디어 차원의 프로그램 기획의 구성요소

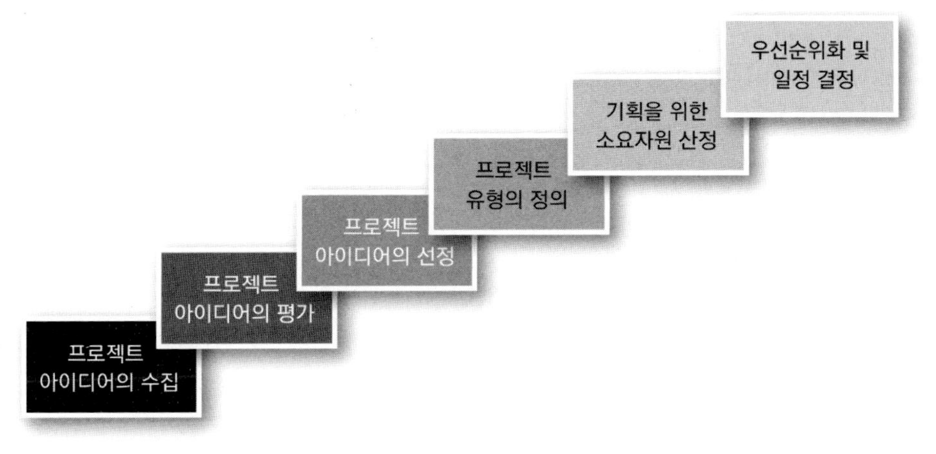

자료: Specht 등(2006), p.227.

일, 제안보드 등 다양한 방법을 활용할 수 있다. 이렇게 제안된 아이디어들은 체계적으로 수집·관리하고 객관적으로 평가되어야 하며, 이를 바탕으로 좋은 아이디어가 선정되게 된다. 마찬가지로 창조성 촉진기법들도 기업과 연구개발부서의 상황에 맞게 체계적으로 활용되어야 할 것이다.

2) 프로젝트 아이디어의 평가

프로젝트 아이디어의 평가는 두 단계로 나누어지는데, 먼저 평가기준의 설정 그리고 다음으로 평가상황의 분석 및 적절한 평가절차의 선징으로 살펴볼 수 있다.

(1) 평가기준의 설정

적절한 평가기준의 도출을 위한 출발점은 기업의 목표(goals)이다. 만약 기업의 목표가 분명하지 않거나 불충분하게 설정되어 있으면, 목표를 체계적으로 설정하고 이를 달성하기 위한 세부목표들 간 상호 관련성을 창출·확보하는 것이 필요하다. 이어 세무복표들의 정제화를 통하여 기

〈표 9-6〉 프로젝트 아이디어 평가기준의 예

1. 시장 및 경쟁 기준	2. 경제적 기준
• 시장 및 고객 욕구의 충족 • 달성가능한 시장 • 시장성장 • 경쟁강도 • 기대되는 매출 증가 • 달성가능한 혹은 목표시장 점유율 • 경쟁적 위치의 개선 • 현존하는 그리고 예상되는 시장의 저항	• 기대수익 • 기대수익률 • 투자금액 • 전체비용 • 원가보전시점 • 원가상각시간 • 고정자산 상각시간 • 위험 및 손실 가능성
3. 연구개발 기준	**4. 생산기준**
• 기술적 위험(기술, 품질) • 경제적 위험(원가, 일정) • 연구개발비용의 상각시간 • 연구개발자원의 이용가능성 및 필요 • 소요 고정자산 투자 • 프로젝트 기간 • 현존하는 그리고 잠재적 연구개발 노하우 • 특허상황	• 필요한 그리고 이용가능한 생산능력 • 필요한 고정자산 투자 • 생산기간 • 제조단가 • 생산공정의 우수성

자료: Specht 등(2002), p.229.

업의 전략적 요구사항들을 프로젝트 특징을 나타낼 수 있는 평가기준으로 변환하여야 한다. Specht 등(2002: 229)은 이렇게 변환된 평가기준을 <표 9-6>과 같이 시장 및 경쟁기준, 경제적 기준, 연구개발기준, 생산기준 등 네 차원으로 나타내고 있다.

(2) 평가상황의 분석과 적절한 평가절차의 선정

평가절차의 선정은 평가업무의 상황과 정보상황에 의해 영향을 받는다. 기대되는 프로젝트들의 복잡성, 이들의 서로 다른 시간적 지평, 이들에 연계된 위험, 정보수집비용, 개별적 프로젝트 간의 상호의존성 등은 매우 다른 분석방법을 필요로 한다. 프로젝트와 프로젝트 아이디어는 미래와 관련되어 있으며 위험과 기회에 있어서 불확실성을 가지고 있기에

평가상황도 다차원적이다. 그리하여 이에 상응하는 평가절차(evaluation process)를 필요로 하는데, 일반적으로 이 단계에서는 충분한 정보가 없으므로 주관적 평가절차를 많이 활용한다. 일반적으로 체크리스트법(Check-list Method) 혹은 점수평가법(Scoring Method)을 많이 사용한다. 실제 프로젝트 아이디어 평가를 진행하면서 더 많은 정보가 필요하며, 이에 따른 비용이 발생한다.

3) 프로젝트 아이디어의 선정

프로젝트 아이디어의 선정은 아이디어의 평가와 가능하면 병행적으로 추진되는 과정으로서 여러 번의 정보수집-평가-선정의 사이클을 거치며 이루어진다. 이 과정을 거치면 다음 네 가지의 가능성이 있다.

① 추진: 프로젝트 아이디어가 매우 매력적이라서 기획단계의 상세한 추가작업의 가치가 있는 것으로 분류된다.
② 보강: 어떤 프로젝트 아이디어는 그동안 모아진 정보를 바탕으로는 최종적 결정이 어려울 수 있는데, 이들은 다음 단계에 새롭게 투입되기 위해서 정제화, 보충, 추가적 의견제시 등이 요청된다.
③ 보관: 아이디어가 정보는 충분한데 최종적으로 결정할 수 없는 경우 이를 당장은 결정하지 않고 후순위에 위치시킨다. 이 경우는 예를 들면 다른 유사한 아이디어가 우선적으로 추진되는 경우이다.
④ 탈락: 프로젝트 아이디어가 더 이상 추진되지 않고 다음 평가단계에서 고려되지 않는다. 이들 아이디어는 나중에 다시금 평가에 고려되는 것을 방지하기 위하여 탈락이유를 체계적으로 적시하여 문서화할 필요가 있다.

이와 같은 과정을 거쳐서 매력적인 프로젝트 아이디어가 선정되며, 이들은 연구개발 프로그램 기획에 중요한 공헌을 한다.

4) 프로젝트 유형의 정의

매력적이라고 선정된 프로젝트 아이디어들은 추진하는 목표에 따라 정의된 프로젝트 유형 중 하나로 귀속된다. 이미 이 단계부터 프로젝트 아이디어들을 완전히 내부적으로 연구개발할 것인지, 완전히 외부적으로 연구개발할 것인지, 혹은 협력의 유형으로 연구개발할 것인지를 대략 결정하여야 한다. 그 이유는 특히 협력적 연구개발의 경우에는 서로 다른 기업 및 연구개발 주체가 참여한다는 점에서 프로젝트의 기획에 보다 많은 비용이 필요하기 때문이다.

5) 기획을 위한 소요자원의 산정

프로젝트 아이디어가 프로젝트 유형으로 귀속되면 기획을 위해 필요한 자원을 산정할 수 있다. 주로 필요한 연구개발능력의 관점에서 산정하는 프로젝트 실현단계의 자원계획과 달리, 이 단계의 필요자원 산정은 기술 및 제품의 기획에 필요한 경영능력에 소요되는 자원의 산정에 주안점을 둔다. 즉, 이 단계에서는 실질적인 연구개발능력에 대한 고려는 별로 중요하지 않다. 모든 프로젝트 아이디어가 상세한 프로젝트 초안으로 변환되지 않기 때문에 이 단계의 소요자원은 실현단계의 자원에 비하면 현저하게 적다. 그러나 이 단계의 자원의 소요량도 매우 중요한데, 특히 중소기업들의 경우는 프로젝트 아이디어의 수집 및 기획능력의 부족이 연구개발활동을 수행하는데 매우 큰 장애요인이기도 한다.

6) 우선순위화 및 일정 결정

기업은 제한된 재무적 · 인적 자원으로 인하여 매력적으로 선정된 모든 프로젝트 아이디어를 동시에 추진할 수 없으며, 그로 인하여 우선순위화(prioritization)가 필요하다. 이는 단순하게는 프로젝트 아이디어의 평가과정에서도 이미 이루어진다고 볼 수 있다. 그러나 프로그램 기획과정이 진행됨에 따라 축적된 정보의 양도 많아지고 비교하여야 하는 프로젝트 아이디어의 수가 증가함에 따라, 이 단계에서는 일반적으로 연구개발 포트폴리오에서 사용하는 평가기법을 새롭게 적용하는 것이 바람직하다. 이 같은 평가결과를 바탕으로 어떤 프로젝트 아이디어들이 곧바로 상세한 기획과정에 투입되고 언제까지 기획활동이 마무리되어야 할 것인가를 결정한다. 이 같은 기획일정은 '연구개발 심의위원회'와 같은 위원회의 정기회의에서 결정되는 것이 일반적이다. 그 이유는 보통 이런 위원회는 향후 도출된 프로젝트 초안에 관한 실질적 의사결정을 하게 될 것이기 때문이다.

3. 프로젝트 초안 차원의 프로그램 기획

프로젝트 초안(project concept) 차원의 연구개발 프로그램 기획은 [그림 9-9]와 같이 다섯 단계를 거친다. 아래에는 이를 설명하기로 한다.

1) 프로젝트 초안의 평가

선정된 프로젝트 아이디어들이 연구개발경영의 틀 속에서 혹은 연구개발부서에서 프로젝트 초안들(project concepts)로 발전된 이후에는 연구개발 프로그램 기획의 두 번째 과정을 통하여 실현가능한 프로젝트 믹스(project mix)가 구성될 수 있다. 프로젝트 아이디어가 프로젝트 초안으로 발전하는 과정에서 프로젝트와 관련된 특정한 전략이 수립되고, 프로젝트에 대한 요구사항이 수집되고, 기술적·경제적 실현 가능성이 검증되며, 기업의 목표에 대한 공헌 가능성도 검증된다. 그리하여 최종적으로 선정할 수 있는 프로젝트의 초안에 관한 정보의 양은 무척 많아진다.

그러나 프로젝트 초안의 평가 및 선정이 시작되기 이전에 우선 그동안 수행된 기획활동이 충분히 세심하고 체계적으로 이루어졌는지 여부에 관한 기획과정을 검토하는 것이 바람직하다. 이를 통하여 후속 기획

[그림 9-9] 프로젝트 아이디어 차원의 프로그램 기획의 구성요소

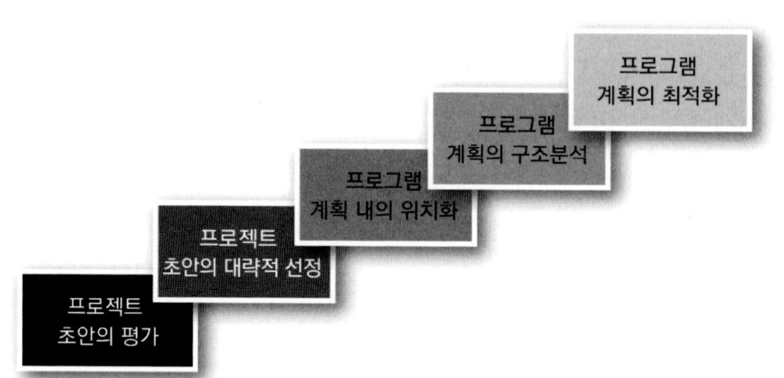

자료: Specht 등(2002), p.231.

과정이 질적인 측면에서 충분하고 객관적으로 수행되는 것을 보장받을 수 있다.

일반적으로 프로젝트 아이디어의 평가에 사용되었던 평가기준(criteria)은 프로젝트 초안의 평가에도 동일하게 사용될 수 있다. 그러나 그사이에 축적된 정보의 양과 질적인 측면 그리고 시간적 측면을 검토하는 것이 바람직하다. 아울러 전술한 다양한 프로젝트 선정기법들이 프로젝트 초안의 유형에 따라 서로 다르게 적용될 수 있다. 예를 들어, 시장에 가까운 제품개발 프로젝트의 경우에는 효용분석(Nutzwertanalyse) 및 투자수익률법 등 계량적 기법이 많이 사용되며, 시장과 먼 급진적 혁신과 관련된 프로젝트 초안의 경우에는 정성적 평가기법이 많이 사용된다.

2) 프로젝트 초안의 대략적 선정

프로그램 초안의 대략적 선정은 전술한 프로젝트 아이디어의 선정과 유사하다. 특히 프로젝트 초안의 선정을 지속적으로 이루어지는 과정으로 이해하면 이 과정은 아이디어의 선정과 동시에 이루어진다. 다만, 프로젝트 초안의 선정에서는 개별적 프로젝트의 특이성, 프로젝트 간의 연

계성, 프로젝트 수행역량 등을 평가하는 데 주안점이 모인다. 아울러 프로젝트의 선정기준도 해당 프로젝트 초안의 실행이 프로젝트 소요비용을 넘어 기업에게 얼마만큼 수익을 창출해 줄 것인가에 주안점을 둔다.

3) 선정된 프로젝트 초안의 프로그램 계획에 잠정적 위치화

연구개발 프로그램 기획의 핵심 결과로서 연구개발 프로그램 계획(R&D Program Plan)은 추진하려고 하는 프로젝트들의 집합으로서의 프로젝트 믹스(project mix)이다(<표 9-7> 참조). 연구개발 프로젝트들은 프로젝트의 유형에 따라 분류되며, 연구개발인력과 연구개발비 등 자원을 배분받는다. 아울러 모든 프로젝트는 프로젝트 코드를 받고, 수행기간, 즉

〈표 9-7〉 연구개발 프로그램 계획의 사례

프로젝트 유형	프로젝트 코드	프로젝트 진행기간 (개월)	자원투입		프로젝트 책임자 (이름)	협력(참여)부서					
			연구 인력 (명)	연구비 (억원)		연구개발	생산	판매	마케팅	품질관리	기타
기술개발	TD-1										
	TD-2	30	8	10	김기술	V	V		V		
	TD-3										
사전개발	VD-1										
	VD-2										
혁신적 제품개발	RP-1	36	12	15	박혁신	V	V	V	V	V	
	RP-2										
	RP-3										
	RP-4										
플랫폼 개발	PD-1	36	20	20	이공동	V	V	V	V	V	V
공정개발	PD-1										
	PD-2										
	PD-3	18	4	4	최공정	V	V		V		
공동연구	JD-1										
국제공동연구	ID-1	12	2	3	조국제	V		V		V	V
	ID-2										

자료: Wheelwright & Clark(1992), p.107과 Specht 등(2002), p.233에서 저자의 수정.

진행기간이 결정되며, 이는 몇 개월 단위로 할당받거나 시작시점과 종료시점을 화살표로 나타내기도 한다. 이처럼 프로젝트의 시작시점과 종료시점을 그림으로 나타내는 것은 선정된 프로젝트 초안들을 이미 종료된 프로젝트들과 현재 진행 중인 프로젝트들과 비교하는 데 매우 유용하다. 또한, 프로젝트 책임자의 이름과 필요한 협력부서들을 나타낼 수 있다.

선정된 모든 프로젝트 초안은 현재 진행되는 혹은 이미 종료된 프로젝트들과 함께 연구개발 프로그램 계획에 위치하게 된다. 선정된 프로젝트 초안들의 필요자원, 시작시점과 종료시점 등은 그동안 수행된 프로젝트들과 현재 진행되고 있는 프로젝트들의 경험을 바탕으로 추정된다. 이와 같은 프로젝트 초안들의 프로그램 계획에의 위치화는 가능한 빠를수록 좋을 것이다.

연구개발 프로그램 계획의 구조분석을 실행하기 전에, 현재 진행 중인 모든 프로젝트에 대하여 기존의 일정과 자원의 계획이 그동안의 진행결과 적절한지 여부를 검토하여야 할 것이다. 만약 원래 계획된 프로젝트 진행이 실제 진행된 프로젝트 진행과 차이가 날 경우에는 프로젝트 통제를 강화하거나 필요한 경우 추가적인 일정과 자원의 보강 결정을 하여야 할 것이다.

4) 프로그램 계획의 구조분석

새로운 프로젝트 초안들이 연구개발 프로그램에 위치하여 새로운 연구개발 프로그램 계획이 수립되면, 프로그램 계획에 대한 구조분석(structural analysis)이 이루어진다. 이 구조분석의 목적은 기업 연구개발역량의 어려움과 유휴시간을 도출하고 프로젝트 믹스의 내부적 조화성에 있어서의 문제점을 발견해 내는 것이다. 여기에서 분석대상은 새로운 프로젝트 초안은 물론 기존의 프로젝트도 모두 해당된다.

(1) 프로그램의 역량분석

기업의 연구개발활동을 위한 인적, 재무적 자원은 한정되어 있다. 이에 따라 연구개발부서 및 연구소는 다른 기능부서들과 한정된 자원을 확보하기 위해 경쟁을 한다. 만약 기업이 충분한 연구개발자원을 확보하지 못하여 연구개발활동에 과부하가 실리면 연구개발결과의 질적 수준은 저하되며 계획된 연구개발시간을 맞추기 어려워진다. 이를 방지하기 위하여 현재의 프로젝트 믹스 실행에 이용가능하고 배분가능한 인적, 재무적, 기타 필요자원의 사용현황을 개별 프로젝트의 진행과정에 따라 그래프화하여 분석하는 것이 바람직하다. 이를 통하여 이들 자원이 100%를 기준으로 각각의 프로젝트가 자원을 어느 정도 사용하고 있는지, 어느 정도 여유가 있는지, 어느 정도 과도하게 사용되는지를 인지하고 적절한 대응을 할 수 있다.

(2) 프로그램의 내용분석

프로젝트 믹스의 내용적 측면의 구조분석은 계획된 연구개발 프로젝트 믹스가 어느 정도 일관되게 진행되고 기업이 지향하는 전략개념의 실현에 얼마나 공헌할 수 있는지를 살펴본다. 예를 들어, 여기에서는 개별 프로젝트 간 균형이 이루어지고 있는지, 혹은 이들 간 연계관계는 어떠한지를 검토하게 된다. 여기에서는 다음과 같은 문제의식을 가지고 접근하는 것이 좋다.

- 진행 중인 연구개발 프로젝트들이 기업의 전략적 목표, 즉 기업의 미래역량을 확대하는 데 충분한가?
- 계획된 프로젝트 믹스가 현재의 사업부들이 필요로 하는 제품 및 공정의 수요를 충족시키고 있는가?
- 모든 계획기간에 대하여 위험이 높은 프로젝트들과 위험이 낮은 프로젝트들 간의 균형은 적절히 유지되고 있는가?

- 계획된 연구개발 프로젝트들이 경쟁기업들과 비교하여 혹은 제품 수명주기를 고려하여 적절하게 종료될 수 있는가?
- 현재의 프로젝트 믹스가 기술투입과 시장견인의 관점을 충분하게 반영하고 진행되고 있는가?

5) 연구개발 프로젝트 믹스의 단계적 최적화

일반적으로 기업이 동원할 수 있는 자원은 모든 계획된 프로젝트의 실현에 충분하지 않고, 전술한 구조분석 역시 프로젝트 믹스를 개선하는 데에 한계가 있다. 그리하여 기업은 개별적 프로젝트의 기대되는 전략적 효과와 이에 소요되는 자원의 양을 바탕으로 프로젝트의 우선순위를 설정하여야 한다. 이 기획의 단계에서는 개별 프로젝트의 평가를 하는 것이 아니라 연구개발 프로그램 전체의 최적화를 추구하는 것이다. 즉, 여기에서는 기업의 재무적, 인적, 기술적 자원의 한계를 고려하여 선정된 연구개발 프로젝트들의 집합이 기업의 전략적 목표를 어떻게 최적으로 달성할 것인가를 검토하게 된다. Specht 등(2002: 236-237)은 프로젝트 믹스의 최적화를 위해 다음과 같은 방법을 제안하고 있다.

(1) 연구개발 프로젝트의 삭제

연구개발 프로그램의 최적화에 가장 중요한 방법은 기업의 전략적 목표의 달성에 적합하지 않는 프로젝트를 삭제하는 것이다. 여기에는 모든 프로젝트가 해당되며, 그동안 투입된 비용보다는 앞으로 투입될 비용과 대비하여 수익이 어느 정도인가를 비교하여 결정하게 된다. 이 같은 프로젝트 삭제의 예로는 기업을 둘러싼 기술경제 환경의 변화로 인하여 기대하였던 프로젝트가 성과를 창출하기 어려울 경우를 들 수 있다.

(2) 추가적 연구개발 프로젝트의 수행

만약 프로젝트 믹스가 중요한 전략적 요소를 감안하지 못하고 내용적으로 문제점이 있다면 프로그램 계획은 이 같은 문제점을 제거하고 새로운 프로젝트를 추진하게 된다. 이는 프로젝트 아이디어 및 초안의 평가 기준의 변경을 통하여 이루어질 수 있다.

(3) 프로젝트 초안 및 유형의 변경

프로젝트 믹스의 최적화는 개별적 프로젝트 초안의 변경과 필요할 경우 프로젝트 유형의 변경을 통하여 이루어질 수 있다. 특정 유형의 프로젝트, 예를 들면 개발연구 프로젝트들이 너무 많다면 이들 프로젝트를 줄이고 보다 기초연구 지향적 프로젝트를 추진할 수 있다.

(4) 연구개발협력의 추진

선정된 프로젝트 초안의 수행에 있어서 역량이 부족하거나 위험이 크면 연구개발협력을 추진하여 이 같은 애로를 해결할 수 있다. 이 경우에는 프로젝트 유형이 협력연구로 변환된다는 점에서 이에 상응하는 프로젝트 초안의 변경이 필요할 것이다.

(5) 프로젝트의 시간적 지체

프로그램의 구조분석이나 혹은 프로젝트의 전략적 측면에서의 검토에서 어떤 프로젝트가 시급하지 않다고 판단되면 이를 시간적으로 지체하여 수행할 수 있다. 이는 연구개발 프로그램에 대한 과도한 부담을 덜어줄 수 있다.

(6) 이용가능한 연구개발자원의 조절

연구개발 프로그램 계획을 추진하기 위한 역량이 부족하면 연구개발 자원의 확충을 통해 해결할 수 있다. 이 같은 필요자원의 추가적 조달은 최고경영자의 허락에 의해 하향식으로 이루어지는 것이 일반적이다.

이와 같은 과정을 거치면 프로젝트 믹스(project mix)는 점차적으로 실현가능하게 되며, 그 결과 연구개발 프로그램 계획 속에 위치해 있는 프로젝트 초안들은 실제 연구개발활동에 투입되게 된다. 이제는 개별 프로젝트 차원에서의 경영과 관리가 이루어지게 된다.

제 5 절 개별 프로젝트의 연구개발과정[1)]

1. 연구개발과정의 관리

개별 프로젝트의 관점에서 연구개발경영을 효과적으로 추진하기 위한 출발점은 연구개발활동을 하나의 과정으로 파악하는 것이다. 일반적으로 연구개발활동은 아이디어 창출, 프로젝트의 선정, 자원의 배분, 연구개발활동의 착수, 연구개발 모니터링, 연구개발 결과평가의 단계를 거친다. 이와 같은 연구개발활동의 각각의 단계는 하나의 순환과정으로 파악하여 연구개발과정(R&D process)으로 명명할 수 있다([그림 9-10] 참조). 연구개발과정의 각 단계는 서로 간 긴밀하게 연계를 맺고 있으며 상호 간 정보의 피드백이 활발하게 이루어지는 것으로 파악한다. 연구개발과정 각각의 단계에서의 효율성과 각 단계들 간의 효율적인 연계 및 피드백은 연구개발경영의 효율성을 제고해 줄 것이다. 이와 같은 연구개발활동의 과정은 연구개발전략, 연구개발조직, 연구개발부서와 기능부서 간의 효율적 연계 등 제반 연구개발 하부구조가 이미 구축되어 있음을 전제로 한다. 다음에서 이에 대하여 보다 자세히 살펴보기로 한다.

---

1) 이 절은 정선양(2016), 「전략적 기술경영」, 제4판, 박영사, pp.319-329를 참조하였음.

[그림 9-10] 개별 프로젝트의 연구개발과정

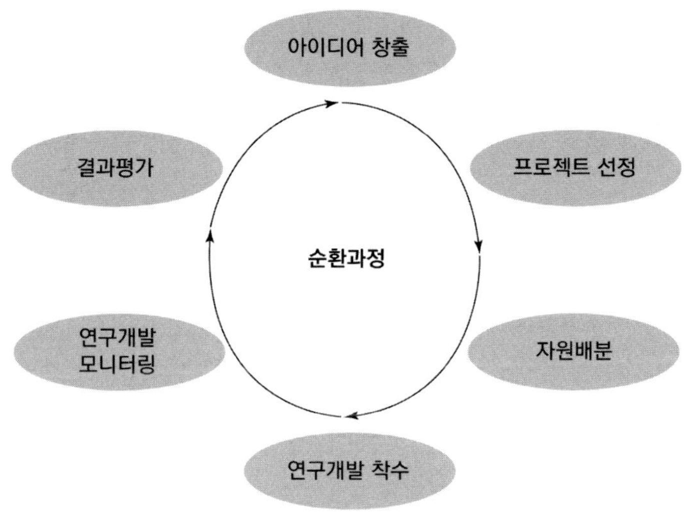

1) 아이디어 창출

아이디어란 새로운 기술적 업무를 수행하기 위한 실질적 혹은 잠재적 제안을 의미한다. 아이디어는 연구개발 프로젝트를 거쳐서 시장에서 판매될 제품과 아이디어의 씨앗의 역할을 한다. 아이디어 창출(idea generation)은 연구개발조직뿐만 아니라 기업의 모든 구성원 더 나아가 기업 외부의 이해관계자로부터 이루어진다. 일반적으로 연구개발조직 내의 연구원들은 연구개발 프로젝트로 변환될 아이디어의 주요 원천이기도 하지만, 생산담당 부서의 종업원, 판매담당 종업원, 소비자 등도 대단히 중요한 아이디어를 제공해 줄 수 있다. 아이디어는 기본적으로 잠재적인 연구개발 프로젝트의 후보들이다. 아이디어가 프로젝트로 전환되기 위해서는 몇 가지 단계를 거치게 된다. 먼저, 기술경제적 기회들이 다양한 인력들에 의해 인지되면 이들은 잠재적 아이디어들로서 모아지게 된다. 두 번째 단계에서는 이들 잠재적 아이디어들이 조직 내의 구성원들에 의해 전달되면서 논의가 이루어지게 된다. 이 단계에는 기업의 주어진 여건을 감안하여 아이디어의 실현 가능성을 검토하게 된다. 마지막 단계는 이 같은 잠재적 아이디어들 중에서 가장 실현가능성이 높은 아이디어들이 조직에 의해 수용되어 연구개발 프로젝트 후보로 결정되는 단계이다.

2) 프로젝트 선정

프로젝트 선정(project selection)은 기업이 추진하려는 여러 개의 연구개발 프로젝트의 후보들을 경제적, 기술적 측면에서 평가하여 가장 성공 가능성이 높은 프로젝트들을 선정하는 것이다. 이를 바탕으로 기업은 반드시 추진하여야 할 과제, 향후 추진할 과제, 추진하지 않을 과제로 나누게 된다. 프로젝트의 선정방법은 정량적 평가와 정성적 평가를 동시에 추진하여야 할 것이다. 정확한 정량적 평가는 여러 프로젝트의 후보들 간 상호비교가 가능하며 필요한 경우 통계처리를 할 수 있다는 장점이 있다. 그러나 프로젝트의 선정에는 다양한 요소들이 필요하다는 점에서 정성적 평가 역시 중요하다. 프로젝트의 선정은 다양한 요소들을 고려하여야 하는데, 대표적인 요소들을 살펴보면 프로젝트의 결과로 나타날 제품 및 서비스의 우수성 및 독특성, 프로젝트에 투자될 자원의 양, 프로젝트의 회사에 대한 신규성, 제품 및 서비스의 성장가능성 등을 들 수 있다.

3) 자원의 배분

연구개발 프로젝트가 선정되면 선정된 프로젝트에 대해 자원을 배분하여야 할 것이다. 여기에서의 자원은 연구개발인력과 연구개발예산으로 나누어 볼 수 있다. 일반적으로 이와 같은 자원배분은 기업의 연구개발예산(R&D budget) 전체가 결정되어 있고 이들을 개별 연구개발 프로젝트에 배분하게 된다. 연구개발예산의 책정은 다양한 방법이 있을 수 있으나 전년도 매출액에 대비하여 책정하는 경우가 많다. 연구개발자원의 배분은 기업연구소 등 연구개발부서의 장이 최고경영자의 위임을 받아 배분하게 된다. 이는 연구개발부서가 프로젝트의 필요성, 소요기간, 필요자원 등을 가장 잘 알고 있기 때문이다. 그러나 프로젝트가 대단히 규모가 크고 위험성이 높으면 최고경영자가 자원배분을 결정하여야 할 것이다. 이와 같은 개별 프로젝트에 대한 자원의 배분은 기업 전체의 연구개발 포트폴리오의 구성을 감안하여 배분하여야 할 것이다.

4) 연구개발활동의 착수

연구개발 프로젝트에 자원이 배분되면 실질적인 연구개발활동이 수행되게 된다. 이를 위해 연구개발 프로젝트팀(project team)이 구성되고 연구개발 프로젝트의 리더가 선정된다. 연구개발 프로젝트의 리더는 프로젝트와 관련된 연구개발활동의 전반을 관리하고 책임을 지는 사람이다. 연구개발활동은 고도의 전문적 지식을 가지고 있는 연구인력들에 의해 이루어진다는 점에서 프로젝트 리더는 고도의 전문성과 관리능력을 가지고 있어야 한다. 프로젝트 리더는 연구원들이 연구에 매진할 수 있도록 독려하고 연구팀 내의 협력이 활발하게 이루어지도록 프로젝트를 효과적으로 관리하여야 할 것이다.

5) 연구개발활동의 모니터링

일반적으로 연구개발활동은 여러 해에 걸쳐 추진이 되기 때문에 연구개발활동의 모니터링(monitering), 즉 중간평가가 중요한 문제로 대두된다. 연구개발활동의 중간평가(interim evaluation)에서는 현재 추진 중인 프로젝트를 기술적, 경제적 측면에서 면밀히 검토하고 프로젝트의 성공가능성을 더욱 심층적으로 파악한 후 계속 추진할 것인가 중단할 것인가를 결정하여야 한다. 이와 같은 연구개발 프로젝트의 관리에는 스코어링법, 체크리스트법 등 다양한 기법을 사용할 수 있다. 아울러 연구개발활동의 효과적인 일정관리도 매우 필요하다. 이 같은 일정관리기법으로는 Gantt Chart기법, PERT기법 등을 들 수 있다.

6) 연구개발활동의 결과평가

연구개발활동이 종료되면 프로젝트의 결과에 대하여 평가를 하여야 한다. 연구개발활동이 종료되면 프로젝트를 둘러싼 위험도 해소되고, 필요한 자원도 모두 사용되었다는 점에서 체계적인 사후평가(ex-post evaluation)가 이루어져야 한다. 기업은 사후평가를 통해서 프로젝트의 성공과 실패에 관한 학습을 하여 향후 연구개발과정의 효율성 제고에 기여하여야 할 것이다. 이와 같은 사후평가의 체계적인 수행은 연구개발활동의 가치를 제고하고 연구개발결과의 새로운 제품과 서비스로의 효과적인 이전을 가능하게 해준다. 이 같은 연구개발결과의 평가는 연구개발경영자뿐만 아니라 필요하다면 최고경영자에 의해 이루어져야 할 것이다. 연구개발의 결과평가는 다양한 방법이 활용될 수 있을 것이다. 가장 많이 사용되는 평가기법으로는 투자수익률(ROI)법, 매출액 대비 연구개발투자, 수익 대비 연구개발투자, 판매량 대비 연구개발비, 투자회수기간법 등을 들 수 있다.

2. 연구개발과정과 연구개발의 유형

기업의 연구개발활동의 수행에 있어서 고려하여야 할 중요한 사항은 제품연구개발(product R&D)과 공정연구개발(process R&D)에 대한 결정이다. 이들 연구개발활동을 바탕으로 창출되는 기술혁신이 제품혁신과 공정혁신이다. 기업은 경쟁우위의 확보에 있어서 제품혁신은 물론 공정혁신이 매우 중요하다는 점에서 이들 두 가지 유형의 연구개발은 균형적으로 추진되어야 할 것이다. 그러나 이 같은 두 유형의 연구개발활동의 추진에 있어서 기술경영자가 준거할 수 있는 효과적인 지침이 필요하다.

일반적으로 이와 같은 연구개발유형에 대한 주안점은 전술한 연구개발과정에 달려 있다. [그림 9-11]은 기업의 일반적인 연구개발과정을 현금흐름(cash flow)의 관점에서 나타내 주고 있다. 일반적으로 새로운 아이

[그림 9-11] 연구개발과정에 있어서 연구개발의 유형

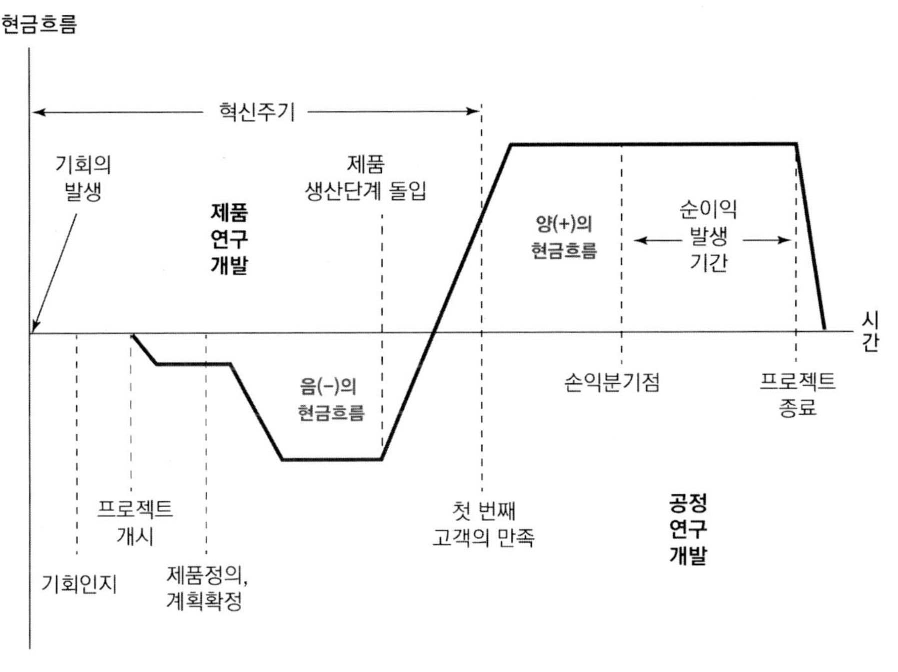

디어가 창출되어 이의 연구개발 프로젝트가 시작되면 제품계획 및 제품의 정의가 이루어지는데, 이 시기에는 자금 지출의 증가가 이루어지게 된다. 그러나 제품의 생산 및 판매 단계에 돌입하면 자금이 점점 유입되며, 제품이 시장에서 지속적으로 판매됨에 따라 점점 더 많은 자금의 유입이 이루어지며, 손익분기점(break-even point)이 지난 후 상당히 오랜 기간 긍정적인 자금의 유입이 있으며 수익을 창출하게 된다. 이와 같은 일련의 과정은 제품의 창출에서부터 소멸에 이르는 기간을 나타내 준다는 점에서 제품수명주기(product life cycle)를 나타내 주는 것이다. 대체로 이와 같은 제품수명주기에 있어서 제품 생산 후 시장에 출하되어 고객의 만족을 충족시킬 때까지를 기술혁신과정(innovation process)으로 정의하며 이 시기까지는 지속적인 자금의 지출이 발생하게 된다.

제품수명주기의 초기단계에는 제품혁신(product innovation)이 중요하게 대두되는데, 그 이유는 제품의 물리적 특성 및 능력이 제품의 재무적 성과에 가장 영향을 미치기 때문이다. 그러나 제품수명주기의 후기단계에는, 공정혁신(process innovations)이 중요하게 대두되는데, 이 시기에는 제조공정 및 설비의 개선, 제품 품질의 제고, 보다 빠른 유통시스템 등이 제품의 수익력을 유지하는데 중요하기 때문이다. 그 결과 기술혁신주기 동안에는 기업은 제품연구개발(product R&D)에 주안점을 두게 되며 기술혁신주기가 끝나 제품의 대량 생산 및 판매의 시기에는 제품생산의 효율성을 제고하기 위한 공정연구개발(process R&D)에 주안점을 두게 된다. 이처럼 경영자는 제품의 수명주기에 따라 연구개발활동의 비중을 달리하여야 할 것이다.

일반적으로 제품연구개발(product R&D)은 다각화(differentiation) 전략을 달성하는데 활용되며, 공정연구개발(process R&D)은 성공적인 원가우위(cost leadership)전략의 핵심을 이룬다. 그러나 이들 연구개발유형들은 기업의 경영에 있어서 모두 필요하다는 점에서 균형적인 접근이 필요할 것이다. 많은 경우 기업들은 제품연구개발에 더 많은 비중을 두는 경향이 있으나 이는 반드시 합리적인 것은 아니다. 예를 들어, 1970년대 및 1980년대 미국 경제의 어려움은 미국기업들이 공정연구개발의 중요성을 간과해 왔기 때문으로 풀이된다. 역사적으로 미국의 기업들은 공정혁신(process innovations)에 있어서 독일 및 일본 기업들에 비하여 능숙하지 못하였다. 이 점에서 미국기업들은 독일 및 일본 기업들에 비하여 원가절감능력이 뒤떨어져 세계시장에서 어려움을 겪은 것으로 평가된다. 이와 같은 주장의 대표적인 사례로 Thurow(1987)는 1980년대 미국의 기업들이 공정기술의 개발을 통하여 경쟁우위 재확보가 필요함을 강조하였다.

3. 연구개발경영의 통합성

연구개발활동을 성공적으로 추진하기 위해서는 무엇보다도 연구개발과 마케팅과의 통합성을 가져야 한다(Brockhoff, 1989; Brockhoff 등, 1996). 그 이유는 연구개발활동을 통해 생산되는 새로운 제품, 공정, 서비스들이 시장에서 성공을 거두어야 하기 때문이다. 그러나 이 같은 기술경영의 통합성 개념은 비단 마케팅 분야만 해당되는 것이 아니라 경영자의 비전 및 기술전략, 인적자원의 적절한 배분 등이 중요한 요소로 등장한다([그림 9-12] 참조).

연구개발활동이 시작되기 위해서는 기업 및 사업부의 사업 비전 및 기술전략을 바탕으로 연구개발 프로젝트가 수행되어야 한다. 어떠한 연구개발 프로젝트를 추진할 것인가의 문제는 기업 및 사업부 경영자의 전략적 판단에 달려 있다. 기업 및 사업부가 성장지향적인 경쟁전략을 추진하고 이를 뒷받침할 기술전략으로서 기술선도자 전략을 추진하면 연구개발 프로젝트는 신흥기술 및 선도기술을 중심으로 대규모 프로젝트로

[그림 9-12] 통합성의 측면에서 본 연구개발경영

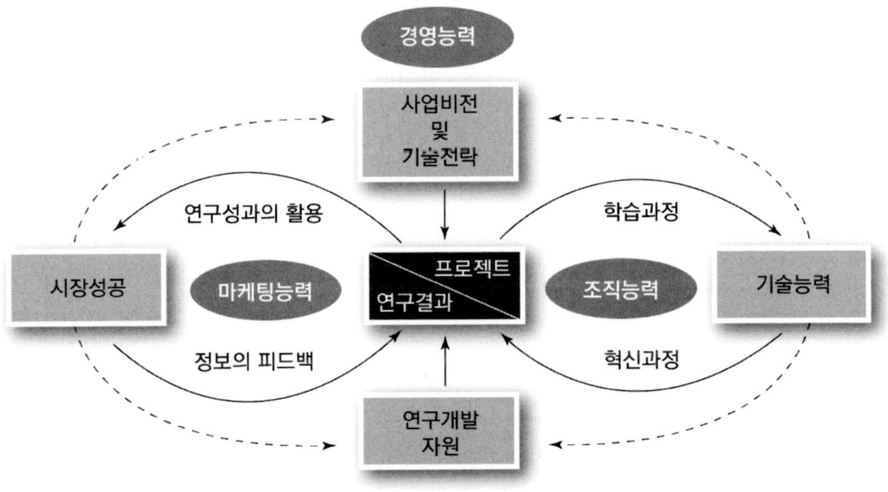

추진되는 경향이 있다. 이 점에서 연구개발활동의 추진에 있어서 기업 및 사업부 경영자들의 경영능력(management capabilities)이 대단히 중요하게 대두된다. 이와 같은 경영능력을 바탕으로 기업 및 사업부의 연구개발 프로젝트가 선정되면 이를 추진할 연구개발자원(R&D resources)을 동원하여야 할 것이다. 연구개발활동은 근본적으로 위험이 높고 많은 자원을 필요로 한다는 점에서 기업 및 사업부의 인적, 물적 자원의 확보는 연구개발활동의 구체적인 추진의 전제가 된다.

[그림 9-12]의 오른쪽 부분은 학습과정을 통한 기업의 기술능력의 창출과 혁신과정을 통한 시장에서 판매될 수 있는 문제해결의 측면을 나타내 준다. 기업 내의 연구개발요원인 인적자원은 연구개발 프로젝트에 자신의 지식을 투입하고 이를 이용가능한 지식으로 변환시킨다. 기업 내에는 연구개발 프로젝트를 통한 집합적인 학습과정을 통하여 추가적인 지식이 창출되고 이는 기업의 기술능력(technological capabilities)으로 축적된다. 기술능력은 혁신활동이 일어나 시장에서 판매될 새로운 제품, 공정, 서비스를 개발할 수 있는 토양의 역할을 담당한다. 이와 같은 기술혁신활동 역시 학습과정이다. 여기에서 기술적인 학습을 보다 빨리 할 수 있는 전략, 즉 기술적인 노하우를 경쟁기업들보다 빨리 획득·개발·활용할 수 있는 능력은 현재의 속도 경쟁에 있어서 가장 근본이 되는 전략이다. 이와 같은 속도 경쟁은 기술 집약적 산업분야에 있어서 훨씬 심하다. 이 점에서 기업 내에 기술혁신능력의 창출 및 활용을 목표로 한 학습과정과 혁신과정을 보다 효과적으로 달성할 수 있는 조직적 능력(organizational capabilities)이 중요하게 대두된다. 즉, 기술혁신을 효과적으로 창출하기 위해서는 이를 위한 연구개발조직의 구성 및 운영, 자원의 배분, 기술혁신 문화의 창달과 같은 조직문제가 매우 중요하며, 여기에서 조직학습의 중요성이 대두된다.

[그림 9-12]의 왼쪽 부분은 기술능력을 바탕으로 창출된 연구결과가 새로운 제품, 공정, 서비스의 형태로 상업화되는 과정을 나타내 주고 있

다. 이 같은 새로운 제품, 공정, 서비스가 시장에서 성공을 거두기 위해서는 마케팅 능력(marketing capabilities)이 대단히 중요하다. 아무리 성능이 좋은 제품이라도 시장에서 판매되기 위해서는 다양한 형태의 마케팅 활동이 필요하며, 또한 시장에서 판매될 수 있는 제품을 생산하기 위해서는 연구개발활동의 과정에 시장에서의 정보를 피드백하여야 한다. 특히 연구개발결과로 나타나는 기술혁신 및 제품의 유형이 대단히 혁신적이고 새로울 경우에는 이에 대한 시장에서의 거부감이 상당히 크기 때문에 효과적인 마케팅 능력이 대단히 중요하다.

그러나 기술은 신제품 성공의 만병통치약은 아니다. 연구개발경영은 기업의 다른 기능들과 긴밀한 연계를 맺어야 성공을 거둘 수 있다. 기술경영에 영향을 주는 대표적인 기업활동들을 살펴보면 생산활동, 마케팅 활동을 들 수 있다. 아울러 연구개발경영이 성공하기 위해서는 외부로부터 정보의 피드백도 중요한데, 특히 주요 고객과 부품 조달자들이 기술경영에 상당한 영향을 준다. 고객 중에서도 특히 핵심사용자, 즉 선도사용자(lead users)가 매우 중요하다(von Hippel, 1986). 이들은 연구개발의 결과로 나타나는 새로운 제품 및 공정을 대량 생산 및 판매하기에 앞서 추가적으로 발생할 수 있는 기술적인 문제를 보다 효과적으로 해결하여 시장에서 성공을 거두게 하는 중요한 정보를 제공한다. 또한, 기술능력을 강화시키는 데 있어서는 부품조달자의 역할이 대단히 중요하다. 연구개발부서는 부품조달자들과의 효과적인 연계를 통하여 새로운 제품을 만드는 데 필요한 정보의 교환, 공동의 문제해결을 원활히 할 수 있다.

결국은 연구개발경영이 성공을 거두기 위해서는 연구개발부서가 생산부서, 마케팅부서, 부품공급자 등과의 공동 학습이 필요하며 또한 고객으로부터 많은 정보의 유입이 있어야 할 것이다(Brockoff, 1989). 또한, 이 같은 통합적인 측면에서 학습의 창출은 적절한 조직적인 문화 및 구성이 없이는 불가능하다. 여기에 전략적 연구개발경영의 중요성이 있다고 하겠다. 즉, 기업의 다양한 부서들이 연구개발활동의 추진에 있어서 통합적인 관점에서 협력하고 이를 위한 혁신우호적 문화를 창출하기 위해서는 최고경영자가 연구개발경영에 적극적으로 개입하여 전사적 차원에서의 연구개발경영을 추진하여야 할 것이다(Floyd, 1997). 최고경영자의 관심과 후원을 바탕으로 기업 및 사업부는 학습지향적 문화를 육성할 수 있으며 이를 바탕으로 기술혁신 관련 부서들과 긴밀한 협력을 하게 될 것이다.

❙ 중량급 프로젝트 관리자의 중요성

연구개발 프로젝트의 관리에 있어서 프로젝트 관리자(PM: project manager)의 중요성은 매우 크다. 프로젝트 관리자는 연구개발 프로젝트를 준비하고, 프로젝트팀을 구성하며, 기업 본부로부터 다양한 방법을 통해 자원과 후원을 획득하는 역할을 담당한다. Clark & Wheelwright(1992)와 Leonard-Barton (1995)에 따르면, 대체로 서방 국가에서는 프로젝트 관리자를 연구개발조직 내의 중견급 관리자들이 담당하는 데 비하여 일본에서는 연구개발경영의 경험이 많은 중역급 관리자들이 담당하는 경향이 많다. 이들 저자는 이것이 지난 세기말 일본기업들이 높은 기술경쟁력을 가질 수 있는 비법 중의 하나라고 강조하면서, 서방 기업들도 연구개발 프로젝트 관리를 중역급 관리자가 맡을 것을 강조해 오고 있다. 그리하여 이들은 중간 관리자급의 프로젝트 관리자를 '경량급 프로젝트 관리자(light-weight project manager)'라고 부르고, 중역급의 프로젝트 관리자를 '중량급 프로젝트 관리자(heavy-weight project manager)'라고 명명하였다.

'경량급 프로젝트 관리자'에 비하여 '중량급 프로젝트 관리자'는 장단점이 있다. 대표적인 장점으로는 프로젝트와 관련하여 집중화되고 독립된 리더십을 발휘할 수 있고, 기능부서들의 영향력을 배제할 수 있으며, 최고경영자의 후원을 쉽게 받을 수 있으며, 프로젝트 수행에 필요한 자원을 손쉽게 확보할 수 있다. 그러나 단점으로는 프로젝트 관리자가 프로젝트 범위를 넘어서는 개입을 하고, 기능부서와도 갈등의 여지가 있으며, 프로젝트 관리자에게 너무 의존하는 경향이 생길 수 있다는 것이다. 이에 따라 중량급 프로젝트 관리에 있어서도 세심한 노력이 필요하다. 아래에는 Clark & Wheelwright의 중량급 프로젝트 관리자 역할의 사례를 살펴보기로 한다.

XYZ Computer사는 그동안 중량급 프로젝트팀을 구성한 경험이 없었고, 이제 이 제도를 도입하려고 두 개의 팀을 구성하여 각각 프로젝트를 시작하였다. 이 두 팀, 즉 A팀과 B팀은 모두 향후 12개월 안에 시장에 출하할 작은 컴퓨터 시스템의 개발 책임을 맡았다. 각 팀의 핵심 구성원들은 동일한 공간에 근무하고 정기적 회의를 하는데, 각 팀에 재무·회계분야의 핵심 멤버는 두 팀에 공통으로 참여하였다. 각 팀은 자신의 목표시장을 위한 새로운 컴퓨터 시스템을 개발하는 과업이 주어졌는데, 우연하게도 두 제품은 다른 특별한 칩(chip)과 더불어 동일한 맞춤형 마이크로프로세서 칩을 사용하기로 되었다.

효율적인 중량급 프로젝트팀 구조를 창출하는 데 어려움은 각 팀이 이 동일한 맞춤형 칩, 즉 슈퍼콘트롤러칩(supercontroller chip)의 파일럿 생산을 위하여 하청기업(vendor)에게 보냈을 때 발생하였다. 하청기업은 두 팀에게 생산을 마치는 시간을 20주라고 통보하였다. 그 당시 슈퍼콘트롤러칩은 이미 B팀에게는 11주의 생산계획으로 최적경로(critical path)에 놓여 있었다. 그리하여 칩 생산에 드는 매주는 이 팀에게는 프로젝트 일정 중 1주일을 단축을 의미하는 것이고 B팀은 이미 최초의 시장출하 일정을 맞추지 못할까 걱정하고 있었다. 하청기업으로부터 20주의 칩 생산일정의 문제가 처음 발생하였을 때 개발부서 출신인 프로젝트 관리자 J는 그가 과거에 기능적으로 조직된 연구개발 노력을 해왔기 때문에 이를 강하게 비판하였다. 최초의 프로토타입은 개발부서의 책임이었기에, 그는 칩 인도날자를 단축하도록 노력하겠다고 보고했다. 그러나 하청기업은 대기업이었고 XYZ사가 이 기업과 많은 거래를 하고, 또한 이 기업은 늦장 부리기에 유명하였다. 다른 핵심팀 구성원이 고위임원이 하청기업의 고위임원과 접촉하게 하는 등의 납기를 단축하는 방안을 제시하였지만, 그는 정중히 거절하였다. J는 이 같은 문제를 다루는 전통적인 방법을 알고 있었고 그 방법을 심각하게 바꾸어야 할 필요성, 책임, 권한을 느끼지 않았다.

A팀에서는 하청기업이 원래 제시한 20주의 생산 마무리의 계획은 약간의 여유가 있었고 그리하여 이 슈퍼콘트롤러칩은 최적경로에 놓여 있지 않았

다. 그러나 2~3주 뒤 연구개발활동과 일정의 변화가 이루어진 뒤에야 이 문제가 팀의 주간회의에서 대두되었다. 여기에서 생산부서 출신인 프로젝트 팀 관리자 F(그는 한 번도 초기 프로토타입 개발에 참여해 본 적이 없음)는 칩의 계획된 생산 마무리 시간이 너무 길며, 이제 그는 이를 줄여보도록 노력하겠다고 진술하였다. 다음 주간회의에서 그는 반가운 뉴스를 가져왔는데, 그가 하청회사와 논의한 결과 슈퍼콘트롤러칩을 11주 뒤에 인도받을 수 있다는 것이었다. 게다가 F는 회사 중역으로부터 전화를 받았는데, 그가 하청업체 중역과 접촉한 결과 이 인도일은 더 단축될 수도 있다는 것이었다.

2주 후 B팀의 정기회의에서는 슈퍼콘트롤러칩의 진행 경과보고가 의제로 올라왔는데, 여기에서 원래의 일정에 아무런 변화가 없음이 보고되었다. 이 자리에서 재무부서에서 두 팀 모두에 참여하고 있고 이미 A팀의 회의에 참여한 적 있는 N이 A팀이 이미 납기단축에 성공하였음을 보고하였다. 이에 대하여 J는 A팀이 그 같은 노력을 해오고 있다는 것을 알고 있지만 그 정보는 정확한 것이 아니며 원래의 20주의 납기계획은 아직도 유지되고 있다고 반박하였다. 게다가 J는 A팀의 F의 노력은 기업 내부의 불확실성과 분열을 가져오고 있으며 앞으로 A팀이 이 같은 노력을 할 때는 B팀과 사전에 조정하여야 할 것이라고 주장하였다. 그는 이 같은 조정은 외부의 하청기업이 관여될 때는 특히 중요하다고 말하고, 이 상황을 종료할 미팅이 당일 오후 A팀의 F와 B팀의 개발부 및 구매담당요원 간에 있을 예정이라고 말하였다.

다음날 오후 A팀의 회의에서 F는 슈퍼콘트롤러칩의 빠른 인도일정을 확인하였다. 11주라는 일정이 A팀과 B팀에게 유리하게 확정된 것이다. J 역시 이 수정된 일정이 자신의 팀에게도 적용된다는 것을 확인하였으나 그는 F가 이를 달성하기 위해 사내의 표준업무절차(SOP: standard operating procedures)를 위반하였다고 불쾌해했다. 이 같은 시각차에 대해 관심을 가진 N은 왜 A팀은 장애물을 도출하고 이를 작업경로에서 제거하였는 데 비해 B팀은 동일한 문제를 도출하고도 이를 전혀 제거하지 못하였을까에 대해 학습하기로 하였다.

F가 지적한 대로 J는 개발부 관리자를 역임하였고 그는 칩의 기술적 요건을 잘 알고 있었지만, 그는 칩 하청기업과 그 생산과정을 다루는 경험이 없었다. 그 자신은 오랫동안 전문가였다. 이 같은 경험이 없기에 그는 하청기업의 표준일정을 변경하려는 무리한 노력을 하였던 것이다. 그러나 F는 다양한 칩 하청기업들과의 생산경험이 있었기에 그는 자신의 최적경험사례에 비추어 하청기업의 일정을 가늠할 수 있었고 하청기업이 상당히 빠른 납기를 맞추기 위하여 무엇이 필요한지를 이해할 수 있었다.

F는 팀의 역할에 충실했고 그는 경험으로 하청기업의 원래 계획으로는 팀의 활동이 성공을 거두지 못한다는 것을 명확히 알았기 때문에 그는 인도일정을 변경하기로 결정한 것이다. 이에 비하여, J는 전통적으로 기능식 조직에 오랜 기간 일했고 하청기업과의 관계는 그의 기능부서에서 일부로서 진지하게 살펴보지 못하였기 때문에 그는 하청기업에게 일정을 단축하게 하는 일이 그의 책임이고 그의 권한 속에 있고 심지어 그의 역할의 장기적인 관심사여야 한다는 점을 인식하지 못하였다. 그는 팀의 전체적 목적을 달성하는 것보다 갈등을 회피하고 풍파를 만들지 않는 데에 더 관심을 가졌다.

B팀에서는 이 문제를 개발 쪽에서 온 팀 구성원이 제기하였으나, 그는 이를 해결하는 데 적극적이지 않았고 심지어 다른 팀에서의 노력을 방해하였다. 그러나 A팀에서는 이 문제를 개발 쪽에서 온 팀 구성원이 문제를 제기하였으나, 생산 쪽에서 온 F가 이를 사전적으로 적극 대응하였다. B팀에서는 하청기업으로부터 받는 프로토타입 칩은 '개발 쪽의 책임'이라고 생각하였는 데 비하여, A팀은 이 문제를 '팀의 책임'으로 간주하였다. 그리고 F는 이 문제를 해결할 최고의 인물이었고, 그는 이를 정말로 해결하였다.

A팀과 B팀 모두 팀을 운영하는 내규, 팀 구성원의 역할에 관한 계약서, 같은 장소에서 일하는 핵심 팀 구성원, 프로젝트 리더, 명시된 책임, 중역급 후원자를 모두 가지고 있었다. 그러나 이들이 개인 및 팀에게 무엇을 의미하는가에 대한 J와 F의 이해는 아주 달랐다. J는 이 새로운 접근방법을 다른 조직적 구성으로 보았고 그냥 이전에 하던 방식으로 일을 하였다. 그러

나 F는 이를 업무를 새롭게 하는 기회로 보았다. 그리하여 그는 업무를 재구성하는 책임을 지고, 새로운 기능을 끌어들이고 자원을 재배분하였으며, 업무를 가능한 최적으로 이루려고 노력하였다.

비록 두 팀 모두 이론에 따르면 '중량급' 팀이었지만, 실제로 F의 팀이 훨씬 더 무거웠다. 그리하여 결론은 연구개발 프로젝트팀에서 '무거움(heaviness)'은 구조와 메커니즘의 문제가 아니라 태도와 행동의 문제라는 점이다. 그리하여 심각한 변화를 하지 않고 중량급 팀을 구성하려는 기업은 이 팀의 구조에 있는 힘이 오히려 이 같은 팀 접근방법에 문제점을 가져온다는 것을 인식하여야 한다. 연구개발 프로젝트를 위하여 이 같은 중량급 팀을 구성하려는 의도와 함께 조직과 태도의 근본적 변화를 하려는 의지가 있어야 연구개발활동의 집중, 통합, 효과성의 장점을 누리게 해 줄 것이다.

자료: Clark, K. B. and Wheelwright, S. C. (1992), Organizing and Leading "Heavy Weight Development Teams", in: Wheelwright, S. C. and Clark, K. B., *Revolutionizing Product Development: Quantum Leaps in Speed, Efficiency, and Quality*, The Free Press, New York, Chapter 8에서 저자의 수정.

10

연구개발협력

제 1 절 연구개발협력의 개념과 중요성

1. 연구개발협력의 개념

최근 전략경영에서는 그동안의 경쟁전략(competitive strategy)에 대한 강조와 더불어 협력전략(cooperation strategy)의 중요성이 매우 강조되고 있다(Wheelen & Hunger, 2006; Afuah, 2003). 특히, 연구개발경영에서 협력전략은 대단히 중요한데, 이는 연구개발활동과 관련하여 다양한 형태의 전략적 제휴 및 협력이 이루어지고 있기 때문이다(Dussauge & Garrette, 1999). 오늘날과 같이 세계화된 환경 속에서 기업은 무조건 경쟁만 할 수는 없으며, 세계의 다른 기업, 연구기관, 대학들과의 지속적인 협력관계도 구축하여야 한다. 연구개발경영의 측면에서 이와 같은 협력의 필요성은 매우 큰데, 이는 기술의 근본적인 속성 때문이다. 기술은 근본적으로 동적으로 변화하고, 대단히 복잡하며, 상호 간에 높은 융합성을 가지고 있어서 아무리 거대한 기업들이라도 모든 기술 분야에 대해 충분한 기술능력을 확보할 수 없으며 또한 이를 독자적으로 확보하는 것도 바람직하지 않다. 기업은 기술협력이 경쟁우위의 확보 및 유지에 도움이 된다면 이를 적극적으로 추진 · 활용하여야 할 것이다.

이론적으로 협력(cooperation)은 시장(market)과 위계(hierarchy) 사이에 위치하는 조직의 한 형태로 이해할 수 있다(Specht 등, 2002: 387-388). 협력은 협력 파트너 간의 의도적인 상호의존 및 이에 따른 독립성의 유보라는 특징을 가지고 있다. 이에 따라 협력은 '시장을 통한 조정'과 동시에 '위계를 통한 통제'라는 두 가지 특징을 동시에 가진다. '시장을 통한 조정'은 자체적인 연구개발을 포기하고 시장에서 기술적 지식, 제품, 공정을 구입하는 것으로서 이는 참여기업 간 명확한 거래의 형태를 통해

---

* 이 장은 정선양(2016), 「전략적 기술경영」, 제4판, 박영사, pp.419-452를 참조하였음.

[그림 10-1] 연구개발협력의 개념

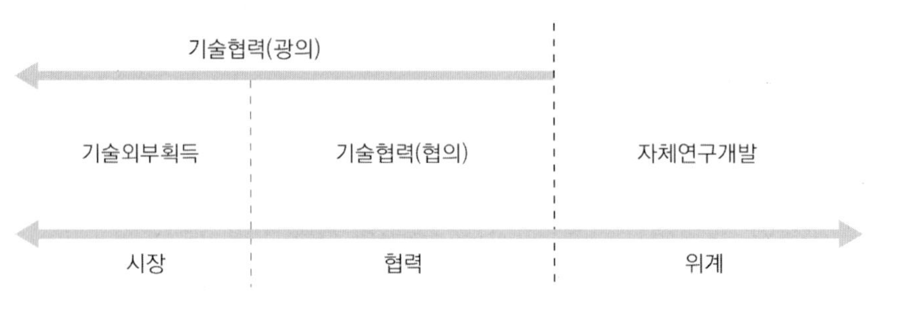

이루어진다. '위계를 통한 통제'는 기업 내에서 완전히 독자적인 연구개발활동을 수행하고 연구개발과정을 통제하는 것이다.

이와 같은 시장과 위계의 양극단 사이에는 다양한 형태의 협력이 이루어질 수 있다. 일반적으로 기술의 조달과 관련하여 이상과 같이 시장, 위계, 협력의 세 가지 형태의 조정 유형이 있으나, 시장으로부터의 기술조달도 외부 공급자와 협력이 이루어진다는 점에서 넓은 의미에서 연구개발협력에 포함할 수 있을 것이다. 이에 따라 기술조달(technology sourcing)은 연구개발협력을 나타내는 외부조달(external sourcing)과 자체연구개발활동을 나타내는 내부조달(internal sourcing)로 나누어 볼 수 있으며, 이 중 기술의 외부조달을 연구개발협력의 관점에서 논의할 수 있다([그림 10-1] 참조).

이와 같은 기술조달 유형의 선택은 각각 유형의 거래비용(transaction costs) 측면에서 살펴보아야 한다. 거래비용은 협력 파트너 간의 협력의 준비 협의・개시・통제・적응 등에 있어서 발생하는 모든 정보 및 의사소통 비용을 포괄한다. 거래비용은 필요한 기술투자의 특별성(speciality), 성과의 전략적 중요성(strategic importance), 성과의 불확실성(uncertainty), 거래의 법적 보호(legal framework) 여부 등에 달려 있다(Gerpott, 1999: 229-230; Specht 등, 2002: 287-288). 기술조달의 특정성이 적을수록, 성과의 전략적 중요성이 낮을수록, 성과의 불확실성이 낮을수록, 연구개발협력에 있어서 법적인 보호의 정도가 높을수록 기업은 외부와의 협력을 통하여 기술을 조달하는 것이 좋다.

이처럼 기술조달의 거래비용적인 분석은 기술의 자체연구개발활동을 통해 조달할 것인가 아니면 외부와의 협력을 통해 조달할 것인가에 대한 보다 합리적인 의사결정(rational decision-making)을 가능하게 하며, 더 나아가 외부와의 연구개발협력 정도를 제시하여 어떤 형태의 협력을 추진할 것인가에 대한 의사결정을 돕는다. 이와 같은 거래비용의 관점은 기술개발의 성격, 중요성, 불확실성, 법적인 환경을 세심하게 고려하여야 함을 강조하고 있다.

2. 연구개발협력의 이유

1) 경제적 이유

기업이 연구개발협력을 하는 경제적 이유(economic reasons)는 여러 가지가 있다. 연구개발협력의 대표적인 이유로서 ① 기술개발 혹은 시장진입에 있어서 비용 절감, ② 기술개발 혹은 시장진입에 있어서 위험 감소, ③ 생산에 있어서 규모의 경제 달성, ④ 신제품 개발 및 상업화에 들어가는 시간 단축 등 네 가지로 파악하고 있다. 이는 기본적으로 기술개발 및 상업화에 있어서 원가, 시간, 위험을 절감하기 위해 기업이 다른 기업 및 혁신주체들과 협력을 하는 것이다. 이를 좀 더 자세히 살펴보면 다음과 같다.

첫째, 기술이 다른 기업이나 조직에 의해 이미 개발되어 있다면 이를 습득함으로써 기업은 보다 전략적으로 중요한 제품의 개발 및 상업화를 위한 시간(time)을 절약할 수 있다. 급변하는 경쟁환경에서는 남보다 앞서 우수한 신기술을 활용하여 새로운 제품과 서비스를 시장에 내놓는 것이 매우 중요하기 때문에 기업이 스스로 기술을 개발하지 않고 협력을 통해 습득할 수 있다면 상당한 정도의 경쟁우위를 확보할 수 있다.

둘째, 기업은 연구개발협력을 통해 새로운 기술개발을 위한 내부적 자원(internal resources)을 절약할 수 있다. 기업 내부에서 스스로 기술개발에 나선다면 기술경영자들은 기술개발에 대해 책임감을 가지고 많은 노력을 기울이게 된다. 기술개발에는 기업의 자원이 상당한 정도 투입되는데, 이러한 자원의 투입은 기업의 보다 핵심적인 사업 및 역량에 투입되어야 할 자원을 감소시켜 전략적으로 수지가 맞지 않을 수 있다. 따라서 기술의 외부조달을 통해 부족한 자원을 보다 효율적으로 활용함으로써 기업이 보다 많은 부가가치를 창출할 수 있는 기업활동에 자원을 집중하기 위해서 연구개발협력이 필요하다.

셋째, 연구개발협력은 기술개발에 따른 위험(risk)을 감소시킬 수 있다. 새로운 기술의 개발이나 외부에서 이미 개발된 기술을 내부적으로 다시 창출하기 위해서는 상당한 기간의 학습과 준비가 필요하다. 이 경우 외부에서 해당 기술에 대한 전문적 이해를 지닌 기술 공급자들에게 개발을 맡기는 것이 기업의 전략경영 관점에서 현명한 선택일 수 있다. 또한, 외부의 전문가들에게 기술을 의뢰하게 되면 경험이나 스킬이 부족한 내부적 개발보다 완성도 높고 질적으로 우수한 기술의 조속한 습득이 가능할 수 있다.

넷째, 기업 실무에서 연구개발협력은 피할 수 없을 때가 있다. 우리 기업이 필요로 하는 중요한 기술은 이미 다른 기업이 특허 등을 통해 배타적으로 확보하고 있다면 그 기술을 가진 기업이나 조직과 협력을 통해 해당 기술을 확보·활용하여야 할 것이다. 다른 기업이 확보하고 있는 기술을 개발하였다고 해도 이 기술은 법적으로 활용할 수 없기 때문에 기업은 미리 기술환경 분석을 통해 자신이 필요한 기술을 다른 기업이 확보하였는지 여부를 검토하고 다른 기업이 이미 확보하였다면 이를 협력을 통해 활용하여야 할 것이다.

2) 기술적 이유

현대의 많은 기술은 속성상 개발의 비용, 시간, 위험이 대단히 증가하고 있기 때문에 어느 기업이 모든 기술을 다 개발할 수 없는 기술적인 특성이 있다. 이 같은 환경 속에서 기업은 자원의 보다 합리적 활용이 필요한데 기술의 자체개발보다 외부에서의 협력을 통한 확보가 유리하다면 이를 적극적으로 활용하는 것이 좋다. 아울러 최근 많은 기업이 전략적 기술경영의 관점에서 기술이 기업에게 '핵심적'이지 않고 '주변적'일 경우 이를 외부에서 획득하고 이를 통해 자신의 핵심영역에 자원을 집중하여야 한다는 인식이 매우 높아지고 있다. 아무리 큰 거대기업이라고 해도 모든 기술에 대해 핵심역량을 확보할 수는 없다. 아울러 최근에는 외부의 기술적 원천(external technology sources)이 기업의 미래사업에 대한 기회의 창(window of opportunities)으로서 작용하는 경우가 많고, 특히 기업에 막대한 경쟁우위를 가져다줄 불연속적 혁신(discontinuous innovation)은 기업 외부의 지식으로부터 창출된다. 이에 따라 기업은 외부와의 협력을 통하여 새롭게 떠오르는 신흥기술(emerging technologies)에 대해 주시해야 한다. 이와 같은 기술적 이유(technological reasons)를 살펴보면 다음과 같다.

첫째, 기술은 그 자체가 시스템적 특성(systemic characteristics)을 갖기 때문에 기술혁신의 과정에서 다양한 시스템 구성요소들이 상호작용을 하게 된다. 그런데 아무리 기술능력이 높은 기업이라 하더라도 구성요소들 모두에 대하여 높은 기술능력을 확보하기는 매우 어렵다. 따라서 기술혁신의 과정에서 연구개발협력은 불가피하다. 아이디어의 형성, 연구, 개발, 생산, 출하 등 각 과정에서 다양한 지식요소가 투입되는데 이들 지식요소를 보유하고 있는 여러 주체와 조화를 이루면서 협력해야 기술혁신을 성공적으로 창출할 수 있다. 단일 기업이 기술혁신의 모든 단계를 담당하는 것이 아니라 여러 종류의 기업들이 각각의 특성에 맞게 각 단계를 담당하고 여러 단계 간에 상호 간 피드백 과정을 촉진시키며 다양한 형태의 기업들이 상호 협력하여야 한다. 이 같은 상호작용적인 협력이 존재할 때 성공적인 기술혁신이 가능하다.

둘째, 기술혁신의 과정에서 생성되는 지식의 암묵성(tacitness) 때문이다. 지식의 암묵성은 기능, 가공, 공정, 설계 등 기술혁신행위를 수행하는 과정에서 복잡한 분석활동을 요구하며, 이를 획득하기 위해 다양한 실험과 시험을 거쳐야 한다는 것을 의미한다. 따라서 암묵지는 연구개발활동을 통하여 쉽게 형식적으로 기록되기 어려우며, 모방되는 것도 아니고, 계약을 통하여 이전되기도 어려운 속성을 지니고 있다. 이 때문에 기업은 연구개발협력을 통하여 협력 파트너와 함께 토론하고 실습하면서 교정하고 학습하는 행위를 거쳐 암묵지를 획득하여야 한다.

셋째, 기술혁신은 여러 과정을 거쳐 완성되는데 각 과정마다 경쟁력을 가진 다른 기업들의 보완적 기술지식, 즉 보완자산(complementary assets)을 효율적으로 활용하기 위해서 연구개발협력을 하게 된다. 기업은 기술혁신과정의 모든 분야에서 높은 기술능력을 확보할 수 없다. 이에 따라 기술혁신의 과정에서 다른 기업 및 연구기관의 도움을 받아 보다 효율적인 연구개발활동을 수행하여 기술혁신의 성공률을 제고함으로써 시장에서도 성공할 수 있을 것이다.

제 2 절 연구개발협력의 유형

1. 연구개발협력의 유형

일반적으로 연구개발협력에 있어서 하나의 이상적인 협력 형태가 있는 것은 아니다. 기업 문화나 전략에 따라 협력의 형태가 달라질 수 있다. 연구개발협력에 있어서 여러 가지 유형이 있을 수 있지만 Specht 등

(2002: 396-398)은 협력의 유형을 협력 파트너의 특성에 따라 수평적 협력, 수직적 협력, 대각적 협력으로 나눈다.

수평적 협력(horizontal cooperation)은 동일 산업에 속한 두 개 이상의 기업이 동일한 가치창출 단계에서 협력을 하는 것을 의미한다. 이 점에서 협력 파트너들은 현재의 혹은 잠재적인 경쟁기업들이다. 이 같은 수평적 협력의 장점은 연구개발비용의 절감, 높은 기술적 시너지 효과, 위험의 분산 등을 들 수 있으며, 단점으로는 긴밀한 기술적 연계에 따른 상호의존성, 높은 거래비용, 기술적 지식의 유출가능성 등을 들 수 있다. 일반적으로 수평적 협력은 항공우주산업, 전자산업 등에서 많이 이루어진다.

수직적 협력(vertical cooperation)은 협력 파트너들이 동일 산업에 속해 있기는 하지만 산업가치사슬의 서로 다른 단계에서 활동하는 기업들 간의 협력이다. 그 결과 파트너들 간에는 경쟁관계보다는 수요자-공급자 관계가 형성된다. 이 같은 협력은 파트너들 간의 수요-공급의 직접적인 관계를 갖는 세심하게 정의된 개발 프로젝트의 수행에서 종종 이루어진다. 수직적 협력의 장점으로는 개발시간의 단축을 들 수 있는데, 특히 가치사슬에 있는 여러 기업이 참여한다는 점에서 복잡한 시스템의 개발에 적합하다. 그러나 이 유형의 단점으로는 협력과정에서 자체적인 기술적 노하우가 유출되어 기술적 선도성을 상실할 위험이 있다. 일반적으로 이 유형의 협력은 자동차산업, 소비재산업 등에서 많이 이루어진다.

대각적 협력(diagonal cooperation)은 산업의 가치사슬에 있어서 직접적 관련이 없는 파트너들 간의 협력을 의미한다. 이러한 협력의 참가자들은 서로 다른 산업에 속한 기업들이거나 혹은 공공연구기관, 대학들이다. 이 유형의 협력은 새로운 기술의 개발에 대단히 중요하지만 기술의 개발에 다양한 영역의 지식이 필요할 때 이루어지며, 이와 같은 협력을 통해 개발된 기술은 다양한 산업부문에서 활용되는 경우가 많다. 이 유형의 협력에 대한 장점은 다양한 협력 참가자들의 지식 결합을 통한 시너지 효

[그림 10-2] 연구개발협력의 유형

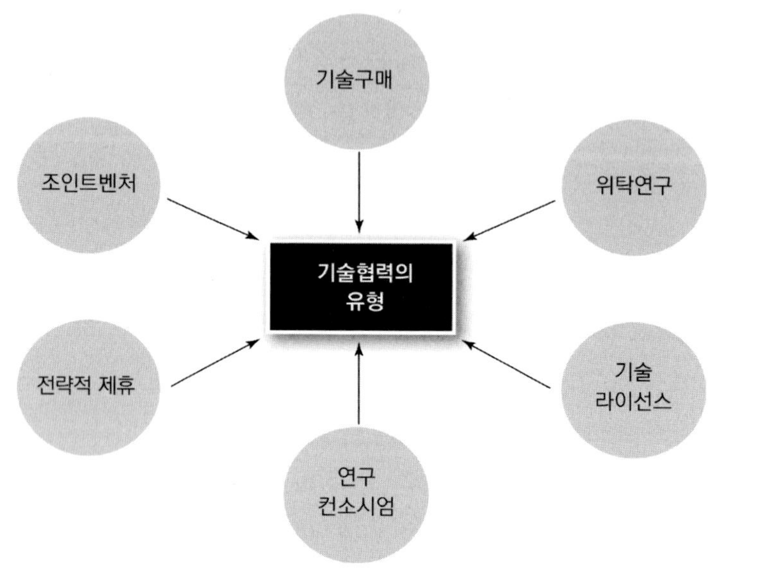

과를 창출할 수 있다는 점이고, 단점으로는 해당 기술을 활용하는 기업의 입장에서 개발된 기술의 실제적 활용에 많은 노력을 기울여야 한다는 것이다. 이와 같은 대각적 협력은 생명공학산업, 정보통신산업과 같은 첨단산업에서 이루어진다.

그러나 기술협력의 유형은 협력에 대한 기술 수요자의 참여와 상호의존성의 정도에 따라 보다 구체적으로 위탁연구개발, 기술라이선스, 연구컨소시엄, 전략적 제휴, 조인트벤처 등으로 나누는 것이 일반적이다([그림 10-2] 참조). 아래에서는 이에 관해 상세하게 살펴보기로 한다.

1) 기술구매

기술구매(technology purchase)는 기업이 필요로 하는 기술이 무엇인지를 확인하고 기술을 구매를 통해 확보하는 형태를 말한다. 외부로부터 기술을 습득하는 이러한 형태는 기술이 문서와 경험 그리고 노하우 등에 결합된 형태로 이루어져서 바로 사용할 수 있는 형태인 경우가 많다. 따라서 기술을 기업 내 제조환경에 바로 적용해야 하는 상황에서 기술구매는 합리적인 방법이 될 수 있다. 이러한 형태의 협력이 성공적으로 이루어지기 위해서는 왜 그 기술을 원하는지에 대해 그 필요성을 인지하는 것이 매우 중요하며 기술거래 당사자 상호 간의 신뢰가 성공적인 협력관계를 달성하는 중요한 요소가 된다. 그럼에도 불구하고 외부에서 구입된 기술은 기업 내 다른 기술적 지식과 통합하는 데 상당한 어려움이 있을 수 있다.

2) 위탁연구

위탁연구(contact research)는 기업이 외부의 다른 기업, 대학, 연구기관에 기술개발을 의뢰하는 형태이다. 기업이 해당 기술을 내부적으로 개발할 능력이 되지 않거나 전략적으로 수지가 맞지 않아 관련 기술에 대한 연구개발의 전문성을 확보하고 있는 기관에 기술개발을 의뢰하는 것이다. 이러한 협력관계는 협력을 통해 기술을 취하게 되는 기술 수요자의 참여나 상호 간 의존성이 낮다는 특성을 가지고 있다. 많은 경우 이 같은 위탁연구를 추진하는 기업은 자체 기술혁신능력이 부족한 중소기업 및 벤처기업인 경우가 많다.

기술개발 의뢰를 통한 협력은 상호 간 계약을 통해 이루어지는데 계약 시 연구개발규모, 예상기간, 연구개발결과를 명시해야 한다. 왜냐하면, 외부에 기술개발을 의뢰하는 형태인 이 유형의 협력방법은 기술 수요자의 참여가 낮아 기술을 개발하는 기관과 기술개발을 통해 성과를 달성하려는 기업 간의 시각차가 존재할 수 있기 때문이다. 이에 따라 기술 수요자는 연구개발기관에게 왜 그러한 기술개발을 의뢰하게 되었는지에 대한 목표와 세부사항 등을 명확하게 제시해 주어야 한다. 기업은 기술개발 의뢰의 초기 단계에서 기술적 요구사항(technological requirements)뿐만 아니라 그 기술이 의도하는 사업적 니즈(business needs)를 설명하는 데 많은 시간을 투자해야 한다. 이러한 형태의 협력에는 수요기업의 균형적인 방향 제시가 매우 중요하다. 왜냐하면, 소극적인 참여는 프로젝트가 원하는 방향이 아닌 다른 방향으로 진행되게 할 수 있고 지나친 참여는 기술적 선입견으로 인해 실제 연구개발자의 창조성을 해칠 수도 있기 때문이다.

3) 기술라이선스

기술라이선스(technology licence)란 다른 기업이 가지고 있는 기술을 사용할 권리를 의미하며 기업이 다른 기업의 지적재산(intellectual property)을 일시적으로 소유·활용할 기회를 제공해 준다. 라이선스는 구매자가 창출하는 수익에 대하여 로열티(royalty)를 받는 조건으로 판매한다. 일반적으로 이 같은 연구개발협력은 다른 업종에 속해 있는 기업들 간에 혹은 같은 업종에 속해 있으나 지리적으로 다른 곳에 위치해 있는 기업들 간에 이루어진다. 예를 들어, 1950년대 일본의 전자회사들은 미국의 전자회사들로부터 트랜지스터 등 다양한 기술의 라이선스 구입을 통해 수많은 제품을 개발하여 시장에 출하하였다.

기술라이선스를 통해 기술을 획득하는 것은 내부의 연구개발을 뛰어넘어 많은 이점을 준다. 특히, 낮은 기술개발 비용과 시장에서 기술개발의 위험부담이 줄어든다. 또한, 빠른 제품개발과 시장진입을 가능하게 한다. 그러나 기술라이선스는 일반적으로 라이선스 제공자로부터의 제한조항이 있으며, 가격결정, 생산량, 품질 등과 관련하여 자주성을 확보하기 어렵고, 또한 라이선스 제공자를 찾고 협상하는 데 상당한 거래비용을 수반하는 문제점이 있다. 이 점에서 기술라이선스의 선택은 기술의 성격, 시장전략, 기업의 기술능력에 따라 세심하게 결정하여야 할 것이다.

4) 연구컨소시엄

연구컨소시엄(research consortium)은 일반적으로 잘 정의된 첨단기술 프로젝트에 대해 여러 기업 간의 공동연구(joint research)를 위하여 구성된다. 연구컨소시엄은 연구에 있어서 비용과 위험을 줄이고 부족한 연구자원과 지식을 공동으로 활용하려는 목적으로 활용된다. 일반적으로 컨소시엄은 동일 업종에 있는 경쟁기업들에 의해 이루어지는데 많은 경우 경쟁 전 단계(pre-competitive phase)의 연구나 산업표준을 설정하기 위한 목적으로 구성된다.

연구컨소시엄은 다양한 형태를 가질 수 있는데 참여기업들이 자원을 집중하여 공동의 연구시설을 공동 설립 · 운영하거나 새로운 벤처(new venture)를 공동으로 설립하고 투자하는 강도 높은 협력을 할 수 있으며, 혹은 느슨한 협력으로서 공동연구(joint research)의 형태로 추진되기도 한다. 이렇게 연구컨소시엄을 통해 기술을 개발하게 되면 연구를 위한 내부시설에 많은 투자를 하지 않아도 되어 기업의 연구개발비를 크게 줄일 수 있다. 일반적으로 컨소시엄은 대형연구개발, 첨단기술개발, 기초연구분야에서 많이 이루어진다.

5) 전략적 제휴

전략적 제휴(strategic alliance)도 신기술 및 신제품을 공동으로 개발하는 데 많이 활용된다. 전술한 연구컨소시엄이 주로 기초연구분야에서 형성되는 데 비하여 전략적 제휴는 개발지향적 프로젝트(development-oriented projects)에서 많이 이루어진다. 전략적 제휴는 비공식적인 성격을 많이 가지는데 특정한 목표와 시간표를 가지고 협력이 이루어진다. 전략적 제휴는 동일한 산업의 경쟁기업들이 핵심기술을 공동으로 개발하려는 노력으로 이루어지는 경우가 많은데 이 같은 제휴를 통하여 시간과 자금을 절약하고 장비와 기능을 공동으로 활용하려는 목적을 가진다.

이 같은 전략적 제휴는 국경을 초월하여 이루어지는 경우도 많기 때문에 서로 다른 연구문화를 잘 이해하여야 성공가능성이 높다. 여러 기업이 전략적 제휴를 하면 사실상 표준(de facto standard)의 설정이 가능하다는 장점도 있다. 그러나 전략적 제휴에 참여하는 기업들은 경쟁기업들이라는 점에서 제휴의 유지 및 해체도 세심하게 하여야 하는 문제점이 있다.

6) 조인트벤처

조인트벤처(joint venture)는 두 개 이상의 기업들이 매우 잘 정해진 영역에서 상대적으로 장기간에 걸쳐 협력하려는 목적으로 새로운 기업을 설립하는 협력의 유형이다. 새로 설립되는 기업의 소유권은 주식의 수에 따라 배분된다. 조인트벤처가 성공하기 위해서는 협력의 분야를 잘 정의하고, 필요한 자원의 배분에 대해서도 명확한 협의를 하여야 할 것이다. 대표적인 조인트벤처로 IBM, Motorola, Apple의 power PC chip을 개발하려는 조인트벤처와 Motorola와 Toshiba의 조인트벤처를 들 수 있다. 조인트벤처는 기술, 제품, 시장에 있어서 명확한 인식과 협력 파트너들 간의 명확한 분업이 전제되어야 성공을 거둘 수 있다.

2. 연구개발 협력유형별 장단점

1) 연구개발협력의 일반적 장단점

연구개발협력은 기업의 기술능력 확보에 매우 중요한 수단이다. 이는 기업의 내부연구개발활동과 보완적으로 이용되면 대단히 많은 효익을 창출할 수 있다. 내부연구개발활동과 비교하여 연구개발협력의 장점을 살펴보면 다음과 같다.

첫째, 연구개발협력을 통한 외부기술에 대한 노출은 기업의 자체연구개발 능력 및 체제에 대한 객관적 검증(objective tests)을 할 수 있게 해준다. 또한, 연구개발협력은 기업이 상당한 정도의 연구개발능력이 확보되어 있을 경우에만 가능하기 때문에 이 같은 협력을 통해서 기업의 기술능력을 객관적으로 검증하고 증진시킬 수 있는 기회를 활용할 수 있는 장점이 있다.

둘째, 연구개발협력을 통한 외부기술의 확보는 소위 비현지발명(Not Invented Here)의 문제점을 감소시킬 수 있다. 일반적으로 조직은 외부에서 유입되는 기술 및 지식에 대해 거부반응을 가지게 되며 이 같은 경향은 기업 기술능력의 향상에 부정적인 영향을 미친다. 그러나 긴밀한 연구개발협력을 통해 기업이 외부기술에 대한 친밀도를 높이면 이와 같은 문제의 상당한 정도를 감소시킬 수 있을 것이다.

셋째, 연구개발협력은 기업의 연구자들에게 도전정신(challenge spirits)을 심어주며 이들의 시야를 넓히게 하는 결과를 가져올 수 있다. 기술이 급변하는 현 환경 속에서 기업 연구자들은 외부의 과학기술계에서 어떤 활동들이 일어나고 있는가에 대해 세심한 주의를 기울여야 할 것이다. 이 같은 외부에 대한 주시는 기업 연구자에게 새로운 목표를 설정해 주고 이를 달성할 수 있는 도전정신을 제공해 주면서 자신의 연구활동에 있어서 새로운 시각을 확보할 수 있게 하는 장점이 있다.

넷째, 외부와의 연구개발협력은 기업에게 대외활동(external activities)의 지평을 넓혀줄 수 있다는 장점이 있다. 특히, 명망 있는 대학, 공공연구기관, 기업 등과의 기술협력을 활발히 하면 고객 및 정부에게 매우 좋은 이미지를 심어줄 수 있으며 기업의 개방성을 높여주는 효과를 가져다 줄 수 있다.

그러나 연구개발협력은 기업에게 상당한 문제점을 제공할 수도 있다. 첫째, 근본적으로 연구개발협력은 쉬운 일이 아니다. 연구개발협력은 서로 다른 기업 및 연구기관 간에 이루어지기 때문에 상호 간 이질성(heterogeneity)으로 인해 충분한 성공을 거두기가 쉽지 않다. 이에 따라 협력의 관리에 대한 세심한 주의를 기울여야 한다.

둘째, 연구개발 협력과정에서 기업의 핵심적인 기술정보가 유출(leakage)될 수 있다는 어려움이 있다. 기술은 상호 연관성이 높다는 점에서 기업이 협력에 있어서 충분한 주의를 기울이지 않으면 중요한 기술적 노하우가 다른 협력기업 및 연구기관으로 유출될 수 있다는 위험성이 있다.

셋째, 연구개발협력에 있어서 참여기업 간 갈등(conflict)의 여지도 많다. 기업은 자신의 기술적, 전략적 위치에 따라 서로 다른 목적을 가지고 협력을 추진하게 되는데, 이 같은 협력의 목적이 일치하지 않을 경우에는 기업 간 갈등의 소지가 크며 협력은 성공을 거두지 못하고 자원을 낭비할 수 있는 여지가 많다.

2) 연구개발협력의 유형별 장단점

연구개발협력의 유형들은 앞에서 살펴본 바와 같이 서로 다른 특징과 장단점을 가지고 있다. 아래에는 이를 세부적으로 살펴보기로 한다(<표 10-1> 참조).

첫째, 기술의 획득기간(period of technology acquisition)을 살펴보면, 기술구매는 구매계약의 체결 즉시 기술을 습득할 수 있다는 점에서 가장 신속한 획득방법이다. 기술라이선스의 경우에는 라이선스의 계약기간과 동시에 기술을 활용할 수 있으나 계약기간에만 기술을 활용할 수 있다. 위탁연구의 경우는 상대적으로 단기적인 협력방법인 데 비하여, 연구컨소시엄 및 전략적 제휴는 비교적 중기적인 기간에 걸쳐 안정적인 기술협력을 추진하는 방법이다. 그러나 조인트벤처는 독립된 연구단위를 설립한다는 점에서 가장 장기에 걸쳐 추진되는 협력방법으로 이해될 수 있다.

둘째, 연구개발협력의 유형들이 주안점을 두는 기술수명주기(technology life cycle)는 상호 간에 중복은 있을 수 있으나 서로 다른 특징을 가지고 있다. 즉, 기술구매, 기술라이선스는 비교적 기술수명주기의 후기에 속하는 기술을 조달하는 데 활용되며, 위탁연구는 기술수명주기의 중기에 속

〈표 10-1〉 연구개발협력의 유형별 장단점

협력의 유형	기술획득 기간	장 점	단 점	기술수명 주기	기술의 유형
기술구매	즉시	기술의 즉시 습득	기술의 전략적 중요성이 적음	후 기	외부기술
기술라이선스	고정 기간	기술의 빠른 습득	계약비용과 제한	후 기	↑
위탁연구	단기	원가와 위험 감소 시간절약	자체기술능력 축적 부족 및 연구결과의 흡수노력 필요	중 기	│
연구컨소시엄	중기	원가와 위험 감소 보완적 기술자산 활용	지식의 누수 컨소시엄의 관리	초 기	│
전략적 제휴	중기	전문지식, 표준, 자금지원 공유	지식의 누수 제휴의 관리	초 기	↓
조인트벤처	장기	보완적 기술자산 활용 위탁경영 가능 장기적 협력 가능	전략적 표류 문화적 불일치	초 기	차별적 기술

하는 기술을 중심으로 협력이 이루어진다. 그러나 연구컨소시엄, 전략적 제휴, 조인트벤처는 기술수명주기의 초기 혹은 경쟁 전 단계의 기술을 중심으로 협력이 이루어지는 특징이 있다.

셋째, 연구개발협력 유형(types of R&D collaboration)별 장단점을 살펴보면 다음과 같다. 먼저, 기술구매는 기술을 즉시 습득한다는 장점은 있으나 이 같은 기술은 기업에게 전략적 중요성은 작은 것이 일반적이다. 기술라이선스는 기술을 조기에 활용하고 습득할 수 있으나 라이선스의 계약 및 협상에 있어서 비용이 발생하며 기술의 활용에 있어서 제한이 있다는 단점이 있다. 위탁연구는 기술개발의 원가와 위험을 감소시키고 시간을 절약할 수 있다는 장점은 있으나 자체적인 기술능력의 확보가 부족하고 외부의 연구결과를 흡수하여야 하는 어려움이 있다. 연구컨소시엄의 경우 다양한 협력 참가자들의 기술능력을 보완적으로 활용하고 원가와 위험을 감소할 수는 있으나 협력과정에서 지식의 누수 및 컨소시엄의 관리비용이 발생한다. 전략적 제휴의 경우에도 전문지식, 표준, 자금의 공유를 통해 시너지를 창출할 수 있으나 지식의 누수가 있을 수 있으며 제휴의 관리에 어려움이 있다. 조인트벤처의 경우 보완적 기술능력을 활용하고 안정적인 협력이 가능하다는 장점이 있으나 문화적 불일치의 문제와 전략적 목표의 통일성 부재라는 어려움이 있을 수 있다.

마지막으로, 이와 같은 연구개발협력의 유형별 특징과 장단점으로 인해 협력의 대상이 되는 기술에 있어서 차이를 두어야 할 것이다. 먼저, 기술구매나 기술라이선스의 대상이 되는 기술들은 기업의 관점에서 외부기술(external technology)의 성격이 많아 기업의 핵심역량 확보 및 경쟁우위에 그다지 큰 영향을 주지 않는 기술을 대상으로 협력을 추진하여야 할 것이다. 그러나 조인트벤처, 전략적 제휴의 방향으로 갈수록 기술의 특징은 차별적 기술(distinctive technology)의 성격을 많이 가져야 할 것이다. 이들 기술은 기업의 경쟁우위 확보에 중요한 기술들이나 기업의 비용, 자원, 위험의 입장에서 충분한 능력이 확보되지 않아 외부의 연구개발주체들과 협력을 수행하는 것이다. 물론 기업의 경쟁우위에 대단히 중요한 기술들은 전술한 자체연구개발활동을 통해 확보하여야 할 것이다.

제 3 절 연구개발협력의 과정

연구개발협력이 기업의 경쟁우위 확보에 중요한 전략이 됨에 따라 이에 대한 세심한 관리가 필요하다. 기업은 연구개발협력을 일련의 과정으로 나누어 파악하고 이를 전략적으로 경영하여야 할 것이다. 일반적으로 연구개발협력의 과정(process of R&D collaboration)은 [그림 10-3]과 같이 ① 연구개발협력에 관한 의사결정, ② 연구개발협력 파트너의 선정, ③ 연구개발협력 내용의 설계, ④ 연구개발협력의 수행, ⑤ 연구개발협력의

[그림 10-3] 연구개발협력의 과정

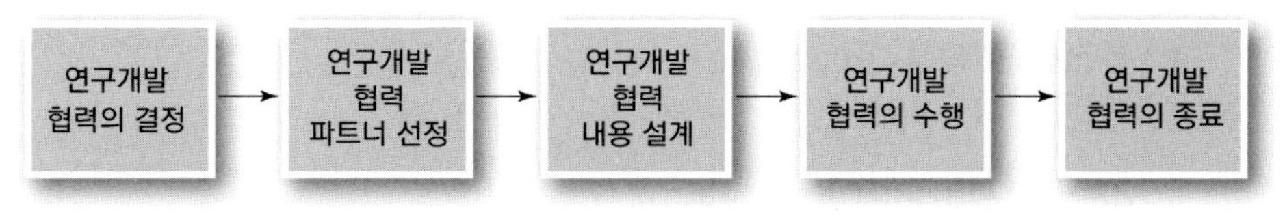

종료 등으로 나누어 볼 수 있다(Specht 등, 2002: 391-408). 아래에서는 이에 관해 세부적으로 살펴보기로 한다.

1. 연구개발협력에 관한 의사결정

연구개발협력의 첫 번째 단계는 협력을 할 것인가 말 것인가에 대한 의사결정(decision-making)이다. 여기에는 좀 더 세부적으로 연구개발협력의 초기환경 분석, 연구개발협력의 매력도 검토, 연구개발협력 목표의 설정으로 나누어 볼 수 있다.

1) 연구개발협력의 초기환경 분석

연구개발협력의 초기환경 분석(initial environment analysis)은 모든 연구개발협력 관련 의사결정의 기초가 된다. 이는 기업환경, 기업의 위치, 잠재적 협력과제에 있어서 기업의 능력에 관해 명확하게 인식하는 것을 의미한다. 즉, 이는 연구개발협력의 장단점을 분석하는 것인데, 특히 협력과 관련된 인적 · 재무적 능력을 면밀하게 분석하여야 한다. 기업환경의 분석에는 경쟁환경, 해당 기술의 매력도, 사회 · 문화적 환경, 법적 · 제도적 환경 등이 대상이 된다. 이들 환경요소에 대한 검토는 쉬운 일이 아니기 때문에 과거의 연구개발협력 경험을 바탕으로 체계적으로 분석하여야 할 것이다. 일반적으로 연구개발협력에 관한 의사결정은 연구개발과제의 유형과 전략적 중요성에 의존한다. 예를 들어, 장기적인 전략적 제휴와 같은 협력은 포괄적이고도 강도 높은 환경분석이 필요한 데 비하여 위탁연구나 공동연구에 관한 의사결정은 상대적으로 단기적이고 프로젝트 차원의 환경분석이 필요할 것이다.

2) 연구개발협력의 매력도 평가

연구개발협력의 초기환경 분석에 기초하여 기업은 해당 연구개발활동을 자체적으로 수행할 것인가 외부와의 협력에 의해 추진할 것인가를 결정하여야 한다. 전술한 바와 같이 자체연구개발활동은 기업의 핵심역량(core competence)과 긴밀하게 연계된 연구개발 프로젝트의 경우에 필요하다. 그렇지 않을 경우에는 해당 연구개발 프로젝트를 외부와 협력하여 수행하거나 필요한 기술을 외부로부터 구입하여야 할 것이다. 연구개발협력은 연구개발비용, 경쟁우위, 시장의 측면에서 자체연구개발활동에 비하여 나름대로의 장단점을 가지고 있다. 예를 들어, 연구개발협력은 연구개발비용 감소의 장점이 있지만 협력활동의 조정 및 커뮤니케이션에는 비용이 소요된다. 또한, 연구개발협력은 협력 파트너 간 보완적인 기술능력을 바탕으로 협력하여 시너지 효과를 창출할 수 있지만 자신의 핵심적인 기술능력이 파트너로 이전될 위험이 있다. 이에 따라 연구개발협력에 관한 의사결정에 있어서는 다양한 측면에서 협력의 장단점을 면밀하게 분석하여야 할 것이다.

3) 연구개발협력 목표의 설정

연구개발협력의 잠재적 협력 파트너를 탐색하기 전에 협력을 통하여 달성할 것으로 기대되는 목표(objectives)에 대한 명확한 설정이 필요하다. 모든 협력의 최상위 목표는 당연히 기업 경쟁우위의 확보 및 확장이지만 보다 구체적이고 세부적인 목표의 설정이 필요하다. 연구개발협력의 세부적 목표설정을 위해서는 협력의 결과로 얻어질 연구개발결과가 무엇이며 이것이 기업에게 언제 필요한가를 자문하여야 할 것이다. 아울러 연구개발협력이 기업 내부의 연구개발능력을 얼마나 강화시키는지, 연구개발협력에 소요되는 자원은 어느 정도인지도 검토하여야 할 것이다. 물론 이 같은 목표의 설정은 연구개발협력 유형에 따라 다르다.

2. 연구개발 협력 파트너의 선정

연구개발 협력 파트너(collaboration partners)의 선정은 연구개발 협력과정의 두 번째 단계를 구성한다. 이 단계는 잠재적 협력 파트너의 도출, 매력적인 파트너 후보의 선택, 가장 적합한 협력 파트너의 선정 순으로 추진된다.

1) 잠재적 협력 파트너의 도출

연구개발협력의 대상 및 목표의 선정과 더불어 중요한 것은 적절한 협력 파트너를 선정하는 것이다. 이를 위해서는 가장 적합한 잠재적 협력 파트너(potential cooperation partners)를 도출하는 것이 중요하다. 연구개발협력의 파트너는 기업, 대학, 공공연구기관 등으로 구분할 수 있다. 기업의 경우에는 동종업종에 종사하는 경쟁기업 및 관련기업과 이종업종에 종사하는 기업들로 구분된다. 일반적으로 이와 같은 협력 파트너의 선정은 협력대상으로 하는 기술의 특성과 기업의 연구개발전략에 따라 선택하여야 할 것이다.

전술한 여러 유형의 협력방법 중 하나를 선택하면 이에 따른 협력 파트너 후보들을 선정하기가 용이하다. 협력 파트너 후보를 찾을 때에는 기업이 그동안 구축해 온 네트워크를 활용하거나 새롭게 외부에서 찾는 두 가지 방법이 있다. 전자는 기업 및 종업원의 개인적인 관계 및 장기적인 업무관계를 통하여 협력대상자를 선택하는 것이다. 후자의 경우에는 학회, 박람회, 공공기관, 단체, 자문기구 등을 통하여 협력 파트너를 모색하는 것이다.

2) 매력적인 파트너 후보의 선정

일련의 잠재적으로 적합한 파트너 후보가 도출되면 이들 중 가장 적합한 파트너 후보를 미리 선정하여야 한다. 이와 같은 예비선정(preliminary selection)을 통하여 기업은 후보들과의 접촉 및 협상에 있어서의 비용을 절감할 수 있고 추진하려는 연구개발 프로젝트에 대한 정보유출의 위험을 줄일 수 있다. Specht 등(2002)은 이 같은 매력적 파트너의 예비선정을 위한 기준으로서 협력 파트너 간의 근본적 조화, 전략적 조화, 문화적 조화의 세 가지를 제시하고 있다.

첫째, 근본적 조화(fundamental fit)는 잠재적 파트너들이 연구개발협력으로부터 어느 정도 지속적인 효익을 얻을 수 있는가의 문제이다. 협력으로부터 참가자들이 경쟁우위의 높은 증가를 가져온다면 근본적 조화는 충분하다고 말할 수 있다. 이에 따라 이 측면에서는 여러 명의 협력 후보 중에서 협력으로부터 어떤 효익을 얻을 수 있으며, 어떤 후보가 이를 달성하는 데 가장 많은 공헌을 할 것인가를 분석하여야 할 것이다.

둘째, 전략적 조화(strategic fit)는 연구개발협력과 기업 목표와 조화의 정도를 나타내는 것으로서, 여기에서는 협력이 없었으면 불가능했을 경쟁우위의 증가가 협력에 의해 달성될 것을 강조하는 것이다. 여기에서 잠재적 파트너들의 목표 달성은 목표 자체의 내용도 중요하지만 목표의 달성시점도 고려하여 달성 여부를 분석하여야 할 것이다.

마지막으로, 문화적 조화(cultural fit)는 기업이 잠재적 협력 파트너의 문화를 어느 정도 받아들이고 협력에 통합할 것인가의 문제이다. 이와 같은 문화적인 문제는 기업의 경영 스타일, 의사결정 유형, 기업역량의 배분 등과 관련이 깊다. 그러나 문화적 조화는 기업이 협력 파트너의 문화에 맞추라는 것은 아니다. 오히려 협력 파트너의 다른 문화를 이해하고 이를 수용함으로써 보다 나은 기술혁신을 창출하려고 노력하여야 할 것이다.

3) 협력 파트너의 선정

연구개발협력에 있어서 적절한 파트너를 선정(selection)하기 위해서는 협력 파트너가 공동의 연구개발과제에 관심을 가져야 한다. 여기에서 중요한 것은 잠재적 파트너들에게 협력의 성공가능성과 장점 및 효익을 확신시켜 주어야 한다. 여기에서 파트너들의 기술적 능력, 개인적 접촉, 그 동안의 사업관계, 기업의 규모 등이 긍정적으로 작용할 것이다. 이와 같은 관계를 바탕으로 협력을 통해 상호 효익을 얻을 것으로 인식되는 잠재적 파트너를 협력 파트너로 선정하여야 한다.

3. 연구개발협력의 내용 설계

연구개발협력 당사자들이 결정이 되면 목표로 하는 협력의 유형(types)과 내용(contents)에 대하여 협상을 하여야 한다. 협력의 주요 내용으로는 협력의 유형, 기간, 자원배분, 공식화의 정도를 들 수 있다.

먼저, 협력의 유형(cooperation type)은 전술한 기술구매, 기술라이선스, 위탁연구, 연구컨소시엄, 전략적 제휴, 조인트벤처 중에서 협력 당사자들 간의 협상에 의해 그 유형을 정하는 것을 의미한다. 전술한 바와 같이 각각의 협력유형은 장단점이 있는 만큼 협력 참가자들은 세심한 협상을 하여야 한다.

둘째로는 협력의 기간(cooperation period)을 결정하는 것이다. 협력의 기간이 짧으면 협력에 있어서 유연성과 동력성을 높일 수 있다는 장점이 있다. 그러나 이 같은 짧은 협력은 협력 당사자에게는 파트너의 선정, 협상, 협력의 집행 등에 있어서 상대적으로 높은 비용을 수반한다는 단점도 있다. 이와 같은 협력의 기간은 협력 프로젝트의 내용과 파트너들의 전략적 목표에 달려 있다. 아울러 이 같은 협력기간은 산업별, 국가별로 차이가 많다. 일반적으로 일본의 경우에는 미국에 비하여 협력의 기간이 길며, 전자산업의 경우 다른 산업보다 협력기간이 짧은 것으로 알려지고 있다.

셋째로는 협력 파트너들 간에 자원배분(resources allocation)에 관해 의사결정을 하여야 한다. 일반적으로 협력 파트너들은 자원을 공동으로 투자하여 풀을 만들어 공동으로 활용한다. 이같이 자원을 공동으로 투자하여 결집하는 것은 협력의 높은 투명성을 보여주며 협력사업의 관리에 바람직하다. 이를 통하여 모든 파트너가 그동안 축적해 온 기술적 자원을 쉽게 활용할 수 있다. 그러나 이 같은 자원의 공동결집은 기업의 기술능력을 공개한다는 점에서 기술적 우위를 상실하는 계기가 될 수도 있다는 단점이 있다.

마지막으로, 협력의 내용에 있어서 협력의 공식화(formalization) 정도를 결정하여야 한다. 이는 공동의 연구개발활동을 관리하는 공식적 규정의 운용 정도를 나타내 주는 것이다. 공식화의 정도가 가장 높은 것은 연구개발협력을 법적으로 명시하는 것이다. 이는 조인트벤처 등을 법적으로 설립하는 것을 예로 들 수 있다. 다른 유형의 협력에 있어서 이 같은 법적인 규정은 아니더라도 연구개발협력을 효과적으로 운영・조정・관리할 수 있는 공동의 규정은 필요할 것이다. 이와 같은 공식화는 협력에 참여하는 기업이 상호 영향력이 높아지는 것을 의미하며, 그 결과 공식화는 협력의 참여자로 하여금 협력에 더 많은 노력을 투입하게 하는 역할을 담당한다. 일반적으로 협력의 기간이 길수록, 자원의 공동투자 정도가 많을수록 연구개발협력의 공식화 정도가 높아야 할 것이다.

4. 연구개발협력의 수행

연구개발협력의 파트너, 협력의 유형과 내용이 결정되면 구체적인 협력을 수행하여야 한다. 이와 같은 연구개발협력의 수행은 새로운 기술, 제품, 공정을 공동으로 개발하는 과정으로서 외부 연구개발자원의 통합과 협력역량의 유지라는 두 가지의 문제를 창출한다.

1) 외부 연구개발자원의 통합

먼저, 외부 연구개발자원의 통합은 연구개발협력의 결과 외부의 기술적 노하우가 기업 내에 지속적으로 유입됨에 따라 이를 내부의 연구개발활동에 효과적으로 통합(integration)하여야 함을 의미한다. 이에 따라 기업은 외부 협력 파트너와의 효과적인 연계체제를 구축하여야 할 것이다. 이를 위하여 협력 파트너들 간의 연구개발자원의 흐름을 효과성 및 효율성의 측면에서 분석·통제·관리하여야 할 것이다. 이와 같은 연계체제의 구축은 비단 협력 연구개발활동의 수행에서뿐만 아니라 협력의 계획 당시부터 염두에 두어야 할 것이다. 실제로 협력을 진행하면서 협력 파트너들 간에 역사적, 지리적, 문화적 차이 등으로 인하여 여러 가지 문제들이 발생할 수 있기 때문에 이를 다루는 갈등관리 역시 매우 중요하다.

아울러, 이와 같은 공동의 연구개발활동 추진에 있어서 의도하지 않은 자원유출(resources leakages)을 막을 수 있도록 세심한 노력을 기울여야 한다. 연구개발협력의 성공을 어렵게 하는 사항 중의 하나가 이 같은 의도하지 않은 자원 및 노하우의 유출이기 때문에 이는 협력의 성공에 매우 중요하다. 그러나 협력의 참가자들은 자체 자원의 과도한 보호 노력은 협력 파트너들 간의 신뢰를 떨어뜨리고 결과적으로 협력의 성공을 저해할 수 있다는 점을 명심하여야 할 것이다.

2) 협력역량의 유지

성공적인 연구개발협력의 수행은 협력역량(cooperation capabilities)을 지속적으로 유지하는 데 달려 있다. 이 같은 협력역량으로는 신뢰를 촉진하는 행위, 협력 촉진적 기업문화, 협력 잠재력의 활용 등으로 나누어 볼 수 있다. 신뢰를 촉진시킬 수 있는 행위로는 파트너들 간의 솔직한 커뮤니케이션, 좋은 인적 관계의 유지, 재무적·기술적·인적 자원의 균형적

배분 등을 들 수 있을 것이다. 협력을 촉진하는 기업문화는 협력 당사자들의 자체적인 조직운영에 있어서 연구개발협력에 우호적이고 유연한 의사결정을 수행하여야 함을 의미하는 것이다.

아울러 협력 잠재력의 활용은 협력에 참여하는 기업이 기술협력에 있어서 가능한 많은 시너지(synergy)를 창출하고 외부의 노하우를 기업 내부의 기술역량으로 이전할 수 있도록 노력하는 것을 의미한다. 이는 전술한 바 있는 협력 당사자들 간에 근본적, 전략적, 문화적 조화(fit)가 협력의 유지와 추진에 매우 중요함을 나타내 주는 것이다. 결국은 협력의 추진에 있어서 협력 당사자들 간에 신뢰의 문화가 형성 · 유지되는 것이 매우 중요하다. 이와 같은 협력의 역량은 쉽게 상실되지는 않지만 한번 상실하면 복구하는 데 상당한 시간과 노력이 필요하다는 점에서 세심하게 구축 · 유지하여야 할 것이다.

5. 연구개발협력의 종료

연구개발협력의 종료(termination)는 협력의 마지막 단계로서 그 중요성이 매우 크다. 협력의 종료와 관련하여 적절한 종료시점의 인식과 적절한 종료유형의 선정이 중요하다.

1) 적절한 종료시점의 인식

연구개발협력은 목표를 완수하는 시점(timing)까지의 협력을 전제로 하고 있다. 그러나 실제 협력에서는 목표의 완수 이외에도 여러 가지 이유로 인해 협력이 종료된다. 예를 들어, 참여기업의 연구개발전략 변화로 인하여 이미 추진 중이던 연구개발협력이 불필요하게 될 수도 있으며, 협력의 진행과정에서 예기치 않게 대두된 기술적, 재무적인 문제로 인해 협력이 중단될 수 있고, 어떤 협력 파트너가 협력역량을 상실하여 지속적인 협력을 추진할 수 없는 경우도 있다. 또한, 여러 다른 이유로 인해 협력 파트너들 간의 협의에 의해 협력을 중단할 수도 있다.

2) 종료유형의 선정

연구개발협력의 종료는 협력사업의 인수, 독립화, 중지, 계속추진의 네 가지 유형(types)을 가질 수 있다. 이와 같은 종료 유형 중 어느 것을 선택할 것인가는 협력이 참가자들에 대한 중요성, 협력 종료시점에 있어서 파트너의 목표 등에 달려 있다.

먼저, 협력의 종료시점에 있어서 어느 한 기업이 협력연구개발과제의 중요성이 매우 높고 자사의 핵심역량과 관련이 상당히 깊다고 판단하면 이 기업은 협력사업에 투입되었던 모든 자원을 인수(undertaking)하게 된다.

둘째, 협력이 협력 파트너들에게 주변적인 역량만을 제공하여 향후 그다지 중요하지 않다고 인식되면 협력사업은 독립화할 수 있다. 협력의 독립화는 협력 프로젝트를 추가적으로 수행하기 위한 독립적인 조직(independent organization)을 만드는 것을 의미한다. 그러나 독립화는 참가기업의 입장에서는 핵심역량과의 관련이 부족하기 때문에 협력에 참여하였던 연구원들을 중심으로 독립된 조직을 만들어 운영하는 것을 의미한다.

셋째, 그동안의 연구개발협력에 있어서 협력 참가자 모두가 만족하지 못하였고 자원의 낭비가 많았다고 판단하면 협력은 중단(termination)되고 협력에 투입되었던 자원은 폐기되게 된다. 이는 협력이 실패로 돌아갔을 경우에 해당된다.

마지막으로, 그동안의 협력이 참가자들의 핵심역량에 매우 중요한 관련성을 가지고 공헌을 해왔고 협력 참가자 모두가 이에 대해 관심이 많으면 연구개발협력은 계속적으로 추진된다.

제 4 절 연구개발협력의 성공요인과 고려사항

1. 연구협력의 성공요인

연구개발협력의 성공은 다양한 요인들에 달려 있다. Weule(2002: 82-88)는 연구개발협력의 성공요인을 협력의 기획 및 수행의 단계로 나누어 살피면서 기획단계에서는 협력의 문화, 명확한 목표설정, 적절한 파트너의 선정을, 협력의 수행단계에서는 자원투입 및 협력결과의 배분 규정, 효과적인 협력 조직구조의 구축, 성공의 평가 등을 들고 있다. 이를 바탕으로 이 책에서는 여섯 개의 성공요인을 살펴보기로 한다([그림 10-4] 참조).

1) 협력의 문화

근본적으로 연구개발협력은 협력 당사자 상호 간의 공평한 협력의 분위기가 있어야 가능하며 또한 기업의 문화적 요인(cultural factors)에 의해

[그림 10-4] 연구개발협력의 성공요인

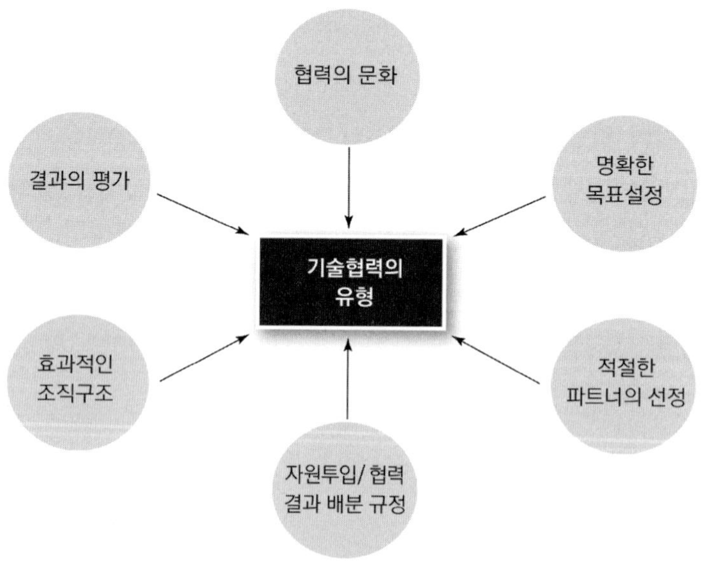

많이 좌우된다. 만약 협력 당사자들 중 어느 한 기업에서 협력에 대한 반대의 분위기가 대두되면 연구개발협력은 성공하기 쉽지 않다. 이와 같은 기업문화 간의 이질성은 서로 다른 국가에서는 물론 동일 국가 내의 기업들 간에도 상당히 많다.

2) 명확한 목표의 설정

연구개발협력의 명확한 목표설정(goal setting)은 협력 성공의 핵심적인 요소이다. 연구개발협력은 참여하는 기업들이 모두 공동의 목표에 동의하여야만 성공을 거둘 수 있다. 연구개발협력에서 협력의 목표가 명확하지 않거나, 실무적 차원에서 너무 추상적이거나, 혹은 협력 참여자들 중 일부가 목표에 동의하지 않거나, 명시된 목표와 실제 목표가 다를 때에는 실패로 이어질 가능성이 높다. 이와 같은 목표를 둘러싼 문제는 향후 협력의 과정에서 상당한 노력을 기울여야만 해소될 수 있다는 점에서 연구개발협력의 기획단계에서 명확한 목표의 설정이 필요하다.

3) 적절한 협력 파트너의 선정

연구개발협력의 많은 연구가 적절한 협력 파트너(collaboration partners)의 선정이 연구개발협력의 결정적 요소라는 점을 제시하고 있다. 아울러 협력 파트너들 간 서로 다른 기업문화의 조화도 연구개발협력에 있어서 성공을 가져오기 위한 매우 중요한 요소이다. 협력 파트너의 기술능력(technological capabilities)의 정도는 파트너 선정에 매우 중요한 요소이다. 연구개발협력의 파트너는 비슷한 수준의 기술능력을 가지고 있거나 상호 보완적인 기술능력을 가지고 있어야 할 것이다. 그러나 무작정 기술능력이 높은 기업들을 협력 파트너로 선정하기보다는 서로 신뢰할 수 있고 그동안 성공적인 협력의 경험이 있는 파트너와 협력을 추진하는 것이 보다 바람직할 것이다.

4) 자원의 투입 및 협력결과 배분의 규정

연구개발협력에 어느 정도의 자원(resources)을 투자하고 협력의 성과(performance)를 어떻게 배분할 것인가에 대한 사전적인 규정(provisions)도 협력의 성공에 매우 중요한 요소이다. 이 같은 협력성과의 배분은 참가자들의 연구개발 협력사업에 투자를 한 상대적인 비율에 따라 결과도 배분하는 것이 바람직할 것이다. 연구개발협력의 과정에 이와 같은 투자-수익의 관계를 지속적으로 검토・통제하는 것도 매우 중요하다. 이를 통하여 협력에 있어서 있을 수 있는 불평등한 내용을 수정할 수 있으며 협력과정에 있어서 기술적 노하우의 유출도 방지할 수 있다.

5) 효과적인 조직구조의 구축

연구개발협력에 있어서 협력조직(collaborative organization)을 어떻게 만드는가도 중요한 성공요인이다. 특히, 협력 프로젝트의 책임자는 프로젝트의 성공에 매우 중요한 요소이다. 프로젝트 책임자는 협력의 촉진제 역할을 할 뿐만 아니라 협력과정에서 발생할 수 있는 갈등의 해결사 역할을 담당한다. 아울러 협력 파트너들 간의 의사소통 및 접촉가능성의 확보 여부도 중요한 성공요인이다. 또한 협력조직이 모기업으로부터 어느 정도의 독립성을 확보하는 것도 연구개발협력의 성공에 매우 중요하다.

6) 협력결과의 평가

연구개발협력의 과정에서 그동안의 성과(performance)에 대한 정기적인 평가(evaluation)가 필요하다. 아울러 협력활동이 종료되었을 때 원래 계획했던 목표와 비교・분석하는 것이 필요하다. 그 결과 목표와 성과를 비교함으로써 양자 간의 차이가 있을 경우 수정활동(corrective activities)을 추진할 수 있다. 그러나 연구개발협력은 오랜 기간과 자원을 필요로 한다는 점에서 협력사업의 종료 시 결과에 대한 평가보다는 협력의 과정에 있어서 정기적인 중간평가가 더욱 중요하다. 특히, 연구개발협력이 장기간에 걸쳐 추진될 때 이 같은 지속적인 평가와 피드백은 매우 중요하다.

2. 연구개발협력 유형의 결정

연구개발협력에서 성공하기 위해서는 기업에 적합한 협력유형(types of collaboration)을 결정하여야 한다. 기술협력의 유형을 결정하는 데에는 다양한 요소를 고려하여야 할 것이다. 근본적으로 협력유형의 결정은 전술한 다양한 협력유형의 장단점을 고려하여 할 것이다. 그러나 Tidd & Bessant(2013: 472-477)은 내부연구개발을 포함하여 기술획득방법의 선택을 위한 결정요인을 제시하고 있는데, 이들은 연구개발협력의 유형의 선정에도 아주 잘 적용된다. 이들은 결정요인을 기업의 조직적 특성과 기술의 특성 이렇게 두 유형으로 나누고 각각 네 개의 세부요인을 도출하여 총 여덟 개의 결정요인을 제시하고 있다.

기업의 조직적 특성(organizational characteristics)은 역사적으로 축적된 요인들로서 기업의 조직 내부에 고착화되어 있는 특징을 의미하며, 이에 따라 이들은 기업이 기술을 획득하는 범위를 결정한다. 세부요인으로는 기업의 전략, 기업역량, 기업문화, 대상기술에 대한 경영층의 편안함의 정도가 있다. 이에 비하여, 기술적 특성(technological characteristics)으로는 기술의 경쟁우위에 대한 중요성, 복잡성, 코드화 가능성, 신뢰성, 잠재력을 들 수 있다. 이들 결정요인은 연구개발협력의 제반 유형의 선정에 반드시 고려하여야 할 사항들이다. 그리하여 이들 각 요인을 고려하여 선호되는 연구개발협력의 방안은 <표 10-2>에 요약되어 있다.

1) 기술의 특성

(1) 경쟁적 중요성

기술의 경쟁적 중요성(competitive significance)은 기업이 주어진 기술을 최선으로 획득하는 데 영향을 미치는 가장 중요한 요소이다.

〈표 10-2〉 연구개발 협력유형의 결정요인

협력의 결정요인	가장 선호되는 협력유형	근 거
I. 조직적 특성		
1. 기업전략		
- 선도자 전략	- 내부연구개발	- 차별화, 선도자, 전유기술 확보
- 추격자 전략	- 라이선스, 기술구매, 위탁연구	- 저가의 모방
2. 기업역량		
- 강함	- 내부연구개발	- 역량강화의 수단
- 약함	- 위탁연구, 라이선스, 컨소시엄	- 외부기술에 대한 접근
3. 기업문화		
- 외부지향	- 다양한 방법의 활용	- 기술원천에 대한 원가효과성
- 내부지향	- 내부연구개발, 조인트벤처	- 학습효과
4. 신기술에 대한 편안함		
- 높음	- 내부연구개발	- 높은 위험과 높은 수익성
- 낮음	- 라이선스, 기술구매, 컨소시엄	- 낮은 위험 선택
II. 기술적 특성		
1. 경쟁적 중요성		
- 기반기술	- 라이선스, 위탁연구, 기술구매	- 원천의 효율성
- 핵심기술	- 내부연구개발, 조인트벤처	- 경쟁우위 극대화
- 선도기술	- 내부연구개발, 혁신 네트워크	- 미래 위치, 학습
- 신흥기술	- 혁신 네트워크, 내부연구개발	- 기술에 대한 주시
2. 기술의 복잡성		
- 높음	- 컨소시엄, 혁신 네트워크, 기술구매	- 지식의 전문화
- 낮음	- 내부연구개발, 위탁연구, 기술구매	- 분업
3. 코드화 가능성		
- 높음	- 라이선스, 위탁연구, 혁신 네트워크	- 기술원천의 효율성
- 낮음	- 내부연구개발, 조인트벤처	- 학습, 암묵지
4. 신뢰성 잠재력		
- 높음	- 컨소시엄, 혁신 네트워크	- 기술원천의 명성
- 낮음	- 위탁연구, 라이선스	- 기술원천의 효율성

자료: Tidd & Bessant(2013), p.473에서 저자의 수정.

첫째, 신흥기술(emerging technology)의 경우에는 혁신 네트워크를 통하여 대학 및 공공연구기관들과 협력을 하는 것이 중요하다. 대학과 공공연구기관은 근본적으로 기초연구를 지향하고 있다. 특히, 대학과의 협력은 중요한데 기업은 대학으로부터 신흥기술에 대하여 쉽게 접근할 수 있고 대학의 전문요원 및 연구요원으로부터의 인적 지원 및 자체연구개발능력의 확장과 같은 도움을 받을 수 있다. 아울러 신흥기술이 기업의 미래 경쟁우위에 핵심적인 역할을 할 것이라는 확신이 들면 이를 자체연구개발을 통해 확보하는 것도 매우 바람직하다.

둘째, 산업의 경쟁을 선도하고 미래의 핵심기술들이 될 가능성을 가지고 있는 선도기술(pacing technology)을 획득하는 데는 무엇보다도 자체연구개발활동이 매우 중요하다. 선도기술은 이미 경쟁우위에 미치는 영향이 어느 정도 증명된 기술로서 이는 가능한 한 내부연구개발활동에 의해 확보하여야 할 것이다. 또한, 혁신 네트워크를 통하여 대학 및 공공연구기관으로부터 선도기술을 확보할 수도 있다.

셋째, 핵심기술(key technology)의 경우에도 자체연구개발활동을 통해 확보하여야 할 것이며 가능하면 공동의 관심사를 가지고 있는 기업들 간의 조인트벤처를 통하여 확보하는 것도 바람직하다. 이를 통하여 기업은 경쟁우위의 극대화를 추구할 수 있다.

넷째, 기반기술(base technology)의 경우에는 기술의 경쟁우위에 대한 중요성이 그다지 높지는 않지만 그래도 기업의 경영에 대단히 필요한 기술이라는 점에서 외부 기술원천 중에서 가장 효율적인 협력수단을 선택할 수 있다. 특히, 라이선스, 위탁연구, 기술구매 중에서 기업의 특성에 맞게 선택하여야 할 것이다.

(2) 기술의 복잡성

오늘날 기술과 제품들에 있어서 다학제적 성격이 지속적으로 증가하여 많은 기술분야들에 있어서 어떠한 기업들도 이들 기술에 필요한 기능과 지식을 모두 내부적으로 확보하는 것이 어렵다. 이와 같은 기술의 복잡성(complexity) 증가는 많은 기업으로 하여금 핵심기술의 선두에 머물기 위해서 외부의 기술능력을 바탕으로 내부의 기술역량을 제고시키려는 노력을 기울이도록 한다. 예를 들면, 요소기술(component technology)의 필요성이 증가하면 외부기술들의 획득에 대한 필요성이 크게 증가한다. 많은 기업은 핵심기술들을 내부적으로 개발하지만 기술의 복잡성 때문에 어떤 기업들은 다른 외부의 원천들로부터 용이하게 확보할 수 있는 연구개발협력에 많은 노력을 기울인다.

기술의 복잡성이 증가하면, 기업은 대학, 공공연구기관들과의 혁신 네트워크(innovation networks)를 선호하게 되며 외부 공급기업들과의 협력도 활발하게 추진하게 된다. 예를 들어, 최근 들어 생명공학기업들이나 제약기업들은 기술집약적인 벤처기업 및 소규모 전문연구개발기업들에게 공동연구 프로젝트를 위탁하여 이로부터 창출되는 연구결과를 적극적으로 활용하기도 한다. 그러나 기술의 복잡성이 낮으면 기업은 이들 기술을 내부적으로 자체연구개발을 통해 개발하고, 내부적인 기술능력이 없을 경우에는 이들 기술을 위탁연구를 통하여 확보하게 된다.

(3) 기술의 성문화

어떠한 기술에 관한 지식이 성문화(codifiability)될수록, 이들은 보다 쉽게 이전되고, 보다 빠르고 광범위하게 확산된다. 그러나 쉽게 성문화되기 어려운 지식은 일반적으로 암묵적 지식(tacit knowledge)이라고 부르는데, 이들은 경험과 실제적인 만남을 통해서만 효과적으로 이전되기 때문에 쉽게 획득하기 어렵다. 이에 따라 성문화된 기술의 경우에는 외부로의 이전이 쉽게 이루어지기 때문에 자체연구개발활동보다는 외부로부터의 라이선스, 위탁연구 등을 통하여 확보하는 것이 바람직하다. 그러나 기술의 암묵성이 높으면 이들 기술은 내부연구개발활동이나 조인트벤처 등 확실성 높은 확보전략이 필요하다. 이와 같이 보다 확실하게 확보되는 기술들은 기업의 경쟁우위의 토대를 형성한다.

(4) 신뢰성 잠재력

기술 또는 기술적 자원으로부터 주어지는 신뢰성(credibility)은 기업이 기술을 획득하고 협력하는 방법에 영향을 미치는 중요한 요소이다. 기업은 공공연구기관, 대학, 학회, 대기업 등과의 협력을 통해 특정한 가치를 창출할 수 있다. 예를 들어, 기업이 해당 산업분야의 대표적인 공공연구소 및 대기업 혹은 세계 저명 대학과 협력연구를 수행한다는 것은 기업의 기술능력에 높은 가치를 부여한다. 이와 같은 협력은 기업의 대규모 프로젝트의 경영능력을 보여줄 뿐만 아니라, 협력을 통해 다수의 특허와 논문을 창출할 수 있어 기업의 과학적 기반(scientific base)이 진보되고 있다는 것을 외부에 보여줄 수 있다. 따라서 기술협력의 신뢰성이 높을 것으로 보이는 기술의 개발에 있어서는 명망 있는 기업, 대학, 공공연구기관들과의 컨소시엄 및 혁신 네트워크를 통하여 기술을 확보하게 된다. 그러나 이와 같은 신뢰성을 제공해 줄 것으로 보이지 않는 기술들의 경우에는 단순한 위탁연구 및 라이선스를 통하여 기술을 확보하게 된다.

2) 조직적 특성

(1) 기업전략

기술의 내부확보와 외부획득 사이의 균형에 영향을 미치는 가장 중요한 요소 중 하나는 기업이 추구하는 기술전략(technology strategy)이다. 일반적으로 기업의 기술전략은 선도자 전략과 추격자 전략으로 나누어진다. 기술선도자(technological leader) 전략을 추구하는 기업들은 경쟁기업과의 기술적 차별성을 추구하기 때문에 내부연구개발활동을 추구하는 경향이 높다. 그러나 기술추격자(technological follower) 전략을 추구하는 기업들의 경우에는 기술의 외부확보 경향이 높은데, 대표적으로 기술라이선스, 기술구매, 위탁연구를 수행하게 된다. 이들은 이와 같은 기술의 외부적인 확보를 바탕으로 선도기업을 모방하고 원가우위 전략을 통해 경쟁우위를 확보하려는 노력을 기울인다.

(2) 기업역량

기업의 내부적 기술역량은 주어진 기술을 획득하는 데 많은 영향을 미친다. 기업의 역량(competence)이 약하면 기업은 적어도 단기적으로는 기술을 외부로부터 획득할 수밖에 없다. 대표적으로 선호되는 기술획득 방법은 위탁연구와 라이선스를 들 수 있으나, 기업이 어느 정도의 기술역량을 확보하고 있으면 컨소시엄 및 공동연구 등 연구개발협력을 통하여 기술을 획득할 수 있다. 기업이 내부적 기술역량이 강하면 목표로 하는 기술에 대한 폭넓은 통제와 조정의 자유를 활용할 수 있는 자체연구개발을 선호하게 된다. 그러나 기업의 기술적 역량이 높다고 하여도 기술의 빠른 획득이 필요하다면 기술을 외부로부터 획득하는 경우도 많다.

(3) 기업문화

모든 기업에는 그 기업만의 독특한 문화가 있는데 이는 기업의 업무방법을 규정하게 된다. 기업문화(corporate culture)는 기업의 종업원들이 공유하고 있는 가치와 신념을 나타내 준다. 기업의 문화는 다양한 측면에서 파악할 수 있지만 연구개발협력과 관련하여 기업의 문화가 내부지향적인가 외부지향적인가의 문제가 중요하게 대두된다. 기업의 문화가 외부지향적(outward orientation)이라면 기업은 다양한 형태의 연구개발협력을 효율적으로 수행할 수 있다. 기업의 경영자 및 종업원들은 외부와의 협력을 당연한 것으로 받아들인다. 그러나 기업의 문화가 너무 내부지향적(inward orientation)이면 외부와의 연구개발협력을 꺼리게 되며 일반적으로 자체연구개발에 주안점을 두는 경향이 많다.

어떤 선도기업의 경우에는 최고의 기업(best company)이라는 문화를 가지고 있는 경우가 있다. 이 경우에는 자신의 기술능력을 과신하고 외부로부터의 학습기회를 과소평가하여 외부와의 연구개발협력을 꺼리는 경향이 있다. 그러나 어떤 기업들은 중요한 기술개발이 세계의 어디에서나 발생할 수 있다는 점을 충분히 인식하고 있다. 이들 기업은 전 종업원으로 하여금 외부의 기술개발 정보에 대한 수집과 이에 대한 접근가능성에 대해 대단히 높은 비중을 두고 독려하고 있다. 대표적인 기업이 P&G, CISCO와 같은 기업들인데, 이들은 연계개발(C&D: Connect & Develop) 및 개방형 혁신(open innovation)에 많은 노력을 기울이고 있다(Chesbrough, 2003; Houston & Sakkab, 2006). 심지어 보다 개방적인 기업들은 전 세계의 기술적 자원을 획득하기 위하여 세계의 주요 거점에서 연구개발활동을 수행하는 '연구개발의 세계화'를 추진하는 경우도 많이 있다. 실제로 세계의 선도기업들은 전 세계의 기업, 대학, 공공연구기관들과 다양한 형태의 기술협력을 추진하며 새로운 기술의 잠재적 원천들에 대한 창을 지속적으로 열어놓고 있다.

(4) 신기술에 대한 편안함

주어진 기술에 대하여 경영자가 느끼는 편안함(comforts)의 정도는 기술의 획득과 연구개발 협력방법에 중요한 영향을 미친다. 이와 같은 경영자의 기술에 대한 편안함은 ① 경영자의 해당 기술에 대한 친밀도, ② 경영자의 해당 기술에 있어서 성공할 수 있다는 자신감의 정도, ③ 경영자의 위험에 대한 일반적 태도 등 세 가지 요인을 반영하고 있다. 어떤 기술에 대해서 기업의 경영자가 편안하게 느낄수록 그 기술은 자체적으로 개발되는 경향이 많다. 많은 경우 기업의 기술능력이 높으면 기업의 경영자들은 새로운 기술에 대해 편안함과 자신감을 가지는 경향이 많다. 이와 같은 편안함을 바탕으로 최고경영자는 연구개발요원에게 해당 기술의 기술능력을 축적할 수 있도록 독려하며, 실질적인 연구개발활동을 통해 해당 기술을 확보하여 새로운 분야로 사업을 다각화하는 경우가 많다.

▎에어버스산업(Airbus Industrie)의 연구개발협력 사례

에어버스산업(Airbus Industrie)은 1969년 독일 기업 DASA와 프랑스 기업 Aérospatiale 간의 조인트벤처로서 프랑스에 설립되었다가, 1970년 스페인의 CASA, 1979년 영국의 BAE Systems가 참여하여 태어난 다국적 조인트벤처이다. 이 기업에서 발생하는 모든 수익과 손실은 참여기업이 부담하기로 하였다. 에어버스산업(Airbus Industrie)의 지분을 살펴보면 Aérospatiale와 DASA가 각각 37.9%, BAE가 20%, CASA가 4.2%를 보유하고 있다.

이 조인트벤처가 설립될 당시 민간항공기 국제시장은 미국의 보잉(Boeing)사가 지배하고 있었는데, 1984년의 이 회사의 비공산권 시장에서의 시장점유율이 40%나 되었다. 항공기 기체 개발비용의 증가와 상업적 위험의 증가는 이 산업을 합병으로 이끌었고, 실제로 여러 개의 조인트벤처가 탄생하였다. 게다가 엔진기술의 급속히 빠른 발전으로 제품의 수명주기는 점점 짧아졌다.

이들 참가기업은 고성능/중장거리 비행기에 대한 충족되지 않은 시장을 도출하였는데, 그 이유는 70% 이상의 항공노선이 4,600km 이내의 노선이었기 때문이다. 그 결과 에어버스산업(Airbus Industrie)이 탄생한 것이다. A300 모델은 근본적으로 프랑스 파트너와 독일 파트너 간의 협력의 결과였는데, 프랑스 기업은 프랑스에서 항공기의 최종생산을 맡게 되었고 독일 기업은 프랑스 기술에 접근이 가능하게 되었다. 첫 A300 모델은 1974년에 비행을 하였고, 그 이후 A310, A320과 같은 후속 성공적 모델이 뒤따랐다. 영국의 참여기업은 후속 프로젝트에서 선도적 역할을 하였는데, 조인트벤처에 자금과 기술적 지식을 가져왔다.

그 이후 에어버스산업(Airbus Industrie)은 전기신호식 비행조종 제어(fly-by-wire) 기술, 승무원 훈련 및 항공기 유지보수비용 등을 줄이기 위한 공통의 플랫폼과 통제 시스템의 도입 등으로 매우 혁신적인 조직으로 운영되었다.

2000년 이 기업은 555명의 승객을 태울 수 있고 개발비용이 120억 US$로 추정되는 2층형 슈퍼점보 비행기인 A380을 개발할 계획을 발표하였다. 당시 Airbus는 1,163대의 초대형 여객기와 372대의 화물기에 달하는 글로벌시장을 추정하였고, 이 회사가 손익분기점에 도달하기 위해서는 250대의 A380을 판매하면 될 것으로 예측하였다. A380의 첫 상업적 서비스는 싱가포르 에어라인에 의하여 2007년에 시작되었고, 아랍에미리트가 그 뒤를 따랐다. 2011년 Airbus는 14개 국가로부터 188대의 A380 주문을 받았다. 1998년 Airbus는 역사상 처음으로 Boeing을 추월하였고, 2011년 현재 Airbus는 9년 연속으로 Boeing보다 더 많은 항공기를 시장에 판매하고 있다.

1999년 DASA, Aérospatiale, CASA는 통합하여 EADS(European Aeronautic Defence and Space Company)로 재탄생하였고, 이로써 영국의 BAE Systems를 이 조직에서 배제하였다. 이 조직은 그동안 거추장스러웠던 조인트벤처의 구조에서 단일기업으로 변환하기 위해 탄생한 것이다. 이 같은 변화는 그동안 영국, 프랑스, 독일, 스페인으로 분산되었던 생산시설을 조율하고, 더 중요하게는 원가절감을 가능하게 하는 재무적 투명성을 창출하기 위한 것이었다. 또한, 이는 일부 고객들이 서비스와 지원에 있어서 이 기능을 참여기업의 관련회사들에게 맡김으로써 서비스의 수준이 열악하다고 지적한 것도 이유였다.

Airbus의 사례는 조인트벤처의 복잡성을 나타내 준다. 이 조인트벤처의 가장 주요한 동기는 높은 비용과 개발의 상업적 위험을 분담하는 것이었다. 한편 프랑스 기업과 독일 기업의 참여는 두 나라 정부의 보증으로 이루어졌다. Boeing과 미국 정부도 이 사실에 주목하여 국방계약 등을 통해 간접적으로 보조금을 제공하였다. 다른 한편으로, 비록 Airbus의 총매출액의 약 2/3가 궁극적으로 참여기업의 소속국가 밖에서 이루어졌지만 모든 참여기업은 자국의 국적 항공사 형태의 전속시장(captive market)을 가지고 있었다. 마지막으로, 이 조인트벤처에는 기술적 동기도 있었다. 예를 들어, BAE는 비행기 날개의 개발에 전문성을 가지고 있고, Aérospatiale는 항공전자공학에, DASA는 항공기 동체에, CASA는 항공기 꼬리 분야에 전문성을 가지고 있었다. 그러나 최근에는 전술한 바와 같이 재무적, 생산적, 마케팅적 동기가 있어 에어버스산업이 단일기업으로 통합된 것이다.

자료: Tidd, J. and Bessant, J. (2013), *Managing Innovation: Integrating Technological, Market and Organizational Change*, 5th Ed., John Wiley & Sons, Chichester. pp.467-468.

11

연구개발의 세계화

제 1 절 연구개발 세계화의 배경과 목적

1. 연구개발 세계화의 배경과 중요성

새로운 시장에 대한 접근은 주력제품의 확장을 넘어서 기업의 세계화(internationalization)를 통해 달성될 수 있다. Weule(2002: 89)는 세계화를 1) 제품수출 및 국제적 유통시스템의 구축, 2) 국제적 생산기지의 구축, 3) 연구개발활동의 세계화로 나누고 있다. 일반적으로 세계화는 제품, 기술, 지식의 수출 혹은 유통망 및 생산공장에 대한 외국에 대한 직접투자를 통해 해외에서 기업행위를 하는 것으로 정의할 수 있다. 그동안 제품의 수출, 생산공장 및 유통망의 세계화는 오랜 역사를 가지고 있으나 '연구개발의 세계화(Internationalization of R&D)'는 최근의 일이다. 연구개발의 세계화는 국제적 지식에 대한 접근, 국제연구개발협력의 추진, 해외에 연구시설의 설립 등 다양한 형태를 가진다. 일반적으로 연구개발의 세계화는 지식창출의 선도국인 선진국을 중심으로 이루어지고 있다.

기업 실무에서는 연구개발의 세계화 정도는 생산 혹은 마케팅과 같은 기능영역과 비교하여 그 정도가 낮은 편이다. 그러나 21세기에 들어서면서 선진국을 중심으로 연구개발활동의 세계화가 빠르게 증가하고 있다. 일부 학자들은 이와 같은 연구개발 세계화를 촉진하는 추동력으로 다음을 들고 있다(Krubasik & Schrader, 1990: 19-21; Gerpott, 1991: 53-57).

(1) 지속적인 세계화 추세

국제경쟁, 자본강도의 증가, 정보시스템 성능의 증가, 전 세계적으로 유사한 소비자 행동 등은 점점 더 많은 사업부문에서 자원의 전 세계적인 집합을 통한 결합효과를 가능하게 하고 이를 필요로 하고 있다. 이와 같은 시장, 산업부문, 기업의 세계화 추세는 연구개발부문에도 해당된다.

(2) 제품수명주기의 단축

많은 산업부문에서는 증가하는 연구개발비용과 더불어 제품수명주기의 단축이 이루어져 연구개발과정은 물론 기술혁신과정 전체의 지속적 개선을 필요로 하고 있다. 이에 따라 기업은 기술능력을 최대한 짧은 시간에 폭넓은 제품 및 시장 범위에 활용하여 연구개발비용을 상각하고 충분한 수익을 창출할 것이 요구되고 있다. 과거에는 새로운 제품을 본국에서 출하를 시작하고 점진적으로 세계시장으로 접근하였으나, 이제는 이 같은 추세로 인하여 거의 동시에 전 세계에 출하하는 전략이 일반화되었다. 여기에 주요 국가에서 연구개발을 추구하여야 할 필요성이 제기된 것이다.

(3) 연구개발의 국제적 분업 증가

최근 들어 연구집약적 산업을 중심으로 국제적 분업이 크게 증가하고 있다. 특히 많은 기업이 기초연구의 비중을 증가시키고 국제적 연구개발협력을 추진하고 있다. 기초연구의 많은 분야는 단일 기업이 연구개발비용을 전담하기 어렵기 때문에 동종업종의 기업이나 공공연구부문에서의 연구개발협력이 전 세계적으로 이루어지고 있다.

(4) 보호주의 추세

그동안 GATT협정 등에도 불구하고 국제적으로 활동하는 기업들은 전 세계적으로 관세 및 비관세 장벽에 부닥치고 개별 국가에서도 다양한 정치적 압력으로 인하여 다국적기업들이 가능한 기업가치사슬의 많은 부분을 현지 국가에서 수행하라는 압박에 시달린다. 여기에서 연구개발활동은 이 같은 압력에 대응하는 데 매우 효과적인데, 이 활동은 한편으로는 종업원의 높은 전문성을 필요로 하고 다른 한편으로는 높은 기술이전 및 가치창출 능력을 제공할 수 있기 때문이다.

(5) 사용자 친화성을 통한 차별화 필요성 증대

제품이 경쟁력을 갖기 위해서는 고객의 문제상황과 여기에서 창출되는 수요를 정확히 인지하여야 한다. 관련 현지 국가의 현지 연구개발자원의 확보는 현지 시장에 적합한 연구개발활동과 제품 및 시비스 창출에 매우 중요하다. 특히 산업재의 경우에는 생산자-소비자 간 긴밀한 협력을 필요로 하는데, 여기에 현지의 연구개발부서가 적절한 역할을 하여 사용자 친화성(user affinity)을 제고하고 관련된 높은 현지 대응성을 제공할 수 있다.

연구개발의 국제화는 일부 대기업 및 다국적기업만이 적극 추진하고 있다. 이에 따라 연구개발의 세계화는 많은 기업, 특히 중소기업들에게는 매우 도전적인 과제가 아닐 수 없다. 이와 관련, Specht 등(2002: 420)은 특히 ① 국제 연구개발조직을 위한 전략적 기획, ② 필요한 연구개발조직의 설립 및 연계를 통한 국제 연구개발조직의 단계적 운영이라는 두 개의 독립적 과제를 강조하고 있다.

2. 연구개발 세계화의 목적

기업이 연구개발활동의 세계화를 추진하는 여러 가지 목적이 있는데, Weule(2002: 90-91)는 다음 네 가지의 목적을 제시하고 있다([그림 11-1] 참조).

1) 시장접근성의 제고

연구개발 세계화의 동기 중 시장접근성(market access) 제고는 매우 중요한 동기이다. 세계 각국의 현재에서의 연구개발활동을 수행하고 이를 바탕으로 한 제품과 서비스의 생산은 현지 시장 및 현지 고객의 수요를 가장 효율적으로 충족시키는 방안이다. 특히 제품 및 서비스의 수요가 매우 다양할 경우에는 더욱 그러하다. 현지에서 연구개발활동을 수행함

[그림 11-1] 연구개발 세계화의 목적

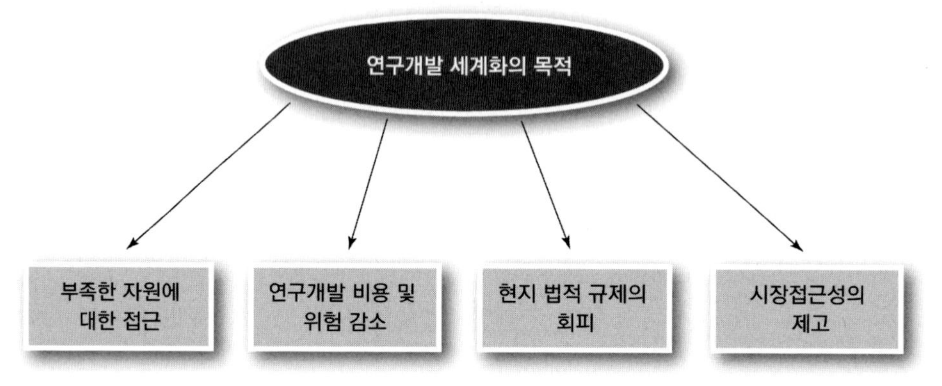

자료: Weule(2002), p.90.

으로써 시장-특정적인 제품개발을 효율적으로 수행할 수 있으며 현지의 관련 기업들과의 연계관계도 효율적으로 구축할 수 있다.

2) 현지의 법적 규제 회피

여러 제품에 있어서 현지 국가는 자체적인 법적 규제를 다양하게 부과할 수 있다. 특히 인체나 환경에 유해성을 가져올 제품의 경우에 이 같은 경우가 많다. 이 경우 현지에서의 연구개발활동은 현지 국가의 정부가 부과하는 법적인 규제를 보다 효율적으로 준수하게 해준다.

3) 연구개발 비용 및 위험의 저감

연구개발조직을 인건비가 상대적으로 싼 국가로의 이전은 연구개발 비용의 저감을 가져온다. 예를 들어, 정보통신기술의 경우에 인도와 같은 국가는 상대적으로 저렴한 연구개발요원을 고용할 수 있다. 또한, 현지 국가에서의 연구개발활동의 수행은 해당 국가의 연구기관들 및 대학들과의 효율적인 협력을 가져와 연구개발활동에서 비롯한 비용과 위험을 절감할 수 있다.

4) 부족한 자원에 대한 접근

연구개발활동의 세계화의 큰 동기 중의 하나는 현지에서 부족한 연구개발 자원 및 능력에 대한 보다 효율적인 접근이 가능하다는 점이다. 예를 들어, 기업의 연구개발조직이 선진국, 실리콘밸리 등에 위치시킨다면 현지에서의 대단히 많은 기술적 지식과 정보를 효율적으로 수집할 수 있다. 아울러 현지의 우수한 연구개발요원에 대한 보다 효율적인 고용을 통하여 기업의 전체적인 연구개발능력을 크게 제고할 수 있다. 또한, 연구개발의 세계화는 세계 각 지역의 벤처캐피탈 등과 같은 자본에 대한 접근을 보다 수월하게 할 수 있다는 점도 매우 중요한 동기가 아닐 수 없다.

제 2 절 연구개발 세계화의 유형

1. 연구개발 세계화의 일반적 접근방법

연구개발 세계화의 유형은 기본적으로 세계화 동기에 따라 달라진다. 근본적으로 연구개발 세계화는 연구소(research institute)의 세계화와 개발부문(development organization)의 세계화로 나누어 볼 수 있다. 부족한 자원 및 외부지식에 대한 접근을 목표로 하는 경우에는 연구소의 세계화가 이루어지며, 시장접근성의 제고 등에 대한 목적을 가지고 있는 경우에는 개발조직의 세계화가 추진된다. 이와 같은 연구개발조직의 세계화는 본사의 중앙연구소와 같은 종합조정 조직에 의해 조정과 통제를 받는다.

[그림 11-2]는 연구개발 세계화와 관련하여 연구조직과 개발조직을 분리하여 세계화의 개념을 도식화하였다. 근본적으로 연구활동과 개발활동은 본사의 연구개발조직에 의해서 종합적인 조정과 통제를 받는다. 아울러 연구조직과 개발조직은 동일한 국가에 위치할 수도 있다. 이런 경

[그림 11-2] 연구개발 세계화의 조직유형

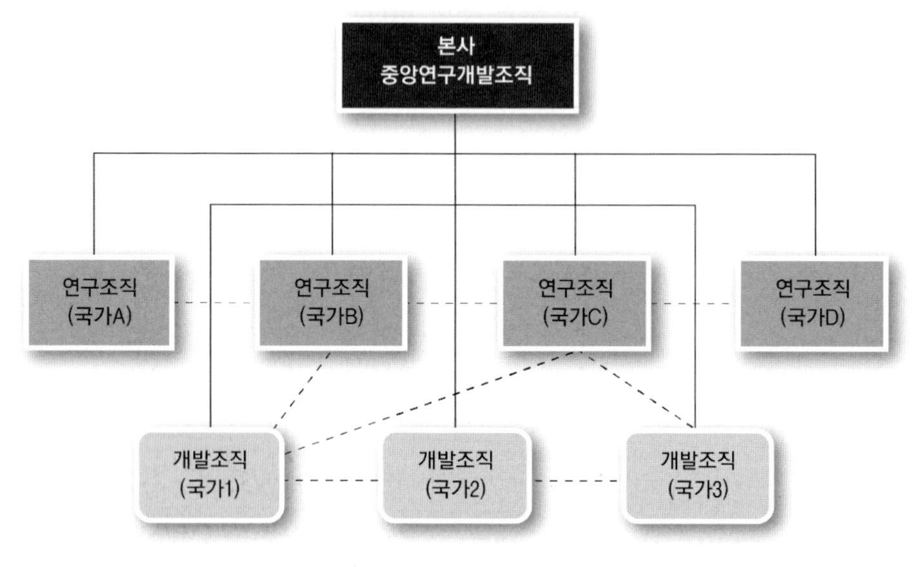

우에는 연구소라는 조직으로 종합적인 연구개발활동이 통합적으로 이루어지는 경우이다. 그러나 연구개발 세계화의 초기 단계에는 시장접근의 동기가 보다 많은 주안점을 두는 경우가 일반적인데, 이 경우에는 연구조직보다는 개발조직이 현지에 위치하여 현지에 적합한 제품의 개발 및 개선에 주안점을 두는 경우가 많다.

아울러 본사의 조정과 기획을 바탕으로 세계 각국에 분산되어 있는 연구개발조직들은 상호 간에 긴밀한 연계를 갖는다. 기본적으로 연구개발조직들 간의 정보의 흐름은 물론 연구개발결과의 흐름과 연계가 이루어진다. 이 같은 연계 관계는 개별적인 연구개발조직들의 필요에 의해서도 이루어진다. 일반적으로 연구개발경영에 있어서 본사의 종합적인 조직 및 기획에 의하여 전 세계에 분산된 연구개발조직을 동원하여 시차를 감안하여 '24시간 연구개발체제(24 hour R&D system)'가 논의되었으나 이는 현실에 있어서는 아직 실현되고 있지 않은 것으로 판단된다.

Chiesa(2001)는 연구개발 세계화와 관련하여 두 가지의 극단적 접근방법을 제시하는데, 전문성기반구조와 통합기반구조이다. 전문성기반구조(network-based structure)는 특정한 기술, 제품, 공정을 개발하는 데 대한 전 세계적 책임을 지는 다양한 기술분야의 글로벌 우수센터(global center of excellence)를 설치하는 의미한다. 이 구조의 장점은 글로벌 연구개발활동의 임계규모를 달성하고 연구개발활동의 조정이 용이하다는 점이다. 아울러 이 조직구조는 실리콘밸리 등과 같은 글로벌 혁신센터에 가까이 위치할 수 있어 최첨단 연구개발능력과 접촉이 용이하다는 점이다. 그러나 이 구조의 단점은 전 세계의 현지 국가의 수요와 떨어져 있고, 이에 따라 글로벌 연구센터에서의 연구결과를 현지의 자회사에게 추가적으로 이전하여야 한다는 점이다. 이에 반하여 통합기반구조(integration-based structure)는 전 세계에 위치한 해외 연구개발조직이 각각 연구개발 프로젝트를 수행하고 본사는 그 활동과 결과를 연계 · 조정 · 통합하는 구조이다. 각각의 해외 연구개발조직은 본사의 노력에 의해 연계가 된다는 점에서 이 구조는 네트워크 구조(network structure)라고도 부른다. 이 접근방법의 장점은 다양한 해외 연구개발조직의 다양한 역량을 국제적 시각을 가지고 활용할 수 있고, 더 나아가 이들 조직들 간의 선의의 경쟁을 촉진할 수 있다는 점이다. 그러나 이 방법은 부족한 자원의 중복의 어려움이 있고 높은 조정비용을 수반한다는 단점이 있다. 이처럼 연구개발 세계화의 접근방법은 각각 장단점이 있어, 기업은 그동안 연구개발 세계화의 역사, 경험, 전략적 지향을 바탕으로 기업에 적합한 조직구조를 선택하여야 한다.

2. 연구개발 세계화의 세부적 접근방법

일반적으로 많은 기업은 연구개발활동의 세계화를 관련하여 해외사정, 진출 및 확대의 목적과 관련하여 추진하고 있다. 이 경우 연구활동보다는 개발활동의 세계화가 더욱 빈번히 이루어지는 편이다. 즉, 해당 시장의 소비자 수요에 맞는 개발활동을 추구하려는 경향이 많다. 이 점에서 개발활동의 세계화와 관련하여 분권적 접근방법과 집권적 접근방법을 생각할 수 있다. Just(1997)는 개발조직의 세계화와 관련하여 제품지시서 제공 조직유형, 부분개발과제 제공 조직유형, 내부기업가의 활용 등 세 가지 유형으로 나누었는데, 제품지시서의 제공은 본사의 개발조직은 물론 해외의 각 개발조직이 자체 독립된 개발활동을 통해 자신의 제품지시서에 따른 연구개발결과를 본사의 생산조직으로 제공하는 형태이며, 부분개발과제는 본사의 개발조직에서 부분적 개발활동을 수행하고 독립적 특수 개발영역을 가진 해외 개발조직에 순차적으로 부분과제를 수행하게 하여 그 결과를 본사의 생산조직에 제공하는 형태를 의미한다. 내부기업가의 활용은 본사의 특별한 과제를 특별한 프로젝트로 하여 이를 내부기업가(internal entrepreneur)로 명하고 이를 부분과제의 형태로 추진하는 것을 의미한다.

그러나 최근과 같은 연구개발활동이 전 세계적으로 확산되고 그 중요성이 크게 대두됨에 따라 이와 같은 세계화에 대한 접근방법은 개발활동에만 치우치는 것이 아니라 연구활동까지 포함한 연구개발활동(R&D activities)의 세계화로 파악하여야 할 것이다. 이들 연구개발활동의 세계화는 병렬적 접근방법과 순차적 접근방법으로 나누어 살펴볼 수 있다.

1) 연구개발 세계화의 병렬적 접근방법

연구개발 세계화의 병렬적 접근(parallel approach)은 글로벌 연구개발활동에 있어서 해외 연구개발조직의 독립성을 충분히 인정해 주는 것이다([그림 11-3] 참조). 본사 연구개발조직이든 해외 연구개발조직이든 자신의 연구개발활동을 독립적으로 수행하여 독립적 제품개념을 창출한다. 이와 같은 연구개발 개념은 생산부서로 보내져서 종합적으로 생산을 하게 된다. 물론 여기에서 생산부서도 반드시 본국에 위치할 필요는 없을 것이다. 이 분권적 접근방법은 기업의 규모가 충분히 크고 연구개발활동의 중요성이 매우 큰 기업들의 경우가 해당된다. 전체적인 연구개발활동

[그림 11-3] 연구개발 세계화의 병렬적 접근방법

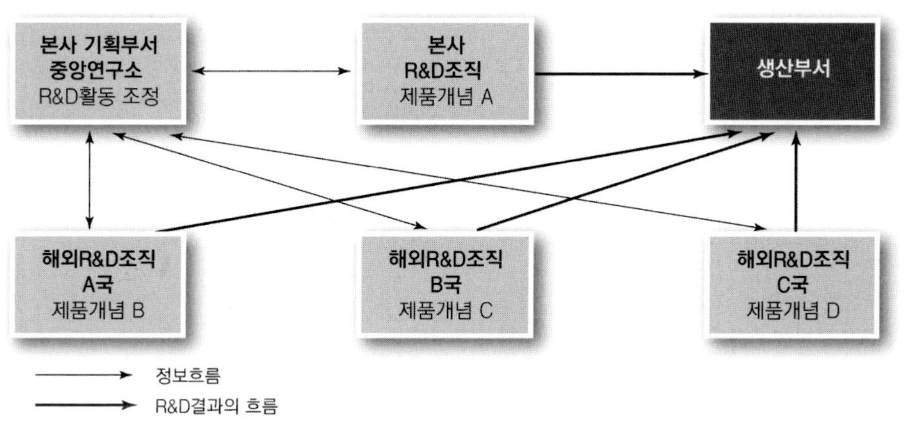

자료: Weule(2002), p.94.

의 조정은 본사 기획부서가 중앙연구소와 공동으로 수행한다. 아울러 정보의 흐름도 본사 기획부서 및 중앙연구소와 해외 연구개발조직들과 이루어진다. 여기에서 해외 연구개발조직들은 본사 연구개발조직과 거의 동등한 권한과 책임을 갖는다는 점에서 본 접근방법은 연구개발 세계화의 분권적 접근방법이라고 말할 수 있다.

2) 연구개발 세계화의 순차적 접근방법

연구개발 세계화의 순차적 접근방법(sequential approach)은 연구개발 아이디어를 주로 본사 연구개발부서에서 도출하고 일단 자신의 역량으로 연구개발활동을 수행하고 중간 결과를 관련 해외 연구개발조직에 순차적으로 연계하여 프로젝트들을 추진하는 접근방법을 의미한다([그림 11-4] 참조). 대체로 이 경우는 규모가 거대기업은 아니지만 상당한 정도의 연구개발역량을 갖추고 있고 이를 바탕으로 전 세계적인 연구개발활동을 수행하는 기업들이 추진하는 방법이다. 그러나 이 유형의 기업들은 본사 연구개발조직을 비롯하여 해외 연구개발조직들의 연구개발능력이 포괄적

[그림 11-4] 연구개발 세계화의 순차적 접근방법

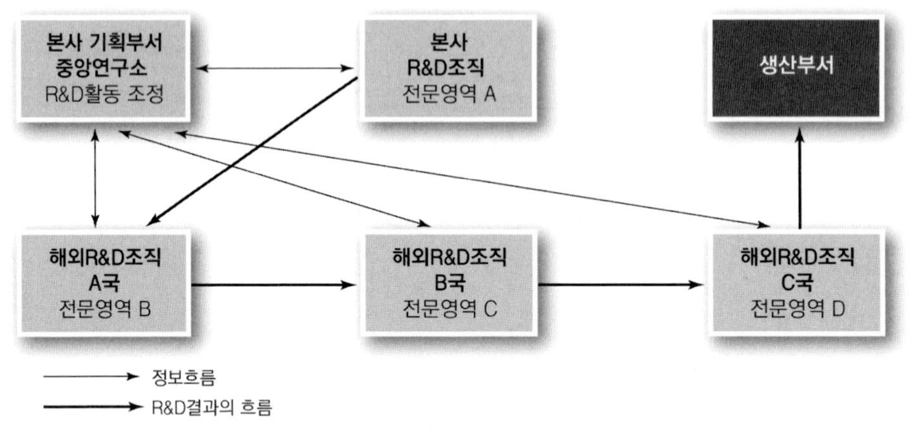

자료: Weule(2002), p.95.

이지 않고 특정한 기술분야에 주안점을 가지고 있는 경우에 해당된다. 이에 따라 하나의 제품을 완성하기 위해서는 전 세계에 위치해 있는 다양한 연구개발조직들 간의 협업이 필요하다. 즉, 본사 연구개발조직에서의 연구개발결과는 해외의 관련 연구개발조직으로 순차적으로 넘겨져 연구개발활동이 추진되고, 최종연구개발결과가 생산부서로 이전된다. 이 접근방법에서도 전체적 연구개발활동의 조정 및 정보의 흐름은 대체로 본사 기획부서와 중앙연구소가 담당한다.

3) 특별제품의 세계화적 개발

일상적 제품의 국제적 개발 외에 특별제품(special products)의 세계적 개발도 추진된다. 여기에서 특별제품이라는 것은 두 가지의 성격을 가질 수 있다. 먼저, 혁신성이 대단히 높은 제품의 개발이다. 최근 들어 기술경제 환경의 복잡화 및 대단히 빠른 변화로 인하여 불연속적 혁신(discontinuous innovation)의 중요성이 강조되는 바, 이와 같은 혁신성이 매우 높은 제품의 개발이 있을 수 있다. 다음으로는 기업의 핵심영역과 거리가 있지만 분사를 하기에는 아쉬움이 있고 전 세계적인 기술적 지식이 필요한 제품들의

[그림 11-5] 특별제품 연구개발의 세계화

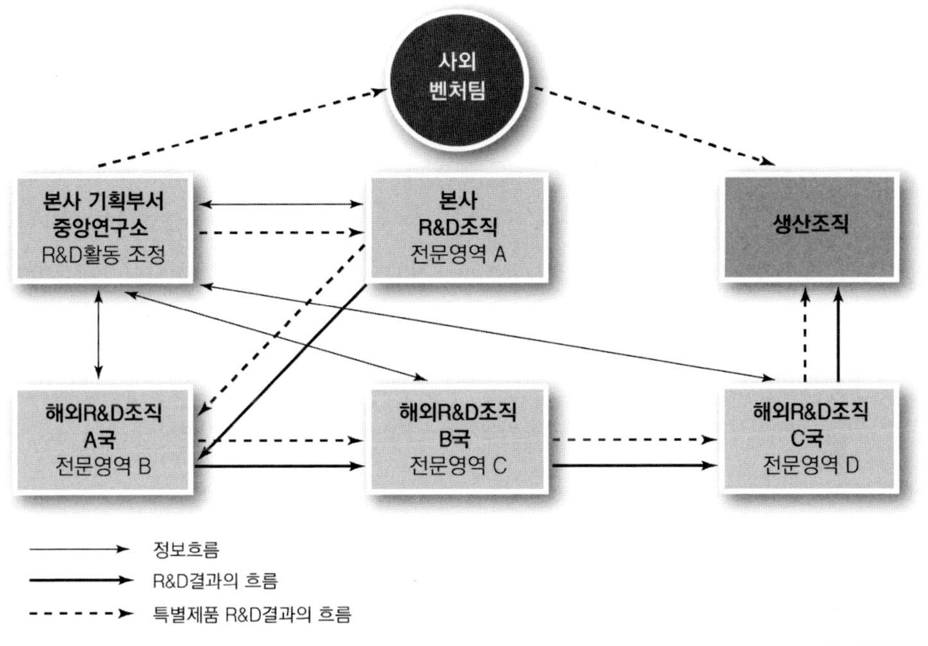

자료: Weule(2002), p.95에서 저자의 수정.

경우이다. 이 경우에는 대체로 혁신성이 높지 않을 수도 있다.

전자의 경우에는 목표로 하는 제품이 차세대 성장동력이 될 가능성이 높고 혁신성이 높다는 점에서 사외벤처팀(outside venture team)을 설립하여 은밀하게 연구개발활동을 추진할 수 있다. 이 경우에는 본사의 중앙연구소와 긴밀한 협력관계를 가지면 집중적인 연구개발활동이 이루어지는 경향이 높다.

다음으로 혁신성은 비교적 떨어지지만 특정 국가의 시장을 겨냥하고 필요에 따라서는 특정지역의 기술적 지식이 필요한 제품을 개발하는 경우가 있다. 이 경우 본사 기획팀과 중앙연구소는 특정 지역에 대한 연구개발활동에 대한 분업과 순서를 결정하고 여기에서 얻어진 총체적 연구개발결과를 직접 생산조직으로 이전하게 된다.

제 3 절 국제 연구개발조직의 설립

1. 국제 연구개발조직의 설립 기획

기업의 연구개발 국제화는 해외에 연구개발조직을 설립하는 것으로 이해할 수 있다. 이는 매우 어려운 작업으로서 매우 세심한 접근방법을 필요로 한다. 이와 관련 Beckmann(1997: 250-267)은 상호작용 품질(interaction quality)과 잠재력 품질(potential quality)이라는 두 지렛대(leverage)를 바탕으로 연구개발 국제화를 위한 기본개념을 제시하고([그림 11-6] 참조), 국제 연구개발조직을 설립하기 위한 체계적 접근방법을 제시하고 있다. 아래에는 이를 살펴보기로 한다.

Beckmann(1997)에 따르면 다국적기업의 해외 연구개발조직의 구성은 무엇보다도 상대적으로 독립적인 전략적 지렛대(strategic leverage)로서 상호작용의 품질과 잠재력의 품질을 통해 어떻게 연구개발의 효과성과 효율성에 영향을 미칠 것인가에서 출발한다. 여기에서 연구개발의 효과성과 효율성은 연구개발 국제화 및 국제 연구개발조직 설립의 목적이며, 이는 연구개발과정의 질적 수준, 소요시간, 비용에 의해 영향을 받는다. 아울러 상호작용 품질은 현지에서의 내·외부 파트너들과의 연구개발협력의 질적 수준의 정도를 의미하며, 잠재력 품질은 현지 연구개발요원의 능력 및 현지의 상황으로부터 창출된다. 이들 두 지렛대는 국제 연구개발조직의 설립 및 조직변경의 두 기준이 된다. 아울러 국제 연구개발조직의 설립 및 조직변경은 경우에 따라 상당한 비용과 위험이 수반되기 때문에 추진비용(implementation costs)이 세 번째 기준을 구성한다. 이들 세 기준을 바탕으로 기업은 해외에 연구개발조직의 신설 및 조직변경을 추진하게 된다. Beckmann(1997)은 이상의 기본개념을 바탕으로 국제 연구개발조직의 설립 및 조직변경을 기획하기 위한 길잡이를 제시하였는데, 아래에는 이를 설명하기로 한다.

[그림 11-6] 연구개발 국제화를 위한 기본개념

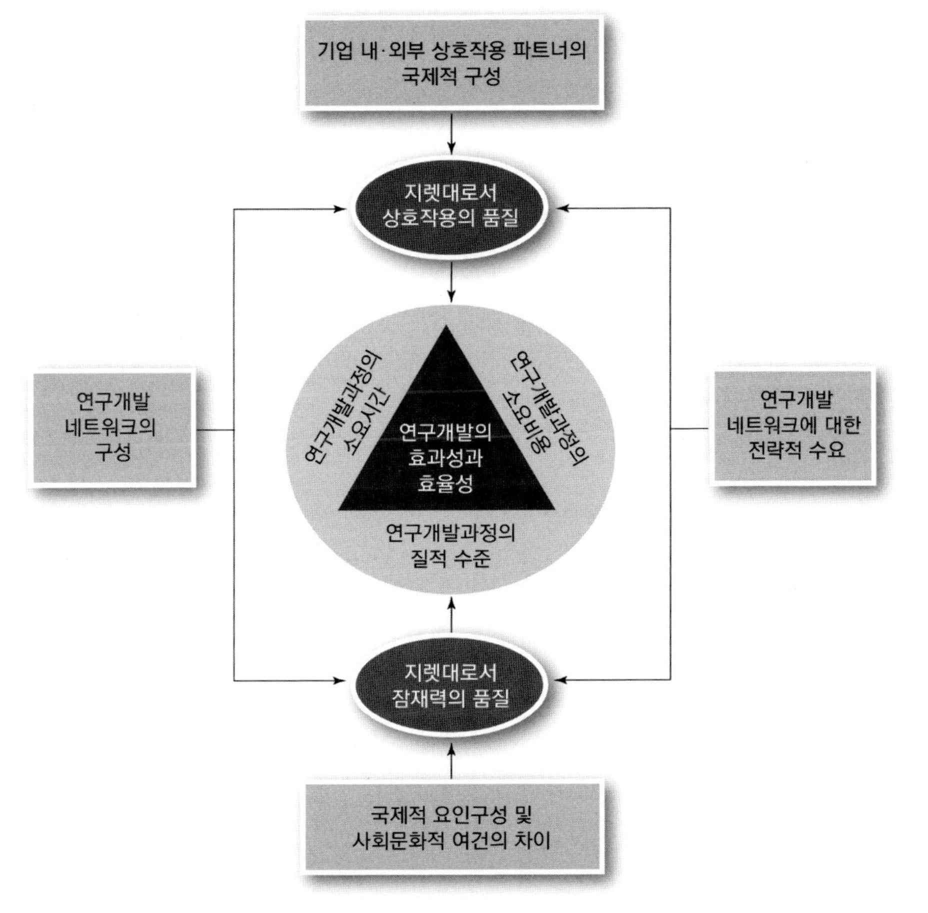

자료: Beckmann(1997), p.252.

1) 설립범위의 명확화

연구개발조직의 국제적 분산배치는 일반적으로 매우 이질적인 전략적 수요를 가진 다양한 사업영역을 가지고 그 결과 전략, 구조, 시스템에 있어서 내부적 다양성을 가지는 매우 거대한 분산화된 다국적기업(MNC: multinational corporation)에게 해당되는 문제이다. 이들 기업에 있어서 연구개발능력의 국제적 배치는 사업부 연구개발활동의 구조변경 혹은 일부 국가의 연구개발활동의 최적화 등과 같은 연구개발경영의 일부분인 경우가 많다. 이와 같은 전략을 추진하는 전형적인 출발점은 해외 조직의 구조적 문제점 발견, 사업영역의 새로운 전략적 위치화, 해외 기업의 매수 등을 들 수 있다. 이 같은 경우가 발생하면 해당 국가에서의 연구개발능력의 신설 및 재배치가 필요하다.

이 경우 설립 혹은 재구조화할 연구개발 네트워크(R&D network)를 명확화하는 것이 중요하다. 명확한 문제의식을 바탕으로 직접 관련 있는 사업부문, 조직, 국가를 도출해야 한다. 여기에서 기업 전체의 연구개발 자원 및 전략 등 해당 국가와 직접 관련이 없는 연구개발역량도 포함하는 등 전체적인 분석이 필요하다.

2) 전략적 요구사항의 분석

국제연구개발활동의 전략기획의 전제조건은 신설구축 혹은 조직변경의 대상이 되는 연구개발조직에 대한 모든 전략적 요구사항(strategic requirement)을 체계적으로 분석하는 것이다. 여기에서 중요한 준거의 틀은 기업전략, 사업전략, 국제화 전략이다. 이들은 어떤 국가의 어떤 사업영역이 변화가 필요한지 혹은 어떤 경쟁우위의 추구가 필요한지 등을 제시해준다. 연구개발의 국제화와 관련하여 글로벌 효율성(global efficiency)의 달성과 해당 국가의 수요 및 특이성에 대한 현지적응(local adaptation)의 문제가 중요하다. 이를 바탕으로 어떤 연구개발 및 기술 영역을 해외의 연구개발조직에서 담당할 것인가, 어떤 전략적 목표를 이들 영역 및 조직에게 부여할지, 어떠한 자원을 조달할지 등에 관한 의견합일이 이루어진다.

3) 출발상황의 분석

이 접근방법은 출발상황(starting situation)을 연구개발 국제화 관련 가능한 조직구조의 평가를 위한 준거의 틀로서 삼기 때문에, 전술한 설립 범위에서 수행할 연구개발활동의 기술이 중요하다. 여기에서 특히 해외에서 설립 · 운영되고 있는 기존 연구개발 조직구조를 참조하는 것이 중요하다. 이들 연구개발 조직구조는 연구개발 네트워크의 핵심 마디로 파악할 수 있다.

Beckmann(1997: 107)은 그동안 해외에 설립되는 연구개발 관련 조직구조의 유형을 적응개발(adaptation development), 지역개발(regional development), 개발센터(development center), 연구센터(research center)로 구분하여 설명하고 있다(<표 11-1> 참조). 여기에서 적응개발(팀) 및 지역개발(부)은 해외 사업부의 부서의 성격을 가지고 있는 데 비하여, 개발센터 및 연구센터는 상당한 규모의 독립된 조직으로 운영되는 유형이다. 이들 네

〈표 11-1〉 해외 연구개발조직의 근본 유형과 주요 특징

특 징	해외 연구개발조직의 유형			
	적응개발(팀)	지역개발(부)	개발센터	연구센터
규모	작음	중간	큼	중간
주력 프로젝트 유형	추가개발	플랫폼 개발	모든 유형의 제품 및 공정 개발	기술개발
지리적 전담범위	부분시장	부분시장	전체시장	전체시장
관련 연구개발역량을 가진 유일한 조직	아님	아님	그러함	그러함
적응개발의 비중	높음	낮음	낮음	없음
새로운 개발의 비중	낮음	높음	높음	낮음
연구의 비중	없음	없음	중간	높음
평균 프로젝트 기간	단기 (1년 이내)	중간 (1~3년)	중간 (1~3년)	장기 (3년 이상)
조직적 구속력	분권적/지역적	분권적/지역적	집권적/제품과 연계	집권적/기능적
독립성	중간	높음	낮음	낮음
박사학위 소유자 비중	낮음	낮음	중간	높음
투자규모	적음	중간	높음	높음

자료: Beckmann(1997), p.107을 바탕으로 한 저자의 수정.

유형은 프로젝트 유형, 지역적 책임영역, 연구개발의 성격, 연구개발요원 등의 특징 등에서 많은 차이가 있다. 이들을 바탕으로 기업은 국제 연구개발조직의 새로운 설립대안 혹은 변경대안을 모색할 수 있다.

4) 설립대안의 모색

전술한 네 개의 조직유형은 기존 해외 연구개발조직의 조직구조를 나타내 줄 뿐만 아니라 잠재적으로 적합한 설립대안(alternative configurations)의 창출에 많은 참조가 된다. 즉, 새로운 설립대안은 이들 네 개의 유형 중 하나이거나 이들을 결합한 조직구조로 추진될 수 있기 때문이다.

5) 설립대안에 대한 상호작용 품질 평가

설립대안의 상호작용의 품질을 평가하는 출발점은 대안들의 핵심 연구개발과정을 분석하는 것이며, 여기에서는 세부적으로 상호작용의 필요성, 협력 파트너, 협력 장애요인을 분석하여야 한다.

(1) 협력의 필요성

설립대안이 되는 잠재적 해외 연구개발조직들은 현지에서 내・외부의 파트너들과 중요한 상호작용적 관계를 가지게 된다. 여기에서는 이 같은 관계를 도출하고 이들이 해외 조직의 연구개발과정의 성공에 미치는 적합성(relevance)을 분석하는 것이다. 이와 더불어 이 같은 상호작용적 관계의 강도(intensity)와 복잡성(complexity)도 분석하여야 한다. 이들 협력의 적합성, 강도, 복잡성은 해당 연구개발조직의 전략적 지향에 의해 영향을 많이 받는다.

(2) 상호작용 파트너

설립대안들의 상호작용 품질은 협력 파트너에 달려 있는데, 여기에서 상호작용 파트너는 내부적, 외부적 파트너로 살펴볼 수 있다. 내부 파트너는 쉽게 도출할 수 있는데, 이는 해외 조직의 생산, 마케팅 관련 부서들을 의미한다. 해외 연구개발조직은 이들 내부 부서와 긴밀한 협력을 맺어야 한다. 외부 파트너는 현지에 있는 다른 기업, 대학, 공공연구기관을 의미한다. 설립대안이 목표로 하는 기술분야를 바탕으로 이들 외부 파트너들의 연구개발능력을 정밀하게 평가하여야 할 것이다.

(3) 상호작용 장애요인

현지에서 설립대안의 연구개발활동은 여러 장애요인에 부딪힐 것으로 예상되는바 이를 분석할 필요가 있다. 일반적으로 상호작용의 장애요인은 병참적, 조직적, 문화적 장애요인을 나눌 수 있다. 병참적 장애요인(logistic barriers)은 상호작용 파트너들 간의 지리적 거리와 협력에 이용할 구체적 방법에서 비롯된다. 조직적 장애요인(organizational barriers)은 협력 파트너들의 조직적 차이로 인해 발생하는데, 예를 들어 협력의 목표, 과정에 있어서 차이가 발생할 수 있다. 문화적 장애요인(cultural barriers)은 협력 파트너들 간 언어, 행동양식, 가치체계 등의 차이를 의미하는데, 이 같은 차이는 설립대안의 현지에서의 연구개발활동에 갈등 및 오해의 원인이 되기도 한다.

6) 설립대안에 대한 잠재력 품질 평가

설립대안의 잠재력 품질의 평가는 해외 연구개발조직의 설립 혹은 조직변경의 자원 및 환경조건에 대한 질적 수요의 충족 여부, 실제투입비용, 안전, 발전 잠재력 등을 분석하는 것이다. 아래에는 이를 살펴보기로 한다.

(1) 자원 및 환경조건의 품질

해외에 설치되는 연구개발조직은 현지의 환경조건이 다르고 해당 조직에 대한 전략적 미션이 서로 다르기 때문에 다양한 형태를 가질 수밖에 없다. 이에 따라 이들 조직이 활용할 수 있는 자원과 환경조건도 지역별로 차이가 크다. 자원의 품질(resources quality) 중에서 가장 중요한 것은 종업원의 품질, 즉 연구개발인력의 질적 수준이다. 특히 연구센터 및 개발센터의 설립에는 인력의 질적 수준은 매우 중요하다. 아울러 환경조건으로는 이용가능한 하부구조 및 서비스의 수준, 연구개발조직의 설립허가조건 등을 들 수 있다.

(2) 잠재력 비용

설립대안 관련 잠재력 비용은 고려하고 있는 연구개발조직의 설립 및 변경 관련 소요되는 비용을 의미한다. 일반적으로 가장 많은 비중을 차지하는 비용은 인건비이다. 이 같은 인건비는 지역별 · 국가별로 많은 차이가 있고, 특히 양질의 연구원의 인건비는 매우 높다. 아울러 에너지비용, 통신비 등 실제 발생하는 비용도 고려하여야 한다.

(3) 안 전

다국적기업은 다양한 위험에 부딪힌다. 여기에는 해당 국가의 정치적 안정성, 보호무역주의 정책, 통화위험 등을 들 수 있다. 다국적기업의 입장에서는 이 같은 안전의 문제는 연구개발 역량과 조직을 세계적으로 분산시킴으로써 어느 정도 줄일 수 있다. 이 같은 안전의 문제는 해외 연구개발조직 설치의 시작단계에서 분석 · 평가할 필요가 있다.

(4) 발전 잠재력

해외에 연구개발조직을 설치하고 궤도에 올리는 것은 시간이 오래 걸리는 과정이다. 이에 따라 설립대안의 평가 및 선정에 있어서 이같이 설립 혹은 변경하는 조직구조가 어느 정도 발전할 것인가를 정밀히 살펴볼 필요가 있다. 아울러 발전 잠재력에 따라 전술한 해외 연구개발조직의 다양한 유형을 선택하고 세심하게 발전시켜 나가야 할 것이다.

7) 설립대안의 추진비용 평가

설립대안의 비교에 있어서 이상의 상호작용의 품질과 잠재력의 품질의 두 기준에 추가하여 세 번째 기준으로서 연구개발조직의 설립 혹은 조직변경에 수반하는 비용과 위험을 분석·평가하여야 한다. 해외 연구개발조직은 한곳에 설치하면 다른 곳으로 이전하기가 매우 어렵기 때문에, 이 같은 추진비용(implementation costs)은 해외 연구개발조직의 설립 및 변경에 매우 중요한 기준이다. 이와 같은 비용의 산정은 기업이 그동안 축적한 경험을 바탕으로 현지의 사정을 감안하여 합리적으로 산정하는 것이 바람직할 것이다.

8) 설립기준의 통합 및 선정

마지막으로 설립대안들의 상대적인 상호작용 품질, 잠재력 품질, 그리고 추진비용을 통합하여야 한다. 이들 세 기준의 크기와 시점은 해외 연구개발조직의 설립 혹은 조직변경 대안들을 분석하는 과정에 고려변수가 된다. 여기에서는 이들 세 기준의 양적인 측면뿐만 아니라 질적인 측면도 고려하여야 한다. [그림 11-7]은 해외 연구개발조직의 설립 혹은 변경을 위한 종합평가방법을 나타내 주고 있다. 여기에서 상대적 상호작용 품질과 잠재력 품질은 대안들의 매력도를 나타내 주며, 추진비용은 조정변수의 역할을 담당하고 있다. 그리하여 그림에 나타난 세 개의 설립대안 중에서는 A3가 가장 바람직한 대안으로 평가받고 선정될 수 있을 것이다.

[그림 11-7] 해외 연구개발조직 설립 혹은 변경을 위한 종합평가

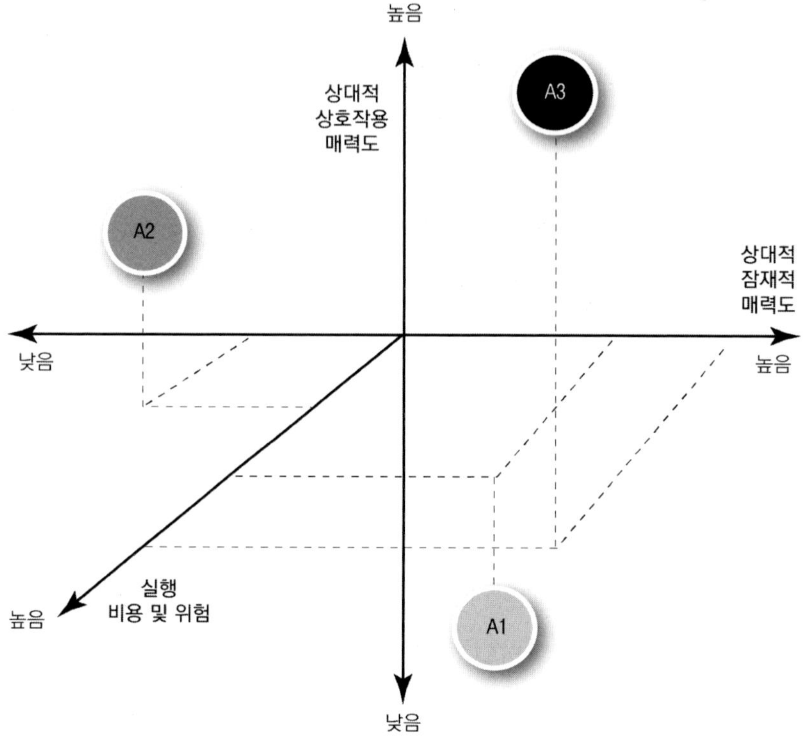

높음
상대적
상호작용
매력도
A3
A2
상대적
잠재적
매력도
낮음
높음
실행
비용 및 위험
높음
A1
낮음

자료: Beckmann(1997), p.267.

2. 국제 연구개발조직의 설립수단

해외 연구개발조직 설립 및 변경의 기획을 위한 길잡이를 통하여 어떤 연구개발업무를 가진 어떤 조직의 유형이 설립되어야 할 것인가가 결정된다. 이제는 이들 국제 연구개발조직을 어떤 수단을 통해 설립할 것인가의 문제가 대두된다. Specht 등(2002: 435-442)은 이를 국제 연구개발조직의 확보와 이들의 본사와의 연계 및 통합의 문제로 나누어 설명하고 있다.

1) 목표 연구개발조직의 확보

해외에 목표로 하는 연구개발조직의 확보는 근본적으로 창립, 기존 연구개발자원의 점진적 확장, 협력, 그리고 인수의 방법이 있다. 아래에는 이를 살펴보기로 한다.

(1) 창 립

창립(founding)은 이전에 존재하지 않던 연구개발조직을 처음으로 혹은 기존의 자회사 등의 보완을 통하여 목표지향적으로 설립하는 것을 의미한다. 이 방법은 새로운 연구개발조직을 기업의 목적에 적합하게 설립할 수 있다는 장점이 있다. 그리하여 이 방법은 기존의 연구개발 네트워크에 대한 통합이 용이하며, 또한 기업의 전략적 목표에 정렬을 확실하게 해준다. 그러나 창립은 상당히 오랜 시간이 소요된다는 단점이 있다.

(2) 점진적 확장

해외에서의 연구개발활동의 점진적 확장(evolutionary expansion)은 해외 연구개발조직의 설립 및 운영에 가장 많이 활용되는 수단이다. 보통 이 방법의 출발점은 기존 제품의 현지의 지역적 특성에 적응을 하기 위한 작은 연구개발단위를 설립한다. 이후 현지조직의 업무범위가 자체적인 제품개발 등을 통하여 확장되면 점진적으로 연구개발조직을 확장해 나간다. 이 같은 점진적 확장도 오랜 기간이 소요된다.

(3) 협 력

협력(cooperation)은 해외에서의 연구개발활동을 구체적인 연구개발조직을 설립하는 대신 연구개발협력의 다양한 방법을 활용하여 추진하는 것이다. 예를 들어, 현지의 연구기관에 위탁연구를 수행하거나 연구인력을 현지 연구기관에 파견하여 연구를 수행하는 것이다. 아울러 다양한 기업들이 연구개발 컨소시엄을 구성하여 자원과 위험을 배분하는 방법도 있다. 그러나 이 방법은 연구개발결과를 현지의 기업활동에 통합하는 데 어려움이 있을 수 있고, 현지에서 적절한 연구개발 파트너를 찾는 데 어려움이 있을 수 있다.

(4) 인 수

인수(acquisition)는 현지에서 내부적으로 혹은 협력에 의해 연구개발성과를 전혀 혹은 충분히 빠르게 확보할 수 없는 연구개발자원을 확보하기 위하여 추진된다. 이 방법의 전제조건은 현지에 인수 대상이 될 연구개발 조직 및 자원이 존재하여야 한다는 것이다. 여기에서는 연구개발기능을 가진 기업 전체를 인수하는 것이 일반적인데, 첨단기업 및 기술집약적 기업 그리고 연구개발센터만을 인수하기도 한다. 이 방법은 매우 빠르게 연구개발능력을 확보할 수 있는 방법이긴 하지만 매우 비싸고 위험성이 높은 방법이다. 그 이유는 인수 대상조직의 연구개발능력을 사전에 정밀하게 평가하기는 어렵기 때문이다.

2) 국제 연구개발조직의 통합

국제 연구개발조직이 설립·확보되면, 이를 어떻게 운영할 것인가의 문제가 대두된다. 여기에서는 이를 조직의 경영체제를 갖추는 것과 특히 이 조직을 본사와 어떻게 연계할 것인가가 중요한 문제로 대두된다. 일반적으로 국제 연구개발조직은 규모가 작기 때문에 이들의 자체적인 관리는 큰 문제가 되지 않으며, 중요한 문제는 이들 조직을 어떻게 본사 및 본사 연구개발조직과 연계할 것인가가 중요하다. 아래에는 이를 살펴보기로 한다.

(1) 구조적 통합

Specht 등(2002: 438-439)은 Gerpott(1991)의 모델을 바탕으로 국제 연구개발조직의 구조적 통합(structural integration)은 '별 모델(star model)'과

'네트워크 모델(network model)'로 나누어 설명하고 있다([그림 11-8] 참조).

① 별 모델

별 모델에서는 본사의 연구개발조직이 네트워크에서 선도적 위치를 차지하고 지역을 초월하는 모든 연구개발조직을 조정하는 역할을 한다. 그리하여 국제 연구개발조직들 간에 직접적 접촉은 전혀 없으며, 모든 연구개발조직 간의 조정은 오직 본부를 통해서만 이루어진다. 일반적으로 이 모델에서는 '인적 지시권한'과 '전문적 지시권한'의 분리가 이루어진다. 인적 지시권한은 해당 지역 조직, 예를 들어 지사의 책임자에게 있는 데 비하여, 해외의 연구개발조직의 책임자는 연구개발 관련 전문적 지시는 본사 중앙연구소장으로부터 직접 지시를 받거나 혹은 국제 연구개발조직 관리 전담기구에 의해 감독 · 조정받는다.

이 모델의 장점은 명확한 업무분장에 의한 높은 효율성과 기업 전체의 모든 연구개발활동의 투명성이 높다는 점이다. 그러나 이 모델의 단

[그림 11-8] 국제 연구개발조직의 통합

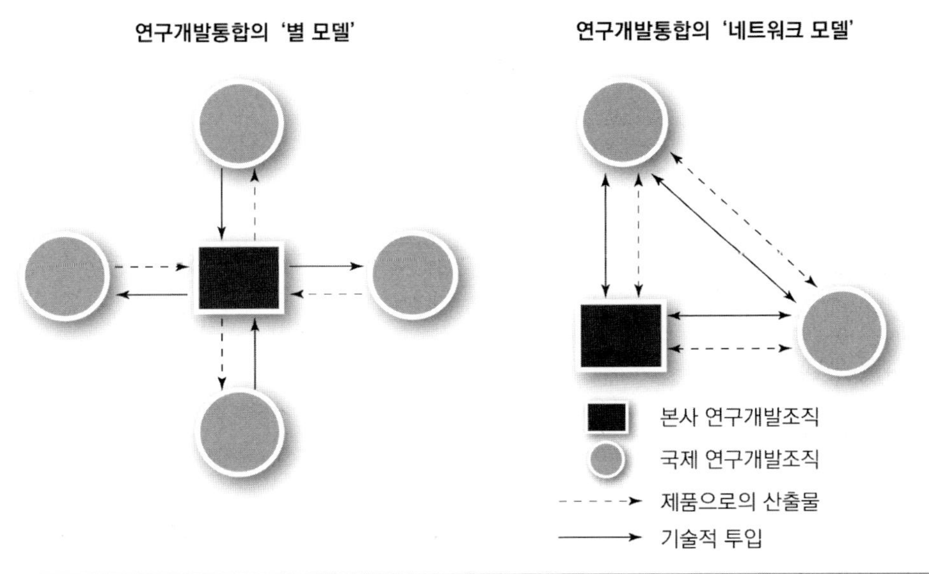

자료: Specht 등(2002), p.438.

점은 본사의 중요한 의사결정이 현지에서는 가볍게 인식될 수 있고 본부에서는 현지의 사정을 잘 이해하지 못할 수 있다는 점이다. 아울러 해외 연구개발조직들은 다른 연구개발조직들이 무엇을 하는지 잘 모르기 때문에 연구개발업무의 중복성이 대두될 수 있다.

② 네트워크 모델

네트워크 모델은 본사 연구개발조직을 포함한 모든 연구개발조직이 동등한 차원에서 협력을 추진하는 모델로서 본사는 전체 연구개발 네트워크에서의 중심적인 위치를 차지하지 않는다. 각각의 연구개발조직은 자신의 핵심영역을 가지고 있고 여기에 대해 독자적인 책임을 진다. 이들 다양한 연구개발조직 간의 네트워크의 관리는 이차조직으로서 조정위원회 등을 통하여 이루어진다. 국제 연구개발조직의 책임자들은 이들 조직의 종합조정의 최종책임을 가진 본사 운영위원회의 구성원으로 참여한다.

이 모델의 장점은 높은 유연성을 들 수 있다. 이 모델을 통하여 제품, 기능, 지역에 따른 다양한 현지 수요에 대한 높은 적응력을 확보할 수 있다. 아울러 각각의 해외 연구개발조직은 현지의 상황에 필요한 새로운 연구개발과제를 매우 효율적으로 수행할 수 있다. 이 모델의 단점으로는 해외 연구개발조직 간의 연구개발자원의 배분에 있어서 불필요한 경쟁이 발생하고, 지역을 초월하고 기업 전체 목표 달성을 위한 프로젝트의 추진이 상대적으로 어렵다는 점이다. 아울러 지역적으로 멀리 떨어진 연구개발조직의 체계적 관리는 근본적으로 어려움이 있다.

(2) 제도적 통합

제도적 통합은 해외 연구개발조직 간의 조정을 관리하기 위한 제도적, 독립적, 비인적 규칙 및 결정을 의미한다. 여기에는 무엇보다도 전략기획/프로그램 기획/예산관리와 정보통신시스템을 통한 통합방안을 들 수 있다.

① 전략기획/프로그램 기획/예산관리

전략기획/프로그램 기획/예산관리를 통해 어떻게 연구개발활동을 국제적으로 조정하는가는 전술한 구조적 통합방안에 달려 있다. 먼저, 별 모델의 통합방안에서는 이 같은 업무들이 본사에 의해 이루어진다. 본사는 전 세계 모든 사업영역을 위한 전략기획과 이의 개별 사업영역의 프로그램과 예산으로 전환 등을 담당한다. 다음으로 네트워크 모델에서는 개별적 연구개발조직 간의 조정은 대단히 복잡하다. 개별조직은 자체적인 연구개발전략, 프로그램, 예산을 상대적으로 독립적으로 기획한다. 이 모델을 적용하는 기업은 대체로 해외지사들에게 연구개발은 물론 생산 및 판매에 있어서 상당한 독립성을 부여한다. 그리하여 본사 차원에서의 전략기획은 이들 해외지사들의 수요를 바탕으로 기획하는 상향식 접근(bottom-up approach)을 하게 된다.

② 정보통신시스템

국제연구개발활동을 효율적으로 조정하는 데에는 연구개발조직 간의 상당한 정보교환이 필요하다. 이를 위하여 대부분의 기업들은 정보통신시스템을 구축·운용하여 행정적, 과학기술적 정보를 효율적으로 확보·처리·확산하고 있다. 특히 컴퓨터 등 정보통신기술을 바탕으로 한 정보 네트워크는 세계적 연구개발활동의 효율성과 효과성 확보에 대단한 의미를 가진다.

(3) 인적 통합

연구개발 프로젝트의 성공은 참여하는 인적자원에 달려 있기에 인적자원의 통합은 대단히 중요하다. 이를 위하여 연구개발인력 간 공식적, 비공식적 소통방안을 구축하는 것이 중요하다. 중장기적으로는 범지역적 프로젝트의 추진, 연구성과 발표대회, 사내교육 등을 통하여 다양한 연구개발조직의 구성원 간의 인적 접촉의 기회를 높이는 것이 중요하다. 실제로 인적 통합에 있어서 인력 간 대면접촉은 대단히 중요하다. 아울러 새로운 정보통신기술을 적극 활용하여 다양한 지역에 있는 연구개발요원 간의 소통을 활성화하는 것도 중요하다. 조직문화도 인적 통합에 중요한 영향을 미친다. 중장기적으로는 조직 전체적으로 혁신우호적인 문화를 구축하고 지역 간 경쟁보다는 범지역적 협력의 문화를 구축하여야 할 것이다. 특히 국제 연구개발조직에는 다양한 국적의 인력들이 종사하게 되는데 이들 간의 문화적 차이를 극복하고 다양성의 효익을 창출하는 방안을 강구하여야 할 것이다. 이를 위하여 인력에 대한 교육훈련 및 순환근무 등을 촉진하는 것도 중요한 방안이다.

제 4 절 연구개발 세계화의 고려요인

연구개발 세계화는 국가, 산업, 기술, 해당 기업에 따라 그 양상을 달리하고 있다. 미국과 유럽의 경우에는 다른 나라들에 비해 연구개발 세계화를 활발히 하고 있다. 첨단기술분야, 특히 생명공학, 정보통신기술 분야 등의 경우에는 전통산업에 비하여 연구개발 세계화를 활발히 추진하고 있다. 아울러 거대기업 및 글로벌 기업은 당연히 중소기업 및 중견기업들보다 훨씬 세계화적인 연구개발활동을 활발히 수행하고 있다.

연구개발 세계화와 관련하여 기업은 무엇보다도 어느 지역(국가)에서 연구개발활동을 추진할 것인가가 대단히 중요한 문제이다. Weule(2002: 96-97)는 세계화된 연구개발활동을 추진할 국가를 선정하는 기준으로 다음 요인들을 제시하고 있다.

- 기업의 연구개발 세계화의 유형과 동기
- 해당 국가의 시장으로서의 매력도
- 해당 국가 내의 충분한 질적 수준의 연구개발인력의 존재 여부

- 다른 국가들 혹은 본사와의 충분한 커뮤니케이션 가능성의 존재 여부
- 연구개발인력을 위한 창의적 환경의 존재 여부
- 해당 국가의 문화적, 종교적, 사회적 여건

Chiesa(2000)는 전 세계적으로 어디에서 연구개발활동을 할 것인가에 관한 의사결정의 주요 요인을 그 중요성의 순서로 아래와 같이 제시하고 있다.

1) 연구개발 프로젝트의 핵심역량의 이용가능성
2) 연구개발 프로젝트에 책임을 지는 연구개발경영자(R&D manager)의 국제적 명성 및 신뢰성
3) 기술적 지식과 시장 지식의 외부적 원천의 중요성(예를 들어, 기술의 원천, 공급자, 고객)
4) 내부거래(예를 들어, 엔지니어링과 생산)의 중요성 및 비용
5) 선택된 지역에 핵심요원을 배치하는 데 소요되는 비용

연구개발 세계화는 언어, 문화, 환경이 다른 국가에서 연구개발활동을 수행한다는 점에서 쉬운 일이 아니다. 이 점에서 연구개발 세계화는 일반적 연구개발활동보다 훨씬 더 세심한 경영이 필요하다. 기업은 최고경영자의 관심과 후원 아래 체계적인 기획, 관리, 평가를 통하여 연구개발 세계화에서 성공을 거두어야 할 것이다. 아울러 연구개발 세계화와 관련하여 모든 국가에서 성공할 수 있는 세계화의 통일된 처방전은 없다. 이에 따라 연구개발 세계화에 있어서 지속적인 경험을 쌓고 학습을 하여 성공의 가능성을 높여야 할 것이다.

▌삼성전자의 연구개발 세계화

삼성전자는 연구개발과 기술혁신을 바탕으로 세계적인 기업으로 성장해 왔다. 삼성전자의 대표적인 연구소는 삼성종합기술원(SAIT: Samsung Advanced Institute of Technology)이다. 이 연구소는 삼성그룹이 1987년 설립한 연구소로 삼성그룹 산하 기업들을 위한 에너지, 환경, 헬스, 나노기술 등 신사업 창출과 융복합기술 및 기초분야를 중점 연구해 왔다. 삼성종합기술원은 2009년 초 그룹 전체 차원의 현장경영 강조 및 대대적 조직개편으로 삼성전자 산하로 이관되어 삼성전자종합기술원으로 불리우고 있다. 이제 SAIT는 삼성전자의 중앙연구소로서 연구개발을 통한 신사업 창출의 견인차 역할을 해오고 있다. 삼성전자종합기술원(SAIT)이 현재 중점적으로 연구하고 있는 분야는 인공지능(AI), 컴퓨팅 플랫폼(Computing Platform), 인간증강(Human Augmentation), 메타포토닉스(Metaphotonics), 나노전자기기(Nano Electronics Devices), 디스플레이재료(Display Materials), 배터리재료(Battery Materials), 반도체재료(Semiconductor Materials), 환경연구(Environmental Research) 등이다.

SAIT는 1990년 초반부터 연구개발 세계화를 추진하기 시작하여, 2000년대에 들어오면서 글로벌 연구개발 네트워크를 구축하여 북미, 유럽, 아시아에 연구소를 설치 · 운영해 오고 있다. 북미지역에는 SAIT-America(2011년 설립), SAIT-AI Lab Montreal(2017년 설립)이, 유럽에는 SAIT-Europe(2007년 설립), SAIT-Russia(1995년 설립), SAIT-Ukraine(2009년 설립)이, 아시아에는 SAIT-India(1996년 설립), SAIT-China(2008년 설립), Samsung R&D Japan(SRJ, 1992년 설립)이 운영 중에 있다. 이들 연구소는 대부분 최첨단 정보통신기술, 예를 들어 AI, SW, 차세대 소자, 차세대 이미지 관련 연구를 수행하고 있으며, 해당 국가의 기술적 강점을 고려하여 설립 · 운영되고 있다([그림 1] 참조).

한편 삼성전자는 실리콘밸리에 있는 연구소를 확대하고, 독립된 청사를 신축하여 Samsung Research America(SRA)를 개원하였다. 이 연구소는 본부

[그림 1] SAIT의 글로벌 연구개발조직

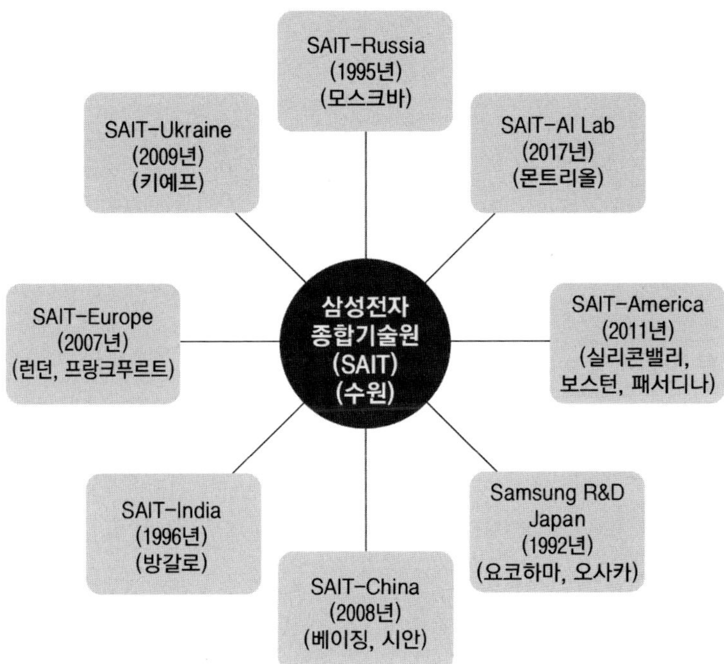

는 실리콘밸리에 위치해 있고 미국과 캐나다 전역에 연구실을 운영하고 있다. 이 연구소의 목적은 신사업을 창출할 신흥기술(emerging technology)을 연구하며 삼성의 제품 경쟁력을 제고할 핵심기술을 개발하는 것이다. 아울러 이 연구소는 삼성의 개방형 혁신(open innovation)과 대학과의 협력활동을 지원할 인프라 조직을 제공하는 데 핵심적인 역할을 하고 있다.

SRA의 중점연구분야는 인공지능(AI), 멀티미디어(Multimedia), 디지털보건(Digital Health), 기업보안(Enterprise and Security) 5G/6G기술, 모바일혁신(Mobile Innovation) 등이다.

자료: SAIT 홈페이지(https://www.sait.samsung.co.k)와 삼성리서치아메리카 홈페이지(https://www.sra.samsung.com/)에서 저자의 정리.

12

연구개발경영의 변천과 불연속적 혁신의 경영

제 1 절 연구개발경영의 변천[1)]

1. 연구개발경영의 진화

기술의 중요성이 증가함에 따라 연구개발경영에 관한 기업의 노력도 상당히 발전해 오고 있다. 연구개발경영의 발전 양태는 기술개발 조직구조, 경영자의 기술개발에 대한 의지 및 전략, 기술개발에 투입되는 연구개발자원 등 다양한 측면에서 파악해 볼 수 있을 것이다. 실제로 국내·외의 기업들은 최고경영자의 기술의 전략적 중요성에 대한 확고한 인식을 바탕으로 연구개발을 위해 많은 자원을 투입하고, 효과적인 연구개발 조직을 구축하고, 투입된 자원을 효과적으로 활용하기 위해 많은 노력을 기울이고 있다.

연구개발경영에 대한 본격적인 논의들은 1980년대 들어오면서 시작되었다고 볼 수 있다. 이 시기는 기업들이 전략적 우위를 달성하는 데 있어서 기술의 중요성을 본격적으로 인식하였던 시기이다. 그러나 연구개발경영은 오래전에 기업들이 기술개발활동에 참여하면서 시작되었다고 볼 수 있을 것이다. 그 결과 일부 학자들은 연구개발경영이 일련의 세대를 걸쳐 발전해 왔으며, 현재에는 제4세대 혹은 제5세대 연구개발 및 기술개발의 시대에 와 있음을 강조하고 있다(Rothwell, 1992; Reger & von Wickert-Nick, 1997; Miller & Morris, 1999).

연구개발경영의 중요성이 대두되면서 이 분야에 관한 다양한 논의들이 활발히 진행되어 왔다. 그 결과 연구개발경영은 기술전략, 연구개발

1) 이 글은 다음 논문을 참조하였음: Chung, S. (2003), “R&D Management Capabilities of Korean Enterprises”, Presented at the *12th International Conference on Management of Technology* (IAMOT 2003), Nancy, France, May 13-15, 2003; Chung, S. and Kim, J. (2004), “Volume vs. Efficiency: R&D Management Capabilities of Korean Electronic Parts Firms”, *Portland International Conference of Engineering and Technology (PICMET) 2004*, Seoul, Korea.

프로젝트 관리, 창업, 벤처캐피탈, 산업별 R&D 관리 등 대단히 많은 분야를 포괄하게 된다(Gaynor, 1996; Bullinger, 1994). 이 같은 논의의 한 흐름으로서, 이 장에서 다루고 있는 연구개발경영의 패러다임 전반에 관한 논의들이 있어 왔는데, 대표적인 문헌을 살펴보면 다음과 같다.

1990년대 초반 Rothwell(1992)은 기술혁신의 모델을 5세대로 나누어 보고 있다. 그는 제1/2세대 기술혁신모형을 단순선형모형(simple linear models)으로, 제3세대 기술혁신모형을 다양한 요소들 간의 상호작용 및 이들 간의 피드백 고리를 인식하는 연계모형(coupling model)으로, 제4세대 기술혁신모형을 기업 내의 통합의 중요성 강조, 특히 상류에서는 공급자, 하류에서는 소비자 수요와의 연계를 강조하고, 이들 간의 연계 및 제휴를 강조하는 병행모형(parallel model)으로 파악하고, 마지막으로 제5세대 기술혁신모형을 시스템 통합 및 광범한 네트워킹, 유연하고 고객화된 대응, 계속적 혁신을 강조하는 모형으로 파악하고 있다. 특히 그는 제5세대 기술혁신모형은 기술혁신을 기업 내, 기업 간의 고강도의 통합을 요구하는 다변수적 과정임을 강조하며, 그동안 급속히 발전하는 정보통신기술은 제5세대 기술혁신모형을 보다 구체화시킬 것임을 강조하고 있다.

Mitchell(1992)은 연구개발경영의 진화를 1970년대를 중심으로 구분지어 살펴보고 있다. 그에 따르면 1970년대의 연구개발경영은 연구기능의 관리에 목표를 두고 연구원의 개별적 창조성 및 집단에 있어서 기술혁신을 촉진하기 위한 환경조성의 시대였으며, 1970년대에서 1990년대 초반까지는 연구개발경영이 전략적 기업경영의 일환으로 파악되어 연구활동과 사업활동의 조화의 문제에 중점을 두게 되었다고 주장하고 있다. 또한, Roussel 등(1991)은 연구개발활동에 투자를 증대하는 것도 중요하지만 이를 보다 전략적으로, 효율적으로 활용하는 것이 중요하다고 강조하며 전략적 연구개발경영의 중요성을 강조하고 있다. 이들은 연구개발경영을 효과적으로 수행하기 위해서는 최고경영자, 사업부 경영자, 연구개발경영자들이 파트너로서 제3세대 연구개발경영의 시대에 함께 참여하여 기술개발과 기업전략 및 사업전략과의 강력한 연계를 통해 경쟁력 있는 제품을 창출할 필요가 있음을 역설하고 있다.

최근 들어 Miller & Morris(1999)는 그동안 기업의 연구개발활동이 발전을 거듭하여 선진기업들의 경우에는 제4세대 연구개발의 단계에 이르고 있음을 강조하고 있다. 이들은 급변하는 기술경제환경 속에서 기업들이 경쟁력을 유지하기 위해서는 고객의 잠재적 수요를 찾아 불연속적 혁신(discontinuous innovations)을 창출할 수 있는 제4세대 연구개발이 필요함을 강조하고 있다.

Reger & von Wickert-Nick(1997)은 연구개발경영의 모델을 '제3세대 연구개발모델'과 '3개의 패러다임 시나리오모델'의 두 가지로 나누어 설명하고 있다. 제3세대 연구개발모델은 연구개발 조직 및 자원배분에 있어서 통합성을 나타내 주는 것인 데 비하여 '3개의 패러다임 시나리오모델'은 복수의 사업부를 가지고 있는 대기업들의 연구개발활동의 조직화에 있어서의 변화에 관한 모델이다. 3개의 패러다임 중 제1패러다임은 연구개발활동의 집중화, 전사적 통제의 모델인 데 비해, 제2패러다임은 연구개발활동의 분권화 및 사업부 우세의 연구개발모델이다. 이 점에서 전자는 '기술투입형 연구개발'이며 후자는 '시장추진형 연구개발'이다. 시기적으로 보면 전자는 1950년대에서 1970년대까지 풍미했던 모델이고, 후자는 1970년대에서 1980년대 말까지 풍미했던 모델이다. 이들은 이들 양자를 종합하여 제3의 패러다임을 제시하고 있는데, 이 모델에서는 분권화된 사업부 주도형 연구개발의 장점과 전사적 차원의 기술투입형, 장기적·집권적 연구개발의 장점을 모두 결합하려고 시도하고 있다.

이상의 논의들을 현재의 시점에서 살펴보면 기업의 연구개발경영 패러다임의 역사적 발전과정은 대체적으로 다음의 4단계로 진화해 온 것으로 파악할 수 있다. 아래에는 이에 관해 보다 체계적으로 논의하기로 한다.

2. 연구개발경영의 유형

1) 제1세대 연구개발경영

제1세대 연구개발경영은 산업혁명 기간 중인 1867년 독일의 거대화학 회사인 BASF가 새로운 염료기술을 개발하기 위해 세계 최초의 산업적 연구소(R&D laboratory)를 설립하고 1876년 Thomas Edison이 New Jersey의 Menlo Park에 연구소(research laboratory)를 설립한 이후부터 제2차 세계대전 이전까지의 기업 연구개발활동의 관리모형을 의미한다. 산업혁명 이후 일부 선진기업의 성공에 힘입어 많은 연구소가 설립되었으며, 이 시기의 연구개발활동은 많은 중요한 기술적 돌파구를 창출하고 이를 중요하고 수익성 높은 제품으로 변환시키는 연구프로젝트의 선발과 실제 연구를 수행한 과학자들(scientists)에 의해 이루어졌다. 이 점에서 이 시기의 연구개발경영 및 연구소의 경영은 과학자들에 의해 이루어졌다는 특징을 가지고 있는데, 이들 과학자는 연구개발 그 자체에만 관심을 가졌지 연구개발결과의 활용가능성은 거의 고려하지 않았다.

그럼에도 불구하고, 두 번에 걸친 세계대전을 거치면서 기업들의 연구개발 관리능력이 상당한 정도로 축적되었다. Roussel 등(1991)은 제1세대 연구개발(R&D)에서는 기업들이 개발(D)보다는 연구(R)에 보다 많은 집중을 하며, 현재의 많은 기업이 아직 제1세대의 연구개발방식을 따르고 있다고 주장하고 있다. 그러나 이 같은 연구에 집중한 연구개발경영이 반드시 성공으로 이어지지 않고 연구개발에 있어서 성공에 대한 막연한 기대를 한다는 점에서 Prahalad & Hamel(1990)은 이를 희망의 전략(strategy of hope)이라고 표현하고 있다.

2) 제2세대 연구개발경영

제2세대 연구개발경영은 제2차 세계대전 이후부터 정착된 연구개발 관행을 의미한다. 그동안 거의 1세기에 이르는 연구개발활동의 꾸준한 증가에 힘입어 체계적인 연구개발의 관행은 현대적 제조기업의 핵심기능으로 굳게 자리 잡았다. 이제 세계의 거의 모든 주요 기업이 에디슨 모델의 자체연구소를 가지게 되었다. 즉, 전쟁기간에 원자탄 개발을 위해서 수천 명의 과학자가 미국 전역의 수많은 비밀 연구소에서 과학적인 기술과제를 수행하였으며, 이는 연합국의 승리에 연구개발이 많은 기여를 했다는 것을 경영자들에게 믿음을 주게 되었다.

제2세대 연구개발경영에서는 기업의 경영자들이 그들의 연구소를 그들의 사업의 니즈를 보다 잘 충족시킬 수 있는 프로젝트에 보다 집중하기 시작하였다. 그 결과 이들은 전쟁기간에 개발되었던 프로젝트 관리기법을 적용하고 확대하게 되었는데, 이를 제2세대 연구개발경영으로 부르게 되었다. 제2세대 연구개발경영에서는 연구개발의 주안점이 프로젝트 관리기법을 통하여 연구개발결과의 이용가능성에 주안점을 두게 되었다.

제1세대 연구개발경영에서는 연구개발활동을 특정한 목적을 가지고 이익을 창출하는 불연속적 활동이라기보다 원가센터로 파악하여 여기에 투입되는 비용을 간접비로 간주하였다. 그러나 제2세대 연구개발경영에서는 연구개발을 사업적 니즈에 보다 체계적이고 사업적으로 조화시키려는 노력이 이루어졌다. 연구개발활동은 불연속적인 활동으로 인정받아 프로젝트로서 관리되고, 프로젝트에 대한 비용편익적 분석이 시작되었으며, 프로젝트의 목적에 대비한 진도의 통제가 이루어졌다(Roussel 등, 1991). 그러나 제2세대 연구개발경영에서는 기업이 연구개발활동을 개별 프로젝드별로 관리하았시 선제 프로젝트의 총합의 관점에서 다루지는 않았다.

3) 제3세대 연구개발경영

기술이 기업경쟁력에 중요성이 더해감에 따라 연구개발 및 기술혁신의 문제는 기업의 전사적 전략경영의 문제가 되었다. 이제 연구개발경영의 문제는 최고경영자의 중요한 관심사가 되었으며, 그 결과 연구개발경영은 전략적 연구개발경영의 문제로 대두되기 시작하였다. 여기에서는 연구개발전략과 사업전략 간의 연계가 핵심적인 문제가 되었다. 특히 일선 경영자들과 연구개발경영자들은 긴밀한 파트너로서 어떤 연구개발활동을 왜, 언제, 어떻게 수행하여야 할 것인가에 관한 의사결정에 있어서 의견과 통찰력을 공유하고 협력하며, 이를 통해 연구개발경영이 사업적 필요 및 전사적 니즈를 상당한 정도로 고려할 수 있게 되었다(Roussel 등, 1991).

이처럼 연구개발경영이 전략적 중요성을 얻게 된 것은 기술이 복잡해져감에 따라 기업의 연구개발활동의 규모가 점차 증가하였기 때문이다. 이에 따라 연구개발활동에 따른 근본적인 위험은 기업의 성과에 매우 중요한 요소가 되었다. 점점 증가하지만 회피할 수 없는 재무적 위험을 극복하기 위해 연구개발투자도 다른 투자안의 평가에 활용되는 기법을 통하여 평가하게 되었다. 제3세대 연구개발경영에서는 장기에 걸쳐 중요한 상업적 돌파구를 제공해 줄 수 있는 고위험 연구개발활동과 단기에 걸친 약간의 상업적 잠재력을 가지고 있는 저위험 연구개발활동을 균형화하는 방법으로 연구개발 포트폴리오(R&D portfolio)가 탄생하였다.

이 유형의 연구개발에서는 기술수명주기의 여러 단계가 기업에 미치는 영향을 분석하고 이에 대한 적극적인 대응을 한다. 이를 위한 방법으로, '기술의 진화'와 각 '사업영역에 있는 제품 및 서비스'를 연계하는 기술경로지도(technology road maps)의 기법이 창출되었다. 이와 같이 연구개발경영을 재무위험 분석, 전략기획, 기술경로지도 등의 틀 속에서 행하는 것을 제3세대 연구개발경영이라고 한다.

그러나 제3세대 연구개발경영에서는 연구개발활동에 있어서 지식의 획득을 위한 책임이 '소비자의 수요에 대응하는 마케팅'과 '기술을 공급하는 연구개발' 간의 분리가 있다는 문제가 있다. 그 결과 이 유형의 연구개발경영과정에서는 특별하게 구체화될 수 있는 소비자의 니즈, 즉 명시적 니즈(explicit needs)만이 다루어질 수 있는데, 이는 소비자가 원하는 니즈의 빙산의 일각에 불과하다는 문제가 있다. 즉, 소비자들은 새로운 제품, 공정, 기술에 있어서 보다 많은 잠재적 니즈(latent needs)를 가지고 있으나 이 유형의 연구개발경영에서는 이들이 발견되지 않거나 충족되지 않는다. 이 유형의 연구개발활동을 통해 창출되는 혁신은 기존의 점진적 기술이 전통적인 제품개발방식에 따라 기존시장에 적용되는 단지 연속적 혁신(continuous innovation)일 뿐이며, 이는 급변하는 기술경제환경 속에서 기업의 경쟁우위를 제공하는 데는 한계가 있다.

3. 제4세대 연구개발경영

그동안 전통적인 연구개발경영과정에서 고객 및 이해관계자들은 그들에게 미래에 제공될 수 있는 제품, 서비스, 인프라 등에 대하여 상상만을 할 수 있을 뿐이다. 이 경우 고객의 수요가 구체적으로 나타나지 않았기 때문에 기업이 창출하는 제품은 그들의 수요에 맞지 않을 가능성이 높은데, 이는 최근의 급변하는 기술경제환경 및 극심한 경쟁환경 속에서는 상당한 문제가 아닐 수 없다. 특히, 이 같은 경쟁환경 속에서는 기업의 경쟁우위는 연속적 혁신보다는 불연속적 혁신(discontinuous innovation)을 어떻게 효율적으로 창출하는가에 달려 있다.

제4세대 연구개발경영(4th generation of R&D management)에서는 고객의 잠재적 니즈(latent needs)를 도출하고 불연속적 혁신으로 창출하여 고객의 가치를 새롭게 창출하는 것을 목표로 하고 있다. 이를 위하여 기업은 다양한 집단 및 조직에 있는 개인들과 미래에 무엇이 가능하고 그들에게 불연속적 혁신이 어떻게 작용할 것인가에 관한 공동의 학습과정(learning process)을 필요로 한다. 이처럼 기업 내부의 다양한 조직 및 집단과 기업 외부의 고객들을 기업의 연구개발과정에 공동으로 참여시켜 불연속적 혁신을 창출하려는 새로운 유형의 연구개발 패러다임이 제4세대 연구개발경영이다.

제4세대 연구개발경영은 기술혁신과 관련된 여러 주체 간의 상호의존적 학습과정으로 파악되며, 소비자의 니즈와 기술적 능력이 결합되어 공동으로 진화하며, 기업이 제공할 수 있는 기술적 능력 및 개념이 고객의 실질적·잠재적 수요를 바탕으로 평가되고 정의된다. 이를 통하여 기업으로 하여금 경쟁기업들보다 체계적이고, 빨리 학습함으로써 고객이 필요로 하는 불연속적인 혁신을 창출하여 고객을 위한 가치를 창출하고 지속가능한 경쟁우위를 확보할 것을 강조하고 있다.

제4세대 연구개발경영의 대표적인 특징을 살펴본다면 한마디로 불연속적·융합적 혁신을 강조하며, 고객의 잠재적 니즈 파악을 위한 고객과의 상호의존적 학습을 중시하고, 새로운 지배제품의 창출을 위한 마케팅 활동을 강조한다는 것이다.

[그림 12-1]에서 보는 바와 같이 기존의 제3세대까지의 연구개발경영은 고객의 형식지(explicit knowledge)를 파악하여 개발(development)활동에 반영하는 마케팅 1의 수준에 머물렀다. 이는 기존의 제품개선 수준에 불과하여 공급자 중심의 일방적인 시장조사를 통해서도 고객의 니즈에 대한 충분한 파악이 가능하였으며, 그 결과 연속적 혁신을 추구할 수 있었다.

그러나 불연속적·융합적 혁신을 추구하기 위해서는 기존에 존재하지 않던 새로운 가치를 창조하여 고객에게 제공해야 하며 다양한 기술지식의 융합을 필요로 한다. 따라서 기존에 존재하지 않던 새로운 지배제품을 창출하기 위해서는 고객과의 상호의존적 학습을 통한 고객의 암묵지(tacit knowledge) 파악이 필요하고, 이를 연구(research)활동에 반영하여 불연속적 혁신을 가능하게 하는 마케팅 2가 필요하게 되었다.

제3세대 연구개발경영에서는 제품과 서비스의 수요 파악에 주안점을 두는 데 비하여, 제4세대 연구개발경영에서는 고객의 잠재적 니즈(latent needs)를 충족시켜 줄 역량(capabilities)의 파악에 주안점을 둔다는 점에서 불연속적 혁신의 창출과 고객가치의 창출이라는 매우 야심차고 미래지향적 목표를 추구한다는 특징을 가지고 있다.

[그림 12-1] 제4세대 연구개발경영의 특징

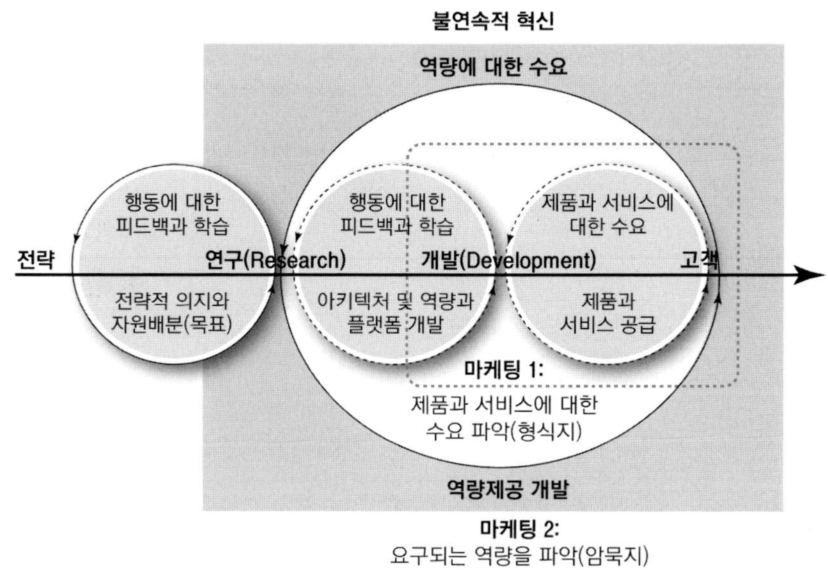

* 마케팅 1: 고객의 제품과 서비스에 대한 요구(형식지)를 파악하기 위하여 대화와 설문을 활용하는 전통적인 마케팅활동을 의미함.
  마케팅 2: 고객의 형식적 니즈(형식지)를 파악하는 마케팅 1과 구별되는 개념으로, 새로운 역량(capability)과 지배제품의 창출을 위해 고객의 잠재적 니즈(암묵지)를 파악하여 연구활동에 반영하는 마케팅활동을 의미함.

자료: Miller & Morris(1999), p.123.

위에서 살펴본 제4세대 연구개발의 특징들은 다음과 같은 기술혁신 사이클의 반복적인 순환과정을 통해 구체화된다(Miller and Morris, 1999). [그림 12-2]에서 보는 바와 같이 혁신에 대한 구체적인 요구를 형성해 주는 경쟁 아키텍처(competitive architecture)는 조직역량(organizational capabilities)의 개발에 영향을 주고 이는 다시 경쟁 아키텍처의 개발에 영향을 준다. 여기에서 경쟁 아키텍처란 기업이 경쟁하는 시장, 고객 및 이들의 니즈와 수요, 기업의 제품, 서비스, 조직, 목적 등이 속해 있는 산업적 환경을 의미하며, 조직역량은 도구, 기술, 과정, 구성원들이 가지고 있는 경영가능한 단위로 창출할 수 있는 지식을 통합하는 시스템 사고의 구조물을 의미한다(Miller & Morris, 1999: 32-33). 경쟁 아키텍처와 조직역량의

[그림 12-2] 제4세대 연구개발경영의 사이클

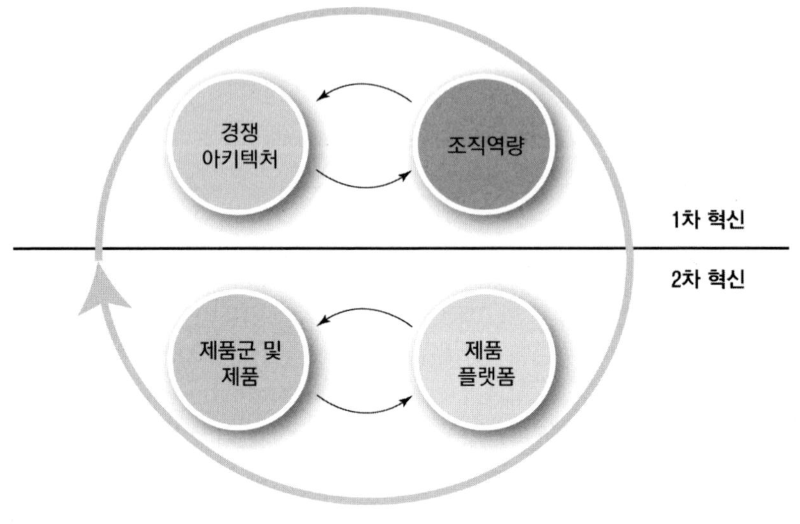

자료: Miller & Morris(1999), p.123.

개발은 전략적 의지(strategic intent)와 그곳에 도달하는 수단을 정의하기 위한 핵심경영과정으로서 전략의 수립과 제품개발에 투영된다. 즉, 이들 두 요소 간의 상호작용은 전략을 창출하고 이를 통해 형성된 1차 혁신은 제품 플랫폼(product platform)의 개발과 이를 기반으로 한 제품개발에 영향을 주어 2차 혁신을 낳게 된다. 이러한 반복적인 순환과정 중에 고객과의 상호의존적 학습을 통한 고객의 잠재적 니즈가 연구활동에 반영되고, 그 결과 불연속적 혁신과 새로운 지배제품의 창출이 이루어지게 된다.

4. 연구개발경영 유형의 요약

이상에서 논의한 연구개발경영의 패러다임 변천을 요약하면 <표 12-1>과 같다. 연구개발경영의 패러다임을 결정짓는 가장 중요한 변수는 기술의 중요성에 대한 최고경영자(top management)의 인식과 이를 바

〈표 12-1〉 연구개발경영 패러다임의 변화

구 분	시 기	조직적 연계의 정도				주요 특징
		R&D	생산	마케팅	고객	
제1세대 R&D경영	산업혁명~ 1950년					연구개발 및 연구소가 과학자들에 의해 주도되어지는 초보적 R&D 관리
제2세대 R&D경영	1950년~ 1980년					프로젝트 관리기법을 통하여 개별 프로젝트의 효율화 지향
제3세대 R&D경영	1980년~ 1990년대 중반					전사적 전략을 통합한 기술개발, 포트폴리오, 기술로드맵의 도입과 응용
제4세대 R&D경영	1990년대 중반 이후					비연속적 혁신을 창출하기 위한 전사적 기업조직과 외부의 시장 통합을 통한 가치창출형 기술개발

자료: Chung(2003), Chung & Kim(2004)에서 수정.

탕으로 한 기술을 둘러싼 기업 내의 기능부서 및 기업 외부의 이해관계자와의 연계의 정도이다. 즉, 연구개발활동의 기업 내의 전략적 위치에 따라 연구개발경영의 패러다임을 나누어 파악할 수 있는 것이다. 특히 제2세대에서 제3세대, 제3세대에서 제4세대로 변천함에 따라 조직적 연계의 정도가 크게 확대된다.

제1세대 및 제2세대 연구개발경영에서는 연구개발조직의 효율성(efficiency)을 지향한다. 제2세대 연구개발경영은 제1세대와 비교하여 연구개발조직의 효율성 제고를 위한 프로젝트 관리기법(project management tools)이 활용된다는 점이 다르며, 연구개발 프로젝트에 대한 총체적인 시각은 부족하다. 제3세대 연구개발경영은 최고경영층의 관심과 배려하에 연구개발기능과 연구개발경영이 기업경영의 중요한 위치를 차지하고 있음을 나타내 준다. 연구개발경영은 전사적 전략을 바탕으로 이루어지며 기업 내 다양한 기능부서가 연구개발경영에 연계되게 된다. 아울러 기술 포트폴리오, 기술로드맵 등의 복잡하고도 다양한 연구개발 경영기법이 활용된다. 이 점에서 제3세대의 연구개발경영은 최고경영자의 연구개발경영에 대한 높은 관심사를 보여준다. 제4세대의 연구개발경영은 기업의 다양한 기능부서의 연구개발조직에 대한 연계에서 더 나아가 불연속적 혁신(discontinuous innovation)을 창출하기 위한 시장의 통합을 지향하는 최첨단의 연구개발 경영관행을 나타내 준다.

연구개발경영은 기술경영의 핵심분야 중의 하나로서 기술전략의 구체적 진행(implementation)에 있어서 결정적인 역할을 담당한다. 전술한 바와 같이 연구개발경영은 여러 단계를 걸쳐온 것으로 이해할 수 있다. 그러나 연구개발경영을 기술경영의 일부로 파악하면 제4세대 연구개발경영은 전략적 기술경영의 일부로 파악할 수 있다. 전략적 기술경영은 기업을 둘러싼 기술경제환경이 급변하면서 기업이 최고경영자를 중심으로 하여 기술혁신을 기업의 경쟁우위 확보 및 부의 창출에 활용하려는 학문적·실무적 분야이기 때문이다(정선양, 2016). 여기에서는 신흥기술의 발전뿐만 아니라 시장의 명시적·묵시적 니즈의 파악에 적극적으로 노력하며 기술전략과 경쟁전략 간의 효과적인 연계에 노력을 기울인다. 아울러 기술경영의 대상을 연속적 혁신뿐만 아니라 불연속적 혁신을 모두 포괄하는 것으로 파악한다. 이 점에서 전략적 기술경영은 전술한 연구개발경영의 모든 발전단계를 포괄하는 것으로 이해할 수 있을 것이다.

제 2 절 불연속적 혁신의 경영

1. 불연속적 혁신의 개념과 특징

1) 불연속적 혁신의 특징

최근 화두가 되고 있는 제4세대 연구개발경영은 불연속적 혁신을 창출하고 경영하는 것을 강조하고 있다. 이는 그동안 기업이 기술혁신에 대한 막대한 투자를 함에도 불구하고 큰 상업적 성공을 거두지 못하는 것에 대한 반성에서 시작되었다. 특히 지난 세기 중반 이후 기술경제 환경의 변화로 전 세계적으로 단절성이 일반화되어 오고 있다. 이에 따라 연속적 혁신(continuous innovation)을 창출하기 위한 그동안의 연구개발경영 방안은 그 효용이 많이 떨어지고 있으며, 새로운 기술을 바탕으로 새로운 시장을 목표로 하는 불연속적 혁신(discontinuous innovation)을 창출하기 위한 연구개발경영이 필요하다는 것이다(Miller & Morris, 1999).

불연속적 혁신은 연속적 혁신과 상당히 다른 특징을 가지고 있다(<표 12-2> 참조). 먼저, 불연속적 혁신은 게임의 규칙(rule of game)이 정해져 있지 않아 이를 경영하기 위한 방안이 알려져 있지 않다. 그리하여 불연

〈표 12-2〉 연속적 혁신과 불연속적 혁신의 특징

연속적 혁신	불연속적 혁신
1) 게임의 규칙이 존재	1) 게임의 규칙이 존재하지 않음
2) 특정한 기술궤적의 존재	2) 모호성에 대한 높은 용인
3) 명확한 선택환경	3) 개방적, 희미한 선택환경
4) 약간의 개선	4) 실험으로부터의 학습
5) 전략적 방향이 매우 경로의존적	5) 전략적 방향이 매우 경로독립적
6) 위험회피	6) 높은 위험부담
7) 위험의 통제	7) 실패로부터 학습
8) 구조화된 조직 관행	8) 유연한 조직 관행
9) 일정 기법을 통한 선택행위	9) 주변을 향한 비전(peripheral vision)
10) 외부와 강력한 네트워크 구축	10) 외부의 여러 집단과 느슨한 연계

속적 혁신에 대해서는 기술궤적이 존재하지 않기 때문에 이에 대한 경영을 추구할 때에는 모호성(ambiguity)을 인식하고 다양한 접근방법을 추구하여야 한다.

의사결정에 있어서 선택환경(selection environment)이 모호하고 모든 가능성을 열어 놓는 개방적인 환경을 가지고 있다. 기술궤적이 존재하지 않기 때문에 불연속적 혁신은 경로독립적(path-independent)인 특징을 가지고 있다. 그리하여 이를 창출하기 위한 연구개발은 기존의 접근방법에 얽매이지 않고 새로운 접근방법을 추구하여야 한다. 불연속적 혁신은 과거와의 단절적이고 경로독립적이기 때문에 높은 위험성을 가지고 있으며, 이에 따라 이를 성공적으로 경영하기 위해서는 실패로부터 적극적인 학습을 하여야 한다. 아울러 기회의 인식 및 선택에 있어서 기존의 시장 및 산업을 지향하는 것이 아니라 이른바 주변을 향한 비전(peripheral vision)을 가지고 산업 및 시장 밖을 적극 주시하여야 한다. 이를 위하여 외부 집단의 다양한 주체들과의 유연한 연계체제를 구축하여야 한다.

2) 불연속적 혁신의 접근방법

불연속적 혁신의 경영에는 기존의 연속적 혁신과 다른 접근방법을 필요로 한다. 전통적인 연속적 혁신(continuous innovation)은 변화가 점진적이며, 혁신의 기회가 기존의 하부구조 내에서 발생한다. 그리하여 기업은 기존의 기본적 전략 혹은 가정에 도전함이 없이 기존시장(existing markets) 내의 기존지식(existing knowledge)에 근거하여 연구개발경영을 한다. 또한, 연속적 혁신은 고객의 미래 경쟁요건을 기존의 산업구조, 즉 기존의 경쟁구조(existing competitive architecture) 내에서 충족하는 것을 지향한다. 그리하여 연속적 혁신에 대한 경영은 기존의 산업구조에 대한 수렴형 사고(convergent thinking)로 특징지어지며([그림 12-3] 참조), 보다 강력한 집중 및 전문화의 증가 등으로 특징지어진다. 그리하여 연속적 혁신의 창출을 위한 연구개발전략은 포트폴리오 기획(portfolio planning), 5개

[그림 12-3] 연속적 혁신을 위한 수렴형 사고

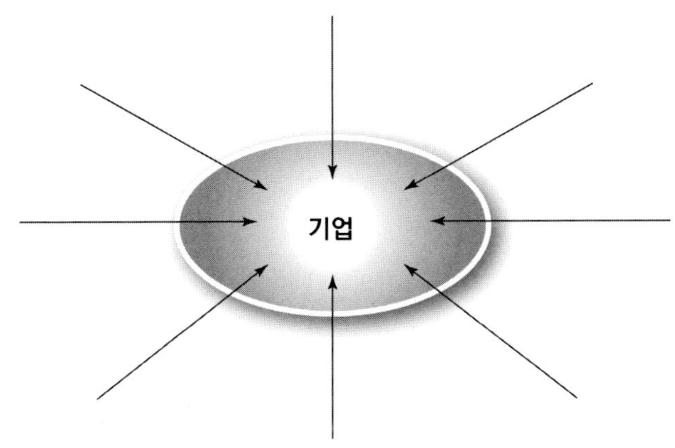

자료: Miller & Morris(1999), p.4.

힘 분석(five forces analysis), 고객의 수요와 가까이 있는 지역 자회사를 통한 세계화 등을 들 수 있으며, 핵심역량(core competence)에 대한 인식도 내부를 지향한다.

불연속 혁신(discontinuous innovation)은 개인교통수단에 있어서 말에서 자동차로 변환되는 것 이상의 변화이다. 그러나 지난 30여 년간 기술집약산업에서 성공한 어떤 기업들을 살펴보더라도 – 실제로 산업의 역사상 언제나 – 남보다 앞선 대단한 노력에 의해 창출되는 새로운 제품라인에 있어서 거대한 도약을 발견할 수 있다. 우리는 '연속적인 개선'의 관행에 대해서는 비교적 많이 아는 데 비하여, '불연속적 혁신'을 어떻게 경영할 것인가에 대해서는 아는 게 너무 없다.

불연속적 혁신은 기존시장의 밖에서 발생하며, 성공하면 새로운 가능성을 제시하면서 시장을 확장하거나 재정의한다. 이는 제품, 서비스에 영향을 줄 뿐만 아니라, 이들의 활용에 핵심적 하부구조 그리고 수많은 기업 및 산업이 포함되어 있는 분배체인에도 영향을 준다.

그리하여 Miller & Morris(1999)는 불연속적 혁신에 대한 접근은 발산

[그림 12-4] 불연속적 혁신을 위한 발산형 사고

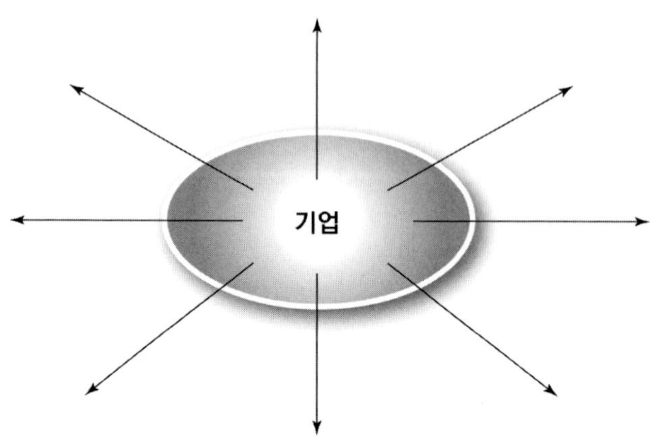

자료: Miller & Morris(1999), p.6.

형 사고(divergent thinking), 수평적 사고(lateral thinking), 정의된 경계 밖의 고찰, 시장의 수요와 기술능력의 양자와 관련된 새로운 지식의 발견이 필요하다고 강조한다([그림 12-4] 참조).

불연속적 혁신은 매우 극적으로 진행되는데, 이는 고객의 수요가 기존 역량의 체계 속에서는 충족될 수 없을 경우에 발생하게 된다. 그러나 이는 '새로운 경쟁규칙'을 가져와 새로운 것을 창출함으로써 기존의 모든 기업 및 모든 산업을 쓸모없게 만드는 비용을 수반한다. 이제, 불연속적 혁신의 영향으로부터 스스로를 충분하게 보호할 수 있는 산업은 없다. 예를 들어, 컴퓨터, 통신기술혁신은 모든 산업에 영향을 미쳐오고 있다.

안정적인 세계에서는 불연속적 혁신에 대한 수요가 필요하지 않으며, 연속적 혁신만으로도 모든 필요를 충족시킬 수 있다. 그러나 현재의 실상은 지수적 변화(exponential change)가 다양한 형태로 창출되고 있으며, 특히 '새로운 기술의 유입'은 기업들을 이로부터 회피를 할 수 없게 만들어 시장에서 경쟁력을 가지기 위해서는 경쟁자들이 추구하는 기술개발의 과정에 반드시 참여하여야 한다. 즉, 기대치 못한 경쟁의 위협, 산업

발전의 위험, 매출액의 변동 위험 등은 불연속적 혁신의 경영능력을 확보하는 것이 바람직한 것이 아니라 필수적인 것이 되었다.

그런데 여기에서 더욱 중요한 것은, 기업은 시장에서 이상과 같은 불연속성을 단순히 관리 · 경영하는 것이 아니라, 새로운 불연속성을 창출(creating new discontinuities)하여야 하는데, 이것을 어떻게 할 것인가의 문제가 제4세대 연구개발경영의 핵심 과제이다. 연속적 혁신은 기존의 니즈에만 주안점을 두어도 되지만, 불연속적 혁신은 거의 표현되지 않은 고객의 미래 니즈(future needs)에 의해 창출된다. 그런데 고객의 미래 니즈는 구체화되어 있지 못하기 때문에, 이를 이해할 수 있는 유일하고도 가장 좋은 방법은 고객을 기술혁신과정(innovation process)에 참여시키는 일이다. 이에 따라 불연속적 혁신과정은 미래에 가치를 가진 것이 무엇인가를 결정하기 위해 무엇이 가능한가를 고객이 반드시 경험하여야 하는 '상호의존적 학습과정'이다.

2. 불연속적 혁신의 경영방안

불연속적 혁신은 정상적인 환경 밖에서 창출되며, 일단 창출되면 '게임의 규칙(rule of game)'을 파괴한다. 이 같은 상황에서는 기존의 연구개발경영의 관행을 계속 잘하는 것은 충분하지 않으며, 기업은 새로운 형태의 연구개발경영의 관행을 필요로 한다. 그러나 이 같은 새로운 관행을 창출하는 것은 쉬운 일은 아니다. 기본적으로 이 관행은 매우 유연한 연구개발경영을 필요로 한다. 즉, 민첩성, 모호성과 불확실성에 대한 관용, 빠른 실패를 통한 빠른 학습 등이 필요하다(Tidd & Bessant, 2013: 96). 이 같은 특징들은 작은 모험형 중소기업에게서 많이 발견된다. 그리하여 기업은 연속적 혁신은 물론 불연속적 혁신을 창출하기 위한 연구개발경영을 모두 추진해야 하는 도전적인 상황에 놓여 있다. <표 12-3>은 이 책에서 강조하고 있는 연구개발경영의 주요 분야 및 흐름을 바탕으로 불

〈표 12-3〉 불연속적 혁신을 위한 연구개발경영 방안

연구개발경영 주요과정	순서	불연속적 혁신을 위한 주요 과제
1. 연구개발 환경평가	↓	1) 고객과 긴밀한 연계 및 사용자 혁신 2) 기업 외부의 혁신주체와 적극적 연계 3) 연구개발 환경평가에 있어서 새로운 방법 활용
2. 연구개발전략의 수립	↓	1) 연구선도자 등 선도자 전략의 추구 2) 연구개발전략에 대한 점진적 접근 3) 최고경영자 주도의 전략적 연구개발경영
3. 연구개발조직의 운영	↓	1) 기업 전체의 양손잡이 조직구조 운영 2) 중앙연구소의 적극 활용 3) 기업의 혁신우호적 문화 구축
4. 연구개발자원의 조달	↓	1) 최고경영자에 의한 하향식 연구개발 예산수립 2) 실물옵션기법 등 새로운 연구개발 투자의사결정법 적용 3) 글로벌 인재의 유치 및 이들의 적극적 활용
5. 연구개발활동의 수행	↓	1) 중앙연구소 등 불연속적 혁신을 위한 별도 조직 운영 2) 국내 산-학-연 연구개발주체와 연구개발협력 강화 3) 연구개발 세계화를 통한 선진국과의 연구개발협력 강화

연속적 혁신을 창출하기 위한 새로운 연구개발경영의 관행을 제시하고 있다. 아래에는 이를 자세히 살펴보기로 한다.

1) 연구개발 환경평가

연구개발 환경평가는 연구개발경영의 출발점으로 기회의 인식(opportunity recognition)을 목표로 하고 있다. 불연속적 혁신을 창출하기 위해서는 환경분석과 새로운 기술혁신의 기회를 인식하는데 다른 접근방법을 추구하여야 한다.

먼저, 고객, 즉 혁신의 사용자(users)와 긴밀한 협력관계를 구축·운용하여야 한다. 그동안의 연구개발경영에서는 사용자 및 고객을 기술혁신의 단순히 수동적 수용자의 역할만을 부여했다. 그러나 불연속적 혁신에서는 사용자가 기술혁신의 주요 원천이다. 사용자의 아이디어 그리고 기존의 해결책에서의 좌절의 경험은 실험적 연구개발을 가능하게 하고 기술혁신

의 초기 버전을 가능하게 한다. 불연속적 혁신에서 고객은 기업의 연구개발과정 및 기술혁신과정에 적극 참여하는 주체로 인식한다(von Hippel, 2005). 여기에서 사용자의 미표현된 수요(unarticulated needs)와 현재의 고객이 아닌 잠재적 고객(potential customers)은 불연속적 혁신을 위한 기회의 원천이 되기에 기업은 이들에 대한 면밀한 주시와 탐색을 하여야 할 것이다. 특히 대단히 적극적인 관심이 많은 사용자를 선도사용자(lead users)라고 부르는데, 이들은 혁신의 수요에 있어서 보통 시장에 훨씬 앞서가는데 이들의 중요성이 크다(von Hippel, 1986). Mansfield(1968)의 자본재 산업에 관한 폭넓은 사례연구에 따르면, 이들 사례의 75%에서 주요 혁신이 주요 기업으로 완전히 확산하는 데 20여 년이 걸렸다고 지적하고 있다. 이는 선도사용자를 바탕으로 불연속적 혁신 창출의 중요성을 나타내 준다.

둘째, 기업 외부의 혁신주체와 적극적 연계를 구축하여야 한다. 불연속적 혁신을 창출하기 위해서, 기업은 핵심 이해관계자, 즉 전술한 사용자, 공급기업, 경쟁기업, 학계, 연구계 등과 긴밀한 협력관계를 구축하고 기술혁신의 기회를 탐색하여야 한다. 이에 따라 불연속적 혁신을 창출하기 위해 기업은 개방형 혁신(open innovation)이나 연계개발(C&D: Connect & Develop) 전략을 추구하여 기업 및 산업 밖에서 혁신의 기회를 적극 탐색하여야 한다. 그리하여 기업은 이해관계자와 공진(co-evolve)의 관점에서 연구개발 및 기술혁신의 기회를 탐색하여야 한다.

셋째, 불연속적 혁신을 창출하기 위해서는 새로운 과학(science)의 발전에 주시하여야 할 것이다. 이 유형의 혁신은 기존의 산업 밖에서 그 기회가 창출된다는 점에서 새로운 과학의 발전은 이를 위한 기회의 탐색의 중요한 장이 된다. 이에 따라 기업은 대학, 공공연구기관 등과 공동연구 등 연구개발협력을 강화하고 전 세계적인 학술대회 등에 참가하여 기업이 관심 있는 분야의 과학기술 발전을 주시하고, 관련 학술지의 게재 논문과 특허 동향을 면밀히 살펴보아야 한다.

넷째, 기회의 인식을 위한 연구개발 환경평가의 구체적 방법에 있어서도 새로운 기법을 적극 활용하여야 한다. 예를 들어, 사람들이 자신들이 무엇을 하는가를 말하는 것보다는 이들이 실제 무엇을 하는지 면밀히 분석하는 심층분석(deep diving), 새로운 무엇인가를 우선 시험하고 성공 혹은 실패에서 학습하는 시험학습(probe and learn), 다양한 미래에 대한 시나리오(scenarios)를 적극적으로 개발 · 분석하는 등 다양한 새로운 기업을 혼합하여 사용하여야 할 것이다.

2) 연구개발전략의 수립

불연속적 혁신은 새로운 기술능력을 바탕으로 새로운 시장의 창출을 추구한다. 이에 따라 이 유형의 혁신을 창출하기 위해서는 다음과 같은 차별적인 연구개발전략을 추구하여야 한다.

먼저, 불연속적 혁신을 창출하기 위해서 기업은 여러 연구개발전략 중에서 연구 선도자, 혁신 선도자, 급진적 차별화 전략을 추구하여야 할 것이다. 일반적으로 이 같은 선도자 전략(leader strategy)은 연구개발능력을 어느 정도 확보한 대기업 이상 규모의 기업들이 추진하기에 용이할 것이다. 그러나 기술집약형 중소기업도 민첩성, 유연성, 집중성과 같은 특징을 살려 자신의 목표시장 혹은 틈새시장에서 선도자 전략을 추구하여야 할 수 있을 것이다.

둘째, 연구개발전략에 대한 접근방법과 관련하여 합리적 접근방법(rational approach)보다는 대응적 접근방법(emergent approach)이 적합할 것이다. 급변하는 기술경제환경에 대응하기 위한 불연속적 혁신은 사전적으로 연구개발전략을 수립하기가 매우 어렵다. 이에 따라 조직 구성원 모두가 연구개발전략의 수립과정에 참여하고, 실패로부터 학습하며, 변화하는 기술과 시장 환경에 맞추어 적극적 적응을 해나가는 접근방법이 필요하다. 특히 혁신의 기회를 창출하는 데 있어서 조직 구성원 모두가 적극적으로 참여하여 기업 내 · 외부와 적극적 연계를 추구하여야 할 것이다.

셋째, 불연속적 혁신은 새로운 게임의 규칙을 창출하여 막대한 수익 창출의 가능성이 높지만, 근본적으로 위험성과 복잡성이 매우 높다. 그리하여 이를 창출하기 위한 의사결정과 연구개발경영에는 최고경영자의 역할이 중요하다. 최고경영자는 산업에서 선도자가 되려는 강력한 의지, 즉 전략적 의지(strategic intent)를 가지고 새로운 혁신을 창출하고, 새로운 시장을 창출하려는 '거대한 야망'을 가져야 한다(Hamel & Prahalad, 1989). 이는 최고경영자 주도의 연구개발경영을 의미한다. 전반적인 기술경영이 최고경영자 주도로 추진하는 '전략적 기술경영'이어야 하듯이(정선양, 2016; Schilling, 2005; White & Bruton, 2007), 불연속적 혁신을 위한 연구개발경영도 반드시 최고경영자 주도의 '전략적 연구개발경영(strategic R&D management)'이 되어야 할 것이다.

3) 연구개발조직의 운영

불연속적 혁신 창출을 위한 연구개발조직 역시 다른 조직구조를 필요로 한다. 먼저, 기업 전체로 볼 때 기업은 양손잡이 조직구조(ambidextrous organization)를 구축·운영하여야 할 것이다. 이 조직구조는 '전통적 사업부문'과 새로운 기술혁신을 바탕으로 한 '새로운 사업부문'을 동시에 운영하는 구조이다(Tushman & O'Reilly Ⅲ, 1986, 1996, 2002). 이와 같은 조직구조 하에서 새로운 산업부문은 불연속적 혁신의 창출 및 사업화에 노력하여야 할 것이다. Tushman & O'Reilly Ⅲ는 양손잡이 조직구조를 성공적으로 운영하기 위해서는 양손잡이 경영을 할 수 있는 다양한 조직문화, 대기업인데도 유연하게 운영되는 독립집단의 운영, 오케스트라 지휘자와 같은 양손잡이 경영자를 필요로 한다고 강조하였다.

둘째, 불연속적 혁신을 창출하기 위해서는 독립적인 중앙연구소(central research institute)의 운영이 필요하다. 중앙연구소는 사업부 연구개발부서에 비하여 중장기적이고 불연속적 혁신의 창출에 용이하다. 중앙연구소는 단기적인 사업화 압력에서 벗어나 최고경영자의 독립적 지시와 후원을 받아 위험성이 높은 연구를 수행할 수 있다. 그리하여 중앙연구소의 주요 미션을 불연속적 혁신의 창출 및 사업화에 부여할 필요가 있다.

셋째, 불연속적 혁신은 근본적으로 위험이 높고 많은 자원을 필요로 하기에 생산, 마케팅 등 일반 사업부서에서는 이에 대한 부정적인 시각이 많다. 이에 따라 불연속적 혁신을 창출하기 위해서는 기업 전체가 혁신우호적 문화(innovation-friendly culture)를 유지하여야 할 것이다. 이 같은 문화를 바탕으로 기업 전체가 기업가적 문화를 확보하여야 불연속적 혁신에 대한 적극적인 경영을 할 수 있을 것이다. 즉, 이 같은 문화를 가진 기업은 불연속적 혁신의 특징인 모호성에 대한 관용, 경로 독립적 연구개발활동, 적극적 실험, 실패로부터의 학습 등이 용이하게 이루어질 것이다.

4) 연구개발자원의 조달

불연속적 혁신을 창출하기 위한 연구개발자원의 확보는 쉬운 일이 아니다. 이를 담당할 연구개발조직은 기업의 다른 사업부서와는 물론 연구개발조직 내에서의 다른 부서와 자원의 확보에 경쟁하게 된다. 그리하여 이 유형의 혁신을 위한 자원확보가 매우 중요하다.

먼저, 불연속적 혁신을 위해서는 하향식 예산배분(top-down budgeting)이 필요하다. 불연속적 혁신을 창출하기 위한 연구개발 프로젝트의 수행은 최고경영자의 의지와 의사결정이 중요하고, 이를 바탕으로 자원의 조달 및 예산의 확보가 필요하다. 아울러 사업부서 및 연속적 혁신을 수행하는 연구개발부서는 불연속적 혁신에 대한 부정적인 인식이 높은 경향이 있어 상향식 예산배분으로는 불연속적 혁신을 위한 예산의 확보가 쉽지 않다. 기업은 일반적으로 상호작용적 예산배분을 하는 것이 바람직하나 불연속적 혁신을 위한 예산은 일반적 예산배분에 추가하여 특별히 최고경영자 지시에 의한 하향식 예산배분이 필요할 것이다.

둘째, 불연속적 혁신은 기업의 차세대 성장동력을 창출하는 것으로서 이를 위한 연구개발 프로젝트의 선정에 있어서 새로운 접근방법이 필요하다. 일반적으로 연구개발 투자결정은 기초연구를 위한 '간접비 접근방법'으로부터 개발연구를 위한 '자본예산기법'에 이르는 여러 방법을 복합적으로 사용하나, 불연속적 혁신을 위한 프로젝트는 이들 접근방법으로는 채택되기 어렵다. 그리하여 최근 강조되고 있는 실물옵션기법(real options approach)을 적용하는 것이 바람직할 것이다. 이 접근방법은 매우 폭넓은 연구개발 프로젝트에 대해 상대적으로 소규모 연구개발투자를 하여 일단 프로젝트를 진행하고, 일정 기간이 지난 결과 가장 유망한 프로젝트들만 계속 진행하고 이들에 대해 전폭적인 투자를 하여 위험을 저감하는 투자기법이다(Tidd & Bessant, 2013: 383-384). 이 기법을 통하여 기업은 많은 범위의 기회를 모색하고 연구개발활동의 가치를 제고할 수 있을 것이다.

셋째, 기업의 핵심 연구개발자원은 연구개발인력이다. 불연속적 혁신을 추구하기 위해서는 전 세계적으로 최고의 글로벌 인재(global talent)를 유치하고 이들의 연구능력을 최대한 끌어내야 할 것이다. 이와 같은 글로벌 인재를 유치하는 것은 쉬운 일이 아니다. 일단 이들은 인건비가 매우 비싸고 이들을 유치하기 위해서는 이들과 가족들을 위한 정주환경 등 인프라가 확충되어야 한다. 특히 외국 국적의 인재를 유치하는 것은 언어, 문화 등의 문제로 인해 쉬운 일이 아니다. 이에 따라 일부 기업은 실리콘밸리 등 첨단 혁신클러스터에 해외 연구개발조직을 설치하고 이들을 유치하고 있다. 이와 같은 인재의 유치 및 활용에는 최고경영자의 적극적인 후원이 필요하며, 여기에 전략적 연구개발경영의 필요성이 있는 것이다.

5) 연구개발활동의 수행

이제는 불연속적 혁신을 위한 연구개발활동을 어떻게 수행할 것인가의 문제가 대두된다. 먼저, 불연속적 혁신은 중앙연구소(central research institute)에서 수행하여야 할 것이며, 만약 중앙연구소가 존재하지 않으면 연구개발부서에서 이 유형의 혁신을 지향하는 별도의 연구개발조직, 예를 들어 특별 프로젝트팀을 구성하여야 한다. 연구개발부서는 사업부가 필요로 하는 단기적 연구개발에 주안점을 두는 데 비하여, 중앙연구소는 기업의 미래성장동력을 발굴하는 미래지향적 연구를 수행한다. 이 점에서 불연속적 혁신을 위한 연구개발활동은 중앙연구소에서 수행하여야 할 것이다. 특히 중앙연구소에서도 가장 우수한 연구인력으로 연구팀을 구성하여 연구개발활동을 수행하여야 할 것이다.

둘째, 불연속적 혁신을 창출하기 위해서는 기업 연구개발조직은 국내의 혁신주체들과 긴밀한 연구개발협력(R&D collaboration)을 추진하여야 할 것이다. 여기에서 혁신주체들은 경쟁기업, 다른 산업의 관련 기업, 대학, 공공연구기관을 의미한다. 특히 불연속적 혁신은 경계 외의 고찰, 주변 밖의 고찰을 하여야 한다는 점에서 기존 산업 밖의 혁신주체, 특히 대학 및 공공연구기관과 긴밀한 협력을 할 필요가 있다. 이와 관련하여 우리나라를 비롯한 많은 나라의 정부가 국가의 차세대 성장동력을 창출하기 위해 자국의 혁신주체들, 즉 산-학-연 간의 협력을 활성화하기 위한 다양한 프로그램을 시행해 오고 있다(정선양, 2018: 206-216). 불연속적 혁신을 창출하려는 기업은 자체적 예산은 물론 이 같은 정부 프로그램에 대한 적극 참여를 통해 이 유형의 혁신을 창출하는 데 적극적인 노력을 기울여야 한다.

셋째, 이와 같은 다양한 혁신주체와의 협력은 국내에 한정하는 것이 아니라 국제연구개발협력(international R&D collaboration)에도 주안점을 두어야 할 것이다. 이는 물론 기업의 규모 및 전략적 지향에 의존하는 바가 크다. 글로벌 기업의 경우에는 다양한 나라에서 다양한 연구개발협력을 추진해 오고 있다. 불연속적 혁신을 창출하기 위한 연구개발협력의 대상은 우선 선진국이 될 것이며, 이에 따라 선진국의 관련 기업, 대학, 공공연구기관과 다양한 형태의 연구개발협력을 적극 추진할 필요가 있다. 일부 선도기업은 보다 내실 있는 협력을 추진하기 위해 선진국에 연구센터를 설치하고 현지의 우수한 인력을 고용하여 차세대 성장동력 분야의 불연속적 혁신을 창출하기 위해 노력해 오고 있다. 예를 들어, 삼성전자는 이미 1988년에 미국 실리콘밸리에 Samsung Research America라는 대규모 연구소를 설립하여 운영해 오고 있고, 최근에는 AI 등 4차 산업혁명과 관련된 분야의 최첨단 연구를 수행해 오고 있다.

▌캐논의 연구개발전략

캐논(Canon)은 영상 및 광학 기기에 특화된 일본의 다국적기업이다. 이들의 주제품은 복사기, 캠코더, 렌즈, 프린터 등이다. 본사는 일본 도쿄도 오타구에 위치해 있으며, 후요 그룹에 속한다. 캐논은 1937년 도쿄에서 미타라이 다케시와 요시다 고로, 마에다 다케오, 우치다 사부로가 '정기광학연구소'라는 이름으로 설립한 것이 전신이다. 초기에는 광학 유리를 제조, 초기 제품은 렌즈였다.

1933~1936년에 사명을 '칸논(Kwanon)'으로 명명하며, 본격적으로 사업을 다각화하기 시작했다. 이때 전자식 계산기 '아니타 마크8'을 출시하고 1947년 사명을 캐논으로 고치게 되었다. 1940년 일본 최초의 산업용 엑스레이 카메라를 생산하였으며, TV 줌렌즈를 생산하기 시작하였다. 1958년~59년은 세계 최초의 영화 카메라인 캐논플렉스와 리플렉스 줌8 렌즈를 선보였다. 1961년 레인지파인더 카메라 캐논7, 50mm 1:0.95를 출시하였으며, 1964년 일본 최초의 10-키 계산, 이후 캐논 펠릭스를 출시하였다. 2009년 10월 캐논은 독일의 프린터 Océ를 인수, 2010년 3월 최대 주주가 되며, 세계 최대의 프린터 제조사로 부상하였다.

캐논은 지속적으로 성장하였지만, 그 과정에서 어려움도 분명히 존재했다. 대표적인 사례가 제록스와의 경쟁이다. 캐논은 1960년부터 복사기를 제조하였다. 1960년대까지 미국의 제록스(Xerox)가 특허를 무기로 세계시장을 독점하고 있었다. 하지만 캐논은 제록스의 특허를 전혀 사용하지 않고 자신들의 전자사진 방식을 개발, 1969년 첫 제품을 출시하게 된다. 이후 1970년대와 1980년대에 캐논은 전략적 의지(strategic intent)와 기술혁신(technological innovation)을 바탕으로 복사기 분야에서 최고의 기업으로 성장하여 제록스와 경쟁하여 현재에는 대등한 시장점유율을 차지하고 있다. 당시 전문가들은 두 기업 간의 경쟁을 다윗(캐논)과 골리앗(제록스)의 전투라고 묘사하였다. 작은 기업 캐논이 세계적인 기업인 제록스를 추월할 수 있는 것은 매우 흥미로운 사례가 아닐 수 없다.

캐논의 성공은 전략적 의지(strategic intent)를 바탕으로 한 성공사례이다. Hamel & Prahalad(1989)에 따르면, 전략적 의지는 조직 전체 차원의 성공하려고 하는 위대한 야망(great ambition)이라고 정의한다. 또한, 이들은 전략적 의지는 마라톤을 400미터 계주의 속력으로 달리는 것이라고 비유하며, 최고경영자의 역할은 이같이 빨리 달리면 조직이 목표를 잃게 될 수 있기 때문에 조직 전체를 계속 반복되는 400미터에 집중시키는 일이라고 강조한다. 캐논의 최고경영자는 조직 구성원 전체에게 "제록스를 물리치자!!!(Beat Xerox!!!)"라는 구호로 불가능해 보이는 목표를 매우 혁신적인 기술을 바탕으로 승리하였다.

당시 제록스는 고속, 대용량 복사기에 집중한 전략을 펼쳤다. 제록스는 대형 복사기를 대기업에 판매하는 것에 초점을 맞춘 것이다. 대형 복사기를 대기업에 효과적으로 판매하기 위해, 영업사원이 고객을 방문하는 직접판매방식을 사용하였다. 또한, 복사기에 이상이 생길 경우, 대리점으로 옮겨 수리하는 것이 비현실적이므로 서비스 직원이 직접 방문하여 수리하는 방식으로 진행하였다. 제록스가 집중한 기술은 코팅종이복사기(CPC: Coated Paper Copier), 액체토너기술(liquid toner technology)이 아닌 고속, 대용량 복사기에 적합한 보통용지복사기(PPC: Plain Paper Copier)와 건식토너기술(dry toner technology)이었다.

이러한 방식으로 제록스가 복사기 시장에 군림하였을 때, IBM, KODAK, 캐논이 진출하게 된다. IBM, KODAK은 제록스와 유사한 전략을 수립하였다. 하지만 캐논은 복사기의 속도, 용량뿐만 아니라 편의성, 즉 고객이 얼마나 편리하게 사용할 것인가에 집중해 성공을 거둘 수 있었다. 이러한 편의성을 증진하기 위해 캐논은 중앙집중식 복사방식(centralized copying concept)을 분산복사방식(decentralized copying concept)으로 대체한다. 즉, 특정 지역에 복사기를 설치하여 기업 내 구성원들이 특정 지역으로 복사업무를 하고 각자의 위치로 돌아가는 중앙집중식 복사방식은 고객의 입장에서 상당히 불편하다. 이런 불편 해소를 위해 각 부서, 개인에 하나의 복사기를 설치하여 불편함을 해소하는 방식을 채택했다.

이러한 분산복사방식에 적합한 제품은 소형복사기이다. 또한, 소용량, 저속 복사기를 선호하는 고객은 대기업뿐만 아니라 중소, 개인 고객이다. 캐논은 제품이 소형복사기이며, 동시에 대기업의 각 부서, 중소기업, 개인이므로 직접판매는 효율적이지 않다는 판단을 했다. 따라서 캐논은 대리점을 통한 유통방식으로 전략을 수립한다. 사후관리의 경우, 복사기가 소형이기 때문에 고객이 대리점으로 이동하여 수리를 받는 것이 가능하다. 또한, 복사기의 가격이 저렴하여 고객의 자금 부담이 적어 대여가 아닌 현금판매가 가능하고 저속, 소용량으로 PPC나 건식토너기술과 같은 첨단기술이 필요하지 않다. CPC, 액체토너기술과 같은 저렴하며 라이선싱을 통해 구입이 가능한 기술을 사용하는 것도 주요한 이유이다.

그리하여 캐논은 연구개발부서에 가격이 1,000US$의 목표가격을 가진 집에서 사용할 복사기를 개발할 것을 목표로 정해 주었다. 그 당시 캐논의 비싼 복사기는 수천 달러에 판매되고 있었다. 그리하여 기존의 복사기의 가격을 낮춘다는 것은 복사기 성능의 급속한 하락을 의미하는 것이었다. 그리하여 캐논의 연구개발부서는 복사기를 거의 새로이 발명하듯이 노력하였고, 그리하여 이상에서 언급한 기술혁신을 이루어냈다.

이와 같은 캐논의 성공은 전략에 있어서의 혁신을 가져오는 전략적 혁신(strategic innovation)에서 비롯한다. 먼저 대응관점에서 IBM, KODAK, 캐논이 복사기 시장에 진출하였을 때, 제록스는 'Strategy Q' 전략을 실행했다. 이는 제록스의 기존 전략을 강화하는 것이다. 더 빠른 대용량 복사기를 개발하여 기존 대기업의 니즈를 확실하게 충족시키는 방법이다. Strategy Q는 같은 전략으로 시장에 진입하는 IBM, KODAK을 겨냥한 전략으로 볼 수 있다. 이러한 대응전략을 통해, 선도기업에 대한 모방전략의 성공이 어렵다는 것을 파악할 수 있다. 후발기업은 선도기업에 비해 핵심자원이 뒤떨어진다. 이 전략은 궁극적으로 선도기업보다 높은 수준의 능력과 자원을 갖는 전략인데, 현실적으로 불가능하다.

구체적으로 제록스의 Strategy Q처럼 선도기업은 자원을 꾸준하게 투자하며 성장한다. 따라서 후발기업이 선도기업을 따라잡는 것도 어렵지만, 해당 위치에 도달한 시점에 선도기업은 더 높은 수준으로 성장하며 격차는 증가하게 된다. 결론적으로 후발기업이 선도기업과 같은 전략을 수립한다는 것은 끝없는 추격전을 전개하여, 최종적으로 시장에서 도태되는 결과를 낳는다.

반면 선도기업과 다른, 고객에게 높은 가치를 제공하는 전략적 혁신(strategic innovation)은 선도기업이 효과적으로 대응하지 못하도록 한다. 선도기업은 전략적 혁신에 둔감하고 공세적인 연구개발전략을 추구하지 않는 경향이 있다. 자신의 성공에 심취하여 기존 전략에 집착하고 새로운 전략에 대해 두려워하며 변화하지 않는다. 경영실적이 좋은 기업일수록 현재의 이익이 크기 때문에 이러한 모습이 강하게 나타난다. 제록스는 대형 복사기 시장에서 높은 점유율을 보유하며, 소형복사기 시장이 전혀 매력적이지 않다는 고정관념을 가졌다. 또한, 캐논의 소형복사기 시장 진출이 직접적인 영향을 미치지 않는다는 편견을 가지고 적절한 대응전략을 수립하지 못했다. 결국, 선도기업은 기존 자신들의 전략과 새로운 전략이 상치되는 모습을 보며, 적절한 대응을 하지 못하게 된다. 두 전략에 요구되는 자원과 능력이 다르기 때문에 후발기업에 대한 모방이 어려운 결과를 낳는 것이다.

자료: 저자의 「R&D관리」 과목에서의 사례분석.

참/고/문/헌

1. 국내문헌

과학기술정보통신부 · 한국과학기술기획평가원(각 연도), 『과학기술연구개발활동조사보고』, 서울.

박준용(2004), 『전략경영: 이론과 실제』, 청람, 서울.

서울대학교 교육연구소(1995), 『교육학용어사전』, 하우동설.

손수현(2001), “왜4세대 R&D인가?”, ≪기술관리≫, 5월호, 한국산업기술진흥협회, 45~47쪽.

손욱(2000), “기업기술혁신역량의 강화”, ≪과학기술정책≫, 1 · 2월호, 과학기술정책연구원, 121~128쪽.

윤석철(1994), 『과학과 기술의 경영학』, 경문사, 서울.

장세진(1995), 『글로벌경쟁시대의 경영전략』, 박영사, 서울.

정선양 등(1999), 『지방과학기술진흥종합계획』, 과학기술부 등, 서울.

정선양(1995, 1999), 『독일의 과학기술체제와 정책』, 과학기술정책연구원. 서울.

정선양(2016), 『전략적 기술경영』, 제4판, 박영사, 서울.

정선양(2018), 『기술과 경영』, 제3판, 시대가치, 서울.

정선양 · 김경희(2015), 『경쟁우위의 종말』, 경문사, 서울(번역서).

정선양 · 김경희 · 조성복(2011), 『과학 비즈니스』, 경문사, 서울(번역서).

정선양 · 김일용 · 임덕순(1991), 『민간기업의 효율적 연구관리시스템 구축에 관한 연구』, 과학기술정책연구소, 서울.

정선양 · 이종옥 · 이규현 · 조성복 · 윤진효(2005), 『R&D 관리』, 경문사, 서울.

한국산업기술진흥협회(각 연도), 『산업기술백서』, 서울.

2. 국외문헌

Afuah, A.(2003), *Innovation Management: Strategies, Implementation and Profits*, 2nd Ed., Oxford University Press, New York.

Alderfer, G. P.(1972), *Existence, Relatedness and Growth*, The Free Press, New York.

Andrews, F. M. and Farris, G. F.(1967), “Supervisory Practices and Innovation in Scientific Terms”, *Personnel Psychology*, Vol.20, pp.497-515.

Ansoff, H. I. and Stewart, J. M.(1967), “Strategies for a Technology-Based Business”, *Harvard Business Review*, Vol.45, No.6, pp.71-83.

Ansoff, H. I.(1991), "Critique of Henry Minzberg's 'The Design School': Reconsidering the Basic Premises of Strategic Management", *Strategic Management Journal*, Vol.12, No.6.

Arthur D. Little(Hrsg.)(1988), *Innovation als Führungsaufgabe*, Frankfurt am Main & New York.

Arthur D. Little(Hrsg.)(1991), *Management der F&E-Strategie*. Gabler, Wiesbdaen.

Arthur, D. Little(Hrsg.)(1997), *Management von Innovations und Wachstum*, Gabler, Wiesbaden.

Bailyn, L.(1984), "Autonomy in the Industrial R&D Lab", Unpublished Paper, Sloan School of Management, MIT.

Beckmann, C.(1997), *Internationaliserung von Forschung und Entwicklung in multinationalen Unternehmen*, Aachen.

Bessant, J.(1991), *Managing Advanced Manufacturing Technology: The Challenge of the Fifth Wave*, NCC Blackwell, Manchester & Oxford.

Betz, F.(1998), *Managing Technological Innovation: Competitive Advantage from Change*, John Wiley & Sons, New York.

Bhalla, S. K.(1987), *The Effective Management of Technology*, Battelle Press, Columbus, OH.

Bleicher, F.(1990), *Effiziente Forschung und Entwicklung*, Wiesbaden.

Bossidy, L. and Charan, R.(2002), *Execution: The Discipline of Getting Things Done*, Crown Business, New York.

Boston Consulting Group(BCG) (1975), *Strategy Alternatives for the British Motorcycle Industry*, Her Majesty's Stationery Office, London.

Bower, J. L. and Christensen, C. M.(1995), "Disruptive Technologies: Catching the Wave", *Harvard Business Review*, January-February.

Brockhoff, K.(1989), *Schnittstellen-Management: Abstimmungsprobleme zwischen Marketing und Forschung und Entwicklung*, Poeschel, Stutgart.

Brockhoff, K.(1994), *Forschung und Entwicklung*, 4. Auflage, Oldenbourg, München.

Brockhoff, K. et al.(1996), "Managing Interfaces", in: Gaynor, G. I.(Ed.), *Handbook of Technology Management*, McGraw-Hill, New York, Chapter 27.

Buchholz, W.(1998), "Timingstrategie-Zeitpotimale Ausgestaltung von Produktentwicklungsbeginn und Markeintritt", *Zeitschrift für betriebswirtschaftliche Forschung*, Vol.50, No.1, pp.21-39.

Charkrabarti, A. K. and O'Keefe(1977), "A Study of Communicators in Research and Development Laboratories", *Group and Organization Studies*, Vol.2, pp.336-346.

Chesbrough, H.(2003), *Open Innovation: The New Imperative for Creating and Profiting from Technology*, Harvard Business School Press, Boston, MA.

Chesbrough, H. and Garman, A.(2010), "How Open Innovation Can Help You Cope in Lean Times", *Harvard Business Review*, December, pp.1-10.

Chiesa, V.(2000), "Global R&D Project Management and Organization: A Taxonomy", *Journal of Product Innovation Management*, Vol.17, pp.341-359.

Chiesa, V.(2001), *R&D Strategy and Organization*, Imperial College Press, London.

Christensen, C. M.(1997), *The Innovator's Dilemma: When New Technologies Cause Great Firms to Fail*, Harvard Business School Press, Boston, MA.

Christensen, C. M.(2000), *The Innovator's Dilemma*, HarperBusiness, New York.

Christensen, C. M.(2003), *The Innovator's Solution: Creating and Sustaining Successful Growth*, Harvard Business School Press, Boston, MA.

Christensen, C. M., Craig, T., and Hart, T.(2001), "The Great Disruption", *Foreign Affairs*, March-April 2001, pp.80-95.

Chung, S.(1996), *Technologiepolitik für neue Produktionstechnologien in Korea und Deutschland*, Physica-Verlag, Heidelberg.

Chung, S.(2003), "R&D Management Capabilities of Korean Enterprises", Presented at *the 12th International Conference on Management of Technology*, Nancy, France, May 2003.

Chung, S.(2016), "Korean Government and Science and Technology Development", in Hipert, U.(Ed.), *Routledge Handbook of Politics and Technology*, Routledge, London and New York, pp.222-235.

Chung, S. and Kim, J.(2004), "Top Management's Role in R&D Capabilities of Korean Electronic Parts Companies", Presented at *the R&D Management Conference 2004*, Sesimbra, Portugal, July 6-9, 2004.

Chung, S. and Kim, J.(2004), "Volume vs. Efficiency: R&D Management Capabilities of Korean Electronic Parts Firms", *Portland International Conference of Engineering and Technology(PICMET) 2004*, Seoul, Korea.

Clark, K. B. and Wheelwright, S. C.(1992), "Organizing and Leading "Heavy Weight" Development Teams", in: Wheelwright, S. C. and Clark, K. B., *Revolutionizing Product Development: Quantum Leaps in Speed, Efficiency, and Quality*, The Free Press, New York, Chapter 8.

Clark, K. B. and Wheelwright, S. C.(1993), *Managing New Product and Process Development: Text and Cases*, The Free Press, New York.

Corsten, H., Gössinger, R., and Schneider, H.(2006), *Grundlagen des Innovations-*

management, Verlag Franz Vahlen, München.

Debackere, K., Buyens, D., and Vandenbossche, T.(1997), "Strategic Career Development for R&D Professionals: Lessons from Field Research", *Technovation*, Vol.17, No.2, pp.53-62.

DeDreu, C. K. W. and Gelfand, M. J.(2008), *The Psychology of Conflict and Conflict Management in Organizations*, Lawrence Erlbaum Associates, New York.

Drucker, P. F.(1985), *Innovation and Entrepreneurship*, Harper & Low, New York.

Drucker, P. F.(1985), "The Discipline of Innovation", *Harvard Business Review*, August.

Dussauge, P. and Garrette, B.(1999), *Cooperative Strategy: Competing Successfully through Strategic Alliances*, John Wiley & Sons, Chichester.

Dyer, J. H., Gregersen, H. B., and Christensen, C. M.(2009), "The Innovator's DNA", *Harvard Business Review*, December, pp.61-67.

Dyer, J., Gregersen, H., and Christensen, C. M.(2011), *The Innovator's DNA: Mastering the Five Skills of Disruptive Innovators*, Harvard Business Review Press, Boston, MA.

Ettlie, J. E.(2000), *Managing Technological Innovation*, John Wiley & Sons, Chichester.

Farris, G. F.(1982), "The Technical Supervisor: Beyond the Peter Principle", in: Tushman M. L. and Moore, W. L.(Eds.), *Readings in the Management of Innovation*, Pitman Publishing, Boston, pp.337-348.

Fiedler, F. E.(1967), *A Theory of Leadership Effectiveness*, McGraw-Hill, New York.

Floyd, C.(1997), *Managing Technology for Corporate Success*, Gower, Aldershot & Hampshire.

Foa, U. and Foa, E.(1974), *Societal Structures of the Mind*, Thomas, Springfield, IL.

Ford, D. and Ryan, C.(1981), "Taking Technology to Market", *Harvard Business Review*, March-April, pp.117-126.

Foster, R. N.(1986), *Innovation: The Attacker's Advantage*, Summit Books, New York.

Foster, R. and Kaplan, S.(2002), *Creative Destruction*, Harvard Business School Press, Cambridge, MA.

Freiberg, P.(1995), "Creativity is Influenced by Our Social Networks", *Monitor, American Psychological Association*, Vol.21.

Gaynor, G. I.(Ed.)(1996), *Handbook of Technology Management*, McGraw-Hill, New York.

Gerpott, T. J.(1999), *Strategisches Technologie- und Innovationsmanagement*, Schäffer-Poeschel Verlag, Stuttgart.

Geschka, H.(1995), *Das kreative Unternehmen-Organisationsformen, Führungsstil.*

Techniken, Tagungsband Deutscher Wirtschaftsingenieurtag, München, 10/11 November, 1995.

Geschka, H., Schaullele, J., and Zimmer, C.(2002), "Explorative Technologies-Roadmaps-Eine Methodil zur Erkundung teschischer Entwiklungslinien und Potenziale", in: Möhrle, M. G. and Isenmann, R.(Hrsg.), *Technologie-Roadmaping-Zukunfutsstrategien für Technologieunternehmen*, Berlin & Heidelberg, pp.105-128.

Goold, M.(1995a), "Design, Learning and Planning: A Further Observation on the Design School Debate", *California Management Review*, Vol.38, No.4, pp.94-95.

Goold, M.(1995b), "Learning, Planning, and Strategy: Extra Time", *California Management Review*, Vol.38, No.4, pp.100-102.

Goold, M., Campbell, A., and Alexander, M.(1998), "Corporate Strategy and Parenting Theory", *Long Range Planning*, April 1998, pp.308-318.

Grant, R. M.(1991), "The Resource-Based Theory of Competitive Advantage: Implication for Strategy Formulation", *California Management Review*, Spring 1991, pp.114-135.

Hall, D. T. and Mansfield, R.(1975), "Relationships of Age and Security with Career Variable of Engineers and Scientists", *Journal of Applied Psychology*, Vol.60, pp.201-210.

Hamel, G. and Prahalad, C. K.(1989), "Strategic Intent", *Harvard Business Review*, May-June.

Hauschildt, J.(1997), *Innovationsmanagement*, 2. Auflage, München.

Hunger, J. D. and Wheelen, T. L.(1996), *Strategic Management*, 5th Ed., Addison-Wesley, New York,

Huston, L. and Sakkab, N.(2006), "Connect and Develop: Inside Proctor & Gamble's New Model for Innovation", *Harvard Business Review*, March 2006.

Jain, R. K., Triandis, H. C., and Weick, C. W.(2010), *Management of Research and Development Organizations: Managing the Unmanageable*, 3rd Ed., John Wiley & Sons, New York.

Johannson, B.(1985), *Kreativität und Marketing*, Lang, Frankfurt am Main.

Just, R. W.(1997), *Die Internationalisierung der Unternehmensbereiche Forschung und Entwicklung*, Europäischer Verlag der Wissenschaften, Frankfurt am Main.

Kelley, T.(2005), *The Ten Faces of Innovation*, Doubleday, New York.

Khalil, T.(2000), *Management of Technology: The Key to Competitiveness and Wealth Creation*, McGraw-Hill, Boston, MA.

Kieser, A.(1993), *Organisationstheorien*, Stuttgart.

Kieser, A. and Kubicek, H.(1992), *Organisation*, 3. Auflage, Berlin.

Kim, L.(1997), *Imitation to Innovation: The Dynamics of Korea's Technological Learning*, Harvard Business School Press, Boston, MA.

Krames, J. A.(2005), *Jack Welch and the 4E's of Leadership*, McGraw-Hill, New York.

Krubasik, E.(1982), "Technologie: Strategische Waffe", *Wirtschaftswoche*, Vol.36, No.35, pp.28-33.

Krubasik, E. and Schrader, J.(1990), "Globale Forschungs- und Entwicklungsstrategien", in: Welge, M.(Hrsg.), *Globales Management: Erfolgreiche Strategien für den Weltmarkt*, Stuttgart, pp.17-27.

Kuhn, K.(1989), "Zur Stellung von Forschung und Entwicklung in der Organisationsstruktur von Technologieunternehmen", in: Bühner, R.(Ed.), *Forschungsorganisation und Technologiemanagement*, Berlin, pp.91-119.

Leonard-Barton, D.(1995), *Wellsprings of Knowledge*, Harvard Business School Press, Boston, MA.

LaPorte, T. R.(1967), "Conditions of Strain and Accomodation in Industrial Research Organizations", *Administrative Science Quarterly*, Vol.12, pp.21-38.

Mansfield, E.(1968), *Industrial Research and Technological Innovation: An Econometric Analysis*, Norton, New York.

Maslow, A.(1992), *Motivation and Personality*, 3rd Ed., Harper, New York.

Medcof, J. W. and Rumpel, S.(2007), "High Technology Workers and Total Rewards", *The Journal of High Technology Management Research*, Vol.18, No.1, pp.59-72.

Merten, U. and Ryu, S. M.(1983), "What Does the R&D Function Actually Accomplish", *Harvard Business Review*, July-August.

Meyer-Krahmer, F.(1989), *Der Einfluß staatlicher Technologiepolitik auf industrielle Innovationen*, Nomos Verlag, Baden-Baden.

Meyer-Krahmer, F.(1990), *Science and Technology in the Federal Republic of Germany*, Longman, Harlow, UK.

Meyer-Krahmer, F. and Kuntze, U.(1992), "Bestandsaufnahme der Forschungs- und Technologiepolitik", in: Grimmer, K., Häusler, J., Kuhlmann, S., and Simonis, G., *Politische Techniksteuerung*, Leske und Budrich, Opladen, pp.95-118.

Michel, K.(1990), *Technologie im strategischen Management*, 2. Auflage, Berlin.

Miller, W. L. and Morris, L.(1999), *4th Generation R&D*, John Willey & Sons, New York.

Minzberg, H.(1990), "The Design School: Reconsidering the Basic Premises of Strategic

Management", *Strategic Management Journal*, Vol.11, No.6.

Minzberg, H., Pascale, R. T., Goold, M., and Rumelt, R. P.(1996), "CMR Forum: The 'Honda Effect' Revisited", *California Management Review*, Vol.38, No.4, Summer 1996.

Möhrle, M. G.(1988), "Das F&E-Programm-Portfolio: Ein Instrument für das Management betrieblicher Forschung und Entwicklung", *Technologie & Management*, Vol.37, No.4, pp.12-19.

Möhrle, M. G. and Isenmann, R.(2002), *Technologie-Roadmapping: Zukunftsstrategie für Technologieunternehmen*, Springer, Berlin.

Nambisan, S. and Wilemon, D.(2003), "A Global Study of Graduate Management of Technology Programs", *Technovation*, Vol.23, pp.949-962.

National Research Council(NRC)(1987), *Management of Technology: The Hidden Competitive Advantage*, National Academy Press, Washington, D.C.

Pascale, R. T.(1984), "Perspectives on Strategy: The Real Story Behind Honda's Success", *California Management Review*, Vol.26, No.3, Spring 1984.

Pascale, R. T.(1996), "The Honda Effect", *California Management Review*, Vol. 38, No. 4, pp.80-91.

Pfeiffer, W., Schneider, W., and Dögel, R.(1986), "Technologie-Portfolio-Management", in: Staudt, E.(Hrsg.), *Das Management von Innovationen*, Frankfurt am Main, pp.107-124.

Pisano, G.(2006), "Can Science be a Business?: Lessons from Biotech", *Harvard Business Review*, October, pp.114-125.

Pisano, G.(2006), *Science Business: The Promise, the Reality, and the Future of Biotech*, Harvard Business School Press, Boston, MA.

Pisano, G.(2010), "The Evolution of Science-Based Business: Innovating How We Innovate", *Industrial and Corporate Change*, Vol.19, No.2, pp.465-482.

Pleschak, F. and Sabisch, H.(1996), *Innovationsmanagement*, Schaffer-Poeschel Verlag, Stuttgart.

Porter, A., Poper, A. T., Mason, T. W., Rossini, F. A., and Banks, J.(1991), *Forecasting and Management of Technology*, Wiley, New York.

Porter, M. E.(1980), *Competitive Strategy: Techniques for Analyzing Industries and Competitors*, The Free Press, New York.

Porter, M. E.(1985), *Competitive Advantage: Creating and Sustaining Superior Performance*, The Free Press, New York.

Porter, M. E.(1990), *The Competitive Advantage of Nations*, The Free Press, New York.

Prahalad, C. K. and Hamel, G.(1990), "The Core Competence of the Corporation", *Harvard Business Review*, May-June 1990, pp.79-91.

Quinn, J. B.(1980), "Strategy for Change", in: Minzberg, H. and Quinn, J. B.(Eds.), *Readings in the Strategy Process*, 3rd Ed., Prentice Hall, Englewood Cliffs, NJ., pp.3-10.

Quinn, J. B.(1992), "The Intelligent Enterprise: A New Paradigm", *Academy of Management Executive*, November 1992, pp.48-63.

Reger, G. and von Wickert-Nick, D.(1997), "A Learning Organization for R&D Management", *International Journal of Technology Management, Special Issue on R&D Management*, Vol.13, Nos.7/8, pp.796-817.

Rosenbaum, M. E., Moore, D. L., Cotton, D. L., Cook, M. S., Hieser, R. A., Shovar, M. N., and Gray, M. J.(1980), "Group Productivity and Process: Pure and Mixed Reward Structures and Task Interdependence", *Journal of Personality and Social Psychology*, Vol.39, pp.626-642.

Rothwell, R.(1992), "Successful Industrial Innovation: Critical Success Factors for the 1990s", *R&D Management*, Vol.22, No.3, pp.221-239.

Roussel, P. A., Saad, K. N., and Erickson, T. J.(1991), *Third Generation R&D: Managing the Link to Corporate Strategy*, Harvard Business School Press, Boston, MA.

Rubenstein, A. H.(1989), *Managing Technology in the Decentralized Firm*, John Wiley & Sons, New York.

Rumelt, R. P.(1980), "The Evaluation of Business Strategy", in: Minzberg, H. and Quinn (Eds.), *Readings in the Strategy Process*, 3rd Ed., Prentice Hall, Englewood Cliffs, NJ.

Rumelt, R. P.(1996), "The Many Faces of Honda", *California Management Review*, Vol.38, No.4, pp.103-111.

Saloner, G., Shepard, A., and Podolny, J.(2001), *Strategic Management*, John Wiley & Sons, New York.

Schilling, M. A.(2005), *Strategic Management of Technological Innovation*, McGraw-Hill, New York.

Schmitt, R. W.(1985), "Successful Corporate R&D", *Harvard Business Review*, Vol.63, No.3, pp.124-128.

Schriesheim, J., von Glinow, M. A., and Kerr, S.(1977), "Professionals in Bureaucracies: A Structural Alternative", in: Nystrom, P. C. and Starbuck, W. H.(Eds.), *Prescriptive Models of Organizations*, North-Holland, New York, pp.55-69.

Schultz-Hardt, S. Mojzisch, A., and Vogelgesan(2008), "Dissent as a Facilitator:

Individual and Group Level Effects on Creativity and Performance", in: DeDreu, C. K. W. and Gelfand, M. J.(Eds.), *The Psychology of Conflict and Conflict Management in Organizations*, Lawrence Erlbaum Associates, New York, pp.159-178.

Schumpeter, J. A.(1911), *Theorie der wirtschaftlichen Entwicklung*, 1. Auflage, Leipzig.

Schumpeter, J. A.(1934), *The Theory of Economic Development*, Harvard University Press, Cambridge, MA.

Schumpeter, J. A.(1942), *Capitalism, Socialism and Democracy*, Harper and Row, New York.

Simon, H.(1992), "Lessons from Germany's Midsize Giants", *Harvard Business Review*, March-April, pp.115-123.

Simon, H.(1996), *Hidden Champion: Lessons from 500 of the World's Best Unknown Companies*, Harvard Business School Press, Boston, MA.

Specht, D. and Behrens, S.(2002), "Strategische Planung mit Roadmaps-Möglichkeit für das Innovationsmanagement und die Personalbedarfsplannung", in: Möhrle, M. G. and Isenmann, R.(Hrsg.), *Technologie-Roadmaping-Zukunfutsstrategien für Technologieunternehmen*, Berlin & Heidelberg, pp.85-104.

Specht, G. and Beckmann, C.(1996), *F&E-Management*, Schäffer-Poeschel Verlag, Stuttgart.

Specht, G., Beckmann, C., and Amelingmeyer, J.(2002), *F&E-Management: Kompetenz im Innovationsmanagement*, Schäffer-Poeschel Verlag, Stuttgart.

Staudt, E. and Schmeisser, W.(1986), "Der Betrieb als Objekt der Technologiepolitik", in: Staudt, E.(Hrsg.), *Das Management von Innovation*, Frankfurter Allgemeine Zeitung, Frankfurt am Main.

Steiner, G.(2003), "Kreativitätsmanagement: Durch Kreativität zur Innovation", in: Strebel, H.(Hrsg.), *Innovations und Technologiemanagement*, pp.265 323.

Stern, T. and Jaberg, H.(2003), *Erfolgreiches Innovationsmanagement: Erfolgsfaktoren-Grundmuster-Fallbeispiele*, Gabler, Wiesbaden.

Sternberg, R. J. and Lubart, T. I.(1995), *Defying the Crowd: Cultivating Creativity in a Culture of Conformity*, The Free Press, New York.

Sternberg, R. J., and Lubart, T. I.(1995), *The Nature of Insight*, MIT Press, Cambridge, MA.

Stockbauer, H.(1991), "F&E-Budgetierung aus der Sicht des Controlling", *Controlling*, Vol.3, pp.136-143.

Stratmann, A. W.(1998), "Die Finanzierung von Innovationen-Eine theoretische und empirische Untersuchung unter besonderer Berücksichtigung konjunktureller Einflüsse", in: Stifterverband Wissenschaftsstatistik(Hrsg.), *Materialien zur Wissenschaftsstatistik*, Heft 9, Februar.

Teece, D. J.(1986), "Profiting from Technological Innovation: Implications for Integration, Collaboration, Licensing and Public Policy", *Research Policy*, Vol.15, pp.286-305.

Thurow, L. C.(1987), "A Weakness in Process Technology", *Science*, Vol.238, Issue 4834, pp.1659-1663.

Thurow, L. C.(1992), *Head to Head: The Coming Economic Battle among Japan, Europe, and America*, William Morrow & Co, New York.

Tidd, J. and Bessant, J.(2009, 2013), *Managing Innovation: Integrating Technological, Market and Organizational Change*, 4th and 5th Ed., John Wiley & Sons, Chichester.

Tidd, J., Bessant, J., and Pavitt, K.(2005), *Managing Innovation: Integrating Technological, Market and Organizational Change*, 3rd Ed., John Wiley & Sons, Chichester.

Tisdell, C. A.(1981), *Science and Technology Policy: Priorities of Government*, Chapman and Hall, London & New York.

Tushman, M. L.(1988), "Managing Communication Networks in R&D Laboratories", in: Tushman M. L. and Moore, W. L.(Eds.), *Readings in the Management of Innovation*, 2nd Ed., Ballinger, Cambridge, MA., pp.261-274.

Tushman, M. L. and Anderson, P.(1986), "Technological Discontinuities and Organizational Environments", *Administrative Science Quarterly*, Vol.31, pp.439-465.

Tushman, M. L. and O'Reilly Ⅲ, C. A.(1996), "Ambidextrous Organizations: Managing Evolutionary and Revolutionary Change", *California Management Review*, Vol.38, No.4, pp.8-30.

Tushman, M. L. and O'Reilly Ⅲ, C. A.(2002), *Winning through Innovation: A Practical Guide to Leading Organizational Change and Renewal*, Harvard Business Press, Boston, MA.

Von Hippel, E.(1986), "Lead Users: A Source of Novel Product Concepts", *Management Science*, Vol.32, No.7, pp.791-805.

Von Hippel, E.(2005), *Democratization of Innovation*, MIT Press, Cambridge, MA.

Vroom, V. and Yetton, P. W.(1973), *Leadership and Decision Making*, University of Pittsburgh Press, Pittsburgh.

Wack, O. G.(1993), *Kreativ sein kann jeder*, 2. Auflage, Windmühle, Hamburg.

Weule, H.(2002), *Integrates Forschungs- und Entwicklungsmanagement*, Hanser, München.

Wheelen, T. L. and Hunger, J. D.(2004, 2006), *Strategic Management and Business Policy*, 9th & 10th Ed., Prentice Hall, New Jersey.

Wheelwright, S. C. and Clark, K. B.(1992), *Revolutionizing Product Development*, New York.

White, M. A. and Bruton, G. D.(2007), *The Management of Technology and Innovation: A Strategic Approach*, Thomson South-Western, Mason, OH.

Winchell, A. E.(1984), "Conceptual Systems and Holland's Theory of Vocational Choice", *Journal of Personality and Social Psychology*, Vol.46, pp.376-383.

Wolfrum, B.(1991), *Strategisches Technologiemanagement*, Gabler, Wiesbaden.

Zagotta, R. and Robinson, D.(2002), "Keys to Successful Strategy Execution", *Journal of Business Strategy*, Vol.23, No.1, pp.30-34.

Zahn, E.(1995), "Gegenstand und Zweck des Technologiemanagements", in: Zahn, E.(Hrsg.), *Handbuch Technologiemanagement*, Schäffer-Poeschel Verlag, Stuttgart, pp.3-32.

Zahn, E.(Hrsg.)(1995), *Handbuch Technologiemanagement*, Schäffer-Poeschel Verlag, Stuttgart.

[ㅂ]

[ㅅ]

[ㅇ]

[ㅊ]

저/자/소/개

정선양

▎현직

건국대학교 경영대학 기술경영학과 교수
한국과학기술한림원 정책연구부 정회원

▎학력

서울대학교 농공학과 공학사(경영학 부전공)
서울대학교 경영대학 경영학 석사(회계학 전공)
독일 슈투트가르트대학교(Universität Stuttgart) 기술경영 · 정책학 박사

▎주요 경력

과학기술정책연구원(STEPI) 책임연구원, 연구위원
한국과학기술한림원(KAST) 정책학부 간사 및 학부장, 정책연구소 소장
독일 '프라운호퍼 기술혁신연구소(FhG-ISI: Fraunhofer Institut für System- und Innovationsforschung)' 연구원
독일 '막스플랑크 사회연구소(MPIfG: Max Planck Institut für Gesellschaftsforschung)' 방문연구원
미국 '캘리포니아주립대학교-버클리캠퍼스 하스경영대학(University of California-Berkeley, Haas School of Business)' 석학방문교수(Distinguished Visiting Professor)
미국 '스탠포드대학교 경영대학원(Stanford University, Graduate School of Business)' 석학방문교수(Distinguished Visiting Professor)
건국대학교 '밀러MOT스쿨' 설립 및 초대원장

▎주요 저서·역서

- Technologiepolitik für neue Produktionstechnologien in Korea und Deutschland(1996, 독일 Physica 출판사)
- 환경정책론(1999, 박영사)
- R&D관리론(2005, 경문사)
- 기술과 경영(2006, 경문사)
- 전략적 기술경영(2007, 박영사)
- 과학비즈니스(번역서, 2011, 경문사)
- 생명공학기술경영(번역서, 2013, 경문사)
- 경쟁우위의 종말(번역서, 2014, 경문사)
- 경제발전의 이론(번역서, 2020, 시대가치)

※ 그 외 300여 권의 연구보고서 책임집필 및 발간, 그리고 50여 편의 국제학술논문과 100여 편의 국내학술논문 발간

연구개발경영론

초판인쇄 2021년 8월 25일
초판발행 2021년 9월 1일

지 은 이 정선양
펴 낸 이 김광범
펴 낸 곳 도서출판 시대가치
출판등록 2017년 3월 23일 제2018-000088호
주 소 서울특별시 마포구 토정로 222, 422-1호(한국출판콘텐츠센터)
전 화 02)3152-2620 / 팩스 02)6442-2621

ISBN 979-11-89607-47-0 93320

가격 30,000원